Fridrich Minor

Tieck und Wackenroder

D1661427

Literaricon

Fridrich Minor

Tieck und Wackenroder

ISBN/EAN: 9783959131346

Auflage: 1

Erscheinungsjahr: 2017

Erscheinungsort: Treuchtlingen, Deutschland

Literaricon Verlag UG (haftungsgeschränkt), Uhlbergstr. 18, 91757
Treuchtlingen. Geschäftsführer: Günther Reiter-Werdin, www.literaricon.de.
Dieser Titel ist ein Nachdruck eines historischen Buches. Es musste auf alte
Vorlagen zurückgegriffen werden; hieraus zwangsläufig resultierende
Qualitätsverluste bitten wir zu entschuldigen.

Printed in Germany

Cover: Caspar David Friedrich, Der Morgen, Abb. gemeinfrei

Tieck und Wackenroder

———◆———

Herausgegeben

von

Prof. Dr. Jak. Minor

Berlin und Stuttgart,

Verlag von W. Spemann

Druck von B. G. Teubner in Leipzig

Einleitung.

Aus einer angesehenen Berliner Beamtenfamilie stammend (sein Vater war geheimer Kriegsrat und Justizminister, ein Mann von Friedricianischem Geiste und der älteste Freund Ramlers, dem dieser aber umsonst eine reiche dichterische Nachkommenschaft gewünscht hat) war Wilhelm Heinrich Wackenroder in demselben Jahre mit Tieck (1773) geboren und wurde zugleich mit ihm unter Gedickes Leitung am Friedrich-Werderschen Gymnasium herangebildet. Als der frühreife Tieck zu Ostern 1792 die Universität bezog, hielt der strenge Wille seines Vaters den jungen Wackenroder noch zum Privat- und Vorbereitungsunterrichte in Berlin zurück. An Stelle des persönlichen Verkehrs mußte nun der briefliche treten und die noch erhaltene Korrespondenz der Jugendfreunde gewährt uns den Einblick in ein Verhältnis von seltener Zartheit und Lieblichkeit. Wackenroder zeigt sich als eine weiche hingebende Natur, etwas timide, schüchtern und linkisch, bei einer zarten körperlichen Organisation ohne persönlichen Mut, gerade ihretwegen aber empfindlicher und empfänglicher für alle Eindrücke des Schönen, reizbar besonders für die Musik. Ungern, aber ohne Kraft des Widerspruches, opferte er diese seine Lieblingskunst, welche er so gern zu seinem Lebensberufe erwählt hätte, dem Willen des Vaters gegen die Rechtsgelehrsamkeit auf, während sein weiches Herz vor dem kalten Beruf des Richters zurückbebte. Keine eigentlich produktive Natur, bedarf er zur Produktion eines äußeren An= stoßes und am liebsten, wenn dieser Anstoß von seinem Freunde Tieck kommt. In seiner Art liegt die passive Hingabe an den Genuß der Kunst und besonders in der Musik scheint ihm die passive Aufnahme der wahre Genuß. So sein ist seine Organisation, daß er sogar die körper= liche Wirkung der Musik auf seine reizbaren Nerven zu fühlen glaubt. Gemütstief und ahnungsvoll tritt er überall dort, wo Witz und Scharf= sinn verlangt werden, freiwillig zurück. Künstlich steigert er seine Em= pfindung wohl auch mitunter zu einer, im aufklärerischen Berlin freilich in der Luft gelegenen Empfindelei, zu Überschwänglichkeit und Schwärmerei, während sich auf der anderen Seite der Geist und Einfluß seines nüchternen Vaters in seiner pünktlichen Geschäftsordnung und unverletzbaren Zeit= einteilung geltend macht. Wenn er sich auch wohl einmal nach einer Aufführung von Kabale und Liebe in die ungestüme Heftigkeit Ferdinands denken und an seinem Platze nicht anders gehandelt zu haben meinen kann, so sind doch weder im Leben noch in der Poesie die erhabenen großen Gefühle seine Sache. Von Frauenliebe ist in seinem Leben nicht die Rede; der Freundschaft aber ist er in hohem Maße fähig und be= dürftig — er bedarf nur eines Freundes, der aber sein ganzes Herz ausfüllen soll. An diesen Freund schließt er sich denn auch mit frauen= hafter Zärtlichkeit an: er geht in Tieck auf, indem er sich ihm freiwillig unterordnet. Wenn er Glied in der Kette sein kann, welche Tieck an die Welt fesselt, glaubt er seine Bestimmung erfüllt zu haben. Tiecks Freundschaft ist sein größter Stolz, seine höchste Freude; Tiecks Worte sind ihm Orakel; Tieck will er alles, was er ist, zu verdanken haben. Sein Enthusiasmus verschönert und veredelt unaufhörlich an dem Bilde, das er von seinem Freunde in dem Herzen trägt, er malt sich ihn zum Ideal aus. Zwingt ihn Tieck ja einmal durch seine Schwachheit und Selbstquälerei zu Vorwürfen, so fügt er, noch ehe sie ausgesprochen sind, in Parenthese eine begütigende Entschuldigung hinzu. Fast eifer= süchtig wacht er über die schriftstellerischen Talente seines Freundes; auf= richtig und begeistert im Lobe, schonend und wahr im Tadel, warnend wo die Gefahr allerdings am nächsten lag; vor Vielschreiberei und Flüchtigkeit der Produktion. Wie er überhaupt mit den Jahren und durch Tiecks Einfluß an Selbständigkeit gewinnt, so nimmt auch in dieser Hinsicht sein Urteil später an Entschiedenheit zu.

Umgekehrt spricht Tieck in seinen Briefen überall als der Gereiftere, als der Akademiker, der sich dem Primaner gegenüber fühlt; als der be= lehrende Freund. Er ist auch der mehr Beschäftigte und darum in der Korrespondenz weniger eifrig: er verlangt Briefe, schreibt aber (zwar nicht weniger umfangreich, aber) seltener. Er sucht den Enthusiasmus Wackenroders für seine Person einzudämmen, er fürchtet die auf ihn

folgende Enttäuschung, er reduziert die Überschätzung auf das richtige
Maß. Er warnt Wackenroder vor den „kleinen Empfindungen", d. h.
der Empfindelei. Für ihn ist mehr das Erhabene, wie für Wackenroder
das Rührende. Mit Vorliebe und nicht ohne eine gewisse Prahlsucht zeigt
er sich als den in Leiden Erfahrenen, den Mitleidsbedürftigen, der die
Schrecken eines Abdallah, Franz Moor, Guido u. a. in seinem Inneren
durchgelebt hat. Und wie Tieck in den romantischen, fast wörtlich mit
dem Abdallah übereinstimmenden Schilderungen seiner Qualen, so übertreibt Wackenroders Zärtlichkeit die Besorgnis. Aber auch Tiecks Empfindung für den Freund ist heiß genug, daß er ohne denselben nicht
leben zu können meint. Auch Tieck wetteifert mit Wackenroder, ihm das
Höchste und Beste zu verdanken: seine Heilung von der Schwermut, eine
Verfeinerung und Veredlung seiner Gefühle. Das trifft wohl auch im
ganzen die Wahrheit. Wackenroder wird, wie gesagt, in dem kurzen
Briefwechsel sichtlich selbständiger; sicherer und energischer nicht nur in
seinen Empfindungen, sondern auch in seinen Urteilen, die vordem leicht
aus einem Extrem ins andere fielen. Tiecks frühreifes, etwas vorlautes
Wesen wurde umgekehrt durch Wackenroders Sanftmut gemildert, wenn
auch in den Briefen davon weniger die Rede ist als von dem Trost, den
Wackenroder der Schwermut seines Freundes spendete. Und wie Tiecks
Jugend überhaupt durch die Übertragung der Dichtung in das Leben
charakterisiert wird, so fehlt auch hier nicht ganz die Künstelei: Posa und
Carlos, Rafael und Julius in Schillers eben erschienenen philosophischen
Briefen sind die Vorbilder, denen man nachlebt und nachliebt.

Nur auf einige Tage konnte Wackenroder seinen Tieck in Halle besuchen und mit ihm in Gemeinschaft eine Reise nach Leipzig und Wörlitz
unternehmen. Dauernd zusammengeführt wurden die Freunde erst zu
Ostern 1793, als auch Wackenroder die Universität bezog. Damals war
mit den fränkischen Fürstentümern Ansbach und Baireuth auch die Universität Erlangen an Preußen gefallen und es war für den Sohn eines
pflichttreuen Staatsbeamten unumgänglich, dort zur Hebung des Kollegien-
besuches beizutragen. Tieck anderseits war sein eigener Herr und zog
seinem Freunde zu Liebe gleichfalls nach Franken. Mehr als in den
Hörsälen, welche Wackenroder indessen mit gewohnter Pünktlichkeit besuchte, erhielten die Freunde hier unter Gottes freiem Himmel und auf
Reisen ihre Anregungen. Auf ihre Wanderungen in der fränkischen
Landschaft, welche sich bis ins Fichtelgebirge erstreckten, kommt Tieck
noch in dem Phantasus und in seinen letzten Novellen unermüdlich zurück.
In Nürnberg erschloß sich ihrem begeisterten Sinne zum erstenmal der
Zauber des altdeutschen Kunstlebens und mit dem Namen Albrecht Dürers
verband sich der des Hans Sachs. Noch im Jahre 1828 gedachte Sulviz
Boisserée auf der Reise zum Dürerfeste in der Dunkelheit und Stille der
Nürnberger Straßen mit Ehrfurcht der Zeit, in welcher Wackenroder und
Tieck zuerst wieder das Andenken des alten Künstlers erweckt hätten.

a *

In Bamberg traten die ersten und mächtigen Eindrücke hinzu, welche die Söhne eines protestantischen Landes von dem katholischen Gottesdienste erfuhren und die sich nach und nach in ihren Gedanken mit der altdeutschen Kunstwelt zu verbinden begannen. In Göttingen, wo sie den Winter 1793·94 studierten, nahm Wackenroder nach solchen Anregungen die altdeutschen Studien mit größerem Eifer auf, als er sie bei Koch in Berlin begonnen hatte. Auch Tieck, der anfänglich recht als Sohn der aufgeklärten Zeit vor Geschmacksverderbnis gewarnt hatte, hatte jetzt keine Einwendungen mehr zu machen, wenn sich sein Freund in die Dichter der sog. Manesseschen Sammlung, in die Müllerschen Sammlungen der alten Heldengedichte oder endlich in den traulichen Hans Sachs vertiefte, an dessen Grabe sie in Nürnberg gestanden hatten. Wackenroder durfte seinem Berliner Lehrer, der damals eben an seinem bekannten Kompendium der deutschen Litteraturgeschichte arbeitete, Notizen über die in der Bibliothek zu Göttingen befindlichen altdeutschen Manuskripte liefern. Solchen Studien machte die Rückkehr in die Vaterstadt, welche die beiden Freunde im Sommer 1794 über Braunschweig und Hamburg nahmen, ein unerfreuliches Ende und die Beschäftigung in einem ungeliebten Berufe sollte an ihre Stelle treten. Nur nebenbei durfte Wackenroder sich der Musik widmen, welche er so gern zum Lebensberuf erwählt hätte: er dilettierte hier, er dilettierte in der Malerei und Dichtung. Es brauchte in der letzteren längere Zeit, ehe Wackenroder seinen eigenen Ton fand: mit seinen Nachahmungen der Schillerschen Jugendlyrik und einem fast ins Burleske auslaufenden Schicksalsdrama hatte er vor seinem Freunde Ehre aufgehoben und sich in den Straußfederngedichten sogar den gutmütigen Spott Tiecks gefallen lassen müssen, der seinen Freund ebenso wenig als sich selbst schonte. Dadurch eingeschüchtert, wagte er sich mit den Aufzeichnungen, welche er aus seinen Gesprächen mit Tieck über die Kunst angelegt hatte, lange nicht hervor. Es war die Art der Freunde, sich über jeden Punkt, in dem ihre Meinungen differenzierten, einmal zu verständigen, ihre gegenseitigen Meinungen mit einander zu mischen und in eine Masse zu kneten, die künftig als Eigentum beider gelten konnte. Das war auch bei diesen Aufzeichnungen der Fall, zu welchen die gemeinsamen Reisen der beiden Freunde in Franken die erste Veranlassung gaben. Erst auf einer späteren Reise nach Dresden (Sommer 1796), wo sich die Bewunderung der großen Maler der italienischen Renaissance zu jener der altdeutschen Künstler gesellte und diesem Gedanken neue Nahrung gab, hatte Wackenroder den Mut, seine Versuche vorzuzeigen und überraschte seinen Freund durch ihren Inhalt. Tieck, als der geübtere Schriftsteller, nahm sich der Überarbeitung dieser Skizzen an und empfahl sie auf der Weiterreise an Reichardt, der nicht nur eine derselben, das „Ehrengedächtnis Dürers", in sein Journal „Deutschland" aufnahm, sondern auch für die Einkleidung und Fortsetzung der folgenden von Einfluß wurde. Denn weil eine solche Kunstbegeisterung

zu diesen Zeiten in der Welt unmöglich sei, riet er, die Aufzeichnungen
einem Mönche zuzuschreiben, wobei den Freunden der Gedanke an die
fromme Einfalt des Lessingschen Klosterbruders nahe lag. So erschienen,
durch eine Vorrede und einige kleinere Aufsätze ähnlicher Art von Tieck
vermehrt, 1797 im Verlag des Berliner Buchhändlers Unger die „Herzensergießungen eines kunstliebenden Klosterbruders". Mehr noch
als die Gedanken des Klosterbruders waren die dem Musikus Josef
Berglinger zugeschriebenen Ideen Wackenroders Eigentum. Sie waren
hervorgegangen aus dem Widerspruche zwischen seiner amtlichen Thätigkeit und seiner immer zunehmenden Neigung zum Künstlerberufe; ein
Zwiespalt, der ihn innerlich verzehrte und gewiß auch zu seinem frühen
Tode beigetragen hat Er starb den 13. Februar 179᠊ am Nervenfieber.
Aus seinem Nachlasse gab Tieck unter Hinzufügung eines überwiegenden
Kontingentes eigener Aufsätze die „Phantasieen über die Kunst, für
Freunde der Kunst" (Hamburg, bei Friedrich Perthes 1799) heraus.
Den ursprünglich in demselben Stile wie die beiden genannten Schriften
und gleichfalls im Verein mit Wackenroder geplanten „Sternbald" führte
er, wie in der Einleitung zu Band 144 der Deut. Nat.-Litt., 1. Ab-
teilung S. XII gezeigt worden ist, nach anderen Ideen aus.

Der Inhalt der „Herzensergießungen" ist nicht, wie man vielleicht glauben wird, ein theoretischer. Es sind vielmehr Künstlergeschichten
aus der Zeit des wiedererwachenden Kunstenthusiasmus, der italienischen
und deutschen Renaissance, unter verschiedener Einkleidung größtenteils
dem Vasari nacherzählt. Der Ausblick auf die Gegenwart, der Gegensatz
zwischen jener schönen Zeit und dem kunstlosen traurigen Heute, verrät
sich allenthalben durch verstohlene Seufzer. Dabei unterscheidet sich Tiecks
Vortrag freilich auffällig von dem seines Freundes: Wackenroder leiht
seinem Gegenstande einfach seine kindliche leutselige treuherzige, mitunter
auch wohl linkische Sprache, der Gegenstand redet durch ihn wie der Allmächtige die Lippen des Andächtigen bewegt. In dieser Art kann Tieck
nicht gegen ihn aufkommen: er redet weltlicher und kann die kindliche
Andacht seines Freundes höchstens affektieren; er ergreift nicht als Klosterbruder, sondern im Namen verliebter Künstler das Wort, er bringt die
Schilderungen erregter Seelenzustände und romantischer Naturbilder mit
herein, welche in seinen weltlichen Schildereien eine so große Rolle spielten.
Was die in diese kleineren Erzählungen hineingearbeiteten Kunstansichten
betrifft, so tritt die Übereinstimmung mit dem Sturm und Drang,
besonders mit den Blättern von deutscher Art und Kunst, auf den
ersten Blick hervor. Mit Herder und Goethe wollen Wackenroder und
Tieck der altdeutschen Kunst, jene der altdeutschen Baukunst — diese der
altdeutschen Malerei, zu ihrem Rechte verhelfen. Wie Herder der gotischen
Kirche ihre eigentümliche Schönheit neben dem griechischen Tempel zu-
erkannt hatte, so verlangt auch Wackenroder, daß man sich jedem Künstler
hingebe, die Dinge der Natur mit seinen Organen sehen lerne und sich

in jedes fremdes Wesen hineinfühle. Aber freilich: während bei Goethe
und Herder das emergierende Deutschtum alles andere in den Hinter=
grund drängt, bewahrt sich Wackenroder auch für die italienische Kunst
einen freien Sinn, und wo nach der Schönheit die Frage ist, kann er
nicht umhin dem göttlichen Rafael vor dem geliebten Albrecht Dürer
den Vorzug zu geben. Die Frage nach dem Wesen der „Begeisterung",
welche als der eigentliche Urgrund aller Kunst erscheint, bleibt am Schlusse
ebenso ungelöst wie am Anfange: der Kunstgeist läßt sich des geheimnis=
vollen Schleiers nicht berauben. Wie Hamann am Anfange der Genie=
zeit verbinden Wackenroder=Tieck am Anfange der Romantik die beiden
Begriffe von Glauben und Genius: der eine ist so undefinierbar und
rätselhaft wie der andere. Das Göttliche im Leben und in der Kunst
muß man erst glauben, dann verstehen; ja das, was man so gemeinig=
lich verstehen nennt, ist hier überhaupt überflüssig. Die Begriffe von
Kunst und Religion zerrinnen auf diesem Wege in einander. Die Kunst,
deren stehende Beiwörter in den Herzensergießungen „heilig" und „gött=
lich" sind, wird zur Religion; die Kunstbetrachtung zur Andacht. An
dieser Grenze hält Wackenroder still, dessen hingebende Kunstandacht uns
mit derselben Rührung erfüllt, mit welcher wir nur immer wahre
Frömmigkeit zu betrachten pflegen. Sache seines romantischen Genossen
war es, diesen keuschen Kunstglauben bis in die Verzerrung zu treiben.
Schon im Sternbald kehrt Tieck die Sache um und bezeichnet die Andacht
umgekehrt als den höchsten und reinsten Kunstgenuß, dessen unsere mensch=
liche Seele nur in ihren schönsten und erhabensten Stunden fähig ist;
und bald darauf durfte und mußte man im Jenenser Kreise der Roman=
tiker alles, selbst das Gewöhnlichste, bis zur Religion treiben. Hatte
Wackenroder übereinstimmend mit Hamann gegen den Systemglauben,
gegen die Intoleranz des Verstandes, welche schlechter sei als des Ge=
fühls, im Hinblick auf die Nicolaiten des Tages geeifert und sich freilich
selbst schon zu dem Satze verstiegen, daß Aberglaube besser als System=
glaube sei: so stimmte Friedrich Schlegel bald darauf ein wahres Loblied
auf die Unverständlichkeit, die Feindin des gesunden Menschenverstandes,
an. Und was von den weitreichendsten Konsequenzen war: wenn Wacken=
roder den Gegenständen der Kunst dieselbe Anbetung und Verehrung wie
den Heiligen der Kirche zollte, so verriet Tieck noch in den Herzens=
ergießungen selbst die geheimen Pfade, welche die folgende Romantik
ging, indem er seinen altdeutschen Maler in Rom zum Katholicismus
übertreten und seinen Abfall mit den Worten entschuldigen läßt: „Kannst
Du ein hohes Bild recht verstehen und mit heiliger Andacht es betrachten,
ohne in diesem Momente die Darstellung zu glauben? und was ist es
denn nun mehr, wenn diese Poesie der göttlichen Kunst bei mir länger
wirkt?"

　　In den Herzensergießungen war auch bereits der Tonkünstler Joseph
Berglinger eingeführt worden, unter dessen Maske Wackenroder seinen

eigenen Lebensgang darstellte. Auch die innere Tragik in demselben bricht erschütternd in der Klage Berglingers hervor, daß er vielleicht mehr die Kunst zu genießen als auszuüben berufen sei. Einen viel größeren Raum nehmen die ihm zugeschriebenen Aufsätze in den „Phantasieen" ein. Hier ist der Anteil Tiecks ein bedeutenderer, fast überwiegender; hier zeigt sich in den Schlagworten bereits Einfluß Jakob Böhmes oder Schellingscher Naturphilosophie; hier tritt endlich mit der Figur Berglingers die Musik vor der Malerei in den Vordergrund. Wackenroders Aufsätze zeugen von seiner zu größerer Selbständigkeit und Sicherheit fortschreitenden Entwicklung, wie wir sie oben kennen gelernt haben. Er tritt kühner hervor, gefällt sich darin einmal dreist zu reden, und versteigt sich zu Paradoxen wie „frevelhafte Unschuld", welche wenigstens äußerlich an Friedrich Schlegel erinnern. Was Tiecks Dichtung praktisch ins Werk setzte, die Vereinigung der Grenzen von Dichtkunst, Malerei und Musik, das geschieht hier in der Theorie. Töne sind Worte und Farben sind Töne. Die Musik wird von Wackenroder die reichere Sprache genannt, welche die Worte verachtet. Die Schilderung der verschiedenen Arten der Kirchenmusik oder Tanzmusik ist in der That nur eine Umsetzung der Musik in Worte, ein Gegenstück zu Tiecks romantischer Dichtung, worin gleichfalls die Musik selbst das Wort ergreift. Tieck sagt uns nach Wackenroder hier nichts Neues; er hat vor dem Freunde aber die poetische Form voraus und faßt ihre Gedanken in den nachmals berühmten Versen zusammen, welche die Romantiker unermüdlich glossierten:

> „Liebe denkt in süßen Tönen,
> Denn Gedanken stehn zu fern;
> Nur in Tönen mag sie gern
> Alles, was sie will, verschönen.
> Drum ist ewig uns zugegen,
> Wenn Musik mit Klängen spricht,
> Ihr die Sprache nicht gebricht,
> Holde Lieb' auf allen Wegen,
> Liebe kann sich nicht bewegen,
> Leihet sie den Othem nicht."

Wir geben im folgenden die zweite der eben besprochenen Schriften nach dem ersten Drucke, weil uns daran gelegen ist, auch Tiecks Anteil gehörig hervor treten zu lassen. Über Wackenroders Leben giebt Tieck selbst in der neuen veränderten Auflage der „Phantasieen über die Kunst von einem kunstliebenden Klosterbruder" (Berlin 1814, in der Realschulbuchhandlung), welche Wackenroders alleinigen Anteil enthält, und die Biographie Tiecks von Köpke (Leipzig 1855, 2 Bde.) im ersten Bande auf Seite 70 f. 76. 218 ff. und im zweiten auf Seite 267 f. 269. 270 ff. die wünschenswerten Auskünfte. Eine ausgezeichnete Besprechung der Schriften des Klosterbruders findet man in Hayms „romantischer Schule" und in Diltheys Leben Schleiermachers (I, 280 f.). Die Briefe Wacken= robers an Tieck sind bei Holtei, Briefe an Ludwig Tieck IV. Bd. S. 169 ff.; Tiecks Antworten in den dreihundert Briefen aus zwei Jahrhunderten, herausgegeben von Holtei IV. Teil S. 27 ff. gedruckt.

J. Minor.

Phantasieen

über die Kunst,

für

Freunde der Kunst.

Herausgegeben

von

Ludwig Tieck.

~~~~~~~~~

Hamburg,
bei Friedrich Perthes.
1799.

Ich übergebe teils mit Zutrauen, teils mit Ängstlichkeit diese Blätter dem Publikum. Ein Teil dieser Aufsätze ist ein Vermächtnis meines verstorbenen Freundes W. H. Wackenroder, wovon er die letztern erst kurz vor seiner Krankheit ausgearbeitet und mir mitgeteilt hat, sie sollten eine Fortsetzung des Buchs: „Herzensergießungen eines kunstliebenden Klosterbruders" sein, darum trifft der Leser hier den Namen Joseph Berglinger, sowie im ganzen den Ton jenes Buches wieder an. Für die Aufsätze über die Musik hatte mein Freund eine besondere Vorliebe, und er wünschte immer recht sehr, mit der ihm eigentümlichen schönen Lebhaftigkeit, sie gedruckt zu sehn. Ich kann erst jetzt seinen Wunsch erfüllen, und der Leser wird mir für die Mitteilung dieser Aufsätze danken, in denen man eine noch kühnere Vorstellungsart und eine ausgearbeitetere Sprache antreffen wird. Sein Stil ist in diesen Aufsätzen gedrungener und kräftiger, in seinen Bildern muß man oft das Seltsame, Kühne und Wahre bewundern, und jeder fühlende Leser wird mit mir die schöne Hoffnung beklagen, die die deutsche Litteratur durch seinen frühen Tod verloren hat.

Mit vieler Schüchternheit habe ich die Blätter hinzugefügt, die von meiner Hand sind. Alle diese Vorstellungen sind in Gesprächen mit meinem Freunde entstanden, und wir hatten beschlossen, aus den einzelnen Aufsätzen gewissermaßen ein Ganzes zu bilden; — aber da ich nunmehr bei der Ausarbeitung selbst seinen Rat und seinen Beistand vermißt habe, so hat mir auch der Mut gefehlt, der mich in seiner Gesellschaft beseelt haben würde.

6. Herzensergießungen eines kunstliebenden Klosterbruders, siehe die Einleitung.

Von Wackenroder ist in der ersten Abteilung die erste und
fünfte Nummer geschrieben, unter Berglingers Aufsätzen gehören
mir die vier letzten an. Einen unvollendeten Aufsatz meines
Freundes über Rubens habe ich zurückgelassen, sowie eine Can-
tate, mit der er selber unzufrieden war.   5

— Von jeher war es sein Wunsch, für die Kunst leben zu
können, seine schönste Hoffnung war, einst unter den Künstlern
genannt zu werden; wenn ihm auch das letztere versagt wird, so
wird ihn doch gewiß niemand, der ihn kannte, nur einigen Sinn
für seine edle und liebenswürdige Originalität hatte, und der seine 10
innige Liebe für alle Kunst achtete, jemals vergessen können.

———   ———

3. die vier letzten. Im Jahre 1814 hat Tieck unter dem Titel „Phantasieen über
die Kunst, von einem kunstliebenden Klosterbruder" (neue veränderte Auflage) die Beiträge
Wackenroders zu den „Herzensergießungen" und den „Phantasieen" gesammelt. Seine Aus-
wahl stimmt bis auf eine Nummer (s. unten S. 75) mit den obigen Angaben überein.

Erster Abschnitt.

---

1. Schilderung, wie die alten deutschen Künstler gelebt haben; wobei zu Exempeln angeführt werden Albrecht Dürer, nebst seinem Vater Albrecht Dürer dem Alten.

Es ist eine schöne Sache, einen längst verstorbenen Künstler aus seinen hinterbliebenen Werken sich im Geiste neu zu erschaffen, und aus allen den verschiedenen leuchtenden Strahlen den Brennpunkt zu finden, wohin sie zurückführen, oder vielmehr den himmlischen Stern, von welchem sie ausgingen. Dann haben wir die Weltseele aller seiner Schöpfungen vor uns, — ein Gedicht unserer Einbildungskraft, wovon das wirkliche Leben des Mannes völlig ausgeschieden ist.

Noch fast schöner ist es aber, wenn wir in Gedanken dieses schimmernde Geisterwesen mit Fleisch und Bein bekleiden, — wenn wir ihn uns als einen unsersgleichen, als unsern Freund und Bruder vorstellen können, und wie auch er ein Glied der großen Menschenkette war, an äußerer Beschaffenheit allen seinen geringeren Brüdern ähnlich. Dann ist uns der Gedanke gegenwärtig, wie doch auch diese schönste Menschenseele zuerst aus dem Ei der albernen Kindheit hervorgehen mußte, wie Vater und Mutter ein Kind zur Welt gebracht, ohne ein Wort von seinem künftigen hohen Geiste zu wissen. Wir denken uns den herrlichen Künstler in allen Scenen des Lebens: wir sehen ihn als Jüngling, wie er den alten Vater verehrt und liebt, — als Mann, wie er mit Bruder, Schwester und Verwandten Freundschaft hält, wie er ein Weib nimmt und selbst Vater wird, — kurz, wie auch er von

---

2 ff. Von Wackenroder. Vgl. die Einleitung oben S. 4 und die Ausgabe der Phantasieen von 1814, S. 123 ff.

der Geburt bis zum Tode alle die Schicksale erfährt, welche dem
Menschengeschlechte eigen sind.

Besonders rührend, erquickend und lehrreich wird mir nun
diese Betrachtung, wenn ein solcher Künstler, obwohl er einen
außerordentlichen Geist und seltene Geschicklichkeit besaß, dennoch 5
sein Leben, als ein ganz schlichter und einfältiger Mann, auf die=
jenige Art durchführte, die in den vorigen Jahrhunderten bei
unsern deutschen Vorfahren allgemein üblich war, und die ich hier,
weil sie meinem Herzen so inniglich wohlgefällt, mit wenigem
schildern will.   10

In vorigen Zeiten war es nämlich Sitte, das Leben als ein
schönes Handwerk oder Gewerbe zu betrachten, zu welchem sich
alle Menschen bekennen. Gott ward für den Werkmeister an=
gesehen, die Taufe für den Lehrbrief, unser Wallen auf Erden
für die Wanderschaft. Die Religion aber war den Menschen 15
das schöne Erklärungsbuch, wodurch sie das Leben erst recht ver=
stehen, und einsehen lernten, wozu es da sei, und nach welchen
Gesetzen und Regeln sie die Arbeit des Lebens am leichtesten und
sichersten vollführen könnten. Ohne Religion schien das Leben
ihnen nur ein wildes, wüstes Spiel, — ein Hin= und Herschießen 20
mit Weberspulen, woraus kein Gewebe wird. Die Religion war
bei allen großen und geringen Vorfällen beständig ihr Stab und
ihre Stütze; sie legte ihnen in jede sonst geringgeachtete Begeben=
heit einen tiefen Sinn; sie war ihnen eine Wundertinktur, worin
sie alle Dinge der Welt auflösen konnten; sie verbreitete ihnen 25
ein mildes, gleichförmiges, harmonisches Licht über alle verworrenen
Schicksale ihres Daseins, — ein Geschenk, welches wohl das kost=
barste für sterbliche Wesen genannt werden mag. Ihr sanfter
Firnis brach der grellen Farbe wilder Ausgelassenheit die scharfe
Spitze ab, — aber er warf auch über die trockne schwarze Erd= 30
farbe des Unglücks einen glänzenden Schimmer. — — So führten
die Menschen die Stunden ihres Lebens langsam und bedächtig,
Schritt vor Schritt, und immer im Bewußtsein der guten Gegen=
wart, fort. Jeder Augenblick war ihnen wert und wichtig; sie
trieben die Arbeit des Lebens treu und emsig, und hielten sie 35
rein von Fehlern, weil sie es nicht über ihr Gewissen bringen
konnten, ein so löbliches und ehrenvolles Gewerbe, das ihnen zu=

---

21. woraus kein Gewebe wird. Vgl. das ähnliche Bild in Goethes Faust, Scene
des Mephistopheles mit dem Schüler, unsere Ausgabe Bd. 93, S. 79, Vers 1568 ff.

geteilt war, durch ruchlosen Leichtsinn zu schänden. Sie thaten
das Rechte, nicht um eines Lohns willen, sondern bloß aus dem
nie erlöschenden Gefühle der Dankbarkeit gegen denjenigen, welcher
allein die Kunst verstanden, die ersten Fäden ihres Daseins an
5 das unhaltbare Nichts anzuzetteln. — Am Ende, da der große
Werkmeister sie von der Werkstatt rief, gaben sie, aufgelöst in
heilige Gedanken, sich und ihr ganzes Tagewerk, mit fröhlicher
Rührung, ihm in die Hände. Nun wurden die PERSONALIA des
Verblichenen als eine kurze Chronik aufgesetzt, oder vor den weinen=
10 den Verwandten am Sarge ward eine Leichenrede gehalten, welche
ursprünglich die Bedeutung eines Zeugnisses von der treu und
redlich vollendeten Lebensarbeit hatte, und der Jugend zum Vor=
bilde diente. Der unbekannte Gott im Himmel aber wandte das
vollendete Tagewerk alsdann zu seinem großen, geheimnisvollen
15 Zwecke an: denn aus allen den Millionen von der Erde abscheiden=
den Leben baut er, jenseit jenes blauen Firmaments, eine neue,
glänzendere Welt, näher um seinen Thron herum, wo jedes Gute
seinen Platz finden wird. — —

   So waren die Menschen in vorigen frommen Zeiten beschaffen.
20 Warum muß ich sagen: sie waren? Warum, — wenn ein sterb=
liches Wesen also fragen darf, — warum hast du die Welt ent=
arten lassen, allgütiger Himmel?

   Wehe den thörichten neuen Weisen, welche, aus innerer
Armut und Krankheit des Geistes, die Menschenwelt als einen
25 nichtswürdigen Insektenhaufen ansehen, und durch die Betrachtung
der Kürze und Vergänglichkeit der tausend wimmelnden Leben
auf dieser Erde zu einem trägen, mürrischen Trübsinn oder zu
frecher Verzweiflung sich verleiten lassen, worin sie das höchste Ziel
zu erschwingen glauben, wenn sie ihr Leben als eine leere Hülle
30 mutwillig zu zerdrücken und zu zerquetschen streben. Wer so das
Leben verachtet, der verachtet alle Tugend und Vollkommenheit,
wovon der Mensch Begriff hat, und deren Schaubühne und Übungs=
platz allein das Leben ist. — Ein großer Unterschied ist es, ob
man sein Gewerbe selbst verachtet, oder ob man bescheiden seine
35 Arbeit gering anschlägt, sein Gewerbe aber liebt, ja bloß zu eigner
Freude zu treiben scheint. — Freilich sind wir nur Tropfen im
Ocean; freilich tanzen wir alle, ein wimmelnder Reigen, nach
kurzem Dasein dem Tode in die Arme: allein unser Geist über=
steigt doch die engen Schranken, in ihm wohnen ja die unnenn=

baren, uns selber unbegreiflichen Kräfte, welche den Himmel und die ganze Erde, welche Zeit und Ewigkeit in den engen Raum zwischen Geburt und Grab zu verpflanzen fähig sind. — Unser Leben ist eine leichte Brücke, von einem dunkeln Lande zum andern hinübergeschlagen: so lange wir darauf gehen, sehen wir das ganze 5 himmlische Firmament im Wasser sich spiegeln. —

In jenen Zeiten unsrer deutschen Vorfahren aber, — denn vorzüglich auf den stillen, ernsten Charakter unsrer vaterländischen Nation ist jene Schilderung gegründet, — als die Menschen bei aller Fröhlichkeit doch fromm, ernsthaft und langsam das Turm= 10 gebäude des Lebens aus aufeinandergesetzten Stunden und Tagen aufbauten: welche unter den damaligen Menschen können unsrer zurücksehenden Einbildungskraft wohl ein herrlicheres und werteres Bild darbieten, als die Künstler, die also lebten? Denn ihnen mußte ja ihre Kunst, — denn auch diese trieben sie nicht vornehm 15 als Liebhaberei und um der Langenweile willen (wie jetzt zu ge= schehen pflegt), sondern mit emsigem Fleiße, wie ein Handwerk, — sie mußte ihnen, ohne daß sie es selber wußten, ein geheimnis= volles Sinnbild ihres Lebens sein. Ja, beides, ihre Kunst und ihr Leben, war bei ihnen in ein Werk eines Gusses zusammen= 20 geschmolzen, und in dieser innigen, stärkenden Vereinigung ging ihr Dasein einen desto festeren und sicherern Gang durch die flüchtige umgebende Welt hindurch. In ruhiger, bescheidener Stille, ohne viel scharfsinnige Worte, malten oder bildeten sie ihre Menschen= figuren, und gaben ihnen treulich dieselbe Natur, die das geheim= 25 nisvoll=wunderbare lebendige Original ihnen zeigte: und ebenso bildeten sie ihr Leben ganz folgsam nach den vortrefflichen Himmels= lehren der Religion. Sie dachten aber keineswegs an spitzfindige Fragen, warum der Menschenkörper gerade so und nicht anders gestaltet sei, oder zu welchem Zwecke sie ihn nachahmten, und 30 ebenso wenig konnte es ihnen einfallen, nach dem Grunde zu fragen, warum die Religion da sei, oder nach der Bestimmung, wozu sie selber geschaffen wären. Nirgends fanden sie Zweifel und Rätsel; sie verrichteten ihre Handlungen, wie sie ihnen natürlich und not= wendig schienen, und fügten ihre Lebenszeit ganz unbefangen aus 35 lauter richtigen, regelrechten Handlungen zusammen, ebenso wie sie an ihren gemalten Figuren die gehörigen Knochen und Muskeln, woraus der menschliche Körper nun einmal gebaut ist, an= einandersetzten.

Es ist mir eine große Herzensfreude, wenn ich diese treuen Arbeiter, in der Kunst wie im Leben, welche die deutsche Vorzeit, und vor allem jenes fruchtbare sechzehnte Jahrhundert, hervor= gebracht hat, mit gesammelten Gedanken betrachte. Um aber ein paar Exempel anzuführen, so will ich meine vorige allgemeine Abschilderung durch etliche ganz einzelne Züge aus der Geschichte meines lieben Albrecht Dürers, und seines Vaters, welcher der Goldschmied Albrecht Dürer der Alte ist, erläutern. Denn wenngleich diese kleinen Züge an sich unbedeutend scheinen möchten, so denke ich doch, daß man nach dem voraus von mir entworfenen, vielsagenden Gemälde den richtigen Sinn derselben und ihre wahre Bedeutung besser verstehen wird.

Jn dem Werke des edlen Joachim von Sandrart (in welchem derselbe mit lobenswürdigem Eifer gern das ganze Gebiet der Kunst mit beiden Händen umfassen wollen) finden wir in dem Leben Albrecht Dürers einen kleinen Aufsatz von diesem Künstler selbst eingerückt, worin er, ihm selber und seinen Nachkommen zum Angedenken, einige Nachrichten von seinem Leben und von seiner Familie, mit wenigen aber treuen und frommen Worten, aufgezeichnet hat. Es war damals nicht ungewöhnlich, seinem vollbrachten Lebenslaufe durch genaue Aufzeichnung wieder nach= zudenken und ihn zu prüfen; und niemals sonderte man sich in solcher Beschreibung von allen übrigen Menschen ab, vielmehr be= trachtete man sich immer nur als ein Mitglied und Mitbruder des großen Menschengeschlechts, indem man sein ganzes Geschlechts= register durchführte, und sich bescheiden seinen gehörigen Platz auf irgend einem Nebenzweige des alten ehrwürdigen Stammbaums anwies, nicht aber sich allein zum Hauptstamme der Welt machte. Die lieblich=verschlungene Kette der Verwandtschaft war ein heiliges Band: mehrere Blutsfreunde machten gleichsam ein einziges, ge= teiltes Leben aus, und ein jeglicher fühlte sich desto reicher an Lebenskraft, in je mehr andern Herzen das gleiche urväterliche Blut schlug: — die ganze Verwandtschaft endlich war der heilige kleine Vorhof zu dem großen Jnbegriff der Menschheit. Die alten Vorfahren, die der Himmel zu Werkzeugen bestimmt hatte, der

---

13. Joachim von Sandrart, 1606—16⁸⁸, deutscher Maler, Kupferstecher und Kunsthistoriker. Das von Tieck benutzte Werk erschien unter dem Titel „Die deutsche Akademie der Bau=, Bildhauer= und Malerkunst" zu Nürnberg 1675—1679 in zwei Bänden; Tieck benutzte wohl die von Volkmann 1768—1775 in acht Bänden veranstaltete Ausgabe (Nürn= berg).

fruchtbaren Nachkommenschaft das Leben, und mittelbar alle Güter
des Lebens (ich meine Tugend und göttliche Gesinnung) zu schenken,
wurden, aus einem schönen, natürlichen Instinkte, nicht anders als
mit dankbarer Ehrfurcht genannt. Der Sohn horchte in der Jugend
seinem alten Vater wißbegierig zu, wenn dieser von seinen oder 5
seines Vaters Schicksalen erzählte; er nahm alles eifrig in sein
Gedächtniß auf, als wären es wichtige Glaubensartikel, denn auch
er sollte das Werk des Lebens durchführen, das seine Vorfahren
schon so ruhmwürdig vollendet hatten.

  Dies sind die Gedanken, welche bei mir aufsteigen, wenn ich 10
des Albrecht Dürers Bericht von seinem Vater und seinen Vor=
fahren lese, welchen er mit folgenden Eingangsworten anhebt:

  „Ich Albrecht Dürer der jüngere hab zusammengetragen
  aus meines Vaters Schriften, von wannen er her sei, wie er
  herkommen und blieben und geendet seliglich: Gott sei ihm 15
  und uns gnädig. Amen."

Alsdann erzählt er: seines Vaters Vater, genannt Antoni Dürer,
sei als Knabe in ein Städtlein in Ungarn gekommen zu einem
Goldschmied, und habe allda das Handwerk erlernt. Dann habe
er sich verheiratet mit einer Jungfrauen mit Namen Elisabeth, 20
mit dieser habe er vier Kinder geboren, und der erste Sohn,
Albrecht Dürer, sei sein lieber Vater gewesen, und sei auch ein
Goldschmied worden. Dieser sein lieber Vater habe sich nachher
lange Zeit in Niederlanden bei den großen Künstlern aufgehalten,
und im Jahre 1455 sei er nach Nürnberg gekommen, gerade an 25
demselben Tage, als Philipp Pirkhaimer auf der Vesten Hochzeit
gehalten, und ein großer Tanz unter der großen Linden angestellt
gewesen.

  Das ganze Wesen seines Vaters spricht Albrecht Dürer gleich
anfangs gar kräftig und bündig in zweien Worten aus, wenn er 30
sagt: er sei gewesen ein künstlicher und reiner Mann. Und
am Ende fügt er folgende Züge hinzu, die uns ihn ganz lebhaft
vor Augen schildern. Es habe sich derselbe mit Weib und Kin=
dern von seiner Hände Arbeit notdürftig ernährt, und sein Leben
unter mancherlei Mühe, Anfechtung und Beschwerden hingebracht. 35
Bei allen, die ihn gekannt, habe er ein gut Lob gehabt, denn er
sei ein gottesfürchtiger Mann gewesen, geduldig, sanftmütig, ehr=
bar, und immer voll Dankbarkeit gegen Gott. Übrigens sei er

---

26. Der Vater des unten S. 138 genannten Wilibald Pirkheimer.

von wenig Worten gewesen, habe allzeit in der Stille und Einsamkeit fortgelebt, und sich gar wenig weltlicher Freuden bedient.
Sein höchstes Begehren sei dahin gegangen, seine Kinder zur Ehre
Gottes aufzuziehen, darum habe er großen Fleiß auf sie gewandt,
5 und täglich von der Liebe Gottes zu ihnen gesprochen. Endlich,
in der Krankheit, da er seinen Tod vor Augen gesehen, habe er
sich willig drein gegeben, habe seinen Kindern befohlen göttlich zu
leben, und sei christlich verschieden, im 1502. Jahre vor Mitternacht
nach St. Matthäus-Abend.

10   Ein solches stilles, abhängiges Leben führen, da man in
keiner Stunde vergißt, daß man nichts anders ist als ein Arbeiter
Gottes, dies heißt den sichersten Weg zur Glückseligkeit gehn.
Wer aber keinen Gott verehrt, das heißt mit andern Worten, wer
sich selber zum Gott und Regierer des Weltalls machen will, der
15 befindet sich in einer unglückseligen Verrückung, und genießt nur
die traurige, falsche Glückseligkeit eines thörichten, wahnsinnigen
Bettlers, der sich ein Kaiser in der Krone dünkt.

Noch finden wir an dem oben gedachten Orte ein von dem
alten Dürer hinterlassenes Verzeichniß aller seiner Kinder, an der
20 Zahl achtzehn, welche er eigenhändig, nach Vornamen und nach
Tag und Stunde der Geburt, in ein eigen Buch sorgfältig aufgezeichnet hat. Dieser gute Bürger und Goldschmied zu Nürnberg,
Dürer der Alte, mag während seines Lebens gewiß oftmals viel-
fältige gute Gedanken in seinem Kopfe hervorgebracht haben: allein
25 viel davon aufzuschreiben ist ihm wohl nicht eingefallen, ja es
möchte ihm dies vielleicht seltsam vorgekommen sein: weit natürlicher war es ihm, über alle Kinder, die der Himmel ihm geschenkt
hatte, ein genaues Register zu führen. Von allen diesen achtzehn
Kindern aber gedenken wir jetzt, nach ein paar Jahrhunderten,
30 keines als nur des geliebten Albrechts, und alle übrigen sind der
Vergessenheit übergeben, wovon freilich der Vater bei der Geburt
nichts ahnden konnte, ihn vielmehr, ohne Auszeichnung, mit ähn-
lichen Worten als die andern, also aufführt:

„Item, nach Christi Geburt 1471 Jahr, in der sechsten
35   Stunde am Sankt Prudentien Tag, an einem Freitag in der
Kreuzwochen gebar mir meine Hausfrau Barbara meinen
andern Sohn, der ward genannt Albrecht nach mir.”

Nachdem unser Albrecht Dürer der jüngere dies Register von
allen seinen Geschwistern aus seines Vaters Buch eingerückt, so

setzt er hinzu: „Nun sind diese meine Geschwister, meines lieben
Vaters Kinder, fast alle gestorben, etliche in der Jugend, die andern so sie erwachsen waren; nur wir drei Brüder leben noch, so
lange Gott will, nämlich ich Albrecht, desgleichen mein Bruder
Hans und mein Bruder Andreas.“ — So lange Gott will! Ein 5
schöner Wahlspruch! Ein kindliches Gefühl, daß wir Menschen
uns von Gott, in den teuren Banden seiner Liebe hingend, so
lange unter den Blumengerüchen dieser grünen Erde hin und her
wiegen lassen, als es ihm gut dünkt daß uns dienlich sei.

Ihm, unserm werten Albrecht Dürer, hat er ein 57jähriges 10
Alter dienlich gehalten; dabei hat er ihm aber auch gütig verliehen, in der Kunst ein weit größerer Mann als sein Vater zu
werden. Anfangs lernte dieser ihn zum Goldschmiedgewerbe an,
und wollte die großväterliche Kunst auf den Enkel verpflanzen.
Denn wenn in den vorigen Zeiten Deutschlands die Kunst einmal 15
dem Stamme eines Geschlechts eingeimpft war, so wurden gemeiniglich auch die nachschießenden Zweige veredelt, und das Band der
Blutsfreundschaft ward gleichsam vergoldet durch diese erbliche
Tugend der Kunst, wovon uns mehrere edle Künstlerfamilien,
entsprossen aus den blühenden alten Städten des südlichen Deutsch- 20
lands, ein Beispiel abgeben. — Der junge Albrecht übte sich also
unter seines Vaters Anweisung in der Goldschmiedarbeit und kam
(wie Sandrart erzählt) so weit, daß er die sieben Fälle des
Leidens Christi in getriebener Arbeit verfertigte. Damals war es
jedem, ohne sich zu besinnen, das nächste und natürlichste, sich 25
durch heilige Gegenstände zur Kunst einzuweihen, und für die
erlangte erste jugendliche Geschicklichkeit dem Himmel durch eine
Vorstellung, die ihm wohlgefällig wäre, sich dankbar zu beweisen.
— Dürer aber trug innerlich weit größere Lust zur Malerei, und
obwohl der Vater ihn gar gern auch zum Sohne seiner Kunst 30
behalten hätte, so gab er doch nach, und — spricht Albrecht Dürer
— „im Jahre 1486 am St. Andreas Tag versprach mich mein
Vater in die Lehrjahr’ zu Michael Wohlgemuth, drei Jahr lang
ihm zu dienen; in der Zeit verliehe mir Gott Fleiß, daß ich wohl
lernete, aber viel von seinen Knechten leiden mußte; und da ich 35
ausgedient hatte, schickt’ mich mein Vater hinweg, und blieb ich
vier Jahr außen, bis daß mich mein Vater wieder fordert.“ In
diesem einfachen Tone zählt er die Umstände seines Lebens her:
ohne sich zur Rechten oder Linken umzusehen, geht er seinen geraden

Weg fort, und thut, als wenn alles, was ihm begegnet, so und
nicht anders sein müßte.

In seinen Gemälden, Kupferblättern und Holzstichen, welche
zum großen Teil geistliche Vorstellungen enthalten, zeigt unser
5 Dürer eine treue, handwerksmäßige Emsigkeit. Das Gemüt, welches
ihm das Streben nach dieser in seinen Linien ausgeführten Vollen=
dung, das man so offen und unverstellt in seinen Werken erblickt,
einflößte, und welches ihn trieb, den besten und richtigsten Pro=
portionen des menschlichen Körpers sorgfältig nachzuspüren, und
10 sie in einem Buche aufzubewahren, welches nachher in allen Sprachen
übersetzt, allen zeichnenden Völkern zum Kanon diente: dies war
eben dasselbe Gemüt, welches ihn auch im Leben und Handeln
überall das Rechte und Gute so verfolgen hieß. Obgleich aber
die Posaune der Fama in den besten Ländern Europas (nämlich
15 außer dem deutschen Reiche in Italien, Frankreich, Spanien, Hol=
land und England) weit und breit seinen Namen ausrief und
verherrlichte, so daß er sowohl von den berühmtesten Malern
damaliger Zeit, als von Kaisern und Königen der größten Ehren
genoß, welches seinem Vater, dem ehrlichen Goldschmied, keines=
20 weges begegnet war; so wich der teure Mann doch in der Art
zu leben gar nicht von diesem ab, sondern setzte den Pilgerstab
seiner irdischen Wanderschaft ebenso Schritt vor Schritt, still und
bedächtig fort, und war ein künstlicher und reiner Mann.

Aus solchen Beispielen wird man ersehen, daß wo Kunst und
25 Religion sich vereinigen, aus ihren zusammenfließenden Strömen
der schönste Lebensstrom sich ergießt.

So wie aber diese zwei großen göttlichen Wesen, die Reli=
gion und die Kunst, die besten Führerinnen des Menschen für
sein äußeres, wirkliches Leben sind, so sind auch für das innere,
30 geistige Leben des menschlichen Gemüts ihre Schätze die aller=
reichhaltigsten und köstlichsten Fundgruben der Gedanken und Ge=
fühle, und es ist mir eine sehr bedeutende und geheimnisvolle
Vorstellung, wenn ich sie zweien magischen Hohlspiegeln vergleiche,
die mir alle Dinge der Welt sinnbildlich abspiegeln, durch
35 deren Zauberbilder hindurch ich den wahren Geist aller Dinge
erkennen und verstehen lerne.

---

10. in einem Buche aufzubewahren, „Die vier Bücher von menschlicher Pro=
portion" sind 1528 nach Dürers Tode erschienen. Vgl. A. v. Zahn, Dürers Kunstlehre und
sein Verhältnis zur Renaissance. Leipzig 1866.

2. Eine Erzählung, aus einem italieniſchen Buche überſetzt.

— Ich war auf dem gewohnten Gange nach dem Walde
begriffen, und ich freute mich ſchon im voraus, daß nun das Ge=
mälde der heiligen Familie vollendet ſein würde. Es war mir
verdrießlich, daß der Maler ſo lange zögerte, daß er immer noch 5
nicht meinen dringenden Bitten nachgab, zu endigen. Alle Ge=
ſtalten, die mir begegneten, einzelne Geſpräche, die ich unterwegs
hörte, nichts ging mich an, denn nichts davon hatte Bezug auf
mein Gemälde; die ganze außenliegende Welt war mir jetzt nur
ein Anhang, höchſtens eine Erklärung zur Kunſt, meiner liebſten 10
Beſchäftigung. Einige alte arme Leute gingen vorbei, aber es
war keiner darunter, der zu einem Joſeph getaugt hätte, kein
Mädchen hatte Spuren vom Geſicht der Madonna, zwei Alte ſahen
mich an, als ob ſie ſich nicht unterſtänden, ein Almoſen zu begehren,
aber erſt lange nachher fiel es mir ein, daß ich ſie mit einer 15
Kleinigkeit hätte fröhlich machen können.

Es war ein heiterer Tag, die Sonne ſchien in die Dunkel=
heit ſparſam hinein, nur an einzelnen Stellen ſah ich die lichte
Bläue des Himmels. Ich dachte: „O, wie beglückt iſt dieſer Maler,
der hier in der Einſamkeit, zwiſchen ſchönen Felſen, zwiſchen hohen 20
Bäumen ſeinen Genius erwarten darf, dem keine andre der klein=
lichen menſchlichen Beſchäftigungen nahe tritt, der nur ſeiner Kunſt
lebt, nur für ſie Aug' und Seele hat. Er iſt der glücklichſte unter
den Menſchen, denn die Entzückungen, die uns nur auf Augen=
blicke beſuchen, ſind in ſeinem kleinen Hauſe einheimiſch, die hohen 25
Götter ſitzen neben ihm, geheimnisreiche Ahndung, zärtliche Er=
innerung ſpielen unſichtbar um ihn, Zauberkräfte lenken ſeine Hand,
und unter ihm entſteht die wundervolle Schöpfung, die er ſchon
vorher kennt, befreundet tritt ſie aus dem Schatten heraus, der
ſie unſichtbar zurückhält."   30

Unter dieſen Gedanken hatte ich mich der Wohnung genähert,
die abſeits im Holze lag. Auf einem freien weiten Platze ſtand
das Haus, hohe Felſen erhoben ſich hinter ſeinem Rücken, von
dem Tannen herunterrauſchten und krauſes Gebüſch ſich im Winde
oben rührte.   35

---

1. Eine Erzählung ꝛc. Von Tieck. Vgl. oben die Einleitung S. 4; Köpke II, 242.
— Später in die Umarbeitung des „Sternbald" (Schriften XVI, 171 ff.) aufgenommen
(ſ. unten). Dort wird ſie als Erzählung „eines auswärtigen Freundes" mitgeteilt.

Ich klopfte an die Hütte. Die beiden Kinder des Malers waren zu Hause, er selbst war nach der Stadt gegangen, um einzukaufen. Ich setzte mich nieder, das Gemälde stand auf der Staffelei, aber es war ganz vollendet. Es übertraf meine Er-
5 wartung, meine Augen wurden auf den schönen Gestalten festgehalten: die Kinder spielten um mich her, aber ich gab nicht sonderlich acht darauf, sie erzählten mir dann von ihrer kürzlich gestorbenen Mutter, sie wiesen auf die Madonna, ihr sei sie ähnlich gewesen, sie glaubten sie noch vor sich zu sehen. „Wie herr-
10 lich ist diese Wendung des Kopfs!" rief ich aus, „wie überdacht, wie neu! Wie wohl ist alles angeordnet! Nichts Überflüssiges, und doch, welche herrliche Fülle!"

Das Gemälde ward mir immer lieber, ich sah es in Gedanken schon in meinem Zimmer hängen, meine entzückten Freunde
15 davor versammelt. Alle übrigen Bilder, die in der Malerstube umherstanden, waren in meinen Augen gegen dieses unscheinbar, keine Gestalt war so innig beseelt, so durch und durch mit Leben und Geist angefüllt, wie auf der Tafel, die ich schon als die meinige betrachtete. Die Kinder beschauten indessen den fremden
20 Mann, sie verwunderten sich über jede meiner Bewegungen. Ihnen waren die Gemälde, die Farben alltäglich, sie wußten sich daran nichts Sonderliches, aber mein Kleid, mein Hut, diese Gegenstände waren ihnen dafür desto merkwürdiger.

Nun kam der Alte mit einem Korbe voll Eßwaren aus der
25 Stadt, er war böse, daß er die alte Frau aus dem benachbarten Dorfe noch nicht antraf, die für ihn und seine Kinder kochen mußte. Er teilte den Kindern einige Früchte aus, er schnitt ihnen etwas Brot, und sie sprangen damit vor die Thür hinaus, lärmten und verloren sich bald in das Gebüsch.

30 „Ich freue mich," fing ich an, „daß Ihr das Bild fertig gemacht habt. Es ist über die Maßen wohl geraten, ich will es noch heute abholen lassen."

Der alte Mann betrachtete es aufmerksam, er sagte mit einem Seufzer: „Ja, es ist nun fertig, ich weiß nicht, wenn ich wieder
35 ein solches werde malen können; laßt es aber bis morgen stehn, wenn Ihr mir einen Gefallen thun wollt, daß ich es bis dahin noch betrachten kann."

Ich war zu eifrig, ich wollte es durchaus noch abholen lassen, der Maler mußte sich endlich darin finden. Ich fing nun an, das Geld aufzuzählen, als der Maler plötzlich sagte: „Ich habe es mir seitdem überlegt, ich kann es Euch unmöglich für denselben geringen Preis lassen, für den Ihr das letzte bekommen habt."

Ich verwunderte mich darüber, ich fragte ihn, warum er bei mir gerade anfangen wolle, seine Sachen teurer zu halten, aber er ließ sich dadurch nicht irre machen. Ich sagte, daß ihm das Gemälde wahrscheinlich stehn bleiben würde, wenn er seinem Eigensinne folgte, da ich es bestellt habe, und es kein andrer nachher kaufen würde, wie es ihm schon mit so manchen gegangen. Er antwortete aber ganz kurz: die Summe sei klein, ich möchte sie verdoppeln, es sei nicht zu viel, übrigens möchte ich ihn nicht weiter quälen.

Es verdroß mich, daß der Maler gar keine Rücksicht auf meine Einwendungen nahm, ich verließ ihn stillschweigend, und er blieb nachdenkend auf seinem Sessel vor meinem Bilde sitzen. Ich begriff es nicht, wie ein Mensch, der von der Armut gedrückt sei, so hartnäckig sein könnte, wie er in seinem Starrsinne so weit gehe, daß er von seiner Arbeit keinen Nutzen schöpfe.

Ich strich im Felde umher, um meinen Verdruß über diesen Vorfall zu zerstreuen. Als ich so herumging, stieß ich auf eine Herde Schafe, die friedlich im stillen Thale weidete. Ein alter Schäfer saß auf einem kleinen Hügel, in sich vertieft, und ich bemerkte, daß er sorgsam an einem Stocke schnitzelte. Als ich näher trat und ihn grüßte, sah er auf, wobei er mir sehr freundlich dankte. Ich fragte ihn nach seiner Arbeit, und er antwortete lächelnd: „Seht, mein Herr, jetzt bin ich mit einem kleinen Kunststücke fertig, woran ich beinahe ein halbes Jahr ununterbrochen geschnitzt habe. Es fügt sich wohl, daß reiche und vornehme Herren sich meine unbedeutenden Sachen gefallen lassen und sie mir abkaufen, um mir mein Leben zu erleichtern, und deshalb bin ich auf solche Erfindungen geraten."

Ich besah den Stock, als Knopf war ein Delphin ausgearbeitet, mit recht guter Proportion, auf dem ein Mann saß, der auf einer Zither spielte. Ich merkte, daß es den Arion vorstellen solle. Am künstlichsten war es, daß der Fisch unten, wo er sich an den Stock schloß, ganz fein abgesondert war, es war zu bewundern, wie ein Finger die Geduld und Geschicklichkeit zugleich besessen habe, die Figuren und alle Biegungen so genau auszuholen, und doch so frei und dreist dabei zu arbeiten, es

rührte mich, daß das mühselige Kunststück nur einen Knopf auf
einem gewöhnlichen Stocke bedeuten solle.

    Der alte Mann fuhr fort zu erzählen, daß er unvermutet
ein Lied von diesem Delphin und Arion angetroffen, das ihm
5 seither immer so im Sinne gelegen, daß er die Geschichte fast
wider seinen Willen habe schnitzen müssen. „Es ist recht wunderbar und schön," sagte er, „wie der Mann auf den unruhigen
Wogen sitzt, und ihn der Fisch durch seinen Gesang so liebgewinnt,
daß er ihn sogar sicher ans Ufer trägt. Lange habe ich mir den
10 Kopf darüber zerbrochen, auf welche Weise ich wohl das Meer
machen könnte, so daß man auch die Not und das Elend des
Mannes gewahr würde, aber dergleichen war pur unmöglich, wenn
ich auch die See mit Strichen und Schnitzen hätte anmachen
wollen, so wäre es doch nachher nicht so künstlich gewesen, wie
15 jetzt der Stock durch den feinen Schwanz des Fisches mit dem
obern Bilde verbunden ist."

    Er rief einen jungen Burschen, seinen Enkel, der mit dem
Hunde spielte, und befahl ihm das alte Lied abzusingen, worauf
jener in einer einfachen Weise diese Worte sang:

20
        „Arion schifft auf Meereswogen
        Nach seiner teuren Heimat zu,
        Er wird vom Winde fortgezogen
        Die See in stiller, sanfter Ruh'.

        Die Schiffer stehn von fern und flüstern,
25
        Der Dichter sieht ins Morgenrot,
        Nach seinen goldnen Schätzen lüstern
        Beschließen sie des Sängers Tod.

        Arion merkt die stille Tücke,
        Er bietet ihnen all' sein Gold,
30
        Er klagt und seufzt, daß seinem Glücke
        Das Schicksal nicht wie vordem hold.

        Sie aber haben es beschlossen,
        Nur Tod giebt ihnen Sicherheit,
        Hinab ins Meer wird er gestoßen,
35
        Schon sind sie mit dem Schiffe weit.

    20. Arion war ein Lieblingsthema der Romantiker; vgl. A. W. Schlegels bekannte
Ballade und unten den „Sternbald".

Er hat die Leier nur gerettet,
Sie schwebt in seiner schönen Hand,
In Meeresfluten hingebettet
Ist Freude von ihm abgewandt.

Doch greift er in die goldnen Saiten   5
Daß laut die Wölbung wiederklingt,
Statt mit den Wogen wild zu streiten
Er sanft die zarten Töne singt:

    Klinge Saitenspiel,
    In der Flut   10
    Wächst mein Mut,
Sterb' ich gleich, verfehl ich nicht mein Ziel.

    Unverdrossen
    Komm' ich, Tod,
    Dein Gebot   15
Schreckt mich nicht, mein Leben ward genossen.

    Welle hebt
    Mich im Schimmer,
    Bald den Schwimmer
Sie in tiefer, nasser Flut begräbt.   20

Es klang das Lied durch alle Tiefen,
Die Wogen wurden sanft bewegt,
In Abgrunds Schlüften, wo sie schliefen,
Die Seegetiere aufgeregt.

Aus allen Tiefen blaue Wunder,   25
Die hüpfend um den Sänger ziehn,
Die Meeresfläche weit hinunter
Beschwimmen die Tritonen grün.

Die Wellen tanzen, Fische springen,
Seit Venus aus den Fluten kam,   30
Man dieses Jauchzen, Wonneklingen
In Meeresvesten nicht vernahm.

Arion sieht mit trunknen Blicken
Lautsingend in das Seegewühl,
Er fährt auf eines Delphins Rücken,   35
Schlägt lächelnd noch sein Saitenspiel.

Des Fischers Sinn zum Dienst gezwungen,
Er naht sich schon der Felsenbank,
Er landet, hat den Fels errungen
Und singt dem Fährmann seinen Dank.   40

Am Ufer kniet er, dankt den Göttern,
Daß er entrann dem nassen Tod.
Der Sänger triumphiert in Wettern
Bezwingt ihn nicht Gefahr, nicht Not."

5 Der Knabe sang das Lied mit einem sehr einfachen Aus=
drucke, indem er stets die kunstreiche Arbeit seines Großvaters
betrachtete. Ich fragte den Hirten, wieviel er für sein Kunststück
verlange, und der geringe Preis, den er forderte, setzte mich in
Erstaunen. Ich gab ihm mehr als er wollte, und er war außer
10 sich vor Freuden; aber noch einmal nahm er mir den Stock aus
der Hand und betrachtete ihn genau. Er weinte fast, indem er
sagte: „Ich habe so lange an dieser Figur geschnitzt, und muß
sie nun in fremde Hände geben, es ist vielleicht meine letzte Arbeit,
denn ich bin alt, und die Finger fangen mir an zu zittern, ich
15 kann nichts so Künstliches wieder zu stande bringen. So lange
ich mich darauf geübt habe, sind viele Sachen von mir geschnitten,
aber noch nichts habe ich bisher mit diesem Eifer getrieben; es
ist mein bestes Werk."

Er rührte mich, ich nahm Abschied und begab mich auf den
20 Weg zur Stadt. Je näher ich dem Thore kam, je mehr fiel es
mir auf, je wunderlicher kam ich mir vor, daß ich mit einem so
langen Stabe einherschritt. Ich dachte daran, wie es allen Ein=
wohnern der Stadt, allen meinen Bekannten auffallen müsse, wenn
ich mit dem langen Holze durch die Gassen zöge, an dem oben
25 ein großes schweres Bild sich zeigte. Dem ist leicht vorzubeugen,
dachte ich bei mir selber, und schon hatte ich meine Faust an=
gelegt, den bunten Knopf herunterzubrechen, um ihn in die Tasche
zu stecken, und den übrigen Teil des Stocks dann im Felde fort=
zuwerfen.

30 Ich hielt wieder ein. „Wie viele mühevolle Stunden," sagte
ich, „hast du, Alter, darauf verwandt, um den künstlichen Fisch
mit dem Stocke zusammenzuhängen, dir wäre es leichter gewesen,
ihn für sich zu schneiden, und wie grausam müßte es dir dünken,
daß ich jetzt aus falscher Scham die schwerste Aufgabe deines
35 mühseligen Werks durchaus vernichten will."

Ich warf mir meine Barbarei vor, und war mit diesen Ge=
danken schon ins Thor gekommen, ohne es zu bemerken. Es
ängstete mich gar nicht, daß die Leute mich aufmerksam betrachteten,
wohlbehalten und unverletzt setzte ich in meinem Zimmer den Stock

2*

unter andern Kunstsachen nieder. Die Arbeit nahm sich zwar nun
nicht mehr so gut aus als im freien Felde, aber innigst rührte
mich immer noch der unermüdliche Fleiß, diese Liebe, die sich dem
leblosen Holze, der undankbaren Materie so viele Tage hindurch
angeschlossen hatte.   5

Indem ich das Werk noch betrachtete, fiel mir der Maler
wieder in die Gedanken. Es gereuete mich nun recht herzlich, daß
ich so unfreundlich von ihm gegangen war. Ihm war die Bil=
dung seiner Hand und seiner Phantasie auch so befreundet, die
er nun für eine Nichtswürdigkeit einem Fremden auf immer über= 10
lassen sollte. Ich schämte mich, zu ihm zu gehn und meine Reue
zu bekennen, aber da standen die Gestalten der armen Kinder vor
meinen Augen, ich sah die dürftige Wohnung, den bekümmerten
Künstler, der, von der ganzen Welt verlassen, die Bäume und
benachbarten Felsen als seine Freunde anredete. „Armer Cor= 15
reggio!“ seufzte ich laut, „auch dein Lebenswandel ging verloren,
wie magst du dich nach einem Freunde gesehnt haben! Wie ein=
sam ist der Künstler, den man nur wie eine schätzbare Maschine
behandelt, die die Kunstwerke hervorgiebt, die wir lieben, den
Urheber selbst aber vernachläßigen. Es ist ein gemeiner, ver= 20
dammlicher Eigennutz.“

Ich schalt meine Scham, die mich an dem Tage fast zwei=
mal zum Barbaren gemacht hatte; noch vor Sonnenuntergang ging
ich nach dem Walde hinaus. Als ich vor dem Hause stand, hörte
ich den Alten drinnen musizieren; es war eine wehmütige Melodie, 25
die er spielte, er sang dazu:

> „Von aller Welt verlassen,
> Bist du Madonna nah',
> Wenn Mensch und Welt mich hassen,
> Stehst du mir freundlich da,   30
> So bin ich nicht verlassen,
> Wenn ich dein Auge sah.“

Mein Herz klopfte, ich riß die Thür auf, und fand ihn vor
seinem Gemälde sitzen. Ich fiel ihm weinend um den Hals, und
er wußte erst nicht, was er aus mir machen sollte. „Mein stei= 35
nernes Herz,“ rief ich aus, „hat sich erweicht, verzeiht mir das
Unrecht, das ich Euch heute Morgen that.“

15 f. Correggio, s. unten.

Ich gab ihm für sein Bild weit mehr, als er gefordert, als
er erwartet hatte, er dankte mir mit wenigen Worten. „Ihr seid,"
fuhr ich fort, „mein Wohlthäter, nicht ich der Eurige, ich gebe,
was Ihr von jedem erhalten könnt, Ihr schenkt mir die kostbar=
5 sten, innersten Schätze Eures Herzens."

Der Maler sagte: „Wenn Ihr das Bild abholen laßt, so
erlaubt mir nur, daß ich manchmal, wenn es Euch nicht stört,
oder Ihr nicht zu Hause seid, in Eure Wohnung kommen darf,
um es zu betrachten. Eine unbezwingbare Wehmut nagt an
10 meinem Herzen, alle meine Kräfte erliegen, und dies Bild ist
vielleicht das letzte, das meine Hände erschaffen haben. Dazu
trägt die Madonna die Bildung meiner gestorbenen Gattin, des
einzigen Wesens, das mich auf Erden jemals wahrhaftig geliebt
hat: ich habe lange daran gearbeitet, meine beste Kunst, mein
15 herzlichster Fleiß ist in diesem Gemälde aufbewahrt."

Ich umarmte ihn wieder: wie herzensarm, wie verlassen, wie
gekränkt und einsam schien mir nun derselbe Mann, den ich am
Morgen noch glaubte beneiden zu können! — Er wurde von
diesem Tage mein Freund, wir ergötzten uns oft, indem wir vor
20 seinem Bilde Hand in Hand saßen.

Aber er hatte recht. Nach einem halben Jahre war er ge=
storben, er hatte mancherlei angefangen, aber nichts vollendet.
Seine übrigen Arbeiten wurden in einer Versteigerung ausgeboten,
ich habe vieles an mich gehandelt.

25 Mitleidige Menschen nahmen die Kinder zu sich; auch ich
unterstütze sie. Ein Tagelöhner wohnt mit seiner Familie nun
in der Hütte, wo sonst die Kunst einheimisch war, wo sonst freund=
liche Gesichter von der Leinwand blickten. Oft gehe ich vorüber,
und höre einzelne Reden der Einwohner, oft seh' ich auch den
30 alten Hirten noch. — Niemals kann ich an diesen Vorfall ohne
heftige Rührung denken.

───── ·· ─────

3. Rafaels Bildnis.

Schon oft habe ich dich angeredet, in Gedanken und laut,
du teures Angesicht, alle meine Sorgen, meinen Jammer habe ich
35 dir in schönen abergläubischen Stunden geklagt, und dann schautest

32. **Rafaels Bildnis.** Von Tieck. Vgl. die Einleitung oben S. 4; Köpke II, 294.

du mich an, als wenn du mich kenntest, als wenn du mich besser
verständest, als meine Freunde, die mich umgeben.

Innig hat mich schon von meiner Kindheit der Klang deines
Namens ergötzt. Was ist es, das meine Seele zu dir Unbekannten,
der mir so befreundet ist, hinzieht? Immer red' ich zu dir, wie 5
gegenwärtig, vertraulich bin ich in deiner Nähe, alles, was ich
denke, alles, was mir begegnet, erzähl' ich dir, wie von einem
lieben Herzensfreunde nehme ich am Abend Abschied von dir,
und lege mich zur Ruhe.

Kennst du mich? Weißt du von mir? Immer schwank' ich, 10
und zittre, dir zu begegnen, und dann bist du wieder nahe an
meiner Brust.

Nicht als Künstler bist du mir bloß gegenwärtig, nicht Be=
wunderung und Liebe allein zieht mich mächtig zu dir hin, eine
wunderseltsame unaussprechliche Seligkeit strömt von dir aus, und 15
faßt mich wie mit Wellen ein, daß du es bist, du allein, dein
Name, deine Gestalt, die ich mir einbilde, dein hoher Sinn, der
dich regierte, das alles, was einzig dich allein vor allen herrlich
macht, und was ich immer nicht nennen kann, dies ist, was die
glänzenden, unzerreißlichen Ketten um mich windet, was mich wie 20
auf Engelschwingen zwischen Himmel und Erde hält, wo ich dich
immer unerreichbar oben sehe und nicht zurück zur Erde kann,
und du mit mitleidiger Freundschaft mein Händestrecken, mein
inbrünstiges Ringen siehst.

Oft tadle ich mich dann, und wie ein Gewissensvorwurf be= 25
fällt mich die Ängstlichkeit, daß ich die Kunst und dich, dies eitle
menschliche Spielwerk, zu himmlisch, zu begeistert anschaue, daß die
großen Apostel, die heiligen Märtyrer der Kirche wohl nur ihren
Herrn, den Welterlöser, mit dieser Anbetung, die das ganze Herz
in zitternder, unendlich seliger Freude auflöst, gedacht und sich 30
nahe gewünscht haben mögen. Denn es ist wahr, wenn ich an
andre große Namen denke, an alte Helden, an alte Dichter und
Propheten, und du fällst dann plötzlich wie eine glänzende Er=
scheinung in mein Gedächtnis hinein, so ist alles übrige dunkel
und ohne Farbe, ich war oft erfreut und erhabenen Gemüts, aber 35
plötzlich fühl' ich dann, daß ich irrte, und daß du meine ganze
Seele regierst.

Seh' ich dann umher und betrachte die übrigen Menschen
und die unlebendige aber freundliche Natur, so muß ich mich über

mich selber verwundern. Denn dein Atem vom Himmel herab,
o Allgütiger, der die Natur bis in die innersten Tiefen durch=
dringt, der das liebliche Leben in Kreatur und Baum erregt, der
in den Seelen zittert, daß sie verehren und anbeten und sich selber
5 lieben, dieser dein Geist erschüttert mich vor allen übrigen gewalt=
samer, ein ewiges Entzücken der Wonne bewegt und zerstört und
erhält Baum und Zweig meines Daseins, Liebe zu dir und brüder=
liche Freundschaft, mein Rafael Sanzius, ist das Geräusch aller
seiner Blätter.

10   Ich mag dich jetzt mit Worten nicht nennen, du, den alle
Gedanken meinen, zu dem die Geister streben, wenn sie es gleich
nicht wissen und merken, du letzter Urquell, großes Meer, Unend=
lichkeit des Lebens! Aber du verzeihst es mir gewiß, wenn ich
mit meiner höchsten Liebe ein innwohnendes Bild meiner Seele
15 umfange, wenn ich vor der allerliebsten Gestalt demütig kniee,
wenn ich ihr einen menschlichen Namen gebe, und gern gestehe,
daß ich das Entsetzen des Gefühls, mit dem ich dich nur denken
kann, fürchte, daß ich das Zermalmen des Entzückens, die Last
der Wonne, die mich im Tempel wohl zuweilen faßt und nieder=
20 drückt, nur in seltenen, geheimnisreichen Stunden zu suchen wage.
Du bist es ja doch, den wir mit allen Entzückungen meinen, und
daß ich es kindlich und doch kühnlich sage, so hast du deinen Sohn
in die Welt geschickt, um unsre Liebe, unsre Huldigung verkleidet
zu empfangen, und es freut dich auch, dich in tausend andern
25 Vorstellungen verehrt zu sehn, und darum erregst du in den Seelen
guter Menschen die Bilder wohl selbst, in denen sie dich anbeten.
    Darum will ich auch an dir, mein Rafael, immer fester
hangen. Ich sehe dein ganzes Leben und Wirken vor mir, meine
Stunden sind mir fast nur geschenkt, mich der deinigen zu erinnern.
30 Ich verwundere mich immer von neuem, wie du wohl magst in
das gewöhnliche Leben hineingeschaut haben, wie dir alle Ärmlich=
keiten, alle wilden Verwirrungen, alles kleinliche Interesse vor=
gekommen ist. Wie du mitleidig gelächelt hast, und dir an deinen
Brüdern doch nichts fremd und nichts verächtlich war.

35   Wenn ich in trüben Stunden verzagen will, und die Welt
mir unglückselig dünkt, wenn nichts mich dann aufrichtet, und ich
mich aller Freunde erinnere, die ich verlor, wenn meine Seele sich

---

11. meinen, auf welchen alle Gedanken hinzielen.

in Bangigkeit zusammenkrümmt, und ich ohne Hoffnung die Arme
nach einem Troste ausstrecke: dann rufe ich deinen Namen Rafael
aus, wie den eines Schutzgeistes, nach dir schreie ich dann um
Hilfe, und milder Sonnenschein verbreitet sich über die dunkle
Erde, die Blumen, die süßen Frühlingsverkünder keimen hervor, 5
du schickst ein Heer von Engelsgestalten in mein empörtes Gemüt,
und alle Wellen legen sich wieder zur Ruhe nieder.

Mit dem Frieden, der mich beseligt, umfange ich dann zuerst
dich selbst. Mit allen Kräften strebe ich zu dir hinan, ich möchte
dich mit meinen innigsten Gedanken in meine Sphäre ziehn, ich 10
weine, daß du in der Ferne bleibst. Zuweilen glaub' ich und
hoffe, du müßtest gewiß sichtbar aus der leeren Luft heraustreten,
daß ich dich fassen, festhalten und dir alles sagen könnte. Viel=
leicht daß du mich in diesen Minuten der Begeisterung umschwebst,
und deine Geisterhand mein armes dürstendes Herz berührt. Ich 15
glaube, daß es so ist und so sein muß, daß unsre Liebe die ver=
wandten Geister aus ihrer seligen Ruhe hinunterzieht. So be=
wahrt mich deine Gegenwart vor dem irdischen Thun und Treiben.

Wie der Abendwind durch die Harfensaiten geht, so daß sie
leise und doch vernehmlich klingen, rührend und wehmütig ohne 20
Melodie, so fliegt dein Geist im kühlen Gehölz, am murmelnden
Bache oft meiner Seele vorüber, und ich fasse dann nicht, und
weiß nicht, welche plötzliche Erquickung wie ein goldener Funke
durch meinen Busen geht. Neue Lebenslust strömt, ein reiner
frischer Quell durch mein Gemüt, er rieselt fort, und nimmt auf 25
seinen Wogen alle Gestalten der Sorge mit sich, alle trübe Ver=
gangenheit und eine krystallene Zukunft wird der Lethe, der mir
den Becher der Vergessenheit ermunternd giebt.

Wunderbar hast du mich durch deine Kunst an dich gerissen,
und seitdem lieb' ich jedes neue Wort, das ich von dir erfahren 30
kann. Wie groß erscheinen mir die Menschen, die, von der Not
ihrer Mitbrüder gerührt, ihr Habe, ihr Besitztum nicht achten,
sondern alles gern dahingeben, um die Thränen der Dürftigkeit
zu trocknen, um den Hunger, den Durst der Unglückseligen zu
stillen! O, wie betrübt ist es, in das Elend, in die irdische Not 35
hineinzuschauen, wie vielen jedes andre Glück mangelt, und der
Bissen Brot ihr einziges, ihr höchstes Glück ist! So wie sich dort
die Hungrigen versammeln, so stehn, du größter Rafael, die edleren
Seelen um dich, und flehen dich um milde Gabe an, ihre herz=

liche Sehnsucht, ihre schönsten Wünsche sollst du erfüllen und be=
friedigen, sie ahnden, sie möchten es erhaschen, das überirdische
Gefühl, die schönsten Augenblicke, die schon dem Himmelsleben
angehören. Und du, Unbegreiflicher stehst nun mit reichem Segen
5 da, und giebst und gießest die goldene Schale aus. Du magst
nichts sparen, nichts zurückbehalten, immer größere Wunder thun
sich auf, immer lieblicher, immer gedrängter fahren die Engel
herunter, und das Schlagen ihrer Flügel weht in seinen, melo=
dischen Kreisen. Unschuldig stehst du in deiner Herrlichkeit, unbe=
10 fangen, als empfingst, nicht als schenktest du. In allen Richtungen
sendest du deine Strahlen aus, die Malerkunst hast du gewürdigt,
dich in ihr zu offenbaren, dein unsterbliches Wesen und sie zugleich
zu verklären. Alles, wonach du strebst, ist neu und schön und
groß, aber du scheinst es nicht zu wissen, du überläßest dich dem
15 Gefühl, du wirfst ohne Stolz das Göttlichste aus, und verwunderst
dich nicht über deine Schöpfung. Wo deine gesegnete Hand ver=
weilt, entsteht eine neue Welt, eine unbekannte geheimnisreiche
Schönheit. In dir selber glücklich, öffnest du voll Liebe die Arme,
und empfängst jeden, der dich sucht, mit Himmelsspeise, mit Trost
20 und Beruhigung und Wonne.

Wie bin ich zu schwach, dich zu lobpreisen! Wie unglück=
selig dünken mir diejenigen zu sein, die deine geweihten Hallen
nur wie gemalte Wände besuchen, die dich mit den übrigen
nennen, dich mit billiger Zunge loben und dich noch lieber meistern
25 möchten! ℟

Darum bleibe auch jegliche Vergleichung von dir, Rafael,
fern. Nur sei es mir vergönnt, deinen großen Bruder Buona=
rotti zu nennen. Er will nicht trösten und beruhigen, er strebt
mit fortgesetzten Schritten nach einem und demselben Ziele, das
30 er erreicht, ihm ist die Kunst sein Höchstes, sein Letztes, und er
hat gewiß über dein wunderbares, unergründliches, von oben be=
wegtes Gemüt gelächelt.

Nur noch einen Mann unterstehe ich mich in deiner Gegen=
wart auszusprechen, den lieben deutschen Albrecht Dürer. Sein
35 schönes Gemüt trieb ihn oft an, seinen Menschen, die er auf seine
Weise liebte, das zu schenken, was du ihnen glorreich verleihst:
aber man sieht es seinen Gaben an, daß er selber zu den Bitten=

den gehörte, die Erdensorgen wohnen verborgen in seinen Bildern, seine trüben Tage, seine Kunstsachen sind wie ein Fest, das ein Unglückseliger anstellt.

Durch alle Zeiten, Rafael, werde gepriesen, und erwecke einst einen würdigen Schüler, der das lauter und deutlicher verkündigen 5 möge, was ich hier mit unbeholfener Zunge habe sagen wollen.

------

4. Das jüngste Gericht, von Michael Angelo.

Schon oft hatte ich mir vorgesetzt, etwas über das erhabene Werk dieses großen Mannes zu sagen, aber immer hat mich der Mut dazu wieder verlassen. Jetzt will ich es wagen, und nicht 10 ohne sonderlichen Antrieb fange ich meine Worte an.

Wenn du, geliebter Leser, Stunden kennst, in denen die Natur wie mit einer freundlichen Glorie umzogen ist, in denen die Bäume wie größere Blumen vor dir stehn, und eine weihende Liebe ihre Mutterarme eng um die Erde schließt, wenn du dich 15 dann erhaben und beseligt fühlst, und alles in einen süßen Klang zerrinnt, ein Wiederhall vom Himmel herunter: dann geh' in die Hallen, die Rafaels Geist ausgeschmückt hat, dann bist du be= geistert, die Worte zu vernehmen, die er dir sagt.

Oft aber verstummt die Poesie, vom Berge herab sieht das 20 Auge den regen, ewigen Gang der Gewässer, ernst steht der Wald und rauscht, hinter ihm entwickelt sich das Gefilde, dahinter das unabsehbare Meer, zur Seite getürmte Felsen, der Himmel voll arbeitender Wolken, ein Heereszug, der auf eilender Wanderung begriffen ist: die Adler fliegen aus den Nestern, der Sturm läßt 25 sich hören, wie ein ferner Donner vom Meer herüber; dann scheint die Welt mit allen Kräften zu ringen, kein Teil im Stillestande und unbeseelt. Aufgerichtet in Majestät steht die Natur vor uns, unser Auge haftet auf keinen Blumen, auf keinem schönen ein= zelnen Baume, sondern wir sehn die Kräfte der Welt sich mächtig 30 offenbaren, alles wird zu einem großen Bilde, zu einer geheimnis= vollen Allegorie, und mit dieser Empfindung tritt dann, geliebter Leser, vor Michael Angelos großes Gericht.

------

7. Das jüngste Gericht ꝛc. Von Tieck. Vgl. die Einleitung oben S. 1; Köpke II, 294. — 33. Das jüngste Gericht von Michel Angelo, in der Sixtinischen Kapelle im Vatikan (s. unten).

Was hat man nicht getadelt, und was gelobt! Aber bei
dir, großer Buonarotti, muß man durchaus alles Vergleichen
unterlassen, man muß in deiner Gegenwart die Liebe zu Rafael
durchaus vergessen, denn die Erinnerung jener zartmenschlichen
5 und himmlischen Bilder darf in dein großes Gemälde nicht hinein-
leuchten.

Michael Angelo und Dante sind die Verkündiger, die Ver-
herrlicher der katholischen Religion; wenn du in ihnen Geschichte
und Begebenheit suchst, so trittst du mit unbilliger Erwartung
10 an ihre Werke. Dante singt in prophetischen, wunderbar verschlungenen Terzinen seine Dichtung, nirgend ein Stillestand,
nirgend wo die Pracht der gewaltigen Verse aufhörte, immer tiefer
wirst du in die geheimnißreiche Allegorie hineingeführt, hier findest
du keine Nebensachen, keinen Ruheplatz, auf dem der Dichter stille
15 steht, alle Kräfte spannen sich zum großen magischen Eindruck,
aller Reiz ist vernachlässigt, die Erhabenheit nimmt dich in Empfang,
die Wunder des Christentums, die mystischen Geheimnisse verschlingen dich in ihren unbegreiflichen Zirkeln, und nehmen dich mit
sich fort.

20 Eben solche Beschaffenheit hat es mit dem Gedicht des Buonarotti. Tritt mit dem heiligen Schauer in die Sestina hinein,
und die erhabenen prophetischen Terzinen werden dich anreden,
dein Geist wird himmelwärts fortgeführt, kein Stillestand, keine
Nebensache, kein Ruhepunkt, auf dem das Auge haften könnte.
25 Die ganze Welt, Vergangenheit und Zukunft sind hier in eine
übermenschlich kühne Dichtung zusammengedrängt. Die Erschaffung
der Welt mit ihren großen Figuren, Gott Vater, Adam und Eva,
Engel, der Verlust des Paradieses, die Prophetenzeit, die furchtbaren
Gestalten, der entsetzliche Hesekiel, der unbegreiflich hohe Jesaias,
30 die Sibyllen, und nun das zukünftige hohe Gericht, die furchtbare Vertilgung der Erde, die Wiedergebärung der Toten, das
Ende der Zeiten.

In den ewigen Bildern spiegelt sich Angelos Größe, seine
wilde Grazie, seine furchtbare Schönheit. Alle Gestalten sind
35 größer als die irdischen, alle bezeichnet der kühne Stempel, der
sie von allen übrigen Bildern auf immer absondert, aber nirgend
liegt so der tiefe allegorische Sinn verborgen, das Geheimniß der

---

21. Sestina, s. die Anm. auf S. 25 zu Z. 33. — 25 ff. Die Erschaffung der
Welt ꝛc. Deckengemälde in derselben Sixtinischen Kapelle des Vatikans.

Religion, das im jüngsten Gerichte webt. Die Zukunft thut sich
auf, alle Bilder, alle Kraft und Anstrengung ist gleichsam zu
matt, zu gewöhnlich, Buonarotti ergreift hier das Mächtigste, das
Ungeheuerste, sein Gemälde ist der Schluß aller Dichtung, aller
religiösen Bilder, das Ende der Zeiten.   5

Darum ist es klein, mit dem großen Meister über den ge=
wählten Gegenstand zu rechten, ungeziemend, bei diesem Bilde
über Handlung zu sprechen, und wenigstens unbillig, wenn nicht
ungerecht, die Symmetrie der Gruppen zu tadeln.

Wenn dein Auge alles mit einem Blicke hier überschauen   10
könnte, so wäre es nicht dieser große allmächtige Gegenstand, es
könnte dann keine Offenbarung der Zukunft sein, die Symmetrie
der Gruppen aber macht die Übersicht nach einiger Zeit möglich,
in ihnen liegt zugleich das Geheimnis der Allegorie, darum kann
und soll das Bild auch keine Handlung darstellen, die in einem   15
einzigen Augenblicke vorgeht.

In allen Kunstwerken Michael Angelos ist das Streben zur
Allegorie, dieses kalte große Ideal, von allem Reiz des Zufälligen
und den Nebensachen entblößt, anzutreffen, in diesem großen Werke
aber, eine seiner letzten Arbeiten, strebt alles hauptsächlich darnach 20
hin, alles erhält nur durch die Allegorie Bedeutung und Würde.
Von allem Irdischen entkleidet, sowohl Figuren als Gegenstand
der Bildung, verlieren sich die gewöhnlichen Bedeutungen vom
Schicklichen und Unschicklichen gänzlich.

Oben in Wolken sieht man Engel, die mit aller Anstrengung   25
das Kreuz, die Martersäule aufrichten wollen. Man table hier
nicht, und spreche von Unwahrscheinlichkeit, daß das Kreuz, das
ein Einziger trug, jetzt der Macht vieler Engel zu schwer ist;
denn eben hier hat Angelo einen großen Sinn hineinlegen wollen.
Die Sünden des Menschengeschlechts, die Martern des Erlösers   30
geben ihm diese Schwere, es wird immer wieder niedergezogen;
bis die Glorie des Allmächtigen vollendet ist, bis alle Seligen
heraufgeschwebt, alle Sünder hinuntergestürzt sind, kann die Säule,
das heilige Kreuz nicht aufgerichtet werden.

Christus spricht das Urteil, seine sanfte Mutter erschrickt, sie   35
verbirgt sich und schmiegt sich an ihn, der Erlöser ist in heftiger
Bewegung, so eben steht er auf, und das entsetzliche Urteil ertönt
aus seinem Munde. Die Heiligen neben ihm, männliche und
weibliche, sind in ihrer Seligkeit ruhig, sie sind sich ihres Glücks

bewußt, aber doch ergreift sie der gewaltige Augenblick; Adam ist unter der Versammlung, einige Apostel erkennt man, die Märtyrer. Unter ihnen sieht man die Engel des Gerichts, die mit aller Macht in die Posaunen stoßen, um die Toten zum
5 ewigen Leben aufzurufen: Schauder und Entsetzen ergreift den Beschauer, die mildeste Erhabenheit ist in ihnen dargestellt, sie dürfen, sie können nicht zierlich sein, Schönheit und Grazie würden dieß Gemälde vernichten. Zur Seiten schweben selige Seelen auf, einigen entfällt das Leichentuch, die Sünden halten sie schwer
10 zurück, aber sie streben und ringen mit vollem Andrange nach der Höhe. Die Allegorie regiert alle Figuren des Gemäldes, und alle Gestalten der Seligen sind noch von der schweren, irdischen Sünde belastet. Darum muß eine Gestalt von Heiligen mit Rosenkränzen in die Höhe gezogen werden: das Gebet wirkt, die
15 Sünden sind ihr vergeben. Wer keinen Sinn dafür hat, wie wundersam die Allegorie oft das Gemeine in das Erhabene verwandeln kann, wird diesen Umstand seines Tadels vorzüglich würdig finden. Gegenüber die Verdammten, von bösen Engeln in den Abgrund hinuntergerissen. Entsetzen und kalte Verzweiflung,
20 das Wildeste und Greulichste ist hier mit einer Kraft der Phantasie dargestellt, daß man den großen Sterblichen nicht genug bewundern kann, der diesen Stoff mit der Ruhe beherrschte, und alles zu seinem erhabenen Zwecke hinausführte.

Unten erstehn die Toten. In wunderlichen Stellungen
25 kriechen sie aus der Erde, und sehn das Gericht; viele erschrecken, andre sind noch Gerippe, einige gestaltet, aber noch betäubt. Der alte Fährmann Charon ist unter ihnen, und treibt manche in seinen Kahn, der greuliche Minos vollzieht das Urteil. Man werfe nicht ein, daß hier Mythologie der Griechen mit christlicher
30 Lehre vermischt sei, denn diese Bilder sind echt katholisch, und dürfen die Wirkung des Ganzen nicht stören; Michael Angelo ist es nicht allein, der die ehemaligen Götter der griechischen Nation einführt, manche Gedichte und Traditionen thun es auch, sie treten aber hier als Teufel auf, und der Sinn ist, daß die Gestalten,
35 die die abgöttischen Heiden verehrten, böse, verdammte Geister waren, die sich verstellten, und so lange auf ihren Thronen herrschten, bis Christus ihr Reich zertrümmerte. Nun kommen sie im jüngsten Gerichte wieder, noch kenntlich, aber doch in einer andern furchtbaren, ihrer wahren Gestalt.

So ist mir dieses große Gemälde immer erschienen. Man
sage nicht, daß der Maler die Stellungen gewählt, um seine
Kenntnis des menschlichen Körpers, seine Gelehrsamkeit in den
Muskeln zu zeigen, sondern alles muß drängen und streben, die
höchste Kraft auszudrücken, Entsetzen, Furcht, Verzweiflung, Angst ₅
und Hoffnung beseelen jedwede Gestalt, jegliches Glied, selbst die
Ruhe und das hohe Bewußtsein der Heiligen und Patriarchen ist
Anstrengung und Kampf.

Es ist süß, die Herrlichkeit der Religion labend aus den
Händen des menschenfreundlichen Sanzius zu empfangen, seine ₁₀
Passion zu sehn, in der die Größe sich so lieblich spiegelt: —
aber hier, vor Angelos gewaltigem Mauergemälde bebt Liebe und
Hoffnung zurück, das Ende der Zeiten ist da, alle heiligen Ge=
schichten, die frühen Zeiten derselben sind nur Einleitung und
Vorbereitung zu diesem Augenblick, nach seiner Verfließung kann ₁₅
die Phantasie nichts ersinnen und erfinden, die sterbende Zeit regt
sich mit allen Muskeln im fürchterlichen Kampfe, die Religion
spricht das ernste, unwiderrufliche Urteil.

Ich habe mit diesen Worten den gewaltigen Buonarotti nur
gegen einige Unbilligkeiten rechtfertigen wollen, indem man diese ₂₀
hohen Gestalten zu oft wie irgend eine andre Historie beurteilt;
wenn ich irrte, so irrte ich doch aus besserm Willen, als diejenigen
kältern Menschen thun, die zu gern das Erhabene schmälern, um
einem andern Liebling desto ruhiger Recht widerfahren zu lassen;
oder wir irrten vielmehr aus gleichen Gründen, aus verzeihlicher ₂₅
Vorliebe, und Gott und die Kunst mag uns verzeihen.

5. Die Peterskirche.

Erhabenes Wunder der Welt! Mein Geist erhebt sich in
heiliger Trunkenheit, wenn ich deine unermeßliche Pracht anstaune!
Du erweckest mit deiner stummen Unendlichkeit Gedanken auf Ge= ₃₀
danken, und lässest das bewundernde Gemüt nimmer in Ruhe
kommen.

Ein ganzes Jahrhundert hat gesammelt an deiner steinernen
Größe, und auf zahllosen Menschenleben bist du emporgestiegen
zu dieser Höhe. ₃₅

10. Sanzius, Rafael. — 27. Die Peterskirche. Von Wackenroder. Vgl. die
Einleitung oben S. 4 und die Ausgabe der Phantasieen von 1814, S. 139 ff.

In nackten Steinbrüchen ist euer Vaterland, ihr mächtigen Mauern und Säulen! Manche grobe Hand hat dort für kümmerlichen Lohn der trotzigen rohen Natur ihre Marmorfelsen abgezwungen, unbekümmert, was jemals aus dem unförmlichen Klumpen würde; nur sein Eisen, sein Werkzeug war täglich des Arbeiters einziger Gedanke, bis er es einst zum letztenmale in die Hand nahm und starb.

Wie mancher, den nichts anders auf der Welt kümmerte, als diese Steine, einen fest auf den andern zu schichten für einen geringen Lohn, ist darüber von der Erde gegangen! Wie mancher, dessen Geschäft es war, diese Säulen und Gebälke mit allen kleinen Zierden in freien, reinen Linien auszuhauen, und der innerlich recht stolz sein mochte auf einen schönen Säulenknauf, der sich jetzt in dem unendlichen Ganzen verliert, hat sein Auge geschlossen, und kein Auge der Welt vielleicht hat den Säulenknauf wieder achtsam betrachtet nach dem letzten Male, da er ihn mit Freuden ansah.

Eine ganze Reihe von Meistern der Baukunst sind an der Schöpfung dieses Kolosses vorübergegangen: sie waren es, die durch Zeichnungen und Modelle von kleinem Umfange alle die hundert groben Hände regierten, und alle die unförmlichen Kinder der Felsen zu schönen Gestalten zusammenzauberten, und der eine größeste der Meister war es, der durch ein dürres Zahlengewebe und krumme Linien auf geringem Papier der ungeheuren Kuppel das Gesetz vorschrieb, die Last der Mauern kühn zu besteigen, und sich hoch in Lüften hängend zu erhalten.

Und auch eine ganze Reihe der Statthalter des heiligen Stuhls, welche durch armselige kleine Metallstücke, die sie von ihren toten, stillen Schatzkammern in die Welt streuten, wie durch elektrische Funken aus der schlafenden Kraft der groben Hände, der schlafenden Kunst der Steinarbeiter den schönträumenden Geistern der Architekten, eine vereinigte, sichtbare Wirklichkeit ans Tageslicht zogen, — welche, durch die millionenmal wiederholte elende Einförmigkeit dieser bedeutungslosen Metallstücke, ein so geistreiches Wunderwerk von so unerschöpflicher Schönheit und Erhabenheit für die Welt und die menschliche Würde eintauschten: — auch diese sind längst von ihrem glänzenden Stuhle aufgestanden, und haben ihren heiligen Fuß demütig in eben das dunkle Land gesetzt, wohin die Millionen, die sie als Gottes Statthalter anbeteten, eingegangen sind.

Wie mannigfache menſchliche Spuren reden aus allen deinen
Steinen hervor! Wie viele Leben ſind an deiner Schöpfung
zerſchellt! Und du ſtehſt, ein unſterblicher Bau, ſtützeſt dich auf
deinen ſtarken Mauern, und ſiehſt unerſchrocken hinaus in lange
Jahrhunderte.   5

Die tauſend einzelnen Steine der Felſen, die unförmlichen
Maſſen, die verſtümmelten Gliedern glichen, haben ſich zu ſchlanken
Säulen vereinigt, deren erhabne Geſtalt das Auge mit liebevollen
Blicken umſchlingt, oder zur Kuppel, an deren ſanften, mächtigen
Wölbung der Blick jauchzend hinaufſchwebt. Verſchwunden ſind 10
die unzähligen verſtümmelten Glieder: es ſteht ein Ganzes von
Mauern und Säulen da, als wäre es beim Bau der Welt von
Rieſen aus weichem Thone gebildet, oder aus zerſchmelzten Felſen
in ungeheuren Formen gegoſſen. — Und die erſtaunenswürdige
Wirklichkeit dieſes unglaublichen Traums, welche die Einbildungs= 15
kraft erſchreckt, worauf beruht ſie, als auf ein paar flüchtigen
Worten und Federſtrichen jener dreifach bekrönten Häupter?

Doch du prangſt in deinem Daſein, und haſt nichts mehr
an dir von deinem Urſprunge. Menſchen erſchufen dich, und du
biſt höherer Natur als das Geſchlecht deiner Schöpfer, läſſeſt die 20
ſterblichen Scharen langer Jahrhunderte niederknien unter deinem
Dome, und umhüllſt ſie mit der Gottheit, die ewig aus deinen
Mauern ſpricht.

Wohl dem vergänglichen Menſchen, daß er Unvergänglichkeit
zu ſchaffen vermag! Wohl dem Schwachen und Unheiligen, daß 25
er erhabene Heiligkeit gebären kann, wovor er ſelber niederkniet!
Unter dem Himmel der frommen Kunſt treibt die ſterbliche Zeugungs=
kraft eine goldene Frucht, edler als Stamm und Wurzel, hervor;
die Wurzel mag vergehen, die goldene Frucht verſchließt göttliche
Kräfte. — Die Menſchen ſind nur die Pforten, durch welche ſeit 30
der Erſchaffung der Welt die göttlichen Kräfte zur Erde gelangen,
und in der Religion und dauernden Kunſt uns ſichtbar erſcheinen.

Ein herrlich-kühner Gedanke iſt es, die Formen der Schön=
heit, die uns in kleinen vergänglichen Werken gefallen, in ge=
waltigen Räumen, majeſtätiſch, mit Felſen für die Ewigkeit auf= 35
zuführen. Eine ſehr edle Kunſt, die, alle menſchliche Geſtalt und
Sprache verachtend, denen die ſämtlichen übrigen Künſte dienſtbar

---

17. dreifach bekrönt, weil die päpſtliche tiara aus drei übereinanderſtehenden
goldenen Kronen beſteht.

sind, allein darauf stolz ist, ein mächtiggroßes, sinnliches Bild
der schönen Regelmäßigkeit, der Festigkeit und Zweckmäßigkeit,
dieser Angeltugenden, und allgemeinen Ur= und Musterbilder in
der menschlichen Seele, vor unser Auge zu stellen. Ihre Werke
sind (gleich der harmonischen Wissenschaft der Weisheit in der
Seele des Weisen) ein fest in sich verbundener schöner Zusammen=
hang von tragenden und getragenen Massen, von kühn hinan=
strebenden Säulen und Wänden, und von schützenden, ruhig
schwebenden und herabsehenden Decken und Gewölben. Frei unter
Gottes Himmel stehn ihre Werke, und wurzeln unmittelbar in
dem Erdenrund, dem Schauplatze aller Dinge; sie lassen sich nicht,
wie die Werke der andern Künste, mit Händen regieren, das Ge=
schlecht, das sie hervorbrachte, geht in sie hinein, fühlt sich von
ihnen umschlossen, und sie sind die edlen Gefäße, die alle andre
Kunst und Wissenschaft, ja die edelste Thätigkeit der Welt in
ihren Räumen bewahren.

    Was können sie Größeres bewahren und umschließen, als
das Streben des Menschen nach der Gottheit? O, da müssen
sich ihre Mauern erweitern, und ihre Kuppeln erheben, so weit
sie vermögen, um einen mächtigen Raum zu umspannen, um viele,
viele Kinder der Erde in einen mütterlichen Schoß zu sammeln,
auf daß die einsam umherirrende Andacht von Tausenden, unter
dieser Wölbung versammelt und von der ewigen Umarmung dieser
heiligen Mauern umfangen, zu einer vereinigten Flamme zusammen=
brenne, und die Gottheit ein würdiges Opfer empfange. Zahllose
Mengen der Vergangenheit haben diese heiligen Mauern zur
Andacht geweiht, und zahllose der Zukunft erwarten sie sehnlich
in ihre Arme zu schließen.

    Ich höre sie wohl, die vernünftigen Weisen, die spotten und
sprechen: „Was soll der Welt die tote, unfruchtbare Pracht? Im
engen, ungeschmückten Raume betet der Mensch so fromm, — und
viele Dürftige, nebst Witwen und Waisen, hätten wir gespeiset
und gekleidet von diesen steinernen Schätzen." — Ich weiß es wohl,
daß man der Kunst und auch der Religion es bitter verarget,
wenn sie in reicher, königlicher Pracht sich vor der Welt erheben.
Es mögen dies sehr festgegründete Gedanken der menschlichen
Vernunft sein, aber doch sind es nicht die Gedanken der schaffenden
Vorsicht.

    Nach einem durch menschliche Vernunft berechneten Gleich=

maße und einer strengen, geistigen Ordnung der Dinge wollen
die Weisen unsre Erde neu erschaffen. Aber was ist die Erde,
als ein uns hörbarer Laut aus der verborgenen Harmonie der
Sphären? — ein uns sichtbarer flüchtiger Blitz aus den ver=
borgenen dunkeln Wolken des Weltalls? — und was sind wir? ₅
— — Jenes gewaltsame Auf= und Niederwallen der irdischen
Dinge, — daß sich das Hohe zum Hohen gesellt, und die Flächen
und Tiefen verwahrlost vergehen, — erscheint mir nicht anders
als der eigentümliche, geheimnisvolle Pulsschlag, das furchtbare,
unverständliche Atemholen des Erdgeschöpfs. Wenn die Erde große ₁₀
und erhabene Dinge zum wirklichen, körperlichen Dasein bringen
will, so bleibt ihr Streben immer irdisch, und sie kennt für
Größe und Erhabenheit keine würdigere Gefährten, als irdische
Schätze. — So hat auch selbst die leblose Natur, recht im irdischen
Sinne, die wunderbare Schönheit ihrer Gebirge noch mit dem ₁₅
unterirdischen Überflusse der kostbaren Metalle verschwenderisch
belohnt, indes endlose Wüsteneien unter ihrer kargen Hand ver=
schmachten.

Drum schweige, menschlicher Witz, und laßt euch bezaubern,
ihr frommen Sinnen, von der erhaben=übermütigen Pracht. — — ₂₀

Aber ach! selbst dieses Wunder der Welt, wie verschwindet
es in der kleinen Unendlichkeit der Dinge dieser Erde! — Es
schrumpft zusammen, wenn das Auge sich eine kurze Spanne ent=
fernt, und ist nicht da für alle übrige Welt. Ganze Weltteile
haben nie davon gehört, und selbst Tausende, die es sehen, haben ₂₅
an wichtigere Dinge zu denken, und gehen gleichgiltig vorüber.

---

6. Watteaus Gemälde.

Oft hör' ich die Bewunderer der großen Meister von diesem
Künstler mit einer gewissen Verachtung sprechen, und jedesmal
thut es mir weh, weil ich mich an seinen Gemälden oft so innig ₃₀
ergötzt habe. Ich gestehe, daß keine Heiligkeit, keine Größe um
diese Gebilde eines fröhlichen Gemüts strahlt, daß keine Begeiste=

26. Goethe arbeitete Juni und Juli 1797 an einem Aufsatze über die Peterskirche
und schematisierte die Geschichte der Peterskirche. Vgl. auch Schillers Epigramm „Die
Peterskirche". — 27. Watteaus Gemälde. Von Tieck. Vgl. die Einleitung eben S. 4;
Köpke II, 284. — Antoine Watteau (1684—1721), französischer Genremaler, stellt die
französische Gesellschaft seiner Zeit in affektierten Schäferkostüme dar.

rung, fein Streben nach dem Himmel aus dieſer gemalten, leichten
Tanzmuſik ſpricht. Aber niemals habe ich ſo hart ſein können,
mich vor dem Lieblichſten aus unſerm gewöhnlichen Leben zu ver-
ſchließen, das Reizendſte der Exiſtenz von tauſend und tauſend
5 Menſchen nicht zu fühlen.

Denn ſo wie Rafael in der heiligen Geſchichte waltet, wie
er uns Engel und den Erlöſer offenbart, und ſeine himmliſchen
Entzückungen durch das ſanfte Werk ſeiner Hände verkündet, wie
ein Himmelsodem und Geſang der Cherubim durch ſeine Dichtungen
10 weht und klingt, ſo nahm dieſer Künſtler, dem Ohr und Geiſt
für Himmelstöne verſchloſſen war, die gewöhnlichſte Menſchheit
gern und liebevoll in ſich auf. Man verzeihe mir, daß ich dieſe
beiden Namen nebeneinander nenne. Soll es unerlaubt ſein, die
gewöhnlichen Ergötzungen, die heitern Stunden des friſchen, ſinn-
15 lichen Genuſſes, die zierlichen, leichten Geſtalten aufzufaſſen und
verſchönert darzuſtellen? — Mich dünkt, der Geiſt des Menſchen
iſt wunderbar reich, er umfaßt die Gegenſtände, die an beiden
Enden ruhn, mit ſeinen Armen ohne Anſtrengung, das Getrenntſte
liegt immer nicht ſo fern, als wir im erſten Augenblicke wähnen.

20 So, geliebter Leſer, dringen Klänge irdiſch zu dir empor,
wenn Tanzmuſik deinen Fuß beflügelt und du unwillkürlich und
lächelnd den Tönen innerlich nachgehſt, ſo führen ſie dich in ein
Land voll flüchtiger Geſtalten, das dir ganz nahe liegt, dann
kommen froh durchlebte Augenblicke in dein Gemüt zurück, dann
25 tritt vor Watteaus Gemälde.

Hier ſiehſt du das trauliche Geſchwätz der Liebe, die angenehmen Abenteuer, das Begegnen der glänzenden Augen. Bunte,
flatternde Gewänder, tolle und poſſierliche Masken ſind in allgemeiner Fröhlichkeit geſellt, das Seltſamſte der Geſtalten kühn
30 unter die gewöhnlichen Figuren gemiſcht. Tänze drehen ſich herum,
eine angenehme Verwirrung nimmt den Blick gefangen. Dort
horchen Liebende auf die Töne der Zither, die ein friſcher Jüngling aus dem Inſtrumente lächelnd ſchlägt, abſeits ſitzen Schöne
gleichgiltig, vorüber wandeln im gleichgiltigen Geſpräch durch die
35 Gartenſchatten zwei ſchöne Männer: ſie ſehn nur eben nach den
Mädchen hin. So wie im Leben ſich Verbindungen leiſe knüpfen,
ſich unmerklich Vorfälle entwickeln, ſo auch hier; man glaubt in
andern Blättern diejenigen verſchlungen, in Armen verſtrickt, wiederzufinden, die hier ſo gleichgiltig nebeneinander vorübergehn.

3*

In andern Geschichten sieht man des Mädchens und des Jünglings Sehnsucht, im dunkeln schönen Gebüsch lauscht die mutwillige Horcherin. Wagen mit geputzten Gestalten kommen, andre gehn zurück. Wirfst du auch hier nicht die große magnetische Anziehung des Idealischen gewahr, so mußt du doch diese Bilder ebenso wie das wirkliche Leben achten und dich ihrer ebenso erfreun.

Sonderbar ist es mir immer vorgekommen, daß der Künstler, der diese Gebilde um sich herspringen und tanzen ließ, selber verdrossen und menschenfeindlich war. Er zog sich ganz in seine eigne Farbenwelt zurück, seine Phantasie ward heiter und fröhlich, sowie er den Pinsel ergriff. Ich habe ihm innerlich schon oft für seine Romanzen, für seine Tanzlieder Dank gesagt, für seine allerliebsten Weingesänge; ich habe oft nach Betrachtung seiner Gemälde die Regung des Lebens um mich lieblicher gefühlt. Aber aus größern Ursachen ist es auch wohl gut, wenn wir das Hohe der Kunst innigst fühlen, und mit dem Geiste des Erhabenen geläutert werden, zuweilen wieder durch lustige Geister in die nähere Umgebung rückgerufen zu sein.

7. Über die Kinderfiguren auf den Rafaelschen Bildern.

Wie wundervoll und schön ist es, sich oft mit allen Gedanken in der nächsten Gegenwart zu verlieren und das Treiben des geheimnisvollen Lebens so recht eigentlich zu merken und zu spüren! Wir werden uns dann selbst zurückgegeben und treffen süße Gefühle und Ahndungen wieder an, die uns vielleicht schon seit der Kindheit verließen.

So geht es uns zu mancher Zeit, wenn wir die unmündige Menschheit betrachten, wenn wir unsern Blick einmal recht eigentlich auf diese verschlossenen Knospen heften, in deren unbefangenem Lächeln, in ihren süßen heitern Augen, die jammervolle Zukunft schläft; die sich so innig genießen, und nichts weiter zu wissen streben. Wenn wir der Kinder holdseliges Angesicht betrachten, so vergessen wir gern und leicht die Verwickelungen der Welt, das Auge vertieft sich in den wunderbaren reinen Zügen, und wie Propheten einer schönen Zukunft, wie zarte Pflanzen, die unerklär=

20. Über die Kinderfiguren ꝛc. Von Tieck. Vgl. die Einl. oben S. 4; Köpke II 294.

lich aus der längstentflohenen goldenen Zeit zurückgekommen sind,
stehn die Kinder um uns. Wir wissen uns nicht darin zu finden,
daß diese Gestalten mit uns um den Bronn des Lebens sitzen,
und noch nichts thun, als sich selber darin beschauen. Wir sehn
5 mit ihnen hinab, und können uns nicht genug darüber verwundern,
daß das das Leben sei. So kömmt denn in unsre Seele die
Erinnerung der himmelsüßen Unschuld, immer tiefer, ernster und
heiterer schauen wir in das spiegelnde Gewässer hinab und glauben
am Ende nichts wahrzunehmen als uns und über unserm Haupte
10 die lichten Wolken, wie im Begriff, als Glorie herunterzusteigen
und uns mit Strahlen zu umflechten.

Wie durch den dichten Wald oft wunderliche Töne laufen,
die wir niemals finden, so giebt es feine Seelen von Gedanken,
wie ich sie nennen möchte, die niemals in uns wohnhaft werden,
15 die uns nur wie aus der Ferne grüßen und locken, wir wenden
Sinn und Geist danach, und haschen und erringen sie nie, oft
gewahren wir sie nur wie ein fortschwebendes Gebilde, wie unstäte
Erinnerung. Je älter sich der Mensch in seine irdische Hülle hinein-
lebt, um so mehr gewöhnt er sich an alle Erscheinungen in und
20 außer ihm, er zieht sich immer mehr in das Dunkelste des Erden-
lebens zurück, und meint dann, es bewohne die Klarheit; es
flimmert und blitzt nur selten mehr in seine Seele von oben
hinein und wenn er auch die wunderseltsamen, heilverkündenden
Lichter gewahrt, so hält er sie nur allzugern für Täuschung.

25 Dieser Ätherschimmer, diese Erinnerungen der Engelswelt
leben und regen sich noch hell und frisch im Kindergeiste, der dunkle
Schatten der Erdgegenstände ist noch nicht verfinsternd in den Glanz
hineingerückt, die irdischen Geschäfte, die hiesigen Leidenschaften und
Entwürfe, diese träge Liebe und dieser wilde Haß, alles liegt noch
30 weit zurück, wie eine unkenntliche Verzerrung: und darum stehn
die Kindlein wie große Propheten unter uns, die uns in verklärter
Sprache predigen, die wir nicht verstehn. Zu oft suchen wir mühsam im Kindesantlitz den künftigen Mann, aber schöner und erfreu-
licher ist es, im Manne die Spuren seiner Kindheit aufzusuchen,
35 und die Glücklichsten sind die zu nennen, in denen der Stempel
sich am wenigsten verwischt hat. Denn sind die Menschen nicht
verdorbene, ungeratene Kinder? sie sind nicht vorwärts, sondern
zurückgegangen; das Kind ist die schöne Menschheit selbst.

Diese Kinder, wie ich sie hier beschrieben habe, hast du, o

Rafael! uns dargestellt. Du hast es nicht der Mühe wert ge=
halten, das eigentliche unverständige Kindische nachzuahmen, wie
die Geschicklichkeit andrer Maler gethan hat, und man hat dich
nur zu oft darum getadelt. Ich spreche hier nicht vom Erlöser,
von den Engeln, die unsre Anbetung auf seinen Bildern fordern,   5
auch in fröhlichen Aufzügen, auf Instrumenten spielend, im Scherzen
hingegeben, finden wir auf seinen Bildern Kinder, die mit ihrer
Weisheit, mit ihrem hohen, geheimnisvollen Ernst die umstehen=
den Greise beschämen, zu denen wir gleichsam hinaufblicken, um
Rat zu fragen, wie das irdische Leben zu führen sei. — Sie   10
sind so wahrhaft ernst und erhaben, weil sie den Ernst, die Er=
habenheit noch nicht kennen, die wir Erwachsenen nur immer so
zu nennen pflegen; weil sie dem Quell des Glanzes noch so nahe
stehn, der immer dunkler sich entfernt, jemehr das Leben in die
Jahre rückt.   15

   Alle Welt braucht den Ausdruck kindisch, und tadelt stets
damit. — O Rafael, welchen erhabenen Wink hast du uns ge=
geben! wie groß sprichst du dies Wort aus und unterweisest uns!
Aber sie haben dich so wenig wie den Erlöser gehört, der auch
wie du zu uns sagte: „Lasset die Kindlein zu mir kommen,   20
und wehret ihnen nicht, denn ihrer ist das Reich Gottes“;
und wieder: „Wahrlich, ich sage euch, wenn ihr nicht werdet,
wie dieser einer, so werdet ihr nicht das Reich Gottes
schauen!“

   Mit diesen großen Worten will ich am liebsten meine Be=   25
trachtung schließen.

<hr>

8. Ein paar Worte über Billigkeit, Mäßigkeit und Toleranz.

   Viele werden es mir übel deuten und mitleidig lächeln, daß
ich immer wieder auf Rafael zurückkomme, und mich in meinen
Worten über ihn nicht mehr zu mäßigen trachte. Sie werden   30
mich tadeln, daß ich stets von ihm so ohne alle Einschränkung
spreche, nicht eine billige Begeisterung abmesse, und auch den
übrigen ihr Recht widerfahren lasse. Ohne daß ich seinen Namen
suche, fällt er mir bei, wenn von der Kunst der Malerei die

   20 f. Evang. Marci 10, 14. — 22 ff. Evang. Matthäi 18, 3. — 27. Ein paar Worte
über Billigkeit ec. Von Tieck. Vgl. die Einleitung oben S. 4; Köpke II, 204.

Rede ist; er dient mir zum festen Maßstabe alles Großen und
Schönen, zum erläuternden Bilde.

     Wer vom Erhabenen gerührt wird, wem sich die Wunder
des Schönen aufschließen, dessen ganze Seele wird durch den
5 Enthusiasmus fest hinein verwachsen, und ihm wird es unmöglich
sein, sich mit kalten, abgemessenen Lobsprüchen zu begnügen.
Können wir denn die Göttlichkeit der Kunst, das Höchste, was
die menschliche Seele hervorbringen kann, nach der Elle des Kauf=
manns messen, oder nach Goldgewichten abwägen? Die wahre
10 Schöne, die Größe der Kunst ist unergründlich, sie zieht unser
Herz, wo wir sie wahrnehmen, magnetisch an sich, wir fühlen
bis in die innersten Tiefen unsre ewige Verwandtschaft, es zuckt
wie mit Blitzesschlägen durch unsern Geist, wir erkennen das
Göttliche, und ringen im schönsten Kampfe danach, wir streben
15 ein Zeichen von uns zu geben, eine Vergeltung, ein Band, das
unzerreißbar die verwandte Erhabenheit an uns ketten soll, und
so ergießt sich unsre Sprache in begeisterter Rede, weil wir der=
malen noch durch Organe uns kund geben müssen, und die Kraft
der Seele nicht unmittelbar zu den goldenen Ätherbildern empor=
20 steigen kann.

     Der Enthusiasmus (von dem falschen, erheuchelten darf ich
hier nicht sprechen) ist kein Lobpreisen des fremden Geistes, son=
dern ein schönes Bekenntnis unsrer eignen Größe, von der echten
Kunst sollte nie ohne Enthusiasmus gesprochen werden. Auf ähn=
25 liche Weise, wenn wir die Naturkräfte um uns her wirken fühlen,
wenn die wohlthätige, majestätische Sonne aufgeht, und rings die
Geister schaffend durch die tausendfältigen Naturen dringen, und
wir vom Berge her, vom Thal herauf das verwandte Leben, die
freundlichen Kräfte vernehmen und fühlen, uns im Einklange mit
30 der sichtbaren und unsichtbaren Welt, so sprechen wir gern diese
Wonne aus, wir möchten ein Andenken an das hohe Bewußtsein
unsrer selbst stiften, und so entsteht das Gebet, der Gedanke an
Gott. Wem das glühende Gefühl einmal so weit den Busen
dehnt, wer wird da noch seine Worte meistern und zählen, wer
35 denkt daran, in seinem Hymnus auf den Höchsten sich zu mäßigen,
und Kreaturen außer jenem ihr Recht widerfahren zu lassen?

---

     10. Schöne, Schönheit; vgl. Schillers „An die Künstler": „Schwingt euch ... zum
Strahlensitz der höchsten Schöne".

Ich komme von meiner Vergleichung, die mir nicht so kühn
dünkt, als sie den meisten erscheinen wird, zurück. Gar viele
Leute meinen immer, ihr eignes Verdienst, oder ein andres, das
sie meist selbst nicht deutlich denken, werde geschmälert, wenn
man irgend eins als das Höchste, Vortrefflichste, Vollendetste lob= 5
preist. Als wenn nicht jedes Große und Schöne in einer eignen
Welt, in eignen Elementen lebte, sich durch sich selbst ernährt
und erhält. Keine feindselige Gewalt kann hier hereinbrechen und
zerstören, ewig begründet wie die Welt, auf sich selber ruhend,
undurchdringlich, bewegt sich jede Schönheit in ihren eignen Kreisen, 10
und jeder, der es versuchte, nicht wagte zu verfolgen, erscheint so
albern und mitleidswürdig, nicht hassenswert, als der es unter=
nimmt, mit schwacher Zunge Gott zu lästern. Es ist kein Wage=
stück, es ist ein Verkennen seiner selbst.

Aber sie fühlen es, die meisten, wie ihr zu irdischer Busen 15
nicht dafür gebaut ist, die glorreiche Flamme des Enthusiasmus
zu beherbergen. Sie erschrecken vor dem Gefühl, wenn sie es
nur aus der Ferne auf sich zukommen sehn, denn die Thorheiten,
die Albernheiten, ihre gemeine Freude ist im Begriff zu ent=
schwinden, alles, was ihnen wert ist, wovor sie eine heilige, 20
ehrende Furcht hegen, will sie verlassen, das Glück der Häus=
lichkeit, ihr kleiner Stolz auf ihre Vortrefflichkeit. Ein Wasser,
das sie nur als Quell dulden, breitet sich in ein großes, glänzen=
des Meer aus, und will sie und all ihr Wissen verschlingen. Da
retten sie sich gern und ihre Armut, und gestehn lieber ihre 25
Dürftigkeit, daß sie zu schwach sind, den Gott zu beherbergen,
daß es ihnen leid thue, daß er sich nicht mit der kläglichen Ehre
und Genugthuung begnügen wolle, die sie ihren andern Götzen
mit Selbstzufriedenheit gern bringen. Darum verlästern sie die
Begeisterung, weil sie ihnen Verfolgung dünkt, sie holen die Bilder 30
ihrer Lieblinge, ihrer Künstler, die vor dem Angesichte der hohen
Kunst vernichtet werden, und stellen sie als Mauern und Schanzen
um sich her. Die Feinde wollen unsern Gottesdienst zerstören!
unser Heiligstes uns entreißen! so entsteht ein Geschrei, und alle
versammelt der blinde Lärm, denn niemand achtet ihrer, die Kunst 35
fährt mit ihren Lieblingen auf einem Triumphwagen vorüber,
und lächelt über die Waffenrüstungen, über die vermeintliche Not,
über den eingebildeten Religionskrieg der Ohnmächtigen.

Andre sind, die sich überaus weise dünken, weil sie an sich

selbst blutarme Erfahrungen gemacht haben. Sie führen ein Leben,
wie einen Traum, es fängt an, es endet ohne Ursache und hat
keinen Mittelpunkt. Sie werden hin= und hergetrieben, bald von
Laune, bald von kleinlicher Leidenschaft regiert. Sie hören von
5 der Größe, von den Heroen, von der Poesie, und meinen, alles
sei dieselbe Thorheit, die sie treiben, nur daß sie dergleichen
Schwachheit noch an sich selber nicht erlebt haben. Es fügt sich
wohl, daß eine Liebhaberei an Gemälden, an Dichtern, den ersten
besten, die sich finden, sie berührt: sie kommen in leidenschaftliche
10 Hitze, sie zanken, streiten, und meinen sie bewundern, sie tauschen
diese Thorheit ohne Bedauern gegen eine andre, die ihnen die
Welle auf dem Lebensstrome entgegenbringt. Unter ewigen un=
stäten Abwechselungen führen sie ihr Dasein, jeder erscheint ihnen
ein Thor, der sich ein edles, festes Ziel setzen will, dem er trotz
15 Wind und Wogen mutig entgegenrudert. Sie lächeln der Be=
geisterung, und sind versichert und schwören, daß diese Aufwallung
noch heute und spätestens morgen vorübergehn werde, daß man
heute dieses hitzig lobe, und morgen das, was man in dieser
Stunde verachte. Diese rechnen uns immer ihr Ungefühl für
20 Billigkeit und Mäßigkeit an: sie meinen die Welt und alles darin
von gar vielen Seiten zu betrachten, wenn sie sich mit blinden
Augen dem spielenden Zufalle überlassen, und bald hier, bald
dort in einer leeren Gegenwart mit allen ihren Wünschen ankern.
     Was soll ich aber von jenen sagen, die mir immer am ver=
25 drießlichsten gefallen sind und die meiste Langeweile erregt haben?
— Die als Knaben mit unnützer Hitze und wilder Eitelkeit über
Kunst und Wissen fielen, und alles wie Blumen pflückten und
rissen, um sich damit zu putzen; die als Jünglinge noch Knaben
blieben, und sich bald mutlos dem Eigennutze, der Sorge für ihre
30 dürftige Wohlfahrt überließen, die sie ihr Schicksal, ihr Verhängnis
nannten? — Immer tiefer in das Leben hineingelebt, fällt es
wie Mauern hinter jedem ihrer Schritte, den sie zurückgelegt
haben; sie sehn auch nur vorwärts, ihrem Gewinne, ihren Titeln,
ihrer Ehrerbietung entgegen, die ihnen andre bezeigen, immer
35 enger wird ihr Weg zu beiden Seiten, immer mehr schrumpft
ihr Herz zusammen, und das, woran sie leiden, ist ihr Stolz,
ihre Krankheit ist ihr Glück, die sie Erfahrung und Weisheit
nennen. Sie billigen mit einschränkendem Bedauern die Be=
geisterung, weil sie sie für das Jünglingsfeuer halten, an dem

ſie ſich als Kinder auch verbrannten, um ſich nachher deſto mehr
davor zu hüten: ſie behandeln den Enthuſiaſten gern wie einen
jüngern unmündigen Bruder, und ſagen ihm, wie mit den Jahren
alles, alles ſchwindet, und wie er dann das eigentliche Leben, die
eigentliche Wahrheit kennen lernt. So unterweiſt der Schmetter- 5
ling den Adler, und will, daß er ſich doch auch einmal, wie er
gethan, einſpinnen ſoll, und dem Fluge und der tändelnden
Jugend ein Ende machen.

So wahr iſt es, daß viele in der Unerfahrenheit der Jugend
noch am beſten ſind, daß die Klugheit der Jahre ſie erſt mit 10
dem dichteſten Nebel überhängt, und daß ſie dann den Glanz
der Sonne leugnen.

Wie aber lobſt du, Unmündiger, deine ſchwachen Götter,
wenn du alle preiſeſt? Nenne das Wort Toleranz nicht, denn
du verſtehſt es nicht: Du verfolgſt, entwürdigſt das Höchſte, 15
um nur das Unbedeutende, Flache und Schlechte dulden zu
können, du verdammſt den Heiland und bitteſt für den Schächer.

Tolerant und duldend iſt der, der die Kunſt mit wahrem
Enthuſiasmus liebt, er will, daß alles nach ſeinem Maße in
ſeinem Kreiſe ein eignes Leben führe, ſogar das Alberne und 20
Abgeſchmackte, nur will er nicht, daß man das Gemeine an ſeine
Götter reihe; ertragen will er alles, lieben und anbeten aber nur
das Höchſte.

———————

9. Die Farben.

So oft ich in die wunderbare Welt hineinblicke, und mir 25
vorſtelle, ich ſchaute ſie zum erſtenmale an, ſo verwundre ich mich
jedesmal über die unendliche Mannigfaltigkeit der Formen, über
die verſchiedenartigen Gebärden, die jedes andre Weſen unter den
übrigen macht. Wie alles Lebendige und Lebloſe, Kreatur, Fels,
Baum, Geſträuch, ſich mannigfaltig bewegt und rührt, wie es in 30
andrer Organiſation da ſteht und das wirkende Leben in ihm
Zweige und Blätter hervortreibt, oder in Gliedern, in Floſſen,
in Flügeln auseinander ſtrebt. Die Pflanzenwelt und das Stein-
reich hängt mit Seel' und Leib unmittelbar mit der alles er-
zeugenden Erde zuſammen. Die Menſchen und das Tiergeſchlecht 35

24. Die Farben. Von Tieck. Vgl. bi: Einleitung oben S. 4; Köpke II, 234.

machen einen für sich bestehenden Staat, sie erzeugen sich in un=
unterbrochener Folge durch sich selbst, sie rufen nur die übrige
Natur in ihrer Existenz zur Hilfe.

Aber noch seltsamer fällt es mir auf, wenn ich die unter=
5 schieblichen Farben betrachte, wodurch alle Gegenstände noch mehr
getrennt, und denn gleichsam wieder verwandt und befreundet
werden. Ein unbegreiflich geistiges Wesen zieht sich als freund=
liche Zugabe über alle sichtbaren Gegenstände, es ist nicht die
Sache selbst und doch unzertrennlich. Wie wunderschön und bunt
10 steht nun der grüne Wald mit seinen Bäumen, mit seinen heim=
lichen Blumen, mit seinen lebendigen Kreaturen und gefärbten
Vögeln da! Der Sonnenschein irrt und funkelt hinein, leuchtet
und betrachtet sich gefällig auf jedem Blatte, auf jedem Gras=
halm. Dabei kein stummes, einsames Schweigen: der ermunternde
15 Wind zieht durch die Baumwipfel und rührt alle Blätter als
ebenso viele Zungen an, der Baum schüttelt sich vor Freude,
und wie in einer Harfe regen sich und rauschen unsichtbare Finger.
Die jubelnden Vögelein werden zu Gesängen angefrischt, tausend
Klänge und Stimmen irren und verwirren sich durch einander
20 und eifern mit Gesangesheftigkeit; das Wild verschweigt nicht seine
Lust, aus den Wolken hernieder die Lerchen, dazu die Bächlein,
die wie stille Seufzer des Entzückens auf der niedern Erde fort=
rollen, — welcher Geist, welche Freundschaft rührt die unsicht=
baren, verborgenen Springfedern an, daß alles sich mit unermeß=
25 licher Mannigfaltigkeit zu Gesang und Klang ergießt?

Wie soll ich aber den Glanz des Abend=, des Morgenrotes
beschreiben! Wie den rätselhaften Mondschimmer und die wieder=
spiegelnden Gluten in Bach und Strom! Um Schmetterlinge,
um Blumen spinnt sich der rote, blanke Glanz, und bleibt fest,
30 die Traube, die Kirschen werden vom weichen Abendrot befühlt
und bespiegelt, und in dem grünen Laube hängen grell die roten
Früchte. Beim Steigen, beim Sinken der Sonne, beim Schimmer
des Mondes ist die Natur in einer raschen, unwillkürlichen Ent=
zückung, in der sie noch freigebiger ist, noch weniger spart, und
35 wie ein Pfau in stolzer Pracht allen Schmuck mit inniger Freude
rauschend auseinander schlägt. Unter den Tönen der Natur kann
ich nichts als das Schmettern und Flöten der Nachtigall damit
vergleichen, die einem Echo gegenüber singt.

So spreitet die ganze Natur dem Sonnenglanze Netze ent=

gegen, um die funkelnden Schimmer festzuhalten und aufzufangen.
So erscheint mir die Tulpe als vergängliche Mosaik von flimmern=
den Abendstrahlen, die Früchte saugen den Schein in sich, und
bewahren ihn fröhlich auf, so lange die Zeit es ihnen gönnt: wie
die Bienen den Honig suchen, so wiegen sich Schmetterlinge in 5
den lauen Lüften, und stehlen von der Sonne manchen Kuß, bis
sie mit Himmelblau, mit Purpurrot und goldenen Streifen er=
glänzen. So spielt die Natur mit sich selbst in ewig reger, be=
wegter Klarheit. Wenn Wolken über die Sonne ziehn, dann
entfliehn alle flammenden Lichter, der Glanz in Bäumen und 10
Blumen erlischt, die Farben stehn matter: Schatten und Schwärze
vertilgen und dämpfen das Jauchzen, die triumphierende Freude
der brennenden Welt.

Aber dennoch regiert gleichsam in den untersten, geheimsten
Tiefen der Erde eine andre, unsichtbare Sonne. Wie ein furcht= 15
barer Pluto waltet und belebt sie in ihrem grausen Orkus. Da
erglänzen die Krystalle, sie läßt seltne Strahlen an die Gold=
und Silbererze anflimmern, mit sparsamem Schimmer schmückt sie
ihr unergründliches, unzugängliches Reich aus. Die abgelegenen
Brunnen rieseln unterirdisch eine Totenmelodie. Der Mensch holt 20
aus den Schlüften die Edelsteine heraus, und macht ihnen aus
ihrem Sarge Platz, daß die oberirdische Sonne sie bescheinen kann,
dann funkeln und glänzen sie mit tausend Strahlen, und nehmen
oft sein thörichtes Herz gefangen. Die Gold= und Silbererze
werden ausgeschmolzen und poliert, und nachgeahmte Sonnen 25
rund daraus geprägt; oft fühlt er sich nach diesen mit allen
Sinnen hingezogen, vergißt das Morgen= und Abendrot, die
Natur, den grünenden Wald, der Vögelein Gesang und sie mit
ihrem verführenden Klang, ihrer Sirenenstimme sind ihm Gesang
und Sonnenpracht, er stellt sie mit ihrem Funkelschein zu seinen 30
Götzen auf, und leblose Metallstücke behandeln ihn wie ihren ge=
dungenen Sklaven.

Die Musik hat das Schönste der Naturtöne gesammelt und
veredelt, sie hat sich Instrumente gebaut, aus Metall und Holz,
und der Mensch kann nun willkürlich eine Schar von singenden 35
Geistern erregen, so oft er will; die Kunst beherrscht das große,
wunderbare Gebiet. Die wollüstige Phantasie hofft, einst einen

21. Schlüften, s. S. 277, 25.

noch höhern überirdischen Gesang der Sphären anzutreffen, gegen
den alle hiesige Kunst roh und unbeholfen ist.

Die Malerei hat aus Pflanzen, aus Tieren und Steinen
die Farben an sich selbst erbeutet, und ahmt nun und verschönert
5 Gestalt und Färbung der wirklichen Natur. Die Künstler haben
große und wunderbare Werke erschaffen; allein der Maler kann
auch wie der Musiker hoffen, vielleicht einst die großen, erhabenen
Urbilder zu seinen Bildungen anzutreffen, die sich körperlos in
den schönsten Formen bewegen.

10 Farbe ist freundliche Zugabe zu den Formen in der Natur,
die Töne sind wieder Begleitung der spielenden Farbe. Die
Mannigfaltigkeit in Blumen und Gesträuchen ist eine willkürliche
Musik im schönen Wechsel, in lieber Wiederholung: die Gesänge
der Vögel, der Klang der Gewässer, das Geschrei der Tiere ist
15 gleichsam wieder ein Baum= und Blumengarten: die lieblichste
Freundschaft und Liebe schlingt sich in glänzenden Fesseln um
alle Gestalten, Farben und Töne unzertrennlich. Eins zieht das
andre magnetisch und unwiderstehlich an sich.

Die menschliche Kunst trennt Skulptur, Malerei und Musik,
20 jede besteht für sich, und wandelt ihren Weg. Aber immer ist
es mir vorgekommen, als wenn die Musik für sich in einer ab=
geschlossenen Welt leben könnte, nicht aber so die Malerei: zu
jeder schönen Darstellung mit Farben giebt es gewiß ein ver=
brüdertes Tonstück, das mit dem Gemälde gemeinschaftlich nur
25 eine Seele hat. Wenn dann die Melodie erklingt, so zucken
gewiß noch neue Lebensstrahlen in dem Bilde auf, eine gewaltigere
Kunst spricht uns aus der Leinwand an, und Ton und Linie
und Farbe dringen in einander, und vermischen sich mit in=
brünstiger Freundschaft in eins. Dann hätten wir wohl die Kunst
30 als Gegenstück zur Natur, als höchst verschönerte Natur, von
unserer reinsten und höchsten Empfindung eingefaßt, vor uns.
Darum geschieht es wohl, daß in Kirchen zuweilen selbst un=
bedeutende Bilder so wundersam in uns hineinsprechen, und wie
mit einer lebendigen Seele zu uns hinatmen, verwandte Töne
35 verscheuchen den toten Stillstand, und erregen in allen Linien
und Farbenpunkten ein Gewimmel von Leben. Die Skulptur
will nur die Formen ausdrücken, sie verschmäht Farbe und
Sprache, sie ist zu idealisch, um etwas mehr zu wollen, als sie
selber ist. Die Musik ist der letzte Geisterhauch, das feinste

Element, aus dem die verborgensten Seelenträume, wie aus einem
unsichtbaren Bache ihre Nahrung ziehn; sie spielt um den Men=
schen, will nichts und alles, sie ist ein Organ, feiner als die
Sprache, vielleicht zarter als seine Gedanken, der Geist kann sie
nicht mehr als Mittel, als Organ brauchen, sondern sie ist Sache　5
selbst, darum lebt sie und schwingt sich in ihren eignen Zauber=
kreisen.　Die Malerei aber steht zu unschuldig und fast verlassen
in der Mitte.　Sie geht darauf aus, uns als Form zu täuschen,
sie will das Geräusch, das Gespräch der belebten Welt nachahmen,
sie strebt, lebendig sich zu rühren, alle Kraft ist angeregt, aber　10
doch ist sie unmächtig und ruft die Musik um Hilfe, um ihr ein
großes Leben, Bewegung und Kraft zu leihen.　Darum ist es so
schwer, ja fast unmöglich, ein Gemälde zu beschreiben, die Worte
bleiben tot, und erklären selbst in der Gegenwart nichts: sobald
die Beschreibung echt poetisch ist, so erklärt sie oft, und ruft ein　15
neues Entzücken, ein fröhliches Verständnis aus dem Bilde her=
vor, weil sie wie Musik wirkt, und durch Bilder und glänzende
Gestalten und Worte die verwandte Musik der Töne ersetzt.

　　Wer leugnet es, daß sie auch an sich große Zwecke erfüllt?
Sogar eine einzelne Blume in der Natur, ein einzelnes ab=　20
gerissenes Blumenblatt kann uns entzücken.　Es ist nicht sonder=
bar, daß wir an der bloßen Farbe ein Wohlgefallen äußern.　In
den abgesonderten Farben sprechen die verschiedenen Naturgeister,
wie die Himmelsgeister in den verschiedenen Tönen der Instrumente.
Wir können nicht aussprechen, wie uns jede Farbe bewegt und　25
rührt, denn die Farben selber sprechen in zarterer Mundart zu
uns: Es ist der Weltgeist, der sich daran freut, sich auf tausend
Wegen zu verstehn zu geben und doch zugleich zu verbergen; die
abgesonderten Farben sind seine einzelnen Laute, wir horchen auf=
merksam darauf hin, wir merken wohl, daß wir etwas vernehmen,　30
doch können wir keinem andern, uns selber nicht Kunde davon
bringen; aber eine geheime magische Freude durchströmt uns, wir
glauben uns selbst zu erkennen, und uns einer alten, unendlich
seligen Geisterfreundschaft zu erinnern.

10. Die Ewigkeit der Kunst.

Es geschieht nicht selten, daß Leute unsern Enthusiasmus dadurch zu hemmen suchen, daß sie uns die Nichtigkeit und Vergänglichkeit aller menschlichen Dinge vor die Augen stellen. Vielen
5 Gemütern ist es eigen, daß ihre Phantasie schon unwillkürlich die Bilder von Tod und Ewigkeit erweckt, um der etwanigen Begeisterung ein bestimmtes Ziel zu setzen. Auf diese Geschicklichkeit setzen sie einen hohen Wert, und meinen, daß nur das sogenannte Unvergängliche und Unsterbliche ihrer Anbetung würdig sei.
10 Wenn wir die Zahl der Gestirne betrachten und erwägen den Lauf der Zeit, die schon über so manche Vergangenheit hinübergeschritten ist, wenn wir uns dann in die bodenlose Tiefe der Ewigkeit verlieren, so erzittert der Mensch oft in sich selber, und sagt zu sich: „Wie kannst du den Preis dieser kleinen Gegen-
15 wart so hoch anschlagen, da sie sich wie ein unbemerkter Punkt in dem unermeßlichen Ocean verläuft? Was kann deine innige Verehrung verdienen, da du nicht sicher bist, ob nicht blinde Vergessenheit alle deine Götter einmal verschlingt?"
Wenn nun vor dem Bilde eines Helden, eines großen Künst-
20 lers unsre Seele in wollüstigen Schauern zittert, wenn wir gleichsam die ganze Welt und alle ihre Menschen in diesen einen Moment, in diese eine Anbetung zusammenpressen möchten, und wie das innerste Rad eines Uhrwerks allen übrigen Seelen denselben Schwung mitteilen wollten: so lächelt ein andrer oft weh-
25 mütig und mit stiller Größe über unsern lautschallenden Hymnus, und zeigt auf die tiefen Abgründe der Vergangenheit, auf die unbekannte ewige Zukunft, wir scheuen ihn wie thörichte Kinder, und er möchte uns gar zu gern wieder das Gefühl der allgemeinen Unbedeutenheit mitteilen.
30 Gern möchtest du uns dadurch alles Große und Edle alltäglich machen, durch den schwarzen Schatten des Todes strebst du allen Glanz zu verlöschen. · Du bildest dir ein, die bloße Vorstellung der Vernichtung, das blinde Ungeheuer Zeit dürften über unsere höchste und reinste Liebe triumphieren, unbekannten
35 Götzenbildern müsse alles sich neigen, und desto furchtbarer sei die Gewalt, je rätselhafter und unverständlicher sie sei.

1. Die Ewigkeit der Kunst. Von Tieck. Vgl. die Einleitung oben S. 4; Köpke II, 294.

Wenn wir in reicher, frischer Lebensgegenwart unbefangene Blicke auf die Welt und in unser Inneres werfen, wenn wir den hohen Gang der edelsten Geister wahrnehmen und alle ihre Thaten, Gesinnungen und Kunst ganz nahe an unsern Herzen fühlen, dann erscheinen uns die Phantome trüb' und leer, die ⁵ sonst unsre Phantasie gar zu leicht mit Entsetzen und Ehrfurcht erfüllen, wir empfinden es lebendigst, wie unsre Liebe ewig sei, wie kein Tod sie beschatten könne, kein Bild der Ewigkeit sie un= bedeutend machen dürfe.

Wir haben uns an die Vorstellung gewöhnt, Ewigkeit nur ¹⁰ unter dem Bilde der zukünftigen Zeit zu denken, so mit schwindeln= dem Blick in die ungemessne Länge künftiger Jahre hinabzuschauen, und uns den wiederkehrenden Kreislauf von Begebenheiten und Ereignissen dazu zu denken. Eine lange Reihe unkenntlicher Ge= stalten zwingt uns eine blinde Ehrfurcht ab, wir entsetzen uns ¹⁵ vor einem trüben Bilde unsrer eignen Phantasie, wir fürchten uns vor uns selber. Ist es denn die majestätische Unvergänglich= keit, die auf uns zukömmt? Wir vergessen, daß die Gegenwart ebensogut ewig zu nennen sei, daß die Ewigkeit sich in den Um= fang einer Handlung, eines Kunstwerks zurückziehn könne, nicht ²⁰ deswegen, weil sie unvergänglich daure, sondern weil jene groß, weil dieses vollendet ist. Statt nach außen geht hier die Ewig= keit gleichsam nach innen, in einem Fruchtkorn sieht man nicht die Entwickelung der Felder und Saaten, sondern in Saat und Pracht des Gefildes das ehemalige Korn. ²⁵

Alles, was vollendet, das heißt, was Kunst ist, ist ewig und unvergänglich, wenn es auch die blinde Hand der Zeit wieder auslöscht, die Dauer ist zufällig, Zugabe; ein vollendetes Kunst= werk trägt die Ewigkeit in sich selbst, die Zeit ist ein zu grober Stoff, als daß es aus ihr Nahrung und Leben ziehn könne. ³⁰

Wenn daher auch Geschlechter, Erden und Welten vergehn, so leben doch die Seelen aller großen Thaten, aller Dichtungen, aller Kunstwerke. — In der Vollendung der Kunst sehen wir am reinsten und schönsten das geträumte Bild eines Paradieses, einer unvermischten Seligkeit. Gemälde verbleichen, Gedichte verklingen; ³⁵ — aber Verse und Farben waren es auch nicht, die ihnen ihr Dasein schufen. In sich selbst trägt die Gegenwart der Kunst ihre Ewigkeit, und bedarf der Zukunft nicht, denn Ewigkeit be= zeichnet nur Vollendung.

Darum ist es ein unkünstlerischer Geist, der die trüben Schatten des Todes und der Vergänglichkeit auf alle glänzende Lebensstellen wirft. Tod und Bild der zukünftigen Ewigkeit sind der wahren Kunst entgegengesetzt, sie heben sie auf und zerstören
5 sie, denn sie schieben dem Geistigsten, in sich Fertigsten einen groben Stoff als notwendige Bedingung unter, da die Kunst in sich keine Bedingungen kennt, und ihr Ganzes keine Teile hat.

Dergleichen Art, den Tod jedem Leben beizumischen, ist überhaupt manierierte Poesie, es sind Striche und Linien, die
10 innerhalb des Rahmens groß und keck scheinen mögen, die aber, neben einem andern wahrhaft großen Gemälde gesehn, verschwinden, und nur eine gewisse, bestimmte Geschicklichkeit des Meisters verraten.

Lasset uns darum unser Leben in ein Kunstwerk verwandeln,
15 und wir dürfen kühnlich behaupten, daß wir dann schon irdisch unsterblich sind.

———————•••———————

Zweiter Abschnitt.

Anhang einiger musikalischen Aufsätze von Joseph Berglinger.

Vorerinnerung.

Mein geliebter Joseph Berglinger, dessen rührendes Leben 5
man in den Herzensergießungen eines kunstliebenden Kloster=
bruders gelesen hat, hat verschiedene Phantasieen über die Kunst
der Musik, vorzüglich während der Zeit seiner Lehrjahre in der
bischöflichen Residenz, zu Papier gebracht, wovon ich einiges meinem
Buche hier anhängen will. — Seine Gesinnungen von der Kunst 10
stimmten mit den meinigen gar wunderbar zusammen, und durch
öftere gegenseitige Ergießungen unsers Herzens befreundeten unsre
Gefühle sich immer inniger mit einander. In diesen seinen kleinen
Aufsätzen übrigens, welche die Blüten einzelner schöner Stunden
sind, wird man mit Freuden diejenige melodische Harmonie finden, 15
welche wir leider, wenn wir den ganzen Inbegriff seines wirklichen
Lebens übersehen, mit so bitterer Betrübnis vermissen.

---

4. Vorerinnerung. Von Wackenroder. Vgl. die Einleitung oben S. 4 und die Aus=
gabe der Phantasieen von 1814, S. 192 ff. — 5 ff. Unter dem Namen des Joseph Berg=
linger erzählte Wackenroder am Schlusse der Herzensergießungen im Grunde nur seine
eigene Geschichte. Berglinger ist der Sohn eines Arztes in einer kleinen Stadt, welcher
durch glühende Sehnsucht sich zur Musik gezogen fühlt und vom Vater zum Berufstudium
der Medicin gezwungen wird. Er geht davon, in eine nahe bischöfliche Residenz, wo er
Kapellmeister wird, ohne das Glück seines Lebens zu finden und sein Ideal zu erreichen.
Mehr geschaffen Kunst zu genießen als auszuüben, geht er an seiner hohen Phantasie und
den täglichen musikalischen Verhältnissen der Wirklichkeit zu Grunde. Er sieht seinen Vater
im Elend sterben und folgt ihm bald in der Blüte seiner Jahre. nachdem er eine Passions=
musik zum Osterfeste geschrieben hat.

1. Ein wunderbares morgenländisches Märchen von einem nackten Heiligen.

Das Morgenland ist die Heimat alles Wunderbaren, in dem Altertume und der Kindheit der dortigen Meinungen findet man 5 auch höchst seltsame Winke und Rätsel, die immer noch dem Verstande, der sich für klüger hält, aufgegeben werden. So wohnen dort in den Einöden oft seltsame Wesen, die wir wahnsinnig nennen, die aber dort als übernatürliche Wesen verehrt werden. Der orientalische Geist betrachtet diese nackten Heiligen als die 10 wunderlichen Behältnisse eines höhern Genius, der aus dem Reiche des Firmaments sich in eine menschliche Gestalt verirrt hat, und sich nun nicht nach Menschenweise zu gebärden weiß. Auch sind ja alle Dinge in der Welt so oder anders, nachdem wir sie so oder anders betrachten; der Verstand des Menschen ist eine Wunder= 15 tinktur, durch deren Berührung alles, was existiert, nach unserm Gefallen verwandelt wird.

So wohnte einer dieser nackten Heiligen in einer abgelegenen Felsenhöhle, der ein kleiner Fluß vorüberströmte. Niemand konnte sagen, wie er dorthin gekommen, seit einigen Jahren war er dort 20 bemerkt, eine Karawane hatte ihn zuerst entdeckt, und seitdem geschahen häufige Wallfahrten nach seiner einsamen Wohnung.

Dieses wunderliche Geschöpf hatte in seinem Aufenthalte Tag und Nacht keine Ruhe, ihm dünkte immer, er höre unaufhörlich in seinen Ohren das Rad der Zeit seinen sausenden Umschwung 25 nehmen. Er konnte vor dem Getöse nichts thun, nichts vornehmen, die gewaltige Angst, die ihn in immerwährender Arbeit anstrengte, verhinderte ihn, irgend etwas zu sehn und zu hören, als wie sich mit Brausen, mit gewaltigem Sturmwindssausen das fürchterliche Rad drehte und wieder drehte, das bis an die Sterne 30 und hinüber reichte. Wie ein Wasserfall von tausend und abertausend brüllenden Strömen, die vom Himmel herunterstürzten, sich ewig, ewig ohne augenblicklichen Stillstand, ohne die Ruhe einer Sekunde ergossen, so tönte es in seine Ohren, und alle seine Sinne waren mächtig nur darauf hingewandt, seine arbeitende 35 Angst war immer mehr und mehr in den Strudel der wilden Verwirrung ergriffen und hineingerissen, immer ungeheurer ver=

1 f. Ein wunderbares morgenländisches Märchen ꝛc. Von Wackenroder. Vgl. die Einleitung oben S. 4 und die Ausgabe der Phantasieen von 1814, S. 193 ff.

wilderten die einförmigen Töne durch einander; er konnte nun
nicht ruhn, sondern man sah ihn Tag und Nacht in der ange=
strengtesten, heftigsten Bewegung, wie eines Menschen, der bemüht
ist, ein ungeheures Rad umzudrehen. Aus seinen abgebrochenen,
wilden Reden erfuhr man, daß er sich von dem Rade fortgezogen 5
fühle, daß er dem tobenden, pfeilschnellen Umschwunge mit der
ganzen Anstrengung seines Körpers zu Hilfe kommen wolle, damit
die Zeit ja nicht in die Gefahr komme, nur einen Augenblick still=
zustehn. Wenn man ihn fragte, was er thue, so schrie er wie in
einem Krampf die Worte heraus: „Ihr Unglückseligen! hört ihr 10
denn nicht das rauschende Rad der Zeit?" und dann drehte und
arbeitete er wieder noch heftiger, daß sein Schweiß auf die Erde
floß, und mit verzerrten Gebärden legte er die Hand auf sein
pochendes Herz, als wolle er fühlen, ob das große Räderwerk in
seinem ewigen Gange sei. Er wütete, wenn er sah, daß die 15
Wanderer, die zu ihm wallfahrteten, ganz ruhig standen, und ihm
zusahen, oder hin und wider gingen und mit einander sprachen.
Er zitterte vor Heftigkeit, und zeigte ihnen den unaufhaltsamen
Umschwung des ewigen Rades, das einförmige, taktmäßige Fort=
sausen der Zeit; er knirschte mit den Zähnen, daß sie von dem 20
Getriebe, in dem auch sie verwickelt und fortgezogen würden, nichts
fühlten und bemerkten, er schleuderte sie von sich, wenn sie ihm
in der Raserei zu nahe kamen. Wollten sie sich nicht in Gefahr
setzen, so mußten sie seine angestrengte Bewegung lebhaft nach=
ahmen. Aber noch viel wilder und gefährlicher wurde seine 25
Raserei, wenn es sich zutrug, daß in seiner Nähe irgend eine
körperliche Arbeit vorgenommen wurde, wenn ein Mensch, der ihn
nicht kannte, etwa bei seiner Höhle Kräuter sammelte oder Holz
fällte. Dann pflegte er wild aufzulachen, daß unter dem gräß=
lichen Fortrollen der Zeit noch jemand an diese kleinlichen irdischen 30
Beschäftigungen denken konnte; wie ein Tigertier war er dann
mit einem einzigen Sprunge aus seiner Höhle, und wenn er den
Unglücklichen erhaschen konnte, schlug er ihn mit einem einzigen
Schlage tot zu Boden. Schnell sprang er dann in seine Höhle
zurück, und drehte noch heftiger als zuvor das Rad der Zeit; er 35
wütete aber noch lange fort, und sprach in abgebrochenen Reden,
wie es den Menschen möglich sei, noch etwas anders zu treiben,
ein taktloses Geschäft vorzunehmen.

Er war nicht imstande, seinen Arm nach irgend einem Gegen=

stande auszustrecken, oder etwas mit der Hand zu ergreifen; er
konnte keinen Schritt mit den Füßen thun, wie andre Menschen.
Eine zitternde Angst flog durch alle seine Nerven, wenn er nur
ein einzigmal versuchen wollte, den schwindlichten Wirbel zu unter=
5 brechen. Nur manchmal in schönen Nächten, wenn der Mond auf
einmal vor die Öffnung seiner finstern Höhle trat, hielt er plötz=
lich inne, sank auf den Boden, warf sich umher und winselte vor
Verzweiflung; auch weinte er bitterlich wie ein Kind, daß das
Sausen des mächtigen Zeitrades ihm nicht Ruhe lasse, irgend
10 etwas auf Erden zu thun, zu handeln, zu wirken und zu schaffen.
Dann fühlte er eine verzehrende Sehnsucht nach unbekannten
schönen Dingen; er bemühte sich, sich aufzurichten und Hände und
Füße in eine sanfte und ruhige Bewegung zu bringen, aber ver=
geblich! Er suchte etwas Bestimmtes Unbekanntes, was er
15 ergreifen und woran er sich hängen wollte; er wollte sich außer=
halb oder in sich vor sich selber retten, aber vergeblich! Sein
Weinen und seine Verzweiflung stieg aufs höchste, mit lautem
Brüllen sprang er von der Erde auf und drehte wieder an dem
gewaltig=sausenden Rade der Zeit. Das währte mehrere Jahre
20 fort, Tag und Nacht.

Einst aber war eine wunderschöne, mondhelle Sommernacht,
und der Heilige lag wieder weinend und händeringend auf dem
Boden seiner Höhle. Die Nacht war entzückend: an dem dunkel=
blauen Firmamente blinkten die Sterne wie goldene Zierden an
25 einem weit übergebreiteten, beschirmenden Schilde, und der Mond
strahlte von den hellen Wangen seines Antlitzes ein sanftes Licht,
worin die grüne Erde sich badete. Die Bäume hingen in dem
zauberhaften Schein wie wallende Wolken auf ihren Stämmen,
und die Wohnungen der Menschen waren in dunkle Felsengestalten
30 und dämmernde Geisterpaläste verwandelt. Die Menschen, nicht
mehr vom Sonnenglanze geblendet, wohnten mit ihren Blicken
am Firmamente, und ihre Seelen spiegelten sich schön in dem
himmlischen Scheine der Mondnacht.

Zwei Liebende, die sich ganz den Wundern der nächtlichen
35 Einsamkeit ergeben wollten, fuhren in dieser Nacht auf einem
leichten Nachen den Fluß herauf, der der Felsenhöhle des Heiligen
vorüberströmte. Der durchdringende Mondstrahl hatte den Lieben=
den die innersten, dunkelsten Tiefen ihrer Seelen erhellt und auf=
gelöst, ihre leisesten Gefühle zerflossen und wogten vereinigt in

uferloſen Strömen daher. Aus dem Nachen wallte eine ätheriſche
Muſik in den Raum des Himmels empor, ſüße Hörner, und ich -
weiß nicht welche andre zauberiſche Inſtrumente zogen eine ſchwim=
mende Welt von Tönen hervor, und in den auf= und nieder=
wallenden Tönen vernahm man folgenden Geſang: 5

    Süße Ahnungsſchauer gleiten
    Über Fluß und Flur dahin,
    Mondesſtrahlen hold bereiten
    Lager liebetrunknem Sinn.
    Ach, wie ziehn, wie flüſtern die Wogen,   10
    Spiegelt in Wellen der Himmelsbogen.

    Liebe in dem Firmamente,
    Unter uns in blanker Flut,
    Zündet Sternglanz, keiner brennte,
    Gäbe Liebe nicht den Mut: 15
    Und, vom Himmelsodem gefächelt,
    Himmel und Waſſer und Erde lächelt.

    Mondſchein liegt auf allen Blumen,
    Alle Palmen ſchlummern ſchon,
    In der Waldung Heiligtnmen   20
    Waltet, klingt der Liebe Ton:
    Schlafend verkündigen alle Töne,
    Palmen und Blumen der Liebe Schöne.

Mit dem erſten Tone der Muſik und des Geſanges war
dem nackten Heiligen das ſauſende Rad der Zeit verſchwunden. 25
Es waren die erſten Töne, die in dieſe Einöde fielen; die unbe=
kannte Sehnſucht war geſtillt, der Zauber gelöſt, der verirrte
Genius aus ſeiner irdiſchen Hülle befreit. Die Geſtalt des Hei=
ligen war verſchwunden, eine engelſchöne Geiſterbildung, aus
leichtem Dufte gewebt, ſchwebte aus der Höhle, ſtreckte die ſchlanken 30
Arme ſehnſuchtsvoll zum Himmel empor, und hob ſich nach den
Tönen der Muſik in tanzender Bewegung von dem Boden in die
Höhe. Immer höher und höher in die Lüfte ſchwebte die helle
Luftgeſtalt, von den ſanftſchwellenden Tönen der Hörner und des
Geſanges emporgehoben; — mit himmliſcher Fröhlichkeit tanzte die 35
Geſtalt hier und dort, hin und wieder auf den weißen Gewölken,
die im Luftraume ſchwammen, immer höher ſchwang er ſich mit
tanzenden Füßen in den Himmel hinauf, und flog endlich in ge=

schlängelten Windungen zwischen den Sternen umher; da klangen alle Sterne, und dröhnten einen hellstrahlenden himmlischen Ton durch die Lüfte, bis der Genius sich in das unendliche Firmament verlor.

5   Reisende Karawanen sahen erstaunend die nächtliche Wundererscheinung, und die Liebenden wähnten, den Genius der Liebe und der Musik zu erblicken.

---

2. Die Wunder der Tonkunst.

Wenn ich es so recht innig genieße, wie der leeren Stille
10 sich auf einmal, aus freier Willkür, ein schöner Zug von Tönen entwindet, und als ein Opferrauch emporsteigt, sich in Lüften wiegt, und wieder still zur Erde herabsinkt; — da entsprießen und drängen sich so viele neue schöne Bilder in meinem Herzen, daß ich vor Wonne mich nicht zu lassen weiß. — Bald kommt Musik mir vor,
15 wie ein Vogel Phönix, der sich leicht und kühn zu eigener Freude erhebt, zu eignem Behagen stolzierend hinaufschwebt, und Götter und Menschen durch seinen Flügelschwung erfreut. — Bald dünkt es mich, Musik sei wie ein Kind, das tot im Grabe lag, — ein rötlicher Sonnenstrahl vom Himmel entnimmt ihm die Seele sanft,
20 und es genießt, in himmlischen Äther versetzt, goldne Tropfen der Ewigkeit, und umarmt die Urbilder der allerschönsten menschlichen Träume. — Und bald, — welche herrliche Fülle der Bilder! — bald ist die Tonkunst mir ganz ein Bild unsers Lebens: — eine rührend-kurze Freude, die aus dem Nichts entsteht und ins Nichts
25 vergeht, — die anhebt und versinkt, man weiß nicht warum: — eine kleine fröhliche grüne Insel, mit Sonnenschein, mit Sang und Klang, — die auf dem dunkeln, unergründlichen Ocean schwimmt.

Fragt den Tonmeister, warum er so herzlich fröhlich sei auf
30 seinem Saitenspiel. „Ist nicht," wird er antworten, „das ganze Leben ein schöner Traum? eine liebliche Seifenblase? Mein Tonstück desgleichen."

Wahrlich, es ist ein unschuldiges, rührendes Vergnügen, an Tönen, an reinen Tönen sich zu freuen! Eine kindliche Freude!

---

8. Die Wunder der Tonkunst. Von Wackenroder. Vgl. die Einleitung oben S. 4 und die Ausgabe der Phantasieen von 1814, S. 201 ff.

— Wenn andre sich mit unruhiger Geschäftigkeit betäuben, und von
verwirrten Gedanken, wie von einem Heer fremder Nachtvögel und
böser Insekten, umschwirrt, endlich ohnmächtig zu Boden fallen;
— o, so tauch' ich mein Haupt in dem heiligen, kühlenden Quell
der Töne unter, und die heilende Göttin flößt mir die Unschuld 5
der Kindheit wieder ein, daß ich die Welt mit frischen Augen er=
blicke, und in allgemeine, freudige Versöhnung zerfließe. — Wenn
andre über selbsterfundene Grillen zanken, oder ein verzweiflungs=
volles Spiel des Witzes spielen, oder in der Einsamkeit miß=
gestaltete Ideen brüten, die, wie die geharnischten Männer der 10
Fabel, verzweiflungsvoll sich selber verzehren; — o, so schließ' ich
mein Auge zu vor all' dem Kriege der Welt, — und ziehe mich
still in das Land der Musik, als in das Land des Glaubens,
zurück, wo alle unsre Zweifel und unsre Leiden sich in ein tönen=
des Meer verlieren, — wo wir alles Gekrächze der Menschen ver= 15
gessen, wo kein Wort= und Sprachengeschnatter, kein Gewirr von
Buchstaben und monströser Hieroglyphenschrift uns schwindlich
macht, sondern alle Angst unsers Herzens durch leise Berührung
auf einmal geheilt wird. — „Und wie? Werden hier Fragen uns
beantwortet? Werden Geheimnisse uns offenbart?" — Ach nein! 20
aber statt aller Antwort und Offenbarung werden uns luftige,
schöne Wolkengestalten gezeigt, deren Anblick uns beruhigt, wir
wissen nicht wie; — mit kühner Sicherheit wandeln wir durch das
unbekannte Land hindurch, — wir begrüßen und umarmen fremde
Geisterwesen, die wir nicht kennen, als Freunde, und alle die Un= 25
begreiflichkeiten, die unser Gemüt bestürmen, und die die Krank=
heit des Menschengeschlechtes sind, verschwinden vor unsern Sinnen,
und unser Geist wird gesund durch das Anschaun von Wundern,
die noch weit unbegreiflicher und erhabener sind. Dann ist
dem Menschen, als möcht' er sagen: „Das ist's, was ich meine! 30
Nun hab' ich's gefunden! Nun bin ich heiter und froh!"

Laßt sie spotten und höhnen, die andern, die wie auf rasseln=
den Wagen durchs Leben dahin fahren, und in der Seele des
Menschen das Land der heiligen Ruhe nicht kennen. Laß sie sich
rühmen ihres Schwindels, und trotzen, als ob sie die Welt mit 35
ihren Zügeln lenkten. Es kommen Zeiten, da sie darben werden.

---

10 f. die geharnischten Männer der Fabel, Jason sät in der antiken Helden=
sage Drachenzähne, aus welchen gewappnete Riesen emporwachsen und sich in blinder Wut
gegenseitig töten.

Wohl dem, der, wann der irdische Boden untreu unter seinen
Füßen wankt, mit heitern Sinnen auf lustige Töne sich retten
kann, und nachgebend, mit ihnen bald sanft sich wiegt, bald mutig
dahertanzt, und mit solchem lieblichen Spiele seine Leiden vergißt!
5 Wohl dem, der (müde des Gewerbes, Gedanken seiner und
seiner zu spalten, welches die Seele verkleinert) sich den sanften
und mächtigen Zügen der Sehnsucht ergiebt, welche den Geist
ausdehnen und zu einem schönen Glauben erheben. Nur ein
solcher ist der Weg zur allgemeinen, umfassenden Liebe, und nur
10 durch solche Liebe gelangen wir in die Nähe göttlicher Seligkeit. — —

Dies ist das herrlichste und das wunderbarste Bild, so ich
mir von der Tonkunst entwerfen kann, — obwohl es die meisten
für eitle Schwärmerei halten werden.

15 Aber aus was für einem magischen Präparat steigt nun der
Duft dieser glänzenden Geistererscheinung empor? — Ich sehe zu,
— und finde nichts, als ein elendes Gewebe von Zahlenpropor-
tionen, handgreiflich dargestellt auf gebohrtem Holz, auf Gestellen
von Darmsaiten und Messingdraht. — Das ist fast noch wunder-
20 barer, und ich möchte glauben, daß die unsichtbare Harfe Gottes
zu unsern Tönen mitklingt, und dem menschlichen Zahlengewebe
die himmlische Kraft verleiht.

Und wie gelangte denn der Mensch zu dem wunderbaren
Gedanken, Holz und Erz tönen zu lassen? Wie kam er zu der
25 köstlichen Erfindung dieser über alles seltsamen Kunst? — Das ist
ebenfalls wiederum so merkwürdig und sonderlich, daß ich die Geschichte, wie ich sie mir denke, kürzlich hersetzen will.

Der Mensch ist ursprünglich ein gar unschuldiges Wesen.
Wenn wir noch in der Wiege liegen, wird unser kleines Gemüt
30 von hundert unsichtbaren kleinen Geistern genährt und erzogen,
und in allen artigen Künsten geübt. So lernen wir durch's
Lächeln, nach und nach, fröhlich sein, durch's Weinen lernen wir
traurig sein, durchs Angaffen mit großen Augen lernen wir, was
erhaben ist, anbeten. Aber so wie wir in der Kindheit mit dem
35 Spielzeuge nicht recht umzugehen wissen, so wissen wir auch mit
den Dingen des Herzens noch nicht recht zu spielen, und ver-
wechseln und verwirren in dieser Schule der Empfindungen noch
alles durch einander.

Wenn wir aber zu den Jahren gekommen sind, so verstehen

wir die Empfindungen, sei es nun Fröhlichkeit, oder Betrübnis,
oder jede andre, gar geschickt anzubringen, wo sie hingehören; und
da führen wir sie manchmal recht schön, zu unsrer eigenen Be=
friedigung, aus. Ja, obwohl diese Dinge eigentlich nur eine ge=
legentliche Zuthat zu den Begebenheiten unsers gewöhnlichen Lebens 5
sind, so finden wir doch so viel Lust daran, daß wir die soge=
nannten Empfindungen gern von dem verwirrten Wust und Ge=
flecht des irdischen Wesens, worin sie verwickelt sind, ablösen, und
sie uns zum schönen Angedenken besonders ausführen, und auf
eigene Weise aufbewahren. Es scheinen uns diese Gefühle, die in 10
unserm Herzen aufsteigen, manchmal so herrlich und groß, daß
wir sie wie Reliquien in kostbare Monstranzen einschließen, freudig
davor niederknieen, und im Taumel nicht wissen, ob wir unser
eignes menschliches Herz, oder ob wir den Schöpfer, von dem alles
Große und Herrliche herabkommt, verehren. 15

Zu dieser Aufbewahrung der Gefühle sind nun verschiedene
schöne Erfindungen gemacht worden, und so sind alle schönen
Künste entstanden. Die Musik aber halte ich für die wunderbarste
dieser Erfindungen, weil sie menschliche Gefühle auf eine über=
menschliche Art schildert, weil sie uns alle Bewegungen unsers 20
Gemüts unkörperlich, in goldne Wolken luftiger Harmonieen ein=
gekleidet, über unserm Haupte zeigt, — weil sie eine Sprache
redet, die wir im ordentlichen Leben nicht kennen, die wir gelernt
haben, wir wissen nicht wo? und wie? und die man allein für
die Sprache der Engel halten möchte. 25

Sie ist die einzige Kunst, welche die mannigfaltigsten und
widersprechendsten Bewegungen unsers Gemüts auf dieselben
schönen Harmonieen zurückführt, die mit Freud' und Leid, mit
Verzweiflung und Verehrung in gleichen harmonischen Tönen spielt.
Daher ist sie es auch, die uns die echte Heiterkeit der Seele 30
einflößt, welche das schönste Kleinod ist, das der Mensch erlangen
kann; — jene Heiterkeit mein' ich, da alles in der Welt uns
natürlich, wahr und gut erscheint, da wir im wildesten Gewühle
der Menschen einen schönen Zusammenhang finden, da wir mit
reinem Herzen alle Wesen uns verwandt und nahe fühlen, und, 35
gleich den Kindern, die Welt wie durch die Dämmerung eines
lieblichen Traumes erblicken. — —

12. Monstranze, ein goldenes Gefäß, welches die konsekrierte Hostie oder die Re=
liquien eines Heiligen enthält.

Wenn ich in meiner Einfalt unter freiem Himmel vor Gott
glückselig bin, — indes die goldnen Strahlen der Sonne das hohe
blaue Zelt über mir ausspannen, und die grüne Erde rings um
mich lacht, — da ist's am rechten Ort, daß ich mich auf den
5 Boden werfe, und in vollen Freuden dem Himmel lautjauchzend
für alle Herrlichkeit danke. Was aber thut alsdann der sogenannte
Künstler unter den Menschen? Er hat mir zugesehen, geht, inner=
lich erwärmt, stillschweigend daheim, läßt sein sympathetisches Ent=
zücken auf leblosem Saitenspiel weit herrlicher daherrauschen, und
10 bewahrt es auf, in einer Sprache, die kein Mensch je geredet hat,
deren Heimat niemand kennt, und die jeden bis in die innersten
Nerven ergreift.

Wenn mir ein Bruder gestorben ist, und ich bei solcher Be=
gebenheit des Lebens eine tiefe Traurigkeit gehörig anbringe,
15 weinend im engen Winkel sitze, und alle Sterne frage, wer je
betrübter gewesen als ich, — dann, — indes hinter meinem Rücken
schon die spottende Zukunft steht, und über den schnell vergäng=
lichen Schmerz des Menschen lacht, — dann steht der Tonmeister
vor mir, und wird von all' dem jammervollen Händeringen so
20 bewegt, daß er den schönen Schmerz daheim auf seinen Tönen
nachgebärdet, und mit Lust und Liebe die menschliche Betrübnis
verschönert und ausschmückt, und so ein Werk hervorbringt, das
aller Welt zur tiefsten Rührung gereicht. — Ich aber, wenn ich
längst das angstvolle Händeringen um meinen toten Bruder ver=
25 lernt habe, und dann einmal das Werk seiner Betrübnis höre, —
dann freu' ich mich kindlich über mein eignes, so glorreich ver=
herrlichtes Herz, und nähre und bereichere mein Gemüt an der
wunderbaren Schöpfung.

Wenn aber die Engel des Himmels auf dieses ganze lieb=
30 liche Spielwerk herabsehen, das wir die Kunst nennen, — so
müssen sie wehmütig lächeln über das Kindergeschlecht auf der
Erde, und lächeln über die unschuldige Erzwungenheit in dieser
Kunst der Töne, wodurch das sterbliche Wesen sich zu ihnen er=
heben will. — —

**3. Von den verschiedenen Gattungen in jeder Kunst, und insbeson-
dere von verschiedenen Arten der Kirchenmusik.**

Es kommt mir allemal seltsam vor, wenn Leute, welche die
Kunst zu lieben vorgeben, in der Poesie, der Musik, oder in irgend
einer andern Kunst, sich beständig nur an Werke von einer Gat- 5
tung, einer Farbe halten, und ihr Auge von allen andern Arten
wegwenden. Hat gleich die Natur diejenigen, welche selbst Künstler
sind, mehrenteils so eingerichtet, daß sie sich nur in einem Felde
ihrer Kunst ganz wie zu Hause fühlen, und nur auf diesem ihrem
vaterländischen Boden Kraft und Mut genug haben, selber zu säen 10
und zu pflanzen; so kann ich doch nicht begreifen, wie eine wahre
Liebe der Kunst nicht alle ihre Gärten durchwandern, und an
allen Quellen sich freuen sollte. Es wird ja doch niemand mit
halber Seele geboren! — Aber freilich, — wiewohl ich es kaum
über das Herz bringen kann, die allgütige Natur so zu schmähen, 15
— es scheinen viele der heutigen Menschen mit so sparsamen
Funken der Liebe begabt zu sein, daß sie dieselbe nur auf Werke
von einer Art aufwenden können. Ja, sie sind stolz in ihrer
Armut; aus trägem Dünkel verachten sie es, den Geist auch in
der Betrachtung anderer Schönheiten zu üben; sie machen sich ein 20
desto größeres Verdienst aus der engen Beschränkung auf gewisse
Lieblingswerke, und glauben diese desto edler und reiner zu lieben,
je mehr andre Werke sie verachten.

So ist es sehr häufig, daß einige bloß an fröhlichen und
komischen, andre bloß an ernsthaften und tragischen Sachen Ge- 25
fallen zu finden sich bestreben. Wenn ich aber das Gewebe der
Welt unbefangen betrachte, so sehe ich, daß das Schicksal seinen
Weberspul nur so hin oder so hin zu werfen braucht, um in
denselben Menschenseelen im Augenblick ein Lustspiel oder Trauer-
spiel hervorzubringen. Daher scheint es mir natürlich, daß ich 30
auch in der Welt der Kunst mich und mein ganzes Wesen ihrem
waltenden Schicksale willig hingebe. Ich löse mich los von allen
Banden, segle mit flatternden Wimpeln auf dem offenen Meere
des Gefühls, und steige gern, wo immer der himmlische Hauch
von oben mich heranwehet, ans Land. —   35
Wenn jemand die Frage aufwerfen wollte: ob es schöner

---

1. Von den verschiedenen Gattungen in jeder Kunst ꝛc. Von Wackenroder.
Vgl. die Einleitung oben S. 4 und die Ausgabe der Phantasieen von 1814, S. 210 ff.

sei, in der kleinen Winterstube, beim Licht, in einem herrlichen
Kreise von Freunden zu sitzen, — oder schöner, einsam auf hohen
Bergen die Sonne über köstliche Fluren scheinen zu sehen: —
was sollte man antworten? Wer in seiner Brust ein Herz ver=
5 wahrt, dem am wohlsten ist, wenn es sich heiß erwärmen, und
je höher je lieber pochen und schlagen kann, der wird jede schöne
Gegenwart mit Entzücken an sich reißen, um sein liebes Herz in
diesem Zittern der Seligkeit zu üben.

Hierin sind mir die glücklichen Männer, welche vom Himmel
10 zur Stola und zur Priesterweihe auserwählt sind, ein treffliches
Vorbild. Ein solcher Mann, dem das, worauf die andern Men=
schen nicht Zeit genug verwenden können (weil der Schöpfer das
Wesen der Welt allzu reichhaltig eingerichtet hat), zum schönen
Geschäfte gemacht ist, nämlich seine Augen unverwandt auf den
15 Schöpfer zu richten, — so daß die kleineren Bäche des Danks
und der Andacht aus allen umgebenden Wesen in ihn als in
einen Strom sich vereinigen, der unaufhörlich ins Meer der Ewig=
keit ausströmt: — ein solcher Mann findet überall im Leben
schöne Anlässe, seinen Gott zu verehren und ihm zu danken; er
20 schlägt aller Orten Altäre auf, und seinen verklärten Augen
leuchtet das wundervolle Bildnis des Schöpfers aus allen ver=
worrenen Zügen in den Dingen dieser Welt hervor. — Und so,
dünkt mich, — denn die Herrlichkeit der Kunst hat mich zu einem
kühnen Gleichnißbilde verleitet, — so sollte auch derjenige be=
25 schaffen sein, welcher mit aufrichtigem Herzen vor der Kunst
niederknieen, und ihr die Huldigung einer ewigen und unbegrenzten
Liebe darbringen wollte. —

In der herrlichen Kunst, die der Himmel bei meiner Geburt
wohlthätig für mich ausgesucht hat (wofür ich ihm, so lang' ich
30 lebe, dankbar bin), ist es mir seit jeher so gegangen, daß diejenige
Art der Musik, die ich gerade höre, mir jedesmal die erste und
vortrefflichste zu sein scheint, und mich alle übrigen Arten ver=
gessen macht. Wie ich denn überhaupt glaube, daß das der echte
Genuß, und zugleich der echte Prüfstein der Vortrefflichkeit eines
35 Kunstwerks sei, wenn man über dies eine alle andern Werke
vergißt, und gar nicht daran denkt, es mit einem andern ver=
gleichen zu wollen. Daher kommt es, daß ich die verschiedensten

10. Die Stola, ein Stück des Meßgewandes, Zeichen der priesterlichen Gewalt.

Arten in der Tonkunst, als zum Beispiel die Kirchenmusik und die Musik zum Tanze, mit gleicher Liebe genieße. Doch kann ich nicht leugnen, daß die hervorbringende Kraft meiner Seele sich mehr nach der ersteren hinneigt und auf dieselbe sich einschränkt. Mit ihr beschäftige ich mich am meisten, und von ihr will ich 5 daher jetzt ausschließlich mit einigen Worten meine Meinung sagen.

Nach dem Gegenstande zu urteilen, ist die geistliche Musik freilich die edelste und höchste, sowie auch in den Künsten der Malerei und Poesie der heilige, Gott geweihete Bezirk dem Men= schen in dieser Hinsicht der ehrwürdigste sein muß. Es ist rührend, 10 zu sehen, wie diese drei Künste die Himmelsburg von ganz ver= schiedenen Seiten bestürmen, und mit kühnem Wetteifer unter einander kämpfen, dem Throne Gottes am nächsten zu kommen. Ich glaube aber wohl, daß die vernunftreiche Muse der Dicht= kunst, und vorzüglich die stille und ernste Muse der Malerei, ihre 15 dritte Schwester für die allerbreitste und verwegenste im Lobe Gottes achten mögen, weil sie in einer fremden, unübersetzbaren Sprache, mit lautem Schalle, mit heftiger Bewegung, und mit harmonischer Vereinigung einer ganzen Schar lebendiger Wesen, von den Dingen des Himmels zu sprechen wagt. 20

Allein auch diese heilige Muse redet von den Dingen des Himmels nicht beständig auf einerlei Art, sondern hat vielmehr ihre Freude daran, Gott auf ganz verschiedene Weise zu loben, — und ich finde, daß jegliche Art, wenn man deren wahre Be= deutung recht verstehet, ein Balsam für das menschliche Herz ist. 25

Bald geht sie in muntern, fröhlichen Tönen daher, läßt sich von einfachen und heiteren, oder auch von zierlichen und künst= lichen Harmonieen in allerlei liebliche, wohlklingende Irrgänge leiten, und lobt Gott nicht anders, als Kinder thun, welche vor ihrem guten Vater an seinem Geburtstage eine Rede oder einen 30 dramatischen Aktus halten, da sich denn jener wohl gefallen läßet, wenn sie ihm ihren Dank mit kindlicher, unbefangener Munter= keit beweisen, und im Danken zugleich eine kleine Probe ihrer Geschicklichkeiten und erlangten Künste ablegen. Oder man kann auch sagen, daß diese Art der Kirchenmusik den Charakter der= 35 jenigen Menschen ausdrückt, welche sich gern mit vielen muntern und artig gesetzten Worten über die Größe Gottes auslassen mögen, welche sich verwundern und herzlich=lächelnd sich darüber freuen, daß er um so vieles größer ist als sie selber. Sie kennen

keine andre Erhebung der Seele als eine fröhliche und zierliche;
sie wissen in ihrer Unschuld für ihn keine andere und bessere
Sprache des Lobes und der Verehrung, als die sie gegen einen
edlen menschlichen Wohlthäter gebrauchen, und sie sind nicht ver=
5 legen, von den kleinsten Freuden und Genüssen des Lebens mit
leichter Fertigkeit zu dem Gedanken an den Vater des Weltalls
überzugehen. — Diese Art der Kirchenmusik pflegt die häufigste
und beliebteste zu sein, und sie scheint wirklich das Gemüt des
größten Teils der Menschen vorzustellen.

10   Eine andre, erhabene Art ist nur wenigen auserwählten
Geistern eigen. Sie sehen ihre Kunst nicht (wie die meisten thun)
als ein bloßes Problem an, aus den vorhandenen Tönen mancher=
lei verschiedene, wohlgefällige Tongebäude nach Regeln zusammen=
zusetzen, und nicht dies Gebäude ist ihr höchster Zweck; — sie
15 gebrauchen vielmehr große Massen von Tönen als wunderbare
Farben, um damit dem Ohre das Große, das Erhabene und
Göttliche zu malen. — Sie achten es unwürdig, den Ruhm des
Schöpfers auf den kleinen flatternden Schmetterlingsflügeln kind=
licher Fröhlichkeit zu tragen, sondern schlagen die Luft mit breiten,
20 mächtigen Adlersschwingen. — Sie ordnen und pflanzen nicht die
Töne wie Blumen in kleine regelmäßige Beete, worin wir zu=
nächst die geschickte Hand des Gärtners bewundern; sondern sie
schaffen große Höhen und Thäler mit heiligen Palmwäldern, die
unsre Gedanken zunächst zu Gott erheben. — Diese Musik
25 schreitet in starken, langsamen, stolzen Tönen einher, und versetzt
dadurch unsre Seele in die erweiterte Spannung, welche von er=
habenen Gedanken in uns erzeugt wird, und solche wieder erzeugt.
Oder sie rollt auch feuriger und prachtvoller ·unter den Stimmen
des vollen Chors, wie ein majestätischer Donner im Gebirge,
30 umher. — Die Musik ist jenen Geistern ähnlich, welche von dem
allmächtigen Gedanken an Gott so ganz über alle Maße erfüllt
sind, daß sie die Schwäche des sterblichen Geschlechtes darüber
ganz vergessen, und dreist genug sind, mit lauter, stolzer Trom=
petenstimme die Größe des Höchsten der Erde zu verkündigen.
35 Im freien Taumel des Entzückens glauben sie das Wesen und
die Herrlichkeit Gottes bis ins Innerste begriffen zu haben; sie
lehren ihn allen Völkern kennen, und loben ihn dadurch, daß sie
mit aller Macht zu ihm hinaufstreben, und sich anstrengen, ihm
ähnlich zu werden. —

Aber es giebt noch einige stille, demütige, allzeit büßende Seelen, denen es unheilig scheint, zu Gott in der Melodie ir= discher Fröhlichkeit zu reden, denen es frech und verwegen vor= kommt, seine ganze Erhabenheit kühn in ihr menschliches Wesen aufzunehmen: — auch ist jene Fröhlichkeit ihnen unverständlich, 5 und zu dieser dreisten Erhebung mangelt ihnen der Mut. Diese liegen mit stets gefalteten Händen und gesenktem Blick betend auf den Knieen, und loben Gott bloß dadurch, daß sie mit der beständigen Vorstellung ihrer Schwäche und Entfernung von ihm und mit der wehmütigen Sehnsucht nach den Gütern der reinen 10 Engel ihren Geist erfüllen und nähren. — Diesen gehört jene alte, choralmäßige Kirchenmusik an, die wie ein ewiges „Miserere mei Domine!" klingt, und deren langsame, tiefe Töne gleich sündenbeladenen Pilgrimen in tiefen Thälern dahinschleichen. — Ihre bußfertige Muse ruht lange auf denselben Akkorden; sie 15 getraut sich nur langsam die benachbarten zu ergreifen; aber jeder neue Wechsel der Akkorde, auch der allereinfachste, wälzt in diesem schweren, gewichtigen Fortgange unser ganzes Gemüt um, und die leise vordringende Gewalt der Töne durchzittert uns mit bangen Schauern, und erschöpft den letzten Atem unsers ge= 20 spannten Herzens. Manchmal treten bittere, herzzerknirschende Akkorde dazwischen, wobei unsre Seele ganz zusammenschrumpft vor Gott; aber dann lösen krystallhelle, durchsichtige Klänge die Bande unsers Herzens wieder auf, und trösten und erheitern unser Inneres. Zuletzt endlich wird der Gang des Gesanges 25 noch langsamer als zuvor, und von einem tiefen Grundton, wie von dem gerührten Gewissen festgehalten, windet sich die innige Demut in mannigfach=verschlungenen Beugungen herum, und kann sich von der schönen Bußübung nicht trennen, — bis sie endlich ihre ganze aufgelöste Seele in einem langen, leise verhallenden 30 Seufzer aushaucht. — —

4. Fragment aus einem Briefe Joseph Berglingers.

— Neulich, lieber Pater, am Festtag, hab' ich einen köst= lichen Abend genossen. Es war ein warmer Sommerabend, und

---

7. gefalteten: das starke part. praet. des ursprünglich reduplizierenden Verbums falten findet sich im 18. Jahrhundert bei Klopstock und anderen noch häufig. — 32. Frag= ment ꝛc. Von Wackenroder. Vgl. die Einleitung oben S. 1 und die Ausgabe der Phan= tasieen v. 1814, S. 219 ff.

ich ging aus den alten Thoren der Stadt hinaus, als eine muntere
Musik aus der Ferne mit ihren lockenden Tönen mich an sich
spielte. Ich ging ihr durch die Gassen der Vorstadt nach, und
ward am Ende in einen großen öffentlichen Garten geführt, der
5 mit Hecken, Alleen und bedeckten Gängen, mit Rasenplätzen, Wasser=
becken, kleinen Springbrunnen und Taxuspyramiden dazwischen,
gar reichlich ausgeziert, und mit einer Menge buntgeschmückter
Leute belebt war. In der Mitte, auf einer grünen Erhöhung,
lag ein offenstehender Gartensaal, als der Mittelpunkt des Ge=
10 wimmels. Ich ging auf dem Platze vor dem Saale, wo es am
vollsten war, auf und nieder, und mein Herz ward hier von den
fröhlichsten und heitersten Empfindungen besucht.

Auf grünem Rasen saßen die Spieler, und zogen aus ihren
Blasinstrumenten die muntersten, lustigten Frühlingstöne hervor, so
15 frisch wie das junge Laub, das sich aus den Zweigen der Bäume
hervordrängt. Sie füllten die ganze Luft mit den lieblichen
Düften ihres Klanges an, und alle Blutstropfen jauchzten in
meinen Adern. Wahrlich, so oft ich Tanzmusik höre, fällt es mir
in den Sinn, daß diese Art der Musik offenbar die bedeutendste
20 und bestimmteste Sprache führt, und daß sie notwendig die eigent=
lichste, die älteste und ursprüngliche Musik sein muß.

Neben mir, in den breiten Gängen, spazierten nun alle ver=
schiedenen Stände und Alter der Menschen einher. Da war der
Kaufmann von seinem Rechentische, der Handwerksmann von seiner
25 Werkstatt hergekommen; und etliche vornehme junge Herren in
glänzenden Kleidern strichen leichtsinnig zwischen den langsameren
Spaziergängern durch. Manchmal kam eine zahlreiche Familie
mit Kindern jeder Größe, die die ganze Breite des Ganges ein=
nahm; und dann wieder ein siebenzigjähriges Ehepaar, das lächelnd
30 zusah, wie die Schar der Kinder auf dem grünen Grase in
trunkenem Mutwillen ihr junges Leben versuchte, oder wie die
erwachsenere Jugend sich mit lebhaften Tänzen erhitzte. Ein jeder
von allen hatte seine eigne Sorge in seiner Kammer daheim ge=
lassen; keine Sorge mochte der andern gleich sein, — hier aber
35 stimmten alle zur Harmonie des Vergnügens zusammen. Und
wenn auch freilich nicht jedem von der Musik und all dem bunten
Wesen wirklich im Innern so erfreulich zu Mute sein mochte als

2 f. an sich spielte = durch Spielen an sich zog.

mir, — so war für mich doch diese ganze lebendige Welt in
einen Lichtschimmer der Freude aufgelöst, — die Oboen= und
Hörnertöne schienen mir wie glänzende Strahlen um alle Ge=
sichter zu spielen, und es dünkte mich, als säh' ich alle Leute be=
kränzt oder in einer Glorie gehen. — Mein Geist, verklärt durch 5
die Musik, drang durch alle die verschiedenen Physiognomieen bis
in jedes Herz hinein, und die wimmelnde Welt um mich her kam
mir wie ein Schauspiel vor, das ich selber gemacht, oder wie ein
Kupferstich, den ich selber gezeichnet: so gut glaubte ich zu sehen,
was jede Figur ausdrücke und bedeute, und wie jede das sei, 10
was sie sein sollte.

Diese angenehmen Träume unterhielten mich eine ganze Zeit=
lang fort, — bis sich die Scene veränderte.

Die helle Wärme des Tages ergoß sich allmählich in die
dunkle Kühlung der Nacht, die bunten Scharen zogen heim, der 15
Garten ward dunkel, einsam und still, — zuweilen schwebte ein
zärtliches Lied vom Waldhorn wie ein seliger Geist in dem milden
Schimmer des Mondes daher, — und die ganze, zuvor so leben=
dige Natur war in ein leises Fieber melancholischer Wehmut auf=
gelöst. Das Schauspiel der Welt war für diesen Tag zu Ende, 20
— meine Schauspieler nach Hause gegangen, — der Knäuel des
Gewühls für heute gelöst. Denn Gott hatte die lichte, mit Sonne
geschmückte Hälfte seines großen Mantels von der Erde hinweg=
gezogen, und mit der andern schwarzen Hälfte, worin Mond und
Sterne gestickt sind, das Gehäuse der Welt umhängt, — und nun 25
schliefen alle seine Geschöpfe in Frieden. Freude, Schmerz, Arbeit
und Streit, alles hatte nun Waffenstillstand, um morgen von neuem
wieder loszubrechen: — und so immer fort, bis in die fernsten
Nebel der Zeiten, wo wir kein Ende absehen.

Ach! dieser unaufhörliche, eintönige Wechsel der Tausende von 30
Tagen und Nächten, — daß das ganze Leben des Menschen und
das ganze Leben des gesamten Weltkörpers nichts ist als so ein
unaufhörliches, seltsames Brettspiel solcher weißen und schwarzen
Felder, wobei am Ende keiner gewinnt als der leidige Tod, —
das könnte einem in manchen Stunden den Kopf verrücken. — 35
Aber man muß durch den Wust von Trümmern, worauf unser
Leben zerbröckelt wird, mit mutigem Arm hindurchgreifen und sich
an der Kunst, der Großen, Beständigen, die über alles hinweg
bis in die Ewigkeit hinausreicht, mächtiglich festhalten, — die uns

vom Himmel herab die leuchtende Hand bietet, daß wir über dem
wüsten Abgrunde in kühner Stellung schweben, zwischen Himmel
und Erde! — — —

5. Das eigentümliche innere Wesen der Tonkunst und die
Seelenlehre der heutigen Instrumentalmusik.

5   Der Schall oder Ton war ursprünglich ein grober Stoff,
in welchem die wilden Nationen ihre unförmlichen Affekte aus=
zudrücken strebten, indem sie, wenn ihr Inneres erschüttert war,
auch die umgebenden Lüfte mit Geschrei und Trommelschlag er=
10 schütterten, gleichsam um die äußere Welt mit ihrer inneren Ge=
mütsempörung ins Gleichgewicht zu setzen. Nachdem aber die
unaufhaltsam wirkende Natur die ursprünglich in eins verwachsenen
Kräfte der menschlichen Seele, durch viele Säkula hindurch, in
ein ausgebreitetes Gewebe von immer feineren Zweigen ausein=
15 ander getrieben hat, so ist, in den neueren Jahrhunderten, auch
aus Tönen ein kunstreiches System aufgebaut und also auch in
diesem Stoff, so wie in den Künsten und Farben, ein sinnliches
Abbild und Zeugnis von der schönen Verfeinerung und harmo=
nischen Vervollkommnung des heutigen menschlichen Geistes nieder=
20 gelegt worden. Der einfarbige Lichtstrahl des Schalls ist in ein
buntes, funkelndes Kunstfeuer zersplittert, worin alle Farben des
Regenbogens flimmern; dies konnte aber nicht anders geschehen, als
daß zuvor mehrere weise Männer in die Orakelhöhlen der verborgensten
Wissenschaften hinunterstiegen, wo die allzeugende Natur selbst ihnen
25 die Urgesetze des Tons enthüllte. Aus diesen geheimnisreichen
Grüften brachten sie die neue Lehre, in tiefsinnigen Zahlen ge=
schrieben, ans Tageslicht und setzten hiernach eine feste, weisheit=
volle Ordnung von vielfachen einzelnen Tönen zusammen, welche
die reiche Quelle ist, aus der die Meister die mannigfaltigsten Ton=
30 arten schöpfen.
    Die sinnliche Kraft, welche der Ton von seinem Ursprunge
her in sich führt, hat sich durch dieses gelehrte System eine ver=
feinerte Mannigfaltigkeit erworben.
    Das Dunkle und Unbeschreibliche aber, welches in der Wirkung
35 des Tons verborgen liegt und welches bei keiner andern Kunst
zu finden ist, hat durch das System eine wunderbare Bedeutsam=

    4 f. Das eigentümliche innere Wesen ꝛc. Von Wackenrober. Vgl. die Ein=
leitung oben S. 4 und die Ausgabe der Phantasieen von 1814, S. 223 ff.

keit gewonnen.   Es hat sich zwischen den einzelnen mathematischen
Tonverhältnissen und den einzelnen Fibern des menschlichen Herzens
eine unerklärliche Sympathie offenbart, wodurch die Tonkunst ein
reichhaltiges und bildsames Maschinenwerk zur Abschilderung mensch=
licher Empfindungen geworden ist.   5
    So hat sich das eigentümliche Wesen der heutigen Musik,
welche, in ihrer jetzigen Vollendung, die jüngste unter allen Künsten
ist, gebildet.   Keine andere vermag diese Eigenschaften der Tief=
sinnigkeit, der sinnlichen Kraft und der dunkeln, phantastischen Be=
deutsamkeit auf eine so rätselhafte Weise zu verschmelzen.   Diese 10
merkwürdige, enge Vereinigung so widerstrebend=scheinender Eigen=
schaften macht den ganzen Stolz ihrer Vorzüglichkeit aus; wiewohl
eben dieselbe auch viele seltsame Verwirrungen in der Ausübung
und im Genusse dieser Kunst, und viel thörichten Streit unter
Gemütern, welche sich niemals verstehen können, hervorgebracht hat. 15
    Die wissenschaftlichen Tiefsinnigkeiten der Musik haben manche
jener spekulierenden Geister herangelockt, welche in allem ihren
Thun streng und scharf sind und das Schöne nicht aus offener,
reiner Liebe, um sein selbst willen, aufsuchen, sondern es nur des
Zufalls halber schätzen, daß besondre, seltene Kräfte daran auf= 20
zureiben waren.   Anstatt das Schöne auf allen Wegen, wo es sich
freundlich uns entgegenbietet, wie einen Freund willkommen zu
heißen, betrachten sie ihre Kunst vielmehr als einen schlimmen
Feind, suchen ihn im gefährlichsten Hinterhalte zu bekämpfen und
triumphieren dann über ihre eigne Kraft.   Durch diese gelehrten 25
Männer ist das innere Maschinenwerk der Musik, gleich einem
künstlichen Weberstuhle für gewirkte Zeuge, zu einer erstaunens=
würdigen Vollkommenheit gebracht worden; ihre einzelnen Kunst=
stücke aber sind oftmals nicht anders als in der Malerei vortreff=
liche anatomische Studien und schwere akademische Stellungen zu 30
betrachten.
    Traurig anzusehn ist es, wenn dies fruchtbare Talent sich
in ein unbeholfenes und empfindungsarmes Gemüt verirrt hat.
In einer fremden Brust schmachtet alsdann das phantastische Ge=
fühl, das unberedt in Tönen ist, nach der Vereinigung, — indes 35
die Schöpfung, die alles erschöpfen will, mit solchen schmerzlichen
Naturspielen nicht ungern wehmütige Versuche anzustellen scheint.
    Demnach hat keine andre Kunst einen Grundstoff, der schon
an sich mit so himmlischem Geiste geschwängert wäre, als die Musik.

Ihr klingender Stoff kommt mit seinem geordneten Reichtume von Akkorden den bildenden Händen entgegen und spricht schon schöne Empfindungen aus, wenn wir ihn auch nur auf eine leichte, einfache Weise berühren. Daher kommt es, daß manche Tonstücke, deren Töne von ihren Meistern wie Zahlen zu einer Rechnung, oder wie die Stifte zu einem musivischen Gemälde, bloß regelrecht, aber sinnreich und in glücklicher Stunde, zusammengesetzt wurden, — wenn sie auf Instrumenten ausgeübt werden, eine herrliche, empfindungsvolle Poesie reden, obwohl der Meister wenig daran gedacht haben mag, daß in seiner gelehrten Arbeit der in dem Reiche der Töne verzauberte Genius, für eingeweihte Sinne, so herrlich seine Flügel schlagen würde.

Dagegen fahren manche, nicht ungelehrte, aber unter unglücklichem Stern geborne, und innerlich harte und unbewegliche Geister täppisch in die Töne hinein, zerren sie aus ihren eigentümlichen Sitzen, so daß man in ihren Werken nur ein schmerzliches Klaggeschrei des gemarterten Genius vernimmt.

Wenn aber die gute Natur die getrennten Kunstseelen in eine Hülle vereinigt, wenn das Gefühl des Hörenden noch glühender im Herzen des tiefgelehrten Kunstmeisters brannte und er die tiefsinnige Wissenschaft in diesen Flammen schmelzt, dann geht ein unnennbar-köstliches Werk hervor, worin Gefühl und Wissenschaft so fest und unzertrennlich in einander hangen, wie in einem Schmelzgemälde Stein und Farben verkörpert sind.

Von denjenigen, welche die Musik und alle Künste nur als Anstalten betrachten, ihren nüchternen und groben Organen die notdürftig sinnliche Nahrung zu verschaffen, — da doch die Sinnlichkeit nur als die kräftigste, eindringlichste und menschlichste Sprache anzusehn ist, worin das Erhabene, Edle und Schöne zu uns reden kann, — von diesen unfruchtbaren Seelen ist nicht zu reden. Sie sollten, wenn sie es vermöchten, die tiefgegründete, unwandelbare Heiligkeit, die dieser Kunst vor allen andern eigen ist, verehren, daß in ihren Werken das feste Orakelgesetz des Systems, der ursprüngliche Glanz des Dreiklangs, auch durch die verworfensten Hände nicht vertilgt und besleckt werden kann, — und daß sie gar nicht vermag das Verworfene, Niedrige und Unedle des menschlichen Gemüts auszudrücken, sondern an sich nicht mehr als rohe und grelle Melodieen geben kann, denen die sich anhängenden irdischen Gedanken erst das Niedrige leihen müssen.

Wenn nun die Vernünftler fragen: wo denn eigentlich
der Mittelpunkt dieser Kunst zu entdecken sei, wo ihr eigentlicher
Sinn und ihre Seele verborgen liege, die alle ihre verschieden=
artigen Erscheinungen zusammenhalte? — so kann ich es ihnen
nicht erklären oder beweisen. Wer das, was sich nur von innen 5
heraus fühlen läßt, mit der Wünschelrute des untersuchenden Ver=
standes entdecken will, der wird ewig nur Gedanken über das
Gefühl, und nicht das Gefühl selber, entdecken. Eine ewige feind=
selige Kluft ist zwischen dem fühlenden Herzen und den Unter=
suchungen des Forschens befestigt, und jenes ist ein selbständiges 10
verschlossenes göttliches Wesen, das von der Vernunft nicht auf=
geschlossen und gelöst werden kann. — Wie jedes einzelne Kunst=
werk nur durch dasselbe Gefühl, von dem es hervorgebracht ward,
erfaßt und innerlich ergriffen werden kann, so kann auch das
Gefühl überhaupt nur vom Gefühl erfaßt und ergriffen werden: 15
— gerade so wie, nach der Lehre der Maler, jede einzelne Farbe
nur vom gleichgefärbten Lichte beleuchtet ihr wahres Wesen zu
erkennen giebt. — Wer die schönsten und göttlichsten Dinge im
Reiche des Geistes mit seinem Warum? und dem ewigen Forschen
nach Zweck und Ursache untergräbt, der kümmert sich eigentlich 20
nicht um die Schönheit und Göttlichkeit der Dinge selbst, sondern
um die Begriffe, als die Grenzen und Hülsen der Dinge, womit
er seine Algebra anstellt. — Wen aber, — dreist zu reden, —
von Kindheit an der Zug seines Herzens durch das Meer der
Gedanken, pfeilgerade wie einen kühnen Schwimmer, auf das Zauber= 25
schloß der Kunst allmächtig hinreißt, der schlägt die Gedanken wie
störende Wellen mutig von seiner Brust und dringt hinein in das
innerste Heiligtum und ist sich mächtig bewußt der Geheimnisse,
die auf ihn einstürmen. —

Und so erkühn' ich mich denn, aus meinem Innersten den 30
wahren Sinn der Tonkunst auszusprechen, und sage:

Wenn alle die inneren Schwingungen unsrer Herzensfibern,
— die zitternden der Freude, die stürmenden des Entzückens, die
hochklopfenden Pulse verzehrender Anbetung, — wenn alle die
Sprache der Worte, als das Grab der innern Herzenswut, mit 35
einem Ausruf zersprengen: — dann gehen sie unter fremdem
Himmel, in den Schwingungen holdseliger Harfensaiten, wie in
einem jenseitigen Leben in verklärter Schönheit hervor und feiern
als Engelgestalten ihre Auferstehung.

Hundert und hundert Tonwerke reden Fröhlichkeit und Lust, aber in jedem singt ein andrer Genius und einer jeden der Melo= dieen zittern andre Fibern unsres Herzens entgegen. — Was wollen sie, die zaghaften und zweifelnden Vernünftler, die jedes 5 der hundert und hundert Tonstücke in Worten erklärt verlangen, und sich nicht darin finden können, daß nicht jedes eine nenn= bare Bedeutung hat, wie ein Gemälde? Streben sie die reichere Sprache nach der ärmern abzumessen und in Worte aufzulösen, was Worte verachtet? Oder haben sie nie ohne Worte empfunden? 10 Haben sie ihr hohles Herz nur mit Beschreibungen von Gefühlen ausgefüllt? Haben sie niemals im Innern wahrgenommen das stumme Singen, den vermummten Tanz der unsichtbaren Geister? oder glauben sie nicht an die Märchen? —

Ein fließender Strom soll mir zum Bilde dienen. Keine 15 menschliche Kunst vermag das Fließen eines mannigfaltigen Stroms, nach allen den tausend einzelnen, glatten und bergigten, stürzen= den und schäumenden Wellen, mit Worten fürs Auge hinzu= zeichnen, — die Sprache kann die Veränderungen nur dürftig zählen und nennen, nicht die aneinanderhängenden Verwand= 20 lungen der Tropfen uns sichtbar vorbilden. Und ebenso ist es mit dem geheimnisvollen Strome in den Tiefen des menschlichen Gemütes beschaffen, die Sprache zählt und nennt und beschreibt seine Verwandlungen, in fremdem Stoff; — die Tonkunst strömt ihn uns selber vor. Sie greift beherzt in die geheimnisvolle Harfe, 25 schlägt in der dunkeln Welt bestimmte dunkle Wunderzeichen in bestimmter Folge an, — und die Saiten unsres Herzens erklingen, und wir verstehen ihren Klang.

In dem Spiegel der Töne lernt das menschliche Herz sich selber kennen; sie sind es, wodurch wir das Gefühl fühlen 30 lernen; sie geben vielen in verborgenen Winkeln des Gemüts träumenden Geistern lebendes Bewußtsein, und bereichern mit ganz neuen zauberischen Geistern des Gefühls unser Inneres.

Und alle die tönenden Affekte werden von dem trocknen wissenschaftlichen Zahlensystem, wie von den seltsamen wunder= 35 kräftigen Beschwörungsformeln eines alten furchtbaren Zauberers, regiert und gelenkt. Ja, das System bringt, auf merkwürdige Weise, manche wunderbar neue Wendungen und Verwandlungen der Empfindungen hervor, wobei das Gemüt über sein eignes Wesen erstaunt, — so wie etwa die Sprache der Worte manchmal von den

Ausdrücken und Zeichen der Gedanken neue Gedanken zurückstrahlt,
und die Tänze der Vernunft in ihren Wendungen lenkt und beherrscht.
Keine Kunst schildert die Empfindungen auf eine so künstliche,
kühne, so dichterische, und eben darum für kalte Gemüter so
erzwungene Weise. Das Verdichten der im wirklichen Leben 5
verloren herumirrenden Gefühle in mannigfaltige feste Massen ist
das Wesen aller Dichtung; sie trennt das Vereinte, vereint fest
das Getrennte, und in den engeren, schärferen Grenzen schlagen
höhere, empörtere Wellen. Und wo sind die Grenzen und Sprünge
schärfer, wo schlagen die Wellen höher als in der Tonkunst? 10
Aber in diesen Wellen strömt recht eigentlich nur das reine,
formlose Wesen, der Gang und die Farbe, und auch vornehmlich der tausendfältige Übergang der Empfindungen; die idea-
lische, engelreine Kunst weiß in ihrer Unschuld weder den Ur-
sprung, noch das Ziel ihrer Regungen, kennt nicht den 15
Zusammenhang ihrer Gefühle mit der wirklichen Welt.
Und dennoch empört sie bei aller ihrer Unschuld, durch den
mächtigen Zauber ihrer sinnlichen Kraft, alle die wunderbaren,
wimmelnden Heerscharen der Phantasie, die die Töne mit magischen Bildern bevölkern, und die formlosen Regungen in bestimmte 20
Gestalten menschlicher Affekte verwandeln, welche wie gaukelnde
Bilder eines magischen Blendwerks unsern Sinnen vorüberziehn.
Da sehen wir die hüpfende, tanzende, kurzatmende Fröhlichkeit, die jeden kleinen Tropfen ihres Daseins zu einer geschlossenen
Freude ausbildet. 25
Die sanfte, felsenfeste Zufriedenheit, die ihr ganzes Dasein
aus einer harmonischen, beschränkten Ansicht der Welt heraus-
spinnt, auf alle Lagen des Lebens ihre frommen Überzeugungen
anwendet, nie die Bewegung ändert, alles Rauhe glättet und bei
allen Übergängen die Farbe verreibt. 30
Die männliche, jauchzende Freude, die bald das ganze Labyrinth
der Töne in mannigfacher Richtung durchläuft, wie das pulsierende
Blut warm und rasch die Adern durchströmt — bald mit edlem
Stolz, mit Schwung und Schnellkraft sich wie im Triumph in
die Höhen erhebt. 35
Das süße, sehnsüchtige Schmachten der Liebe, das ewig
wechselnde Anschwellen und Hinschwinden der Sehnsucht, da die

5. In der Novelle „Die Mondsüchtigen" (1831) leitet Tieck das Wort Dichter von
Verdichten ab und setzt den wahren Dichtern die Dünner, Verdünner gegenüber.

Seele aus dem zärtlichen Schleichen durch benachbarte Töne sich
auf einmal mit sanfter Kühnheit in die Höhe schwingt und wieder
sinkt, — aus einem unbefriedigten Streben sich mit wollüstigem
Unmut in ein andres windet, gern auf sanft-schmerzlichen Akkorden
5 ausruht, ewig nach Auflösung strebt, und am Ende nur mit
Thränen sich auflöst.

Der tiefe Schmerz, der bald sich wie in Ketten daherschleppt,
bald abgebrochene Seufzer ächzt, bald sich in langen Klagen ergießt, alle Arten des Schmerzes durchirrt, sein eigenes Leiden
10 liebend ausbildet, und in den trüben Wolfen nur selten schwache
Schimmer der Hoffnung erblickt.

Die mutwillige, entbundene fröhliche Laune, die wie ein
Strudel ist, der alle ernsthaften Empfindungen scheitern macht,
und im fröhlichen Wirbel mit ihren Bruchstücken spielt — oder
15 wie ein grotesker Dämon, der alle menschliche Erhabenheit und
allen menschlichen Schmerz durch possenhafte Nachäffung verspottet,
und gaukelnd sich selber nachäfft, — oder wie ein unstät schwebender luftiger Geist, der alle Pflanzen aus ihrem festen irdischen
Boden reißt und in die unendlichen Lüfte streut, und den ganzen
20 Erdball verflüchtigen möchte.

Aber wer kann sie alle zählen und nennen, die luftigen
Phantasieen, die die Töne wie wechselnde Schatten durch unsre Einbildung jagen?

Und doch kann ich's nicht lassen, noch den letzten höchsten
25 Triumph der Instrumente zu preisen: ich meine jene göttlichen
großen Symphoniestücke (von inspirierten Geistern hervorgebracht),
worin nicht eine einzelne Empfindung gezeichnet, sondern eine ganze
Welt, ein ganzes Drama menschlicher Affekten ausgeströmt ist.
Ich will in allgemeinen Worten erzählen, was vor meinen Sinnen
30 schwebt.

Mit leichter, spielender Freude steigt die tönende Seele aus
ihrer Orakelhöhle hervor — gleich der Unschuld der Kindheit, die
einen lüsternen Vortanz des Lebens übt, die, ohne es zu wissen,
über alle Welt hinwegscherzt, und nur auf ihre eigene innerliche
35 Heiterkeit zurücklächelt. — Aber bald gewinnen die Bilder um sie
her festern Bestand, sie versucht ihre Kraft an stärkeres Gefühl,
sie wagt sich plötzlich mitten in die schäumenden Fluten zu stürzen,
schmiegt sich durch alle Höhen und Tiefen, und rollt alle Gefühle
mit mutigem Entzücken hinauf und hinab. — Doch wehe! sie bringt

verwegen in wildere Labyrinthe, sie sucht mit kühn=erzwungener
Frechheit die Schrecken des Trübsinns, die bittern Qualen des
Schmerzes auf, um den Durst ihrer Lebenskraft zu sättigen, und
mit einem Trompetenstoße brechen alle furchtbaren Schrecken der
Welt, alle die Kriegsscharen des Unglücks von allen Seiten mächtig 5
wie ein Wolkenbruch herein, und wälzen sich in verzerrten Ge=
stalten fürchterlich, schauerlich wie ein lebendig gewordenes Gebirge
über einander. Mitten in den Wirbeln der Verzweiflung will die
Seele sich mutig erheben, und sich stolze Seligkeit ertrotzen, —
und wird immer überwältigt von den fürchterlichen Heeren. — 10
Auf einmal zerbricht die tollkühne Kraft, die Schreckengestalten
sind furchtbar verschwunden — die frühe, ferne Unschuld tritt in
schmerzlicher Erinnerung, wie ein verschleiertes Kind, wehmütig
hüpfend hervor, und ruft vergebens zurück, — die Phantasie wälzt
mancherlei Bilder, zerstückt wie im Fiebertraum, durch einander 15
— und mit ein paar leisen Seufzern zerspringt die ganze laut=
tönende lebenvolle Welt, gleich einer glänzenden Lufterscheinung,
ins unsichtbare Nichts.

    Dann, wenn ich in finsterer Stille noch lange horchend da
sitze, dann ist mir, als hätt' ich ein Traumgesicht gehabt von allen 20
mannigfaltigen menschlichen Affekten, wie sie, gestaltlos, zu eigner
Lust, einen seltsamen, ja fast wahnsinnigen pantomimischen Tanz
zusammen feiern, wie sie mit einer furchtbaren Willkür, gleich
den unbekannten, rätselhaften Zaubergöttinnen des Schicksals, frech
und frevelhaft durch einander tanzen. 25

    Jene wahnsinnige Willkür, womit in der Seele des Menschen
Freude und Schmerz, Natur und Erzwungenheit, Unschuld und
Wildheit, Scherz und Schauder sich befreundet und oft plötzlich
die Hände bieten: — welche Kunst führt auf ihrer Bühne jene
Seelenmysterien mit so dunkler, geheimnisreicher, ergreifender 30
Bedeutsamkeit auf?

    Ja, jeden Augenblick schwankt unser Herz bei denselben
Tönen, ob die tönende Seele kühn alle Eitelkeiten der Welt ver=
achtet und mit edlem Stolz zum Himmel hinaufstrebt — oder ob
sie alle Himmel und Götter verachtet und mit frechem Streben 35
nur einer einzigen irdischen Seligkeit entgegenbringt. Und eben
diese frevelhafte Unschuld, diese furchtbare, orakelmäßig=zwei=
deutige Dunkelheit, macht die Tonkunst recht eigentlich zu einer
Gottheit für menschliche Herzen. — —

Aber was streb' ich Thörichter, die Worte zu Tönen zu zer-
schmelzen? Es ist immer nicht, wie ich's fühle. Kommt, ihr Töne,
ziehet daher und errettet mich aus diesem schmerzlichen irdischen
Streben nach Worten, wickelt mich ein mit euren tausendfachen
5 Strahlen in eure glänzende Wolken, und hebt mich hinauf in die
alte Umarmung des allliebenden Himmels!

6. Ein Brief Joseph Berglingers.

Ach! mein innigstgeliebter, mein ehrwürdiger Pater! ich
schreibe Euch diesmal mit einem hochbetrübten Gemüt, und in der
10 Angst einer zweifelvollen Stunde, wie sie mich, wie Ihr wohl
wißt, schon öfter angefallen hat, und jetzt nicht von mir lassen
will. Mein Herz ist von einem schmerzhaften Krampfe zusammengezogen, meine Phantasieen zittern zerrüttet durch einander, und
alle meine Gefühle zerrinnen in Thränen. Meine lüsternen
15 Kunstfreuden sind tief im Keime vergiftet; ich gehe mit siecher
Seele umher, und von Zeit zu Zeit ergießt sich das Gift durch
meine Adern.

Was bin ich? Was soll ich, was thu' ich auf der Welt?
Was für ein böser Genius hat mich so von allen Menschen weit
20 weg verschlagen, daß ich nicht weiß, wofür ich mich halten soll?
Daß meinem Auge ganz der Maßstab fehlt, für die Welt, für
das Leben und das menschliche Gemüt? Daß ich nur immer auf
dem Meere meiner inneren Zweifel mich herumwälze, und bald
auf hoher Welle hoch über die anderen Menschen hinausgehoben
25 werde, bald tief in den tiefsten Abgrund hinuntergestürzt?

---

7. **Ein Brief Joseph Berglingers.** Die Autorschaft dieses Stückes ist zweifelhaft. Nach dem Vorwort (oben S. 4) gehört es Tieck an, der sich ausdrücklich die „vier
letzten Aufsätze Berglingers" zuschreibt und nach 9 (unten S. 98 Z. 21) ebenso deutlich den
„Beschluß der Aufsätze Joseph Berglingers" ankündigt. Gleichwohl hat Tieck den Aufsatz in
die Ausgabe der Phantasieen von 1814, welcher bloß Wackenroders Anteil an den Herzensergießungen und Phantasieen enthalten soll, aufgenommen (a. a. O. S. 238 ff.). Es ist nicht
unmöglich, daß Tieck, welcher nach so vielen Jahren seinen Anteil nicht immer zu unterscheiden wußte (vgl. a. a. O. Vorrede S. I), hier einen Irrtum beging, indem er, die Bemerkung S. 98 übersehend und die Allegorie „Der Traum" unter die „vier letzten Aufsätze" einzählend, seinen Anteil um eine Nummer verkürzte. Auf die Ausgabe der Phantasieen 1814 stützt sich dann Köpke II, 294, der den Aufsatz unter Tiecks Eigentum nicht
erwähnt. Trotzdem, wie die Anmerkung Seite 77 zeigt, hier Gedanken Wackenroders an-
klingen, möchte ich doch an der Autorschaft Tiecks festhalten. Die leidenschaftliche Unruhe,
die Fragen nach dem warum? und wozu?, das Komödiantentum der Empfindung (unten
S. 78) war Tiecks Sache, nicht Wackenroders.

Aus dem festesten Grunde meiner Seele preßt sich der Aus=
ruf hervor: Es ist ein so göttlich Streben des Menschen, zu schaffen,
was von keinem gemeinen Zweck und Nutzen verschlungen wird
— was, unabhängig von der Welt, in eignem Glanze ewig prangt,
— was von keinem Rade des großen Räderwerks getrieben wird,   5
und keines wieder treibt. Keine Flamme des menschlichen Busens
steigt höher und gerader zum Himmel auf, als die Kunst! Kein
Wesen verdichtet so die Geistes= und Herzenskraft des Menschen
in sich selber, und macht ihn so zum selbständigen menschlichen Gott!

Aber ach! wenn ich auf dieser verwegenen Höhe stehe, und   10
mein böser Geist mich mit übermütigem Stolz auf mein Kunst=
gefühl und mit frecher Erhebung über andre Menschen heimsucht
— dann, dann öffnen sich auf einmal, rings um mich her, auf
allen Seiten, so gefährliche, schlüpfrige Abgründe — alle die hei=
ligen, hohen Bilder springen ab von meiner Kunst, und flüchten   15
sich in die Welt der andern, bessern Menschen zurück — und ich
liege hingestreckt, verstoßen, und komme mir im Dienste meiner
Göttin — ich weiß nicht wie — wie ein thörichter, eitler Götzen=
diener vor.

Die Kunst ist eine verführerische, verbotene Frucht; wer ein=   20
mal ihren innersten, süßesten Saft geschmeckt hat, der ist unwieder=
bringlich verloren für die thätige, lebendige Welt. Immer enger
kriecht er in seinen selbsteignen Genuß hinein, und seine Hand
verliert ganz die Kraft, sich einem Nebenmenschen wirkend ent=
gegenzustrecken. — Die Kunst ist ein täuschender, trüglicher Aber=   25
glaube; wir meinen in ihr die letzte, innerste Menschheit selbst
vor uns zu haben, und doch schiebt sie uns immer nur ein schönes Werk
des Menschen unter, worin alle die eigensüchtigen, sich selber genügen=
den Gedanken und Empfindungen abgesetzt sind, die in der thätigen
Welt unfruchtbar und unwirksam bleiben. Und ich Blöder achte   30
dies Werk höher, als den Menschen selber, den Gott gemacht hat.

Es ist entsetzlich, wenn ich's bedenke! Das ganze Leben hin=
durch sitz' ich nun da, ein lüsterner Einsiedler, und sauge täglich
nur innerlich an schönen Harmonieen, und strebe den letzten Lecker=
bissen der Schönheit und Süßigkeit herauszukosten. — Und wenn   35
ich nun die Botschaften höre: wie unermüdet sich dicht um mich
her die Geschichte der Menschenwelt mit tausend wichtigen, großen
Dingen lebendig fortwälzt, — wie da ein rastloses Wirken der
Menschen gegen einander arbeitet, und jeder kleinen That in dem

gedrängten Gewühl die Folgen, gut und böse, wie große Ge=
spenster nachtreten — ach! und dann, das Erschütterndste — wie
die erfindungsreichen Heerscharen des Elends dicht um mich herum,
Tausende mit tausend verschiedenen Qualen in Krankheit, in
5 Kummer und Not, zerpeinigen, wie, auch außer den entsetzlichen
Kriegen der Völker, der blutige Krieg des Unglücks überall auf
dem ganzen Erdenrund wütet, und jeder Sekundenschlag ein scharfes
Schwert ist, das hier und dort blindlings Wunden haut und nicht
müde wird, daß tausend Wesen erbarmenswürdig um Hilfe
10 schreien! — — Und mitten in diesem Getümmel bleib' ich ruhig
sitzen, wie ein Kind auf seinem Kinderstuhle, und blase Tonstücke
wie Seifenblasen in die Luft: — obwohl mein Leben ebenso
ernsthaft mit dem Tode schließt.

Ach! diese unbarmherzigen Gefühle schleifen mein Gemüt
15 durch eine verzweiflungsvolle Angst, und ich vergehe vor bitterer
Scham vor mir selbst. Ich fühl', ich fühl' es bitterlich, daß ich
nicht verstehe, nicht vermag, ein wohlthätiges, Gott gefälliges
Leben zu führen — daß Menschen, die sehr unedel von der Kunst
denken, und ihre besten Werke verachtend mit Füßen treten, un=
20 endlich mehr Gutes wirken, und gottgefälliger leben als ich!

In solcher Angst begreif' ich es, wie jenen frommen asketi=
schen Märtyrern zu Mute war, die, von dem Anblicke der unsäg=
lichen Leiden der Welt zerknirscht, wie verzweifelnde Kinder, ihren
Körper lebenslang den ausgesuchtesten Kasteiungen und Pönitenzen
25 preisgaben, um nur mit dem fürchterlichen Übermaße der leiden=
den Welt ins Gleichgewicht zu kommen.

Und wenn mir nun der Anblick des Jammers in den Weg
tritt und Hilfe fordert, wenn leidende Menschen, Väter, Mütter
und Kinder, dicht vor mir stehen, die zusammen weinen und die
30 Hände ringen, und heftiglich schreien vor Schmerz — das sind frei=
lich keine lüsternen schönen Akkorde, das ist nicht der schöne wol=

---

21 ff. Wackenroder an Tieck (Holtei IV, 234): „In der Ode, wovon ich Dir vorher
sagte, wollte ich die Empfindung eines Menschen schildern, der von dem tausendfachen Elend
der Menschheit bei eigener Zufriedenheit so niedergedrückt wird, daß er sich in einsame
Wüsten stürzt, und in wahnsinniger Schwärmerei auf die Idee kommt, sich allerlei Pöni=
tenzen aufzulegen. Sollte eine solche Ode nicht ein helles Licht auf jene schwärmerischen
Eremiten des Mittelalters werfen, und den Weg, wenigstens Einen Weg zeigen, auf wel=
chem die Menschen zu Handlungen kommen, die den meisten so widersinnig und abgeschmackt
scheinen, daß sie jene für ganz vernunftlose, fast nicht zur Menschheit gehörende Wesen
halten? nicht zeigen, daß es gerade das Gefühl ihrer Menschheit war, die sie zu ihren
paradoxen Ideen leitete? Ich habe schon mehr dergleichen Entwürfe im Kopf, aber bis
itzt bei tausend Hindernissen und Störungen noch ganz unmöglich Zeit gehabt, eine aus=
zuführen."

lüſtige Scherz der Muſik, das ſind herzzerreißende Töne, und das
verweichlichte Künſtlergemüt gerät in Angſt, weiß nicht zu ant=
worten, ſchämt ſich zu fliehn, und hat zu retten keine Kraft. Er
quält ſich mit Mitleid — er betrachtet unwillkürlich die ganze
Gruppe als ein lebendig gewordenes Werk ſeiner Phantaſie, und 5
kann's nicht laſſen, wenn er ſich auch in demſelben Momente vor
ſich ſelber ſchämt, aus dem elenden Jammer irgend etwas Schönes
und kunſtartigen Stoff herauszuzwingen.

Das iſt das tödliche Gift, was im unſchädlichen Keime des
Kunſtgefühls innerlich verborgen liegt. — Das iſt's, daß die Kunſt 10
die menſchlichen Gefühle, die feſt auf der Seele gewachſen ſind,
verwegen aus den heiligſten Tiefen dem mütterlichen Boden ent=
reißt, und mit den entriſſenen, künſtlich zugerichteten Gefühlen
frevelhaften Handel und Gewerbe treibt, und die urſprüngliche
Natur des Menſchen frevelhaft verſcherzt. Das iſt's, daß der 15
Künſtler ein Schauſpieler wird, der jedes Leben als Rolle be=
trachtet, der ſeine Bühne für die echte Muſter= und Normalwelt,
für den dichten Kern der Welt, und das gemeine wirkliche Leben
nur für eine elende, zuſammengeflickte Nachahmung, für die ſchlechte
umſchließende Schale anſieht. 20

Was hilft's aber, wenn ich mitten in dieſen entſetzlichen
Zweifeln an der Kunſt und an mir ſelber krank liege — und es
erhebt ſich eine herrliche Muſik — ha! da flüchten alle dieſe Ge=
danken im Tumulte davon, da hebt das lüſterne Ziehen der Sehn=
ſucht ſein altes Spiel wieder an; da ruft und ruft es unwider= 25
ſtehlich zurück, und die ganze kindiſche Seligkeit thut ſich von
neuem vor meinen Augen auf. Ich erſchrecke, wenn ich bedenke,
zu welchen tollen Gedanken mich die frevelhaften Töne hinſchleu=
dern können, mit ihren lockenden Sirenenſtimmen, und mit ihrem
tobenden Rauſchen und Trompetenklang. 30

Ich komme ewig mit mir ſelber nicht auf feſtes Land.
Meine Gedanken überwälzen und überkugeln ſich unaufhörlich, und
ich ſchwindle, wenn ich Anfang und Ende und beſtimmte Ruhe
erſtreben will. Schon manchesmal hat mein Herz dieſen Krampf
gehabt, und er hat ſich willkürlich, wie er kam, wieder gelöſt, und 35
es war am Ende nichts als eine Ausweichung meiner Seele in
eine ſchmerzliche Molltonart, die am gehörigen Orte ſtand.

So ſpott' ich über mich ſelbſt — und auch dies Spotten iſt
nur elendes Spielwerk.

Ein Unglück iſt's, daß der Menſch, der in Kunſtgefühl ganz zerſchmolzen iſt, die Vernunft und Weltweisheit, die dem Men=ſchen ſo feſten Frieden geben ſoll, ſo tief verachtet, und ſich ſogar nicht hineinfinden kann. Der Weltweiſe betrachtet ſeine Seele wie 5 ein ſyſtematiſches Buch und findet Anfang und Ende, und Wahr=heit und Unwahrheit getrennt in beſtimmten Worten. Der Künſtler betrachtet ſie wie ein Gemälde oder Tonſtück, kennt keine feſte Überzeugung, und findet alles ſchön, was an gehörigem Orte ſteht.

Es iſt, als wenn die Schöpfung alle Menſchen, ſowie die 10 vierfüßigen Tiere oder Vögel, in beſtimmte Geſchlechter und Klaſſen der geiſtigen Naturgeſchichte gefangen hielte: jeder ſieht alles aus ſeinem Kerker, und keiner kann aus ſeinem Geſchlechte heraus. —

Und ſo wird meine Seele wohl lebenslang der ſchwebenden 15 Äolsharfe gleichen, in deren Saiten ein fremder, unbekannter Hauch weht, und wechſelnde Lüfte nach Gefallen herumwühlen.

--- ----

7. Unmuſikaliſche Toleranz.

Wenn man die Erde, mit ihren mannigfaltigen Menſchen und Begebenheiten, als einen großen Schauplatz betrachtet, auf 20 dem ſo Kummer als Glück, Trübſal und Freude, das Erhabenſte wie das Gemeinſte, wie notwendige Bedingungen eines zuſammen=geſetzten Schauſpiels, wie einzelne Perſonen nach und nach auf=treten, wieder verſchwinden und von neuem erſcheinen: ſo erſchrecken wir oft vor dem ewigen Zuſammenhange, indem wir nicht wiſſen, 25 welcher Teil uns noch zufallen dürfte, wie viele Thränen und Thorheiten, wie viel verſcherztes Glück und welche unerwartete Leiden in unſrer Rolle abzuſpielen ſind. Oft befängt uns dann eine taube Gleichgiltigkeit, und im Wirrwarr aller disharmonieren=den Töne verloren, deren Ordnung wir nicht faſſen und finden 30 können, wünſchen wir zu vergehn, wir zittern vor der Zukunft, und unerquicklich iſt die Vergangenheit; der liebliche Strom, der ſonſt ſo leicht und friſch alles in Lebensregung und Bewegung ſetzt, ſteht ruhend ſtill, und Bäume, Felſen und Wolken ſchauen

17. Unmuſikaliſche Toleranz. Von Tieck. Vgl. die Einleitung oben S. 4; Köpke II, 294.

schwarz herab und spiegeln sich in dunkler Einsamkeit verworren und verdüstert ab.

Dann kommen alle Leiden wieder, und klopfen mit unge=
stümer Gewalt an unser verzagtes Herz; alles, was uns nur
jemals ängstigte, erscheint in vergrößerter Gestalt in dieser trüben 5
Dämmerung, wir stehn verloren und vergessen weit zurück, und
Freundschaft, Liebe, Hoffnung ziehen auf einer fernen Bahn vor
uns vorüber. In diesen trüben Stunden werden wir von der
Nichtigkeit des Glücks, von der Vergänglichkeit alles dessen, was
wir unser nennen, so innigst beängstigt, so von der Zeit und der 10
wüsten, furchtbaren Vernichtung von allen Seiten bedrängt und
um und um gequält, daß wir mit schmerzhafter Verzweiflung aus=
rufen: „Was ist die Welt und dieses Leben? Unsre Freuden
sind nur größere Schmerzen, denn sie vergehn wie jede Trauer,
was wir heute unser nennen und so gern für unsre Seele halten, 15
ist morgen vergessen oder verachtet; worauf wir heute hoffen, steht
morgen in einer schalen Unbedeutenheit als Gegenwart vor uns,
und wird kaum bemerkt! Wozu also der Thränen, wozu der be=
geisterten Wonnelieder? Die kalte, stille Hand der Zeit sänftigt
alles, sie ebnet alle Wellen, sie streicht die Rechnung durch, und 20
hebt den Unterschied zwischen Glück und Übel; so haben wir's
erfahren, und wir können wissen, daß es immer so sein wird,
darum wollen wir bei allen Vorfällen ruhig bleiben, denn wozu
die Thränen, das Entzücken, von denen ich vorher weiß, daß sie
nur eine Minute dauern können?" 25

So fügt sich's leicht, daß wir im Leben schon das Leben
entgeistern, und gefühllos den Strom der Zeit hinunterfahren,
den empfindungslosen Gegenständen ähnlich, die die Ufer umgeben;
und damit glauben wir dann schon recht viel gewonnen zu haben,
wir halten uns darin für besser, wie viele andre Menschen, die 30
leicht und frisch ihr Schicksal tragen, sich nur selten der Vergangen=
heit erinnern, und keine Zukunft fürchten.

Dergleichen Gemütsart, die von vielen für erhaben ausgegeben
wird, ist auf keine Weise zu billigen. Sie erlahmt alle unsre
Kräfte, sie macht uns zu lebendigen Leichnamen. 35

Aus dieser Verworrenheit erlöst uns, wie mit einem allmäch=
tigen Zauberstabe, die Kunst. Sie führt uns in ein Land, in
dem die Lichtstrahlen allenthalben die lieblichste Ordnung ver=
breiten, diese spielenden Strahlen ergreifen auch unser Herz, und

beleben es mit neuer Kraft, wir fühlen uns und unsern Wert
in neuer Lebendigkeit, alle die versiegten Brunnen des Trostes
und der Freude ergießen sich wieder und rauschen erquickend über
unsern Lebenslauf dahin, und die Gegenwart verwandelt sich in
5 eine einzige große Blume, aus deren Kelch uns himmlischer Duft
entgegensteigt. Denn das arme dürstende Herz wird durch nichts
in dieser Welt so gesättigt, als mit dem Genusse der Kunst, der
feinsten Art, sich selber zu fühlen und zu verstehn. Im klarsten
und wohlgefälligsten Bilde steht dann die Menschheit vor sich
10 selber, sie erkennt sich, aber mit Lächeln und Freude, sie glaubt
etwas Fremdes zu umarmen und an sich zu schließen, und bemerkt
und fühlt sich selber.

Dann lieben wir das Leben wieder, und dulden mit großer
Gelassenheit alle seine Schwächen. Unser reiches Herz bedauert
15 und bemitleidet die Armen, die uns umgeben, aber kein dürrer,
harter Haß verfolgt sie mehr.

Welche Worte aber soll ich fassen und ergreifen, um die
Kraft kund zu machen, die die himmlische Musik mit ihren vollen
Tönen, mit ihren liebreizenden Anklängen über unser Herz er-
20 zeigt? Sie tritt unmittelbar mit ihrer Engelsgegenwart in die
Seele, und haucht himmlischen Odem aus. O wie stürzen, wie
fließen im Augenblick alle Erinnerungen aller Seligkeiten in den
einen Moment zurück, wie breiten sich dem Geiste alle edlen Gefühle, alle großen Gesinnungen entgegen! Wie schnell, gleich
25 zauberhaften Samenkörnern, schlagen die Töne in uns Wurzeln,
und nun treibt's und drängt's mit unsichtbaren Feuerkräften, und
im Augenblick rauscht ein Hain mit tausend wunderbaren Blumen,
mit unbegreiflich seltsamen Farben empor, unsre Kindheit und eine
noch frühere Vergangenheit spielen und scherzen auf den Blättern
30 und in den Wipfeln. Da werden die Blumen erregt und schreiten
durch einander, Farbe funkelt an Farbe, Glanz erglänzt auf Glanz,
und all' das Licht, der Funkelschein, der Strahlenregen lockt neuen
Glanz und neue Strahlen hervor. In den innersten Tiefen in
Wollust aufgelöst, in ein Etwas zerronnen und verwandelt, für das
35 wir keine Worte und keine Gedanken haben, das selbst in sich ein
Alles, ein höchst beseligendes Gefühl ist, o wer vermöchte da noch
auf die Dürftigkeiten des Lebens einen Rückblick zu werfen, wer
schiebe nicht gern und folgte dem Strome, der uns mit sanfter,
unwiderstehlicher Gewalt jenseits, jenseits hinüberführt?

Was ist es denn, das mehr als die Gesetze, als die Vernunft und alle Philosophie, so mächtiglich in uns hineinredet? Wie ist die Kraft zu beschreiben, die wie aus vielen Strahlen eines Brenn= spiegels alle Kraft wie auf einen Punkt vereinigt, und so das Wunderbarste möglich macht? Aller Kampf der streitenden Kräfte, 5 alle widerwärtigen Leidenschaften, sie sind besiegt und zur Ruhe geführt, ein tobendes Meer, mit allem Sturmwinde, das kein ge= bietender Poseidon herrschend schweigt, das der leierkundige Musen= gott Phöbus mit dem sanften Anglanz seiner Musenkunst bis auf den tiefsten Grund hinab, in unbegreifliche Beruhigung singt. 10

Die Musik erregt mächtig in unsrer Brust die Liebe zu den Menschen und zur Welt, sie versöhnt uns mit unsern Feinden, wir dulden auch die schlimmsten gern, und unser jauchzendes Herz hört nur den Triumphgesang seiner eignen Vergötterung, und unter dem Triumphe nicht die Klagen, das Schelten, den Neid, 15 die jämmerliche Sprache so mancher erdgebornen Kreaturen.

Hier ist der Punkt, auf dem der größte und edelste Mensch, möcht' ich doch beinahe sagen, aus zu großem Edelmute, fehlt, und so fällt, daß er sich durch lange Zeiten mit der Erinnerung daran innerlichst kränken kann. Hier ist es, wo es mir deutlich 20 wird, wie die eigentliche Größe auch muß klein und schwach sein können, wie der höchste Edelmut zu allen seinen übrigen Auf= opferungen auch noch die hinzufügen muß, sich selbst verleugnen zu können.

Denn in diesen schönen Minuten, in denen wir nur eine 25 Welt von Glanz wahrnehmen, in denen unser Herz so gern die größten Beleidigungen vergiebt, ja in denen es mit lächelnder Wehmut und Hingebung das schwerste Schicksal aufnehmen würde, in diesen Augenblicken, wenn die Stimme des gemeinen Lebens in unsre Entzückungen hineinspricht, wenn wir die kleine Be= 30 dürftigkeit wahrnehmen, wenn dann Menschen, die unsre Wollust nicht teilen, und nicht wissen, daß sie uns in dieser Stunde be= herrscht, auf uns zutreten, so übermeistert uns oft eine plötzliche Ungeduld, ein jäher Zorn durchschneidet alle Wellen des musika= lischen Meeres, wir sind heftiger und unbilliger, als wenn uns 35 nur im gewöhnlichen Laufe der Dinge, im gemeinen Leben diese Gestalten beunruhigt hätten, und durch keine Kunst unser Herz erhoben wäre. Wir sinken leider in diesen Momenten unter die gemeinsten Wesen hinab, eben weil wir uns zu erhaben fühlten;

oft bemütigt uns nachher die Erinnerung, und viele ergeben sich
darum ungern dem Rausche, weil sie sich vor sich selber schämen.
Andre verlangen, daß man alle Vorfälle des Lebens, alle
schönen und zarten, widrigen und zerreißenden Gefühle in einen
5 Kranz von Blumen und Unkraut flechten soll, von diesem die
giftige Spitze abbrechen, und von jenen die glänzendsten Blätter
ausreißen. Sie meinen im Herzen immerwährend die lieblichen
Schwingungen aufzubewahren, und immer vom inwendigen musi=
kalischen Genius geschützt zu werden. So wollen sie ihr ganzes
10 Leben in einen tönenden, leise fortfließenden Gesang verwandeln.
Diese leben in einer ewigen Obhut über sich selber, sie bewahren
ihr Herz vor jeder Aufwallung des Schmerzes als der Entzückung,
sie lassen niemals, wie Geisterbeschwörer, die Geister der Leiden=
schaft in den Kreis hineintreten, den sie um sich gezogen haben.
15 Dabei aber verlieren sie die wahre Lebenskraft, ihr Herz zerarbeitet
sich in einer ewigen Zerknirschung, sie sind am Ende der großen
Eindrücke gänzlich unfähig. Sie brächten sich gern die Ansicht
der Ewigkeit des Himmels, der Vergänglichkeit aller irdischen
Güter klar vor den Sinnen, um desto gemächlicher auf ihrer Bahn
20 fortzuschreiten: der Hymnus, den sie anstimmten, sinkt in immer
langsamere Töne hinunter, und wird ein schmachtender, furchtsam
schwebender Choralgesang. Eine andre, weit verderblichere und
kleinlichere Leidenschaft setzt sich in dem verstimmten Herzen fest,
die gemeine Freude, alles mit diesen Waffen überwinden zu können,
25 und sich über die übrigen Menschen erheben zu dürfen. Sie sättigen
sich an diesem Eigennutze, und statt zur höhern Menschenliebe
geführt zu werden, wie sie anfangs wähnten, verachten sie die
Menschen nur um so eigensinniger.

Es ist nicht zu ändern, daß die Welt sich nicht widersprechen
30 sollte, so wie es auch alle Gefühle in uns thun: du vermagst nie
ein übereinstimmendes Concert aus den disharmonierenden Tönen
zu bilden. Groß und edel ist der Mensch, wenn er den Wider=
spruch in jedem Augenblicke fühlt, und doch durch ihn in keinem
Augenblicke beleidigt wird: wenn er gern und willig alles in
35 seinem Busen aufnimmt, und sich doch seiner Kräfte nicht überhebt,
dann wird er sich und die Eintracht in seinem Busen niemals
verletzen; er wird es gern dulden, daß die äußere musikalische
Welt mit allen ihren verworrenen Tönen in seine harmonische
Fülle hineinschreie, ihm wird immer das Gefühl gegenwärtig

6*

bleiben, daß es notwendig so sein müsse, und darum auch so gewißlich gut sei.

Aber wozu nützt es, daß ich diese Gedanken niederschreibe, die mich gerade jetzt beherrschen? Werden diejenigen, die dies lesen, darum milder werden? Ja, werden sich diese Vorstellungen 5 nicht auch bei mir wieder verlöschen, und ich bei nächster Gelegenheit dagegen sündigen?

Wahrscheinlich, — ja, ich möchte wohl sagen: gewiß!

Das ist aber das Betrübte bei allem, was wir vornehmen und thun. 10

Doch, auch das ist notwendig, und darum will ich mich gern zufrieden und zur Ruhe geben.

Stelle dich zufrieden, bedrängte Seele. Irgend einmal müssen auf irgend eine Art alle Widersprüche gelöst werden: — und dann wirst du wahrscheinlich finden, daß es gar keine Wider= 15 sprüche gab.

8. Die Töne.

Es geschieht oft, daß die Menschen über Alltäglichkeit ihres Lebenslaufs klagen, daß sie jeden Zeitvertreib erhaschen, um die drückende Zeit zu verkürzen. Alle fühlen einen Hang nach dem 20 Wunderbaren in ihrem Busen, und fast alle klagen, daß so gar nichts Wunderbares vor ihren Augen geschehe: daher die unersätt= liche Neugier, die wilde, ungezähmte Begier, etwas Unerhörtes zu hören, etwas Niegesehenes zu sehn. Eigentlich gleicht jeder Mensch mehr oder weniger dem Bilde des Tantalus in der Unterwelt. 25 Wie treibt es, wie spornt es ihn an, — und wie erhält er so gar nichts! — Über diese unselige Leidenschaft spottet daher auch der Prediger Salomo mit seinem erhabenen Gemüte:

„Das Auge siehet sich nimmer satt, und das Ohr höret sich nimmer satt. Was ist's, das geschehen ist? Eben das hernach 30 geschehen wird. Was ist's, das man gethan hat? Eben das man hernach wieder thun wird. Und geschieht nichts Neues unter der Sonnen. Geschieht auch etwas, davon man sagen möchte: Siehe, das ist neu? dann ist es vor auch geschehen, in vorigen Zeiten, die vor uns gewesen sind." — 35

17. Die Töne. Nach der Einleitung S. 1 von Tieck. Köpke II, 291. — 28. Pre=
diger Salomo 1, 8 f.

So wandelt sie, im ewig gleichen Kreise
Die Zeit nach ihrer alten Weise,
Auf ihrem Wege taub und blind,
Das unbefangne Menschenkind
5 Erwartet stets vom nächsten Augenblick
Ein unverhofftes seltsam neues Glück.
Die Sonne geht und kehret wieder,
Kömmt Mond und sinkt die Nacht hernieder,
Die Stunden, die Wochen abwärts leiten,
10 Die Wochen bringen die Jahreszeiten.
Von außen nichts sich je erneut,
In dir trägst du die wechselnde Zeit,
In dir nur Glück und Begebenheit.

Diese Betrachtungen habe ich schon oft angestellt, wenn ich
15 die Menschen ansah, wie sie sich abarbeiteten, und immer des
Ziels verfehlten, weil sie es zu sehr außer sich suchten. Wie
wenigen ist es verliehen, die Wunder zu verstehn und zu fühlen,
die sich wirklich und wahrhaftig ereignen und immer wieder
erneuern! So gehört unstreitig die Musik, die Kunst der Töne,
20 die Wirkung, die in uns durch sie erregt wird, zu den erstaunens=
würdigsten Sachen, ja, ich möchte fast sagen, sie sei das aller=
unbegreiflichste, das wunderbar=seltsamste, das geheimnisvollste
Rätsel, das sich in unsichtbaren Kreisen, und doch mit funkelndem
Glanz, allgegenwärtig und nicht zu sagen wie? um uns her be=
25 wegt, uns und unser Gemüt, unsre schönsten Empfindungen, unser
süßestes Glück wie ein herrlicher Rahmen einfaßt und schmückt.
Wie man sich den Weltgeist in der ganzen Natur allgegenwärtig
denken kann, jeden Gegenstand als Zeugen und Bürgen seiner
Freundesnähe, so ist Musik wie Bürge, Seelenton einer Sprache,
30 die die Himmelsgeister reden, die die Allmacht unbegreiflich in
Erz und Holz und Saiten hineingelegt hat, daß wir hier den
verborgenen Funken des Klanges suchen und herausschlagen. Die
Kunstmeister offenbaren und verkündigen ihren Geist nun auf die
geheimnisvollste Weise auf diesen Instrumenten; ohne daß sie es
35 wissen, redet die klingende, beseelte Instrumentenwelt die alte
Sprache, die unser Geist auch ehemals verstand und künftig sich
wieder darin einlernen wird, und nun horcht unsre ganze innigste
Seele, mit allen Erinnerungen, mit allen Lebenskräften darauf
hin, sie weiß recht gut, was es ist, das dort in holdseligster
40 Anmut ihr entgegenkömmt, aber irdisch und körperlich befangen,

sucht sie mit Gedanken und Worten, mit diesen gröberen Organen, diese feineren, reineren Gedanken aufzubewahren und festzuhalten, und auf diese Weise kann es ihr freilich nicht gelingen.

Siehst du nicht in Tönen Funken glimmen?
Ja, es sind die süßen Engelstimmen,   5
In Form, Gestalt, wohin dein Auge sah,
In Farbenglanz ist dir der Ew'ge nah,
Doch wie ein Rätsel steht er vor dir da.
Er ist so nah' und wieder weit zurück,
Du siehst, ergreifst, dann flieht er deinem Blick,   10
Dem körperschweren Blick kann's nicht gelingen
Sich an den Unsichtbaren hinzudrängen.
Entfernter noch, um mehr gesucht zu sein,
Verbarg er in die Töne sich hinein;
Doch freut es ihn, sich freier dort zu regen,   15
Bestimmt're Lieb' kömmt dir von dort entgegen.
Das war ich ehmals, ach! ich fühl' es tief,
Eh' noch mein Geist in diesem Körper schlief. —

Wie wunderbar, wenn man sich vorstellt, man höre' Musik zum erstenmale! — Aber niemand hört sie mit diesem Gefühl, 20 sie ist auch nur zum schnöden Zeitvertreibe herabgewürdigt: die Menschen haben sich an dies Wunderwerk gewöhnt, und darum fällt es keinem ein, zu erstaunen.

Aber was kann erstaunenswürdiger sein, als daß durch des Menschen Kunst und Bemühung sich plötzlich in der Stille unsicht= 25 bare Geister erzeugen, die mit Wonne und Seligkeit unser Herz bestürmen und es erobern? Daß wenn wir gern unsern Blick vor der dürren Gegenwart verschließen, die uns manchmal wie die Mauern eines Gefängnisses drängt und beengt, — sich dann ein neues Land, eine paradiesische Gegend über unsern Häuptern 30 ausspannt, mit Blumen und herrlichen Bäumen und goldenen Springbrunnen? — Wie im stürmenden Ocean eine selige Insel; wie eine Abendröte, die sich plötzlich zum dichten körperlichen Wesen zusammenzieht, uns auf ihren Wolken aufnimmt, uns aus der Nacht hier unten erlöst und uns mit den hellsten Strahlen 35 umzingelt, und wir nun auf dem azurnen Boden wandeln und einheimisch sind, unsre Häuser im roten Glanze finden, unsere Freunde in den lichten Wolken, alles, was uns so lieb und teuer war, in sichtbarlicher Gestalt uns entgegen lächelnd.

Das scheint mir eben das Große aller Kunst, absonderlich
aber der Musik, zu sein, daß all' ihr Beginnen so kindlich und
kindisch ist, ihr Streben dem äußern Verstande fast thöricht, so
daß sie sich schämt, es mit Worten auszudrücken, — und daß
5 in dieser Verschämtheit, in diesem Kinderspiel, das Höchste atmet
und den Stoff regiert, was wir nur fühlen oder ahnden können.
     Denn wer möchte von den ernsthaften Leuten nicht darüber
lächeln, wenn es ihm begegnete, daß er als etwas noch nie Gesehenes den Mechanikus darüber beträfe, wie er die mancherlei
10 musikalischen Instrumente zusammensetzt: — was würde der Taube
zu den Handgriffen meinen, durch die der Tonkünstler sein Werk
sprechen läßt, und ihm auf so einfache und doch geheime Weise
die innere Zunge löst? — Und was könnte endlich der große
Kunstmeister antworten, wenn es einem Gefühllosen beifiele, ihn
15 in seiner Treuherzigkeit zu fragen, was er denn mit seinem tiefen
Studium, mit seiner Begeisterung ausrichten wolle?

> Keiner, der nicht zu dem myst'schen Fest gelassen,
> Kann den Sinn der dunkeln Kunst erfassen,
> Keinem sprechen diese Geistertöne,
20 > Keiner sieht den Glanz der schönsten Schöne,
> Dem im innern Herzen nicht das Siegel brennt,
> Welches ihn als Eingeweihten nennt,
> Woran ihn der Tonkunst Geist erkennt.

     Denn es ist zum Lächeln, zum Beweinen wehmütig, und
25 zur Anbetung erhaben, — daß unser Herz sich aus seiner irdischen
Sphäre hebt, daß alle unsre Gedanken in ein feineres, edleres
Element geraten, daß aller Kummer, alle Freude wie ein Schatten
schwindet, — und Jammer und Glück, Entzücken und Thränen,
alles in eins verwandelt und durch gegenseitigen Abglanz ver-
30 schönt wird, so daß man in den Momenten dieses Genusses nichts
mehr zu sagen weiß, nicht mehr trennt und sondert, wie unser
Geist sonst immer nur zu gern thut, sondern wie von einem
Meerstrudel immer tiefer und tiefer hinuntergeführt, immer mehr
der obern Welt entrückt wird. Und was ist es, das uns so
35 glücklich macht? — Ein Zusammenklingen von Holz und Metall!
     Aber freilich haben jener ernste Mann, der Taube und Ge-
fühllose nicht so ganz unrecht, wenn wir sehn, wie sich die meisten
Leute dabei benehmen, wenn sie das Werk eines großen Ton-
meisters zu genießen und zu beurteilen meinen.

In der lebenden Natur begleitet Schall und Geräusch unauf=
hörlich Farbe und Form. Die bildende und zeichnende Kunst
entlehnt immer von dort ihre Bildungen, wenn sie sie auch noch
so sehr verschönt: ja, Abend= und Morgenrot, sowie Mondschein,
spielen in Farben und Wolken, wie kein Maler mit seinen Farben 5
erreichen oder nachahmen kann; der Glanz, der in der Natur
brennt, das Licht, mit dem die grüne Erde sich schmückt, ist der
Malerkunst unzugänglich.

Wie anders verhält es sich mit der Musik! Die schönsten
Töne, die die Natur hervorbringt, ihren Vogelgesang, ihr Wasser= 10
rauschen, ihr Bergwiederhall und Waldbrausen, ja der majestätische
Donner selbst, alle diese Klänge sind nur unverständlich und rauh,
sprechen gleichsam nur im Schlafe, nur einzelne Laute, wenn wir
sie gegen die Töne der Instrumente messen. Ja diese Töne, die
die Kunst auf wunderbare Weise entdeckt hat, und sie auf den 15
verschiedensten Wegen sucht, sind von einer durchaus verschiedenen
Natur, sie ahmen nicht nach, sie verschönern nicht, sondern sie sind
eine abgesonderte Welt für sich selbst.

Sie sind gleichsam ein neues Licht, eine neue Sonne, eine
neue Erde, die im Licht auf unserer Erde entstanden ist. Jenseit 20
der ersten Musik liegt eine rohe, unfreundliche Natur, auch im
schönsten Lande, unter dem günstigsten Klima. Natur und Men=
schen sind wild: es fehlt das Element, das alles zur Freundlichkeit
bezähmt. Ohne Musik ist die Erde wie ein wüstes, noch nicht
fertiges Haus, in dem die Einwohner mangeln. 25

Darum fängt die früheste griechische und biblische Geschichte,
ja die Geschichte einer jeden Nation, mit der Musik an. Die
Musik ist Dichtkunst, der Dichter erfindet die Geschichte. Es ist
dem menschlichen Geiste nicht möglich, vorher sich etwas Reizendes,
Schönes, Lebensfülle vorzubilden. 30

Diese Gedanken führen mich darauf, hier einige Worte über
die Töne an sich selber auszusprechen.

Jeder einzelne Ton eines besondern Instrumentes ist wie
die Nüance einer Farbe, und so wie jede Farbe eine Hauptfarbe
hat, so hat auch jedes Instrument einen einzigen, ganz eigentüm= 35
lichen Ton, den es am meisten und besten ausdrückt. Es war
eine unglückliche Idee, ein Farbenklavier zu bauen, und zu glau=

---

37. Gegen das Farbenklavier hat schon Herder und später noch stärker A. W. Schlegel
Einsprache erhoben.

ben, daß das kindische Spielwerk nur irgend eine angenehme
Wirkung hervorbringen könne, gleich den mannigfaltigen Tönen
eines Instrumentes. Es konnte nichts weiter erfolgen, als wenn
auf mehreren Blas= oder Saiteninstrumenten hinter einander die=
5 selben Töne angegeben würden; denn der Ton ist der Farbe, die
Melodie und der Gang des komponierten Stückes der Zeichnung
und Zusammensetzung zu vergleichen. Die Musiktöne gleichen oft
einem feinen flüssigen Elemente, einem klaren, spiegelhellen Bache,
wo das Auge sogar oft in den schimmernden Tönen wahrzunehmen
10 glaubt, wie sich reizende, ätherische und erhabene Gestalten eben
zusammenfügen wollen, wie sie sich von unten auf emporarbeiten,
und klarer und immer klarer in den fließenden Tönen werden.
Aber die Musik hat eben daran ihre rechte Freude, daß sie nichts
zur wahren Wirklichkeit gelangen läßt, denn mit einem hellen
15 Klange zerspringt dann alles wieder, und neue Schöpfungen sind
in der Zubereitung.

O, wie soll ich dich genug preisen, du himmlische Kunst!
Ich fühle, daß hier Worte noch weniger wie bei allen übrigen
Werken der Kunst genügen, ich möchte alle Bilderpracht, allen
20 Stolz und kühnen Schwung der Sprache zusammenfassen, um recht
vom Herzen loszusprechen, was mein innerstes Gefühl mir sagt.

Wie glücklich ist der Mensch, daß, wenn er nicht weiß, wohin
er entfliehen, wo er sich retten soll, ein einziger Ton, ein Klang
sich ihm mit tausend Engelsarmen entgegenstreckt, ihn aufnimmt
25 und in die Höhe trägt! Wenn wir von Freunden, von unsern
Lieben entfernt sind, und durch den einsamen Wald in träger
Unzufriedenheit dahin irren, dann erschallt aus der Ferne ein
Horn, und schlägt nur wenige Afforde an, und wir fühlen, wie
auf den Tönen die fremde Sehnsucht uns auch nachgeeilt ist, wie
30 alle die Seelen wieder zugegen sind, die wir vermißten und be=
trauerten. Die Töne sagen uns von ihnen, wir fühlen es innigst,
wie auch sie uns vermissen, und wie es keine Trennung giebt.

         Weht ein Ton vom Feld herüber,
         Grüß' ich immer einen Freund,
35   Spricht zu mir: was weinst du, Lieber?
         Sieh, wie Sonn' die Liebe scheint:
         Herz am Herzen stets vereint
         Gehn die bösen Stunden über.

> Liebe denkt in süßen Tönen,
> Denn Gedanken stehn zu fern,
> Nur in Tönen mag sie gern
> Alles was sie will verschönen.
> Drum ist ewig uns zugegen   5
> Wenn Musik mit Klängen spricht
> Ihr die Sprache nicht gebricht
> Holde Lieb' auf allen Wegen,
> Liebe kann sich nicht bewegen,
> Leihet sie den Odem nicht.   10

Ja, ich möchte noch mehr behaupten. Der Mensch ist ge=
wöhnlich so stolz darauf, daß es ihm vergönnt ist, in Worte ein
System zu fassen und auszuspinnen, daß er in der gewöhnlichen
Sprache die Gedanken niederlegen kann, die ihm als die feinsten
und kühnsten erscheinen. Aber was ist sein höchstes Bestreben? 15
Sein höchster Triumph ist das, sich und seine selbstgeschaffenen
Gedankenheere immer wieder von neuem zu besiegen, und als ein
Wesen da zu stehn, das sich durch keine äußere Gewalt, ja durch
sich selbst keine Fesseln anlegen läßt. Denn der größere Mensch
fühlt es zu gut, wie auch seine innersten Gedanken immer nur 20
noch ein Organ sind, wie seine Vernunft und ihre Schlüsse immer
noch unabhängig sind von dem Wesen, das er selbst ist, und dem
er in seinem hiesigen Leben nie ganz nahe kommen wird.

Ist es nun nicht gleichgültig, ob er in Instrumentestönen
oder in sogenannten Gedanken denkt? — Er kann in beiden nur 25
hantieren und spielen, und die Musik als dunklere und feinere
Sprache wird ihm gewiß oft mehr als jene genügen.

> Wenn die Ankerstricke brechen,
> Denen du zu sehr vertraust,
> Oft dein Glück auf ihnen baust,
> Zornig nun die Wogen sprechen, —   30
> O so laß das Schiff den Wogen
> Mast und Segel untergehn,
> Laß die Winde zornig wehn,
> Bleibe dir nur selbst gewogen,   35
> Von den Tönen fortgezogen,

---

1 ff. Diese in der Romantik viel citierten Verse wurden von den Gebrüdern Schlegel
in der „Europa" (I, 78) und von Tieck selbst (Gedichte II, 33 ff.) glossiert.

Wirst du schön're Lande sehn:
Sprache hat dich nur betrogen,
Der Gedanke dich belogen,
Bleibe hier am Ufer stehn. —

5   **9. Symphonieen.**

Ich höre nur zu oft von Leuten, die sich für Kunstfreunde
halten, mit vielem Eifer von der Simplicität, von einem edlen,
einfachen Stile sprechen, die zugleich, um ihrer Lehre treu zu
bleiben, alles verfolgen, was sie für bunt, grell oder grotesk
10 halten. Ich halte dafür, daß alles neben einander bestehn könne
und müsse, und daß nichts eine so engherzige Verleugnung der
Kunst und Hoheit ist, als wenn man zu früh scharfe Linien und
Grenzen zwischen den Gebieten der Kunst zieht. Diese Verehrer
teilen ein Land, das ihnen nicht gehört, ja in welchem die meisten
15 nicht einmal die Landessprachen verstehn.

So meinen einige, die Alten zu lieben, wenn sie alles, was
von den Neuern herrührt, verfolgen; andre wollen nur die Ita=
liener loben, und alle Kunst und allen Sinn dafür den übrigen
Völkern absprechen. Ich will damit nicht alle Unterschiede auf=
20 gehoben wissen, nur sollte jeder, der darüber sprechen will, auch
eine so reiche und mannigfach reizbare Seele besitzen, daß er
wenigstens alles auf eine gewisse Weise verstände und sich nahe
fühlte, um dann zu sondern und zu trennen.

Wie es in der Religion ist, so ist es auch in allen hohen
25 und übermenschlichen Dingen, ja man könnte sagen, daß alles
Große und Höchstvortreffliche Religion sein müsse. Das Göttliche
ist so beschaffen, daß der Mensch es erst glauben muß, ehe er es
verstehn kann; fängt er aber mit dem Verstehn, das heißt, mit
dem Beurteilen an, so verwickelt er sich nur in Labyrinthe, in
30 denen er thörichterweise sein Herumirren für die wahre Art hält,
weise zu sein. Das Höchste und Edelste ist auch so eingerichtet,
daß das gewöhnliche Verstehn, worauf sich die meisten so viel
wissen, als etwas ganz Überflüssiges anzusehn ist, denn indem du
es ganz und innigst fühlst, und in dir selber aufbewahrst, spürst
35 du keinen Mangel, empfindest du das Bedürfnis gar nicht, es

5. Symphonieen. Nach der Einleitung S. 4 von Tieck. Köpke II, 244.

mit den übrigen Dingen zu vergleichen, und es in seine gehörige
Klasse zu versetzen.

Aber ihr meint, alles sei nur da, um euer Urteil daran zu
schärfen, und seid eitel genug, zu glauben, es gebe nichts Höheres
oder nur Anderes, als die Kunst oder handwerksmäßige Übung 5
des Urteilens. Ihr fühlt das Bedürfnis nicht, das Streben des
reinen und poetischen Geistes, aus dem Streit der irrenden Ge=
danken in ein stilles, heiteres, ruhiges Land erlöst zu werden.

Ich habe mich immer nach dieser Erlösung gesehnt, und
darum ziehe ich gern in das stille Land des Glaubens, in das 10
eigentliche Gebiet der Kunst. Die Art, wie man hier versteht,
ist gänzlich von jener verschieden: die schönste Zufriedenheit ent=
springt und beruhigt uns hier ohne Urteil und Vernunftschluß,
nicht durch eine Reihe mühsam zusammengehängter Beobachtungen
und Bemerkungen gelangen wir dazu, sondern es geschieht auf eine 15
Weise, die der Uneingeweihte, der Kunstlose niemals begreifen wird.

Es geschieht hier, daß man Gedanken ohne jenen mühsamen
Umweg der Worte denkt, hier ist Gefühl, Phantasie und Kraft
des Denkens eins: der harmonische Einklang überrascht uns zauber=
haft, die Seele ist im Kunstwerke einheimisch, das Kunstwerk lebt 20
und regiert sich in unserm Innern, wir sind mit allem einver=
standen, eine gleiche Melodie spielt unser Geist mit des Künstlers
Seele, und es dünkt uns auf keine Weise nötig, zu beweisen und
weitläuftige Reden darüber zu führen.

Dieser innige Glaube kann auch der Überzeugung entbehren, 25
denn das, was wir im Leben so nennen, ist vielmehr als ein
schwächerer Glaube, oder als ein notdürftiger Ersatz des Glaubens
anzusehn. Überzeugung ist die prosaische Demonstration; Glaube
der Genuß, das Verstehn eines erhabenen Kunstwerks: dieses kann
nie demonstriert, jene nie auf Kunstweise empfangen werden. 30

Darum muß man sich erst unter den großen Geistern, die in
der Kunst gewaltet haben, demütigen, ehe man sie ganz empfinden
und dann beurteilen will.

Aus Mangel dieser Demut geschieht es oft, daß das Vor=
treffliche verworfen wird, weil die Menschen oft ohne Not überzeugt 35
sind, weil sie wissen, wie weit sich die Grenzen der Kunst erstrecken.
Weil sich die Werke der unkünstlerischen Künstler demonstrieren

2. Friedrich Schlegel feiert bald darauf in einem Athenäumsaufsatz die Unverständlich=
keit als die echte Verständlichkeit (Prosaische Jugendschriften, Wien 1882, II, 386).

laſſen, ſo geſchieht es aus mißverſtandener Gutmütigkeit und gutem
Willen, daß viele, ja die meiſten, ſie gern für Kunſtwerke anſehn;
vollends da ſie nun hier ihrer Urteilskraft vollen Spielraum geben
können, was bleibt ihnen nun noch zu wünſchen übrig?

5 Ich habe dieſe Gedanken, die mir immer gegenwärtig ſind,
hier ausgedrückt, weil es nicht ſelten iſt, daß auch in der Muſik,
die doch die dunkelſte von allen Künſten iſt, dergleichen Vorurteile
oder Unurteile gefällt werden. Denn die Tonkunſt iſt gewiß das
letzte Geheimnis des Glaubens, die Myſtik, die durchaus geoffen=
10 barte Religion. Mir iſt es oft, als wäre ſie immer noch im
Entſtehn, und als dürften ſich ihre Meiſter mit keinen andern
meſſen. Doch bin ich nie willens geweſen, dieſe meine Meinung
andern Gemütern aufzudrängen. Aber es wird vielleicht nicht
undienlich ſein, über einzelne Teile oder Werke dieſer Kunſt etwas
15 Dreiſtes oder Anſtößiges zu behaupten, weil nur auf dieſen Wegen
von jeher etwas geſchehen iſt.

Wenn unſer Auge im vollen Sommer einen blühenden Roſen=
buſch erblickt, ſo können wir darüber eine unnennbare Freude
empfinden. Die roten Kinder, die ſich von allen Seiten heraus=
20 drängen, und Knoſpen und entfaltete Blumen durch einander,
die von allen Seiten aus den Zweigen in die freie warme Luft
hinaus ſtreben, die der Sonnenſchein küßt: — wer vergißt in dieſer
vollen Blumenherrlichkeit nicht die einzelne Lilie, das verborgene
Veilchen?

25 So blüht in jeder Kunſt eine volle, üppige Pracht, in der
alle Lebensfülle, alle einzelnen Empfindungen ſich vereinigen und
nach allen Seiten ſtreben und drängen, und ein vereinigtes Leben
mit bunten Farben, mit verſchiedenen Klängen darſtellen. Nichts
ſcheint mir in der Muſik ſo dieſe Stelle auszufüllen, als die großen,
30 aus mannigfachen Elementen zuſammengeſetzten Symphonieen.

Die Muſik, ſo wie wir ſie beſitzen, iſt offenbar die jüngſte
von allen Künſten; ſie hat noch die wenigſten Erfahrungen an ſich
gemacht, ſie hat noch keine wirklich klaſſiſche Periode erlebt. Die
großen Meiſter haben einzelne Teile des Gebietes angebaut, aber
35 keiner hat das Ganze umfaßt, auch nicht zu einerlei Zeit haben
mehrere Künſtler ein vollendetes Ganzes in ihren Werken dar=
geſtellt. Vorzüglich ſcheint mir die Vokal= und Inſtrumentalmuſik
noch nicht genug geſondert, und jede auf ihrem eigenen Boden zu
wandeln, man betrachtet ſie noch zu ſehr als ein verbundenes

Wesen, und daher kömmt es auch, daß die Musik selbst oft nur
als Ergänzung der Poesie betrachtet wird.

Die reine Vokalmusik sollte wohl ohne alle Begleitung der
Instrumente sich in ihrer eignen Kraft bewegen, in ihrem eigentümlichen Elemente atmen: so wie die Instrumentalmusik ihren 5
eignen Weg geht, und sich um keinen Text, um keine untergelegte
Poesie kümmert, für sich selbst dichtet, und sich selber poetisch
kommentiert. Beide Arten können rein und abgesondert für sich
bestehn.

Wenn sie aber vereinigt sind, wenn Gesang, wie ein Schiff 10
auf Wogen, von den Instrumenten getragen und gehoben wird,
so muß der Tonkünstler schon in seinem Gebiete sehr mächtig sein,
er muß mit fester Kraft in seinem Reiche herrschen, wenn es ihm
nicht begegnen soll, daß er entweder aus hergebrachter Gewohnheit,
oder selber unwillkürlich eine von diesen Künsten der andern unter- 15
ordnet. In den theatralischen Produkten tritt dieser Fall nur zu
häufig ein: bald werden wir gewahr, wie alle Mannigfaltigkeit
der Instrumente nur dazu dient, einen Gedanken des Dichters
auszuführen, und den Sänger zu begleiten: bald aber Poesie und
Gesang unterdrückt wird, und der Komponist sich nur daran freut, 20
auf seinen Instrumenten sich in wunderbaren Wendungen hören
zu lassen.

Ich wende mich aber von der übrigen Kunst weg, und will
hier nur ausdrücklich von der Instrumentalmusik sprechen.

Man kann das menschliche Organ der Sprache und des Tons 25
auch als ein Instrument betrachten, in welchem die Töne des
Schmerzes, der Freude, des Entzückens und aller Leidenschaften
nur einzelne Anklänge sind, die Haupt- und Grundtöne, auf denen
alles, was dies Instrument hervorbringen kann, beruht. Strenge
genommen, sind diese Töne nur abgerissene Ausrufungen, oder 30
fortgehende Klänge der strömenden Klage, der mäßigen Freude.
Glaubt man, daß alle menschliche Musik nur Leidenschaften andeuten und ausdrücken soll, so freut man sich, je deutlicher und
bestimmter man diese Töne auf den leblosen Instrumenten wiederfindet. Viele Künstler haben ihre ganze Lebenszeit darauf ver- 35
wandt, diese Deklamation zu erhöhen und zu verschönern, den
Ausdruck immer tiefer und gewaltsamer emporzuheben, und man
hat sie oft als die einzig wahren und großen Tonkünstler gerühmt
und verehrt.

Aus dieser Gattung der Musik haben sich auch verschiedene Regeln entwickelt, die jeder unbedingt annimmt, der gern für geschmackvoll angesehn sein will. Man dringt darauf, alle Ausmalungen, alle Verzierungen, alles, was dem edlen, einfachen 5 Vortrage entgegensteht, aus dieser echten Musik zu verbannen.

Ich will dergleichen hier nicht tadeln, und die eigentliche Vokalmusik muß vielleicht ganz auf den Analogieen des menschlichen Ausdrucks beruhen: sie drückt dann die Menschheit, mit allen ihren Wünschen und Leidenschaften, idealisch aus, sie ist, mit einem 10 Worte, Musik, weil der edle Mensch selber schon in sich alles musikalisch empfindet.

Diese Kunst scheint mir aber bei allem diesem immer nur eine bedingte Kunst zu sein; sie ist und bleibt erhöhte Deklamation und Rede, jede menschliche Sprache, jeder Ausdruck der 15 Empfindung sollte Musik in einem mindern Grade sein.

In der Instrumentalmusik aber ist die Kunst unabhängig und frei, sie schreibt sich nur selbst ihre Gesetze vor, sie phantasiert spielend und ohne Zweck, und doch erfüllt und erreicht sie den höchsten, sie folgt ganz ihren dunkeln Trieben, und drückt 20 das Tiefste, das Wunderbarste mit ihren Tändeleien aus. Die vollen Chöre, die vielstimmigen Sachen, die mit aller Kunst durch einander gearbeitet sind, sind der Triumph der Vokalmusik; der höchste Sieg, der schönste Preis der Instrumente sind die Symphonieen.

25 Die einzelnen Sonaten, die künstlichen Trios und Quartetts sind gleichsam die Schulübungen zu dieser Vollendung der Kunst. Der Komponist hat hier ein unendliches Feld, seine Gewalt, seinen Tiefsinn zu zeigen; hier kann er die hohe poetische Sprache reden, die das Wunderbarste in uns enthüllt, und alle Tiefen aufdeckt, 30 hier kann er die größten, die grotesksten Bilder erwecken und ihre verschlossene Grotte öffnen, Freude und Schmerz, Wonne und Wehmut gehn hier neben einander, dazwischen die seltsamsten Ahndungen, Glanz und Funkeln zwischen den Gruppen, und alles jagt und verfolgt sich und kehrt zurück, und die horchende Seele 35 jauchzt in dieser vollen Herrlichkeit.

Diese Symphonieen können ein so buntes, mannigfaltiges, verworrenes und schön entwickeltes Drama darstellen, wie es uns der Dichter nimmermehr geben kann; denn sie enthüllen in rätselhafter Sprache das Rätselhafteste, sie hängen von keinen Gesetzen

der Wahrscheinlichkeit ab, sie brauchen sich an keine Geschichte und
an keine Charakter zu schließen, sie bleiben in ihrer rein=poetischen
Welt. Dadurch vermeiden sie alle Mittel, uns hinzureißen, uns
zu entzücken, die Sache ist vom Anfange bis zu Ende ihr Gegen=
stand: der Zweck selbst ist in jedem Momente gegenwärtig, und ⁵
beginnt und endigt das Kunstwerk.

Und dennoch schwimmen in den Tönen oft so individuell=
anschauliche Bilder, so daß uns diese Kunst, möcht' ich sagen,
durch Auge und Ohr zu gleicher Zeit gefangen nimmt. Oft
siehst du Sirenen auf dem holden Meeresspiegel schwimmen, die ¹⁰
mit den süßesten Tönen zu dir hinsingen; dann wandelst du
wieder durch einen schönen, sonnenglänzenden Wald, durch dunkle
Grotten, die mit abenteuerlichen Bildern ausgeschmückt sind; unter=
irdische Gewässer klingen in dein Ohr, seltsame Lichter gehn an
dir vorüber. ¹⁵

Ich erinnere mich noch keines solchen Genusses, als den mir
die Musik neulich auf einer Reise gewährte. Ich ging in das
Schauspiel, und Macbeth sollte gegeben werden. Ein berühmter
Tonkünstler hatte zu diesem herrlichen Trauerspiele eine eigne
Symphonie gedichtet, die mich so entzückte und berauschte, daß ²⁰
ich die großen Eindrücke aus meinem Gemüte immer noch nicht
entfernen kann. Ich kann nicht beschreiben, wie wunderbar alle=
gorisch dieses große Tonstück mir schien, und doch voll höchst
individueller Bilder, wie denn die wahre, höchste Allegorie wohl
wieder eben durch sich selbst die kalte Allgemeinheit verliert, die ²⁵
wir nur bei den Dichtern antreffen, die ihrer Kunst nicht ge=
wachsen sind. Ich sah in der Musik die trübe nebelichte Haide,
in der sich im Dämmerlichte verworrene Herenzirkel durch einander
schlingen und die Wolken immer dichter und giftiger zur Erde
herniederziehn. Entsetzliche Stimmen rufen und drohn durch die ³⁰
Einsamkeit, und wie Gespenster zittert es durch all' die Ver=
worrenheit hindurch, eine lachende, gräßliche Schadenfreude zeigt
sich in der Ferne. — Die Gestalten gewinnen bestimmtere Umrisse,
furchtbare Bildungen schreiten bedeutungsvoll über die Haide
herüber, der Nebel trennt sich. Nun sieht das Auge einen ent= ³⁵
setzlichen Unhold, der in seiner schwarzen Höhle liegt, mit starken
Ketten festgebunden; er strebt mit aller Gewalt, mit der An=
strengung aller Kräfte sich loszureißen, aber immer wird er noch
zurückgehalten: um ihn her beginnt der magische Tanz aller Ge=

spenster, aller Larven. Wie eine weinende Wehmut steht es
zitternd in der Ferne, und wünscht, daß die Ketten den Gräß=
lichen zurückhielten, daß sie nicht brechen möchten. Aber lauter
und furchtbar lauter wird das Getümmel, und mit einem erschrecken=
5 den Aufschrei, mit der innersten Wut bricht das Ungeheuer los,
und stürzt mit wildem Sprunge in die Larven hinein, Jammer=
geschrei und Frohlocken durch einander. Der Sieg ist entschieden,
die Hölle triumphiert. Die Verwirrung verwirrt sich nun erst
am gräßlichsten durch einander, alles flieht geängstigt und kehrt
10 zurück: der Triumphgesang der Verdammlichen beschließt das
Kunstwerk.

Viele Scenen des Stücks waren mir nach dieser großen
Erscheinung trüb' und leer, denn das Schrecklichste und Schauer=
hafteste war schon vorher größer und poetischer verkündigt. Ich
15 dachte immer nur an die Musik zurück, das Schauspiel drückte
meinen Geist und störte meine Erinnerungen, denn mit dem
Schlusse dieser Symphonie war es für mich völlig geschlossen.
Ich weiß keinen Meister und kein Tonstück, das diese Wirkung
auf mich hervorgebracht hätte, in dem ich so das rastlose, immer
20 wütigere Treiben aller Seelenkräfte wahrgenommen hätte, diesen
fürchterlichen, schwindelerregenden Umschwung aller musikalischen
Pulse. Das Schauspiel hätte mit diesem großen Kunstwerke
schließen sollen, und man könnte nichts Höheres in der Phantasie
ersinnen und wünschen; dann war diese Symphonie die poetischere
25 Wiederholung des Stücks, die kühnste Darstellung eines verlornen,
bejammernswürdigen Menschenlebens, das von allen Unholden
bestürmt und besiegt wird.

Es scheint mir überhaupt eine Herabwürdigung der Sym=
phoniestücke zu sein, daß man sie als Einleitungen zu Opern oder
30 Schauspielen gebraucht, und der Name Ouverture daher auch als
gleichbedeutend angenommen ist. Man sollte fast glauben, daß
jene unbedeutendern Komponisten darin eigentlich am richtigsten
gefühlt hätten, daß sie ihre Ouverture nur aus den verschiedenen
Melodieen bestehen lassen, die sie in der Oper selbst wieder vor=
35 bringen und hier nur lose verknüpfen. Denn bei andern geschieht
es nur gar zu oft, daß wir die höchste Poesie im voraus genießen.
Zu den gewöhnlichen Schauspielen sollte man nie besondere
Symphonieen schreiben, denn wenn sie nur einigermaßen passen
sollen, so wird die Tonkunst dadurch von einer fremden Kunst

abhängig gemacht. Wozu überhaupt Musik hier? Auf dem alten
englischen Theater hörte man nur einige Trompetenstöße vorher,
— man sollte dies wieder einführen, oder wenigstens die Musik
ebenso unbedeutend sein lassen, als es die meisten unsrer Schau=
spiele sind.   5
    Schöner wäre es wohl, wenn unsere großen Schauspiele oder
Opern mit einer kühnen Symphonie geschlossen würden. Hier
könnte der Künstler denn alles zusammenfassen, seine ganze Kraft
und Kunst aufwenden.   Dies hat auch unser größter Dichter
empfunden; wie schön, kühn und groß braucht er die Musik als 10
Erklärung, als Vollendung des ganzen in seinem Egmont! Schon
beginnt sie in seinen, langsamen, klagenden Tönen, indem die
Lampe erlischt: sie wird mutiger, geistiger und wunderbarer bei
der Geistererscheinung und dem Traume, — das Stück schließt,
ein Marsch, der sich schon ankündigte, fällt ein, der Vorhang fällt, 15
und eine Siegssymphonie beschließt das erhabene Schauspiel.
— Diese Siegssymphonie wäre für den wahren Tonkünstler eine
große Aufgabe; hier könnte er das Schauspiel kühn wiederholen,
die Zukunft darstellen, und den Dichter auf die würdigste Art
begleiten.   20
            Beschluß der Aufsätze Joseph Berglingers.

---

10. Der Traum.
Eine Allegorie.

    Durch dunkle Schatten lenkt' ich meine Schritte,
    Es ging mein treuer Freund zur Seite mir,   25
    Er hörte meine ängstlich inn'ge Bitte
    Und weilte nur zu meinem Besten hier.
    Da standen wir in eines Felsthals Mitte,
    Von dräu'nden Klippen eingeschlossen schier;
    Mit bangem Herzen hielt ich ihn umschlossen,   30
    Mein Haupt verbarg ich, meine Augen flossen.

    Wir zitterten dem scharfen nächt'gen Winde,
    Verloren in der dunkeln Einsamkeit,
    Die schwarzen Wolken jagten sich geschwinde,
    Die Eule laut vom Felsen niederschreit,   35

22. Der Traum. Von Tieck. Köpke II, 294.

Nacht eng' um uns, wie eine dunkle Binde,
Ein Wassersturz, der tobend schäumt und dräut:
„Ach!" seufzt' ich, „will kein Sternchen niederblicken,
Mit schwachem Flimmerschein uns zu beglücken?"

5   Wie strebten wir mit Blicken durch die Schatten,
Ein Sternchen, nur ein Lichtlein zu erspähn!
Wir standen sinnend, wie zu diesen Matten
Der Gang in tiefer dunkler Nacht geschehn,
Doch, wenn wir plötzlich die Erinn'rung hatten,
10   Entflog sie wieder in des Sturmes Wehn;
Wir waren ganz uns selber hingegeben
Und neben uns gedieh kein ander Leben.

Ach! da begann ein zärtlich Wechselstreiten,
Denn jeder will dem andern tröstlich sein,
15   Die Liebe soll in diesen Dunkelheiten
Entzünden einen fröhlich=süßen Schein,
Er rief: „Ich will, mein trauter Freund, dich leiten,
Geh kummerfrei mit mir das Bündnis ein,
Mag uns das Dunkel dunkler noch umfließen,
20   Es glänzt, wenn wir uns brüderlich umschließen."

Da kämpften wir, mit Blicken uns zu finden,
Zu schenken uns der Augen holden Gruß,
Und Aug' an Auge liebend festzubinden,
Die Freundschaft soll ertöten den Verdruß,
25   Doch nimmer will das Dunkel sich entzünden,
Wir trösten uns durch einen Wechselkuß,
Und jeder, von dem andern festgehalten,
Ergiebt sich gern den feindlichen Gewalten.

Doch ist es wohl ein Blendnis unsrer Sinnen?
30   Ein Sternchen liegt zu unsern Füßen da,
Wir können noch den Glauben nicht gewinnen,
So deutlich ihn auch schon das Auge sah.
Wir sehen kleine blaue Strahlen rinnen,
Die Gräser, die dem schwachen Schimmer nah,
35   Erleuchten nun mit ihrer zarten Grüne,
Daß wunderhell das kleine Plätzchen schiene.

Und wie wir noch das Wunder nicht begreifen,
Erschimmert heller der verlor'ne Stern,
Wir sahen deutlich buntgefärbte Streifen,
Und hafteten auf diesem Anblick gern:
Doch kleine Punkte hin und wieder schweifen,   5
Und zittern eilig hier und fern und fern,
Und aus dem rätselhaften Wunderglanze
Erzeugt sich plötzlich eine schöne Pflanze.

Zwar schien sie herrlich nur in unsern Blicken,
Sie schwankt und glänzt, wie wenn die Distel blüht,   10
Kein ander Auge würde sich entzücken,
Da uns die unbekannte Sehnsucht zieht;
Wir wollen schon die hohe Blume pflücken,
An unser Herz zu heften sie bemüht.
Sie tröstet unbegreiflich uns im Leiden,   15
Sie ist der Inhalt aller unsrer Freuden.

Und keiner von uns denkt darauf, zu fragen,
Was für ein Glück in dieser Blume ruht,
Vergessen sind schon alle vor'gen Klagen,
Wir fühlen neuen, kühnen Lebensmut.   20
Für mich will er nun alles Unheil tragen,
Ich gönne ihm das schönste Lebensgut.
Wir beugen uns, da klingt es aus der Ferne
Entzückend schön, wie ein Gesang der Sterne.

Ein neues Staunen hält den Sinn gefangen,   25
Indem die Melodie nun lauter klingt,
Im Busen zittert mächtiges Verlangen,
Das wie zum Horchen so zur Freude zwingt.
Die Töne sich so wundersamlich schwangen,
Und jeder Klang uns Freundesgrüße bringt,   30
Und zärtlich wird von allen uns geheißen
Daß wir die Pflanze nicht dem Fels entreißen.

Mit Scheu und Liebe stehn wir vor der Blume,
Des Busens Wonne regt sich sanft und mild,
Wir fühlen uns so wie im Heiligtume,   35
Die vor'ge Liebe dünkt uns rauh und wild.

Wir schätzen es zu unserm schönsten Ruhme,
Zu lieben, nicht zu rauben jenes Bild:
Verehrung zieht uns auf die Kniee nieder,
Die erste Liebe kehrt verschönert wieder.

5   Jetzt war für uns die Einsamkeit voll Leben,
Wir sehnten uns nur zu der Blume hin,
Ein freudenvolles, geisterreiches Weben
Durchläuterte den innerlichsten Sinn;
Wir fühlten schon ein unerklärbar Streben,
10 Nur nach dem Edelsten und Schönsten hin,
Die Wonne wollte fast das Herz bezwingen,
Wir hörten Staub' und Baum und Fels erklingen.

   Wie wenn uns zarte Geister Antwort riefen,
So tönt die Stimme hold und wundersam,
15 Aus allen dunkeln unterird'schen Tiefen
Uns Liebesdrang und Gruß entgegenkam,
Die Geister, die noch tot in Felsen schliefen
Erstehn, sich jeder Lebensregung nahm:
Wir waren rund vom zärtlichsten Verlangen,
20 Von Liebesgegenwart ganz eng' umfangen.

   „Wie kann die Blume solchen Zauber hegen?"
Sprach ich, indem ich mich zuerst besann.
„Mag sie die Brust so kräftiglich erregen
Daß ich die Welt und mich vergessen kann?
25 Es klopft das Herz mit neugewalt'gen Schlägen,
Der Geist dringt zum Unendlichen hinan,
Wohl mir, mein Freund, daß ich mit dir genieße,
Mit dir zugleich das schönste Glück begrüße!"

   Doch jener war in Wonne neu geboren,
30 Er lächelte mit lichtem Freundesblick;
Doch Wort und Rede war für ihn verloren,
Sein hochverklärtes Antlitz sprach sein Glück,
Nur für das Seligste schien er erkoren,
Und fand zur alten Welt nicht mehr zurück,
35 Er schien in weit entfernte schöne Auen
Mit hoher Trunkenheit hineinzuschauen.

Und wie ich mich an meinem Freund erfreue,
Sein Glück mich mehr als selbst mein eignes rührt,
Erleuchtet über uns die schönste Bläue,
Die Wolken teilen sich, ein Windstoß führt
Sie abwärts, heller scheint des Himmels Freie,   5
Das holde Licht mit Tagesglanz regiert,
Die Blume schießt empor, die Blätter klingen,
Und Strahl und Funken aus dem Kelche springen.

Bald steht sie da und gleicht dem höchsten Baume
Die Blüten, jedes Blatt entfaltet sich,   10
Und aus dem innren Haus, dem grünen Raume
Erstehen Engelsbilder seltsamlich,
Wir stehn und schaun dem süßen Wundertraume,
Ich frage ihn, sein Blick befraget mich,
Die Kinder haben Bogen in den Händen,   15
Die sie mit ziel'ndem Pfeile nach uns wenden.

Die Sehne wird mit leichter Kraft gezogen,
Der schöne Pfeil enteilet durch die Luft,
Befiedert kömmt er zu uns hingeflogen,
Er rauscht hinweg, verfliegt in ferner Kluft.   20
Auf's neue schon gespannt der Silberbogen,
Herüber weht ein süß-äther'scher Duft;
Wir stehen zweifelnd, und es ruft der Schöne:
„Entsetzt euch nicht, die Pfeile sind nur Töne!"

Wir horchten nun, wie sie herüberdrangen,   25
Wie jeder glänzend uns vorüberfuhr,
Wie dann die Luft, der Wald, das Feld erklangen,
Mit holder Stimme redte die Natur:
Da glühen rosenrot des Freundes Wangen,
Er spricht entzückt und thut entzückt den Schwur: 30
„Mich ziehen fort die süß-melod'schen Wellen,
Ich will den Pfeilen mich entgegenstellen!"

Da beut die Brust sich trunken allen Tönen,
Er strebt und ringt, zu künden sein Gefühl,
Er blickt mit heiterm Lächeln nach den Schönen,   35
Sie freun sich mehr und mehr an ihrem Spiel,

Sie wollen gern den Freund mit sich versöhnen,
Und machen ihn nur emsiger zum Ziel,
Ein jeder will den andern übereilen,
Den Liebling ganz von seinem Gram zu heilen.

5 Da sind sie noch im vollen muntern Streiten,
Als sich ein neuer Wunderanblick zeigt,
Vom Wipfel seh' ich Bilder niederschreiten,
Ein Geisterheer dem hohen Baum entsteigt,
Der edlen Menge, wie sie abwärts gleiten,
10 Sich rauschend Stamm und Ast und Wipfel neigt,
Sie kommen her, ich fühl' mein Herze brennen,
Und irr' ich? alle glaub' ich jetzt zu kennen.

Und hinter ihnen wie sie weiter gehen,
Durch Himmel, Luft und auf der Erde hin,
15 Glaub' ich ein weißes helles Licht zu sehen,
Der Wiese Blumen glänzen schöner drinn.
Die Bäume nun wie größre Blumen stehen,
Und jeglich Wesen pranget im Gewinn,
Ist alles rund mit Poesie umgossen,
20 Von Lieb' und Wohllaut jedes Blatt umflossen.

Sie sind's, die hochberühmten Wundergeister,
Der Greis Homer der Vorderste der Schar,
Ihm folgen Rafael, und jener Meister,
Der immer Wonne meiner Seele war,
25 Der kühne Brite, sieh', er wandelt dreister
Vor allen her, ihm weicht die ganze Schar, —
Sie breiteten ein schönes Licht, mit Wonne
Erscheint es weit und dunkelt selbst die Sonne.

Nun war Entzücken rund umher entsprossen,
30 Wir wohnen unter ihm wie unterm Zelt,
Vom Zauberschein ist alles weit umflossen,
Von süßen Tönen klingt die weite Welt,
Wohin wir gehn sind Blumen aufgeschossen,
Mit tausend Farben prangt das grüne Feld.
35 Es singt die Schar: „Dies Glück müßt ihr uns danken,
Doch nie muß eure Liebe für uns wanken!" —

25. Der kühne Brite, Shakespeare.

Ich wachte nun aus meinem holden Schlummer,
Und um mich war der Glanz, das süße Licht:
Doch ach! o unerträglich herber Kummer,
Den vielgeliebten Freund, ihn fand ich nicht,
Ich suchte wieder den entflohnen Schlummer,   5
Das liebe wundervolle Traumgesicht,
Die Künstler waren noch mit Freundschaft nahe,
Doch ach! daß ihn mein Auge nicht mehr sahe!

Und soll ich nun noch gern im Leben weilen,
So bleibe du, den ich noch eh' gekannt,   10
Mit dem so Lust als tiefen Schmerz zu teilen
Das Schicksal schon als Knaben mich verband;
O bleib, und laß uns Hand in Hand durcheilen
Der vielgeliebten Kunst geweihtes Land,
Ich würde ohne dich den Mut verlieren,   15
So Kunst als Leben weiter fortzuführen.

10. du, Shakespeare wird angeredet.

Franz Sternbalds Wanderungen.

—

Einleitung.

Über die Stellung, welche der Sternbald in Tiecks Entwickelung einnimmt, und über den Charakter des Werkes ist das Nötige in der Einleitung zu den im 144. Bande der D. N.-L. enthaltenen Tieckschen Schriften gesagt worden.

Über die Entstehung desselben und den Anteil, welchen Wackenroder an der Idee des Ganzen hatte, orientiert Tiecks „Nachschrift an den Leser" des ersten Bandes der ersten Auflage, welche unten abgedruckt ist. Den Plan der Fortsetzung hat der Dichter in der „Nachrede" zu der mehr als vierzig Jahre späteren Umarbeitung entwickelt, welche der XVI. Band seiner gesammelten Schriften enthält: auch diese Nachrede findet der Leser am Schlusse des Romanes hier wieder abgedruckt. Endlich ist zu berücksichtigen das Schlußwort zum XX. Bande der Schriften, worin es heißt: „Dem Sternbald habe ich aber auch in späteren Jahren einige Scenen hinzugefügt, die das Ganze mehr abrunden und manche Episode herbeiführen sollten. Von Reisen, Krankheit, anderen Arbeiten abgehalten, habe ich diese Dichtung nicht zu Ende führen können, welche im Frühling 1797 entworfen wurde und im Plane, den ich meinem verstorbenen Freunde Wackenroder auf einem Spaziergange mitteilte, dessen enthusiastisches Interesse erregte. Auch war nach einigen Jahren mein geliebter Freund

Novalis von dem Romane so erregt worden, daß er mir öfter versicherte, dieses Buch habe ihm vorzüglich bei seinem Ofterdingen vorgeschwebt."

Durch W. Schlegel übersandte Tieck ein Exemplar des 2. Teiles an Goethe (Holtei, Briefe an Tieck III, 228), dessen Urteil über den ersten Band länger ausblieb, als Tiecks Ungeduld erwarten konnte. Es ist uns in einem Briefe Karolinens an Fr. Schlegel erhalten (Caroline von Waitz I. 219): „Man könnte es so eigentlich eher musikalische Wanderungen nennen, wegen der vielen musikalischen Empfindungen und Anregungen (die Worte sind übrigens von mir), es wäre alles darin, außer der Mahler. Sollte es ein Künstlerroman sein, so müßte doch noch ganz viel anders von der Kunst darin stehen, er vermißte da den rechten Gehalt, und das Künstlerische käme als eine falsche Tendenz heraus. Gelesen hat er es aber, und zweimal, und lobt es dann auch wieder sehr. Es wären viele hübsche Sonnenaufgänge darin, hat er gesagt; an denen man sähe, daß sich das Auge des Dichters wirklich recht eigentlich an den Farben gelabt, nur kämen sie zu oft wieder."

Karolinens eigenes Urteil lautet (a. a. O. 219 f.): „Vom ersten [Teil] nur so viel, ich bin immer noch zweifelhaft, ob die Kunstliebe nicht absichtlich als eine falsche Tendenz im Sternbald hat sollen dargestellt werden und schlecht ablaufen wie bei W[ilhelm] M[eister], aber dann möchte offenbar ein anderer Mangel eintreten — es möchte dann vom Menschlichen zu wenig darin sein. Der zweite Teil hat mir noch kein Licht gegeben. Wie ist es möglich, daß sie ihn dem ersten vorziehn und überhaupt so vorzüglich behandeln. Es ist die nämliche Unbestimmtheit, es fehlt an durchgreifender Kraft — man hofft immer auf etwas Entscheidendes, irgendwie den Gang beträchtlich vorrücken zu sehen. Thut er das? Viele liebliche Sonnenaufgänge und Frühlinge sind wieder da; Tag und Nacht wechseln fleißig, Sonne, Mond und Sterne ziehen auf, die Vöglein singen; es ist das alles sehr artig, aber doch leer, und ein kleinlicher Wechsel von Stimmungen und Gefühlen im Sternbald, kleinlich dargestellt. Der Verse sind mir fast zu viel, und fahren so lose in- und auseinander, wie die angeknüpften Geschichten und Begebenheiten, in denen gar viel leise Spuren von mancherlei Nachbildungen sind. Sollte ich zu streng sein, oder vielmehr, Unrecht haben? W[ilhelm] will es mir jetzt vorlesen, ich will sehen, wie wir gemeinschaftlich urteilen." . . . . .

Und am folgenden Tage, nach der Vorlesung, fährt sie fort: „Fast habe ich so wenig Kunstsinn wie Tiecks liebe Amalie, denn ich bin gestern bey der Lektüre eingeschlafen. Doch das will nichts sagen. Aber freilich wir kommen wachend in Obigem überein. Es reißt nicht fort, es hält nicht fest, so wohl manches Einzelne gefällt, wie die Art des Floreftan bei dem Wettgesang dem W[ilhelm] gefallen hat. Bei den muntern Scenen hält man sich am liebsten auf, aber wer kann sich eben dabei enthalten zu denken, es ist der W[ilhelm] M[eister] und zu viel W[ilhelm] M[eister]. Sonst guckt der alte Trübsinn hervor. Eine Fantasie, die immer mit den

Flügeln schlägt und flattert und keinen rechten Schwung nimmt. Mir
thut es recht leid, daß es mir nicht anders erscheinen will. Was Goethe
geurteilt hat, teilen Sie ihm doch unverhohlen mit." Einen Monat
später schreibt Wilhelm Schlegel direkt an Tieck und weicht aus (Holtei
III. 228): „Das letzte [Tiecks günstiges Urteil über Schlegels Gedichte]
kann ich Ihnen in Ansehung des Sternbalds noch nicht erwidern — ich
las den zweiten Band nicht gründlich genug, und muß ihn im Zusammen=
hang mit dem ersten noch ruhiger erwägen, ein Genuß, den ich jetzt eben
bei ein paar ziemlich freien Tagen vor mir habe." Friedrich Schlegel
war weder mit Goethes noch mit Karolinens Urteil zufrieden; er schreibt
an Karoline (I. 127): „Aber in der Art, wie Ihr den Sternbald nehmet,
kann ich weder ihm noch Ihnen beistimmen. Habt Ihr denn die Volks=
märchen vergessen, und sagt es das Buch nicht selbst klar genug, daß es
nichts ist und sein will, als eine süße Musik an und für die Fantasie?
— Von der Mahlerei mag er weiter kein Kenner sein, außer daß er
Auge hat, immer wie sein Franz in Gedanken an Gemählden arbeitet,
und den Vasari über alles liebt. Ist denn Ariost wohl in der Kriegs=
kunst gründlicher unterrichtet gewesen?".

Gleichwohl fand die erste Auflage des Sternbald, welche 1798 in
zwei auf einander folgenden Bänden bei demselben Verleger und in der=
selben Ausstattung wie Goethes Meister erschien, eine beifällige Aufnahme
und Jahrzehnte hindurch ergingen an Tieck Aufforderungen zur Fort=
setzung. Achim von Arnim wollte ein Stück der Fortsetzung für die
Einsiedlerzeitung haben (Holtei I. 13). Sulpice Boisserée erbittet 1819
einzelne Stücke aus dem Neuen Sternbald für ein befreundetes Blatt
(a. a. O. I. 81). Der Däne Molbech fragt 1821 (a. a. O. III. 7): „Aber
wie wird es mit der sehnlich erwarteten Fortsetzung des Franz Sternbald?"
und Malsburg wünschte zur selben Zeit zu wissen (a. a. O. II. 308): ob
Tieck an den Sternbald und andere Werke fortschreitend gedacht habe.
1827 veröffentlichte dieser ein Kapitel aus der neuen Bearbeitung des
Romans Franz Sternbalds Wanderungen in der Dresdner Morgenzeitung.
Aber erst 1843 erschien die vollständige Überarbeitung im XVI. Bande der
Schriften: auch jetzt noch als Fragment.

Unser Text schließt sich genau an die Originalausgabe von 1798 an.
Auf die bedeutenderen Abweichungen des Druckes von 1843 wird in den
Anmerkungen hingewiesen.

Der Göttliche Raphael

Nachbildung des der Ausgabe der „Wanderungen" von 1798 beigegebenen Titelbildes.

Franz Sternbalds

Wanderungen.

Eine altdeutsche Geschichte

herausgegeben

von

Ludwig Tieck.

Erster Theil.

Berlin

bei Johann Friedrich Unger.

1798.

Vorrede.

Seit lange habe ich folgendes Buch als das liebste Kind meiner Muße und Phantasie gehegt und übergebe es nun dir, geliebter Leser, mit dem Wunsche, daß es dir gefallen möge. Wenn du die Kunst liebst, so erdulde das nachsichtig, was du darüber gesagt findest. Am meisten habe ich bei diesem Werke meiner Laune an euch, ihr Jünger der Kunst, gedacht, die ihr euch mit unermüdetem Streben zu den großen Meisterwerken hinandrängen wollet, die ihr euer wechselndes Gemüt und die wunderbaren Stimmungen, die euch beherrschen, nicht begreift, die ihr gern die Widersprüche lösen möchtet, die euch in manchen Stunden ängstigen. Euch widme ich diese Blätter mit besonderer Liebe und mit herzlichen Wünschen, daß euch hie und da vielleicht eine Wolke schwindet, die eure Aussicht verdeckte.

Man rechne mir kleine chronologische Fehler nicht zu strenge nach, man behandle dies kleine Buch nicht wie die Geschichte eines Staats. Meine Schwächen empfinde ich selber und wie ich das Ideal nicht erreichen kann, das in meinem Innern steht. Es ist mit mir und meiner Erfindung so, wie der große Dichter dem Künstler in den Mund legt:

> Ich zittre nur, ich stottre nur
> Und kann es doch nicht lassen,
> Ich fühl's, ich kenne dich, Natur,
> Und so muß ich dich fassen.

———

20. Goethe in dem Gedichte „Des Künstlers Apotheose".

Franz Sternbalds Wanderungen.

Erstes Buch.

Erstes Kapitel.

„So sind wir denn nun endlich aus den Thoren der Stadt,"
sagte Sebastian, indem er stille stand und sich freier umsah.
„Endlich?" antwortete seufzend Franz Sternbald, sein Freund,
— „Endlich? Ach nur zu früh, allzufrüh."

Die beiden Menschen sahen sich bei diesen Worten lange an
und Sebastian legte seinem Freunde zärtlich die Hand an die
Stirne und fühlte, daß sie heiß sei. — „Dich schmerzt der Kopf,"
sagte er besorgt, und Franz antwortete: „Nein, das ist es nicht,
aber daß wir uns nun bald trennen müssen."

„Noch nicht!" rief Sebastian mit einem wehmütigen Erzürnen
aus, „soweit sind wir noch lange nicht, ich will dich wenigstens
eine Meile begleiten."

Sie gaben sich die Hände und gingen stillschweigend auf
einem schmalen Wege nebeneinander.

Jetzt schlug es in Nürnberg vier Uhr und sie zählten auf=
merksam die Schläge, obgleich beide recht gut wußten, daß es keine
andere Stunde sein konnte; indem warf das Morgenrot seine
Flammen immer höher und es gingen schon undeutliche Schatten
neben ihnen und die Gegend trat rund umher aus der ungewissen
Dämmerung heraus.

„Wie alles noch so still und feierlich ist," sagte Franz, „und
bald werden sich diese guten Stunden in Saus und Braus, in
Getümmel und tausend Abwechselungen verlieren. Unser Meister
schläft wohl noch und arbeitet an seinen Träumen, seine Gemälde
stehen aber auf der Staffelei und warten schon auf ihn. Es thut
mir doch leid, daß ich ihm den Petrus nicht habe können aus=
malen helfen."

„Gefällt er dir?" fragte Sebastian.

„Über die Maßen," rief Franz aus, „es sollte mir fast be-
dünken, als könnte der gute Apostel, der es so ehrlich meinte, der
mit seinem Degen so rasch bei der Hand war und nachher doch
aus Lebensfurcht das Verleugnen nicht lassen konnte, und sich von
einem Hahn mußte eine Buß- und Gedächtnisprebigt halten lassen, 5
als wenn ein solcher beherzter und furchtsamer, starrer und gut-
mütiger Apostel nicht anders habe aussehn können als ihn Meister
Dürer so vor uns hingestellt hat. Wenn er dich zu dem Bilde
läßt, lieber Sebastian, so wende ja allen deinen Fleiß darauf und
denke nicht, daß es für ein schlechtes Gemälde gut genug sei. 10
Willst du mir das versprechen?"

Er nahm ohne eine Antwort zu erwarten seines Freundes
Hand und drückte sie stark, Sebastian sagte: „Deinen Johannes
will ich recht aufheben und ihn behalten, wenn man mir auch
viel Geld dafür böte." 15

Mit diesen Reden waren sie an einen Fußsteig gekommen,
der einen nähern Weg durchs Korn führte. Rote Lichter zitterten
an den Spitzen der Halme und der Morgenwind rührte sich darin
und machte Wellen. Die beiden jungen Maler unterhielten sich
noch von ihren Werken und von ihren Planen für die Zukunft, 20
Franz verließ jetzt Nürnberg, seine vaterländische Stadt, um in der
Fremde seine Kenntnis zu erweitern und nach einer mühseligen
Wanderschaft dann als ein vollendeter Meister zurückzukehren.
Sebastian blieb noch bei dem wohlverdienten Albrecht Dürer, dessen
Name im ganzen Lande ausgebreitet war. Die Sonne ging nun 25
in aller Majestät hervor und Sebastian und Franz sahen abwechselnd
nach den Türmen von Nürnberg zurück, deren Kuppeln und
Fenster blendend im Schein der Sonne glänzten.

Die jungen Freunde fühlten stillschweigend den Druck des
Abschieds, der ihrer wartete, sie sahen jedem kommenden Augen- 30
blicke mit Furcht entgegen, sie wußten, daß sie sich trennen mußten,
und konnten es doch immer noch nicht glauben.

„Das Korn steht schön," sagte Franz, um nur das ängstigende
Schweigen zu unterbrechen, „wir werden eine schöne Ernte haben."

„Diesmal," antwortete Sebastian, „werden wir nicht mitein- 35
ander das Erntefest besuchen, wie seither geschah; ich werde gar
nicht hingehn, denn du fehlst mir und all das lustige Pfeifen und
Schalmeigetöne würde nur ein bitterer Vorwurf für mich sein, daß
ich ohne dich käme."

Dem jungen Franz standen bei diesen Worten die Thränen in den Augen, denn alle Scenen, die sie einer mit dem andern gesehn, alles was sie in brüderlicher Gesellschaft erlebt hatten, ging schnell durch sein Gedächtniß; als nun Sebastian noch hinzu=
5 setzte: „Wirst du mich auch in der Ferne noch immer lieb behalten?" konnte er sich nicht mehr fassen, sondern fiel dem Fragenden mit lautem Schluchzen um den Hals und ergoß sich in tausend Thränen, er zitterte, es war, als wenn ihm das Herz zerspringen wollte. Sebastian hielt ihn fest in seinen Armen geklammert und mußte
10 nun mit ihm weinen, ob er gleich älter und von einer härteren Konstitution war. „Komme wieder zu dir!" sagte er endlich zu seinem Freunde, „wir müssen uns fassen, wir sehn uns ja wohl wieder."

Franz antwortete nicht, sondern trocknete seine Thränen ab,
15 ohne sein Gesicht zu zeigen. Es liegt im Schmerze etwas, dessen sich der Mensch schämt, er mag seine Thränen selbst vor seinem Busenfreunde, auch wenn sie diesem gehören, gern verbergen.

Sie erinnerten sich nun daran, wie sie schon oft von dieser Reise gesprochen hätten, wie sie ihnen also nichts weniger als
20 unerwartet käme, wie sehr sie Franz gewünscht und sie immer als sein höchstes Glück angesehn hätte. Sebastian konnte nicht begreifen, warum sie jetzt so traurig wären, da im Grunde nichts vorgefallen sei, als daß nun endlich der langgewünschte Augenblick wirklich herbeigekommen wäre. Aber so ist das Glück des Menschen, er
25 kann sich dessen nur freuen, wenn es aus der Ferne auf ihn zu= wandelt, kömmt es ihm nahe und ergreift seine Hand, so schaudert er oft zusammen, als wenn er die Hand des Todes faßte.

„Soll ich dir die Wahrheit gestehn?" fuhr Franz fort, „du glaubst nicht, wie seltsam mir gestern Abend zu Sinne war. Ich hatte meinen
30 Gedanken so oft die Pracht Roms, den Glanz Italiens vorgemalt, ich konnte mich bei der Arbeit ganz darin verlieren, daß ich mir vor= stellte, wie ich auf unbekannten Fußsteigen, durch schattige Wälder wanderte, und dann fremde Städte und niegesehene Menschen meinem Blicke begegneten; ach, die bunte, ewigwechselnde Welt
35 mit ihren noch unbekannten Begebenheiten, die Künstler, die ich sehn würde, das hohe gelobte Land der Römer, wo einst die Helden wirklich und wahrhaftig gewandelt sind, deren Bilder mir schon Thränen entlockt hatten, sieh, alles dies zusammen hatte oft meine Gedanken so gefangen genommen, daß ich zuweilen nicht wußte,

wo ich war, wenn ich wieder auffah. Und das alles soll wirklich
werden! rief ich dann manchmal aus, es soll eine Zeit geben
können, sie naht sich, in der du nicht mehr vor der alten, so wohlbekannten Staffelei sitzest, eine Zeit, wo du in all die Herrlichkeit
hineinleben darfst und immer mehr sehn, mehr erfahren, nie auf- 5
wachen, wie es dir jetzt wol geschieht, wenn du so zu Zeiten von
Italien träumst; — ach, wo, wo, bekömmst du Sinne, Gefühl
genug her, um alles treu und wahr, lebendig und urkräftig auf-
zufassen? — Und dann war es, als wenn sich Herz und Geist
innerlich ausdehnten und wie mit Armen jene zukünftige Zeit 10
erhaschen, an sich reißen wollten — und nun —"

		„Und nun, Franz?"

		„Kann ich es dir sagen?" antwortete jener, „kann ich es
selber ergründen? Als wir gestern Abend um den runden Tisch
unsers Dürers saßen und er mir noch Lehren zur Reise gab, als 15
die Hausfrau indes den Braten schnitt und sich nach dem Kuchen
erkundigte, den sie zu meiner Abreise gebacken hatte, als du nicht
essen konntest und mich immer von der Seite betrachtetest, o Sebastian, es wollte mir immer mein armes ehrliches Herz zerreißen.
Die Hausfrau kam mir so gut vor, so oft sie auch mit mir ge- 20
scholten hatte, so oft sie auch unsern braven Meister Dürer betrübt
hatte; hatte sie mir doch selbst meine Wäsche eingepackt, war sie
doch gerührt, daß ich abreisen wollte. Nun war unsere Mahlzeit
geendigt, und wir alle waren nicht fröhlich gewesen, so sehr wir es
uns auch vorher vorgenommen hatten. Jetzt nahm ich Abschied 25
von Meister Albrecht, ich wollte so hart sein und konnte vor
Thränen nicht reden; ach mir fiel es zu sehr ein, wie viel ich
ihm zu danken hatte, was er ein vortrefflicher Mann ist, wie
herrlich er malt, und ich so nichts gegen ihn bin und er doch in
den letzten Wochen immer that, als wenn ich seinesgleichen wäre; 30
ich hatte das alles noch nie so zusammen empfunden, und nun
warf es mich auch dafür nieder. Ich ging fort, und du gingst
stillschweigend in deine Schlafkammer: nun war ich auf meiner
Stube allein. Keinen Abend werd' ich mehr hier hereintreten,
sagte ich zu mir selber, indem ich das Licht auf den Boden stellte: 35
für dich, Franz, ist nun dieses Bette zum letztenmale in Ordnung
gelegt, du wirfst dich noch einmal hinein und siehst diese Kissen,
denen du so oft deine Sorgen klagtest, auf denen du noch öfter
so süß schlummertest, nie siehst du sie wieder. — Sebastian, geht

es allen Menſchen ſo, oder bin ich nur ein ſolches Kind? Es
war mir faſt, als ſtünde mir das größte Unglück bevor, das dem
Menſchen begegnen könnte, ich nahm ſogar die alte Lichtſchere mit
Zärtlichkeit, mit einem wehmütigen Gefühl in die Hand und putzte
5 damit den langen Docht des Lichtes. Ich war überzeugt, daß ich
vom guten Dürer nicht zärtlich genug Abſchied genommen hatte,
ich machte mir heftige Vorwürfe darüber, daß ich ihm nicht alles
geſagt hatte, wie ich von ihm dachte, welch ein vortrefflicher Mann
er in meinen Augen ſei, daß er nun von mir ſo entfernt würde,
10 ohne daß er wüßte, welche kindliche Liebe, welche brennende Ver=
ehrung, welche Bewunderung ich mit mir nähme. Als ich ſo über
die alten Giebel hinüberſah und über den engen dunkeln Hof, als
ich dich nebenan gehen hörte und die ſchwarzen Wolken ſo unordent=
lich durch den Himmel zogen, ach! Sebaſtian! wie wenn ihr mich
15 aus dem Hauſe würfet, als wenn ich nicht mehr euer Freund und
Geſellſchafter ſein dürfte, als wenn ich allein als ein Unwürdiger
verſtoßen ſei, verſchmäht und verachtet, — ſo regte es ſich in
meinem Buſen. Alle meine Plane, meine Hoffnungen, alles war
vorüber gezogen und ich konnte es mir gar nicht denken, daß es
20 mich je gefreut hatte. Ich hatte keine Ruhe, ich ging noch ein=
mal vor Dürers Gemach und hörte ihn drinnen ſchlafen, o ich
hätte ihn gern noch einmal umarmt, alles genügte mir nicht, ich
hätte mögen dableiben, an kein Verreiſen hätte müſſen gedacht
werden und ich wäre vergnügt geweſen. — — Und noch jetzt!
25 ſieh wie die fröhlichen Lichter des Morgens um uns ſpielen, und
ich trage noch alle Empfindungen der dunkeln Nacht in mir. Warum
müſſen wir immer früheres Glück vergeſſen, um von neuem glück=
lich ſein zu können? — Ach! laß uns hier einen Augenblick ſtille
ſtehen, horch, wie ſchön die Gebüſche flüſtern; wenn du mir gut
30 biſt, ſo ſinge mir hier noch einmal das altdeutſche Lied vom Reiſen.“

Sebaſtian ſtand ſogleich ſtill und ſang, ohne vorher zu huſten,
folgende Verſe.

„Willt du dich zur Reiſ' bequemen
    Über Feld
35   Berg und Thal
    Durch die Welt,
    Fremde Städte allzumal,
Mußt Geſundheit mit dir nehmen.

Neue Freunde aufzufinden
Läßt die alten du dahinten,
Früh am Morgen bist du wach
Mancher sieht dem Wandrer nach,
          Weint dahinten   5
Kann die Freud' nicht wiederfinden.

Eltern, Schwester, Bruder, Freund,
Auch vielleicht das Liebchen weint,
Laß sie weinen, traurig und froh
Wechselt das Leben bald so, bald so   10
          Nimmer ohne Ach! und O!
Heimat bleibt dir treu und bieder,
Kehrst du nur als Treuer wieder,
          Reisen und Scheiden
Bringt des Wiedersehens Freuden."   15

Franz hatte sich ins hohe Gras gesetzt und sang die letzten
Verse inbrünstig mit, er stand auf und sie kamen an die Stelle,
wo Sebastian hatte umkehren wollen.

„Grüße noch einmal!" rief Franz aus, „alle, die mich kennen,
und lebe du recht wohl."   20

„Und du gehst nun?" fragte Sebastian. „Muß ich denn nun
ohne dich umkehren?"

Sie hielten sich beide fest umschlossen. „Ach, nur eins noch!"
rief Sebastian aus, „es quält mich gar zu sehr und ich kann dich
so nicht lassen."   25

Franz wünschte den Abschied im Herzen vorüber, es war,
als wenn sein Herz von diesen gegenwärtigen Minuten erdrückt
würde, er sehnte sich nach der Einsamkeit, nach dem Walde, um
dann von seinem Freunde entfernt seinen Schmerz auszuweinen zu
können. Aber Sebastian verlängerte die Augenblicke des Abschieds, 30
weil er sich durch kein neues Leben, durch keine neue Gegend
konnte trösten lassen, er kannte alles genau, wozu er zurückkehrte.
„Willst du mir versprechen?" rief er aus.

„Alles! alles!"

„Ach, Franz!" fuhr jener klagend fort, „ich lasse dich nun 35
los und du bist nicht mehr mein, ich weiß nicht, was dir begegnet,
ich kann dir nicht ins Gesicht sehen und so setze ich deine Liebe,
ja dich selbst auf ein ungewisses Spiel. Wirst du auch noch in
der weiten Ferne an deinen einfältigen Freund Sebastian denken?

Ach, wenn du nun unter klugen und vornehmen Leuten bist, wenn es nun schon lange her ist, daß wir hier Abschied genommen haben, willst du mich auch dann nie verachten?"

„O mein liebster Sebastian!" rief Franz schluchzend.

5　„Wirst du immer noch Nürnberg so lieben," fuhr jener fort, „und deinen Meister so lieben, den wackern Albrecht? Wirst du dich nie klüger fühlen? O versprich mir, daß du derselbe Mensch bleiben willst, daß du dich nicht vom Glanz des Fremden willst verführen lassen, daß alles dir noch ebenso teuer ist, daß ich dich 10 noch ebenso angehe."

„O Sebastian," sagte Franz, „mag die ganze Welt klug und überklug werden, ich will immer ein Kind bleiben."

Sebastian sagte: „O wenn du einst mit fremden abgebettelten Sitten wiederkämst, alles besser wüßtest und dir das Herz nicht 15 mehr so warm schlüge, wenn du dann mit kaltem Blute nach Dürers Grabstein hinsehn könntest und du höchstens über die Arbeit und Inschrift sprächest, — o so möcht' ich dich gar nicht wieder-sehn, dich gar nicht für meinen Bruder erkennen."

„Sebastian! bin ich denn so?" rief Franz heftig aus; „ich 20 kenne ja dich, ich liebe ja dich und mein Vaterland und die Stube, worin unser Meister wohnt, und die Natur und Gott. Immer werd' ich daran hangen, immer, immer! Sieh, hier, an diesem alten Eichenbaum verspreche ich es dir, hier hast du meine Hand darauf."

Sie umarmten sich und gingen stumm auseinander, nach 25 einer Weile stand Franz still, dann lief er dem Sebastian nach und umarmte ihn wieder: „Ach, Bruder," sagte er, „und wenn Dürer den Ecce homo fertig hat, so schreibe mir doch recht um-ständlich wie der geworden ist und glaube ja an die Göttlichkeit der Bibel, ich weiß, daß du manchmal übel davon dachtest."

30　„Ich will es thun," sagte Sebastian, und sie trennten sich wieder, aber nun kehrte keiner um, oft wandten sie das Gesicht, ein Wald trat zwischen beide.

Zweites Kapitel.

Als Sebastian nach der Stadt zurückkehrte und Franz sich 35 nun allein sah, ließ er seinen Thränen ihren Lauf. „Lebe wohl, tausendmal wohl," sagte er immer still vor sich hin, „wenn ich dich nur erst wiedersähe!"

Die Arbeiter auf den Feldern waren nun in Bewegung, alles war thätig und rührte sich; Bauern fuhren vor ihm vorüber, in den Dörfern war Getümmel, in den Scheuren wurde gearbeitet. „Wieviel Menschen sind mir heut schon begegnet," dachte Franz bei sich, „und unter allen diesen weiß vielleicht kein einziger von 5 dem großen Albrecht Dürer, der mit seinen Werken meinen ganzen Kopf einnimmt, den zu erreichen mein einziges Trachten ist; sie wissen vielleicht alle kaum, daß es eine Malerei giebt, und doch fühlen sie sich nicht unglücklich. Ich weiß es nicht und kann nicht einsehn, wie man so leben könnte, so einsam und verlassen, und 10 doch treibt jeder emsig sein Geschäft, und es ist gut, daß es so ist und so sein muß."

Die Sonne war indes hoch gestiegen und brannte heiß herunter, die Schatten der Bäume waren kurz, die Arbeiter gingen zum Mittagsessen nach ihren Häusern. Franz dachte daran, wie 15 sich nun Sebastian dem Albrecht Dürer gegenüber zu Tische setzte, wie man von ihm spreche. Er beschloß auch im nächsten Gehölze still zu liegen und seinen mitgenommenen Vorrat hervorzuholen. Wie erquickend war der kühle Duft, der ihm aus den grünen Blättern entgegen wehte, als er in das Wäldchen hineintrat! 20 Alles war still und nur das Rauschen der Bäume schallte manchmal durch die liebliche Einsamkeit und ein ferner Bach, der durchs Gehölz floß. Franz setzte sich auf den weichen Rasen und zog seine Schreibtafel heraus, um den Tag seiner Auswanderung anzumerken, dann holte er frischen Atem, und ihm war leicht 25 und wohl, er war jetzt über die Abwesenheit seines Freundes getröstet, er fand alles gut, so wie es war. Er breitete seine Tafel aus und aß mit Wohlbehagen von seinem mitgenommenen Vorrate, er fühlte jetzt nur die schöne ruhige Gegenwart, die ihn umgab. 30

Indem kam ein Wandersmann die Straße gegangen und grüßte Franzen sehr freundlich, es war ein junger rotbackiger Bursche, er schien müde und Franz bat ihn daher, sich neben ihn niederzusetzen und mit ihm vorlieb zu nehmen. Der junge Reisende nahm sogleich diesen Vorschlag an und beide verzehrten gutes Muts 35 ihre Mittagsmahlzeit und tranken den Wein, den Franz aus Nürnberg mitgenommen hatte. Der Fremde erzählte hierauf unserm Freunde, daß er ein Schmiedegeselle sei und eben auf der Wanderschaft begriffen, er gehe nun, die hochberühmte Stadt Nürnberg in

Augenschein zu nehmen und da etwas Rechtes für sein Handwerk
bei den kunstreichen Meistern zu lernen.

„Und was treibt Ihr für ein Gewerbe?" fragte er, indem
er seine Erzählung geendigt hatte.

5 „Ich bin ein Maler," sagte Franz, „und bin heute Morgen
aus Nürnberg ausgewandert."

„Ein Maler?" rief jener aus, „so einer von denen, die für
die Kirchen und Klöster die Bilder verfertigen."

„Recht," antwortete Franz, „mein Meister hat deren schon
10 genug ausgearbeitet."

„O," sagte der Schmied, „was ich mir schon oft gewünscht
habe, einen solchen Mann bei seiner Arbeit zu sehn, denn ich kann
es mir gar nicht vorstellen. Ich habe immer geglaubt, daß die
Gemälde in den Kirchen schon sehr alt wären, und daß jetzt gar
15 keine Leute lebten, die dergleichen machen könnten"

„Grade umgekehrt," sagte Franz, „die Kunst ist jetzt höher
gestiegen, als sie nur jemals war, ich darf Euch sagen, daß man
jetzt so malt, wie es die frühern Meister nie vermocht haben, die
Manier ist jetzt edler, die Zeichnung richtiger und die Ausarbeitung
20 bei weitem fleißiger, so daß die jetzigen Bilder den wirklichen
Menschen ungleich ähnlicher sehn, als die vormaligen."

„Und könnt' Ihr Euch denn davon ernähren?" fragte der
Schmied.

„Ich hoffe es," antwortete Franz, „daß mich die Kunst durch
25 die Welt bringen wird."

„Aber im Grunde nützt doch das zu nichts," fuhr jener fort.

„Wie man es nimmt," sagte Franz und war innerlich über
diese Rede böse. „Das menschliche Auge und Herz findet ein Wohl=
gefallen daran, die Bibel wird durch Gemälde verherrlichet, die
30 Religion unterstützt, was will man von dieser edlen Kunst mehr
verlangen?"

„Ich meine," sagte der Gesell, ohne sehr darauf zu achten,
„es könnte doch zur Not entbehrt werden, es würde doch kein
Unglück daraus entstehn, kein Krieg, keine Teurung, kein Miß=
35 wachs, Handel und Wandel bliebe in gehöriger Ordnung; das
alles ist nicht so mit dem Schmiedehandwerk der Fall, als worauf
ich reise, und darum dünkt mich, müßtet Ihr mit einiger Besorg=
nis so in die Welt hineingehn, denn Ihr seid immer doch un=
gewiß, ob Ihr Arbeit finden werdet."

Franz wußte darauf nichts zu antworten und schwieg still,
er hatte noch nie darüber nachgedacht, ob seine Beschäftigung den
Menschen nützlich wäre, sondern sich nur seinem Triebe überlassen.
Er wurde betrübt, daß nur irgend jemand an dem hohen Werte
der Kunst zweifeln könne, und doch wußte er jetzt nicht jenen zu 5
widerlegen. „Ist doch der heilige Apostel Lukas selbst ein Maler
gewesen!" fuhr er endlich auf.

„Wirklich?" sagte der Schmied und verwunderte sich, „das
hätt' ich nicht gedacht, daß das Handwerk schon so alt wäre."

„Möchtet Ihr denn nicht," fuhr Franz mit einem hochroten 10
Gesichte fort, „wenn Ihr einen Freund oder Vater hättet, den
Ihr so recht von Herzen liebtet, und Ihr müßtet nun auf viele
Jahre auf die Wanderschaft gehn, und könntet sie in der langen
langen Zeit nicht sehen, möchtet Ihr denn da nicht ein Bild
wenigstens haben, das Euch vor den Augen stände, und jede Miene, 15
jedes Wort zurückriefe, das sie sonst gesprochen haben? Ist es
denn nicht schön und herrlich, wenigstens so im gefärbten Schatten
das zu besitzen, was wir für teuer achten?"

Der Schmied wurde nachdenkend und Franz öffnete schnell
seinen Mantelsack und wickelte einige kleine Bilder aus, die er selbst 20
vor seiner Abreise gemalt hatte. „Seht hierher," fuhr er fort,
„seht, vor einigen Stunden habe ich mich von meinem liebsten
Freunde getrennt und hier trage ich seine Gestalt mit mir herum,
der da ist mein teurer Lehrer, Albrecht Dürer genannt, grade so
sieht er aus, wenn er recht freundlich ist, hier habe ich ihn noch 25
einmal, wie er in seiner Jugend ausgesehen hat."

Der Schmied betrachtete die Gemälde sehr aufmerksam und
bewunderte die Arbeit, daß die Köpfe so natürlich vor den Augen
ständen, daß man beinahe glauben könnte, lebendige Menschen vor
sich zu sehn. „Ist es denn nun nicht schön," sprach der junge 30
Maler weiter, „daß sich männiglich bemüht, die Kunst immer höher
zu treiben und immer wahrer das natürliche Menschenangesicht
darzustellen? War es denn nicht für die übrigen Apostel und für
alle damaligen Christen herrlich und eine liebliche Erquickung, wenn
Lukas ihnen den Erlöser, der tot war, wenn er ihnen Maria 35
und Magdalena und die übrigen hinmalen konnte, daß sie sie
glaubten mit Augen zu sehen und mit den Händen zu erfassen?
Und ist es dann auch nicht in unserm Zeitalter überaus schön,
für alle Freunde des großen Mannes, des kühnen Streiters den

wackern Doktor Luther trefflich zu konterfeien und dadurch die Liebe
der Menschen und ihre Bewunderung zu erhöhn? Und wenn wir
alle längst tot sind, müssen es uns nicht Enkel und späte Urenkel
Dank wissen, wenn sie nun die jetzigen Helden und großen Männer
5 von uns gemalt antreffen? O wahrlich, sie werden dann Albrecht
segnen und mich auch vielleicht loben, daß wir uns ihnen zum
Besten diese Mühe gaben und keiner wird dann die Frage auf=
werfen: wozu kann diese Kunst nützen?"

„Wenn Ihr es so betrachtet," sagte der Schmied, „so habt
10 Ihr ganz recht, und wahrlich, das ist dann ganz etwas anders,
als Eisen zu hammern. Schon oft habe ich es mir auch gewünscht,
so irgend etwas zu thun, das bliebe und wobei die künftigen
Menschen meiner gedenken könnten, so eine recht überaus künst=
liche Schmiedearbeit, aber ich weiß immer noch nicht, was es
15 wohl sein könnte, und ich kann mich auch oft nicht darin finden,
warum ich das gerade will, da keiner meiner Handwerksgenossen
darauf gekommen ist. Bei Euch ist das auf die Art freilich etwas
Leichtes und Ihr habt dabei nicht einmal so saure Arbeit, wie
unsereins. Aber darin denkt Ihr grade wie ich, seht, Tag und
20 Nacht wollt' ich arbeiten und mich keinen Schweiß verdrießen lassen,
wenn ich etwas zustande brächte, das länger dauerte wie ich, das
der Mühe wert wäre, daß man sich meiner dabei erinnerte, und
darum möcht' ich gern etwas ganz Neues und Unerhörtes erfinden
oder entdecken, und ich halte die für sehr glückliche Menschen,
25 denen so etwas gelungen ist."

Bei diesen Worten hörte Franzens Zorn nun völlig auf, er
ward dem Schmiedegesellen darüber sehr gewogen und erzählte
ihm noch mancherlei von sich und Nürnberg, er erfuhr, daß der
junge Schmied aus Flandern komme und sich Messys nannte.
30 „Wollt Ihr mir einen großen Gefallen thun?" fragte der Fremde.

„Gern," sagte Franz.

„Nun so schreibt mir einige Worte auf und gebt mir sie an
Euren Meister und Euren jungen Freund mit, ich will sie dann
besuchen und sie müssen mich bei ihrer Arbeit zusehen lassen, weil
35 ich es mir gar nicht vorstellen kann, wie sich die Farben so künstlich
übereinander legen; dann will ich auch nachsehn, ob Eure Bilder
da ähnlich sind."

„Das ist nicht nötig," sagte Franz, „Ihr dürft nur so zu
ihnen gehen, von mir erzählen und einen Gruß bringen, so sind

sie gewiß so gut und laſſen Euch einen ganzen Tag nach Herzens=
luſt zuſehn. Sagt ihnen dann, daß wir viel von ihnen geſprochen
haben, daß mir noch die Thränen in den Augen ſtehen."

Sie ſchieden hierauf von einander und ein jeder ging ſeine
Straße. Indem es gegen Abend kam, fielen dem jungen Stern= 5
bald viele Gegenstände zu Gemälden ein, die er in ſeinen Ge=
danken ordnete und mit Liebe bei dieſen Vorſtellungen verweilte;
je röter der Abend wurde, je ſchwermütiger wurden ſeine Träu=
mereien, er fühlte ſich wieder einſam in der weiten Welt, ohne
Kraft, ohne Hilfe in ſich ſelber. Die dunkelgewordenen Bäume, 10
die Schatten, die ſich auf den Feldern ausſtreckten, die rauchenden
Dächer eines kleinen Dorfs und die Sterne, die nach und nach
am Himmel hervortraten, alles rührte ihn innig, alles bewegte ihn
zu einem wehmütigen Mitleiden mit ſich ſelber.

Er kehrte in die kleine Schenke des Dorfs ein, begehrte ein 15
Abendeſſen und eine Ruheſtelle. Als er allein war und ſchon die
Lampe ausgelöſcht hatte, ſtellte er ſich ans Fenſter und ſah nach
der Gegend hin, wo Nürnberg lag. „Dich ſollt' ich vergeſſen?"
rief er aus, „dich ſollt' ich weniger lieben? O mein liebſter
Sebaſtian, was wäre dann aus meinem Herzen geworden? Wie 20
glücklich fühl' ich mich darin, daß ich ein Deutſcher, daß ich dein
und Albrechts Freund bin; ach! wenn ihr mich nur nicht verſtoßt,
weil ich euer unwürdig bin."

Er legte ſich nieder, verrichtete ſein Abendgebet und ſchlief
dann beruhigter ein.   25

Drittes Kapitel.

Am Morgen weckte ihn das muntre Girren der Tauben vor
ſeinem Fenſter, die manchmal in ſeine Stube hineinſahen und mit
den Flügeln ſchlugen, dann wieder wegflogen und bald wieder
kamen, um mit dem Halſe nickend vor ihm auf= und abzugehn. 30
Durch einige Lindenbäume warf die Sonne ſchräge Strahlen in
ſein Gemach und Franz ſtand auf und kleidete ſich hurtig an; er
ſah mit feſten Augen durch den reinen blauen Himmel und alle
ſeine Plane wurden lebendiger in ihm, ſein Herz ſchlug höher, alle
Gefühle ſeiner Bruſt erklangen geläuterter. Er hätte jetzt mit der 35
Farbenpalette vor einer großen Tafel ſtehn mögen und er hätte
dreiſt die kühnen Figuren hingezeichnet, die ſich in ſeiner Bruſt

bewegten. Der friſche Morgen giebt dem Künſtler Stärkung und
in den Strahlen des Frührots regnet Begeiſterung auf ihn herab.
Der Abend löſt und ſchmelzt ſeine Gefühle, er weckt Ahndungen
und unerklärliche Wünſche in ihm auf, er fühlt dann näher, daß
5 jenſeits dieſes Lebens ein andres kunſtreicheres liege, und ſein
inwendiger Genius ſchlägt oft vor Sehnſucht mit den Flügeln,
um ſich frei zu machen und hineinzuſchwärmen in das Land, das
hinter den goldnen Abendwolken liegt.

Franz ſang ein Morgenlied, und fühlte keine Müdigkeit vom
10 geſtrigen Wege mehr, er ſetzte mit friſchen Kräften ſeine Reiſe fort.
Das rege Geflügel ſang aus allen Gebüſchen, das betaute Gras
duftete und alle Blätter funkelten wie Kriſtall. Er ging mit ſchnellen
Schritten über eine ſchöne Wieſe, und das Geſchmetter der Lerchen
zog über ihn hinweg, ihm war faſt noch nie ſo wohl geweſen.

15 „Das Reiſen,“ ſagte er zu ſich ſelber, „iſt etwas Treffliches,
dieſe Freiheit der Natur, dieſe Regſamkeit aller Kreaturen, der reine
weite Himmel und der Menſchengeiſt, der alles dies zuſammen=
faſſen und in einen Gedanken zuſammenſtellen kann — o glücklich
iſt der, der bald die enge Heimat verläßt, um wie der Vogel
20 ſeinen Fittich zu prüfen und ſich auf unbekannten, noch ſchönern
Zweigen zu ſchaukeln. Welche Welten entwickeln ſich im Gemüte,
wenn die freie Natur umher mit kühner Sprache in uns hinein=
redet, wenn jeder ihrer Töne unſer Herz trifft und alle Empfin=
dungen zugleich anrührt. Ich möchte von mir glauben, daß ich
25 ein guter Maler würde, denn warum ſollte ich es nicht werden
können, da mein ganzer Sinn ſich ſo der Kunſt zuwendet, da ich
keinen andern Wunſch habe, da ich gern alles übrige in dieſer
Welt aufgeben mag? Ich will nicht ſo zaghaft ſein, wie Sebaſtian,
ich will mir ſelber vertrauen.“

30 Am Mittage ruhte er in einem Dorfe aus, das eine ſehr
ſchöne Lage hatte; hier traf er einen Bauer, der mit einem Wagen
noch denſelben Tag vier Meilen nach ſeinem Wohnort zu fahren
gedachte. Franz wurde mit ihm einig und ließ ſich von ihm mit=
nehmen. Der Bauer war ſchon ein alter Mann und erzählte
35 unterwegs unſerm Freunde viel von ſeiner Haushaltung, von ſeiner
Frau und ſeinen Kindern. Er war ſchon ſiebenzig Jahr alt und
hatte im Laufe ſeines Lebens mancherlei erfahren, er wünſchte jetzt
nichts ſo ſehnlich, als vor ſeinem Tode nur noch die berühmte
Stadt Nürnberg ſehen zu können, wo er nie hingekommen war.

Tied u. Wackenrober. 9

Franz ward durch die Reden des alten Mannes sehr gerührt, es
war ihm sonderbar, daß er erst am gestrigen Morgen Nürnberg
verlassen hatte, und dieser alte Bauer davon sprach, als wenn es
ein fremder wunderweit entlegener Ort sei, so daß er die als
Auserwählte betrachtete, denen es gelinge, dorthin zu kommen. 5
    Mit dem Untergange der Sonne kamen sie vor die Behausung
des Bauers an; kleine Kinder sprangen ihnen entgegen, die Er=
wachsenen arbeiteten noch auf dem Felde, die alte Mutter erkundigte
sich eifrig nach den Verwandten, die ihr Mann besucht hatte, sie
wurde nicht müde zu fragen und er beantwortete alles überaus treu= 10
herzig. Dann ward das Abendessen zubereitet und alle im Hause
waren sehr geschäftig. Franz bekam den bequemsten Stuhl, um
auszuruhen, ob er gleich gar nicht müde war.
    Das Abendrot glänzte noch im Grase vor der Thür und die
Kinder spielten darin, wie niedergeregnetes Gold funkelte es durch 15
die Scheiben, und lieblich rot waren die Angesichter der Knaben
und Mädchen, knurrend setzte sich die Hauskatze neben Franz und
schmeichelte sich vertraulich an ihn, und Franz fühlte sich so wohl
und glücklich, in der kleinen beengten Stube so selig und frei, daß
er sich kaum seiner vorigen trüben Stunden erinnern konnte, daß 20
er glaubte, er könne in seinem Leben nie wieder betrübt werden.
Als nun die Dämmerung einbrach, fingen vom Herde der Küche
die Heimchen ihren friedlichen Gesang an, am Wasserbach sang aus
Birken eine Nachtigall heraus, und noch nie hatte Franz das Glück
einer stillen Häuslichkeit, einer beschränkten Ruhe sich so nahe 25
empfunden.
    Die großen Söhne kamen aus dem Felde zurück und alle
nahmen fröhlich und gutes Muts die Abendmahlzeit ein, man
sprach von der bevorstehenden Ernte, vom Zustande der Wiesen.
Franz lernte nach und nach das Befinden und die Eigenschaften 30
jedes Haustiers, aller Pferde und Ochsen kennen. Die Kinder
waren gegen die Alten sehr ehrfurchtsvoll, man fühlte es, wie der
Geist einer schönen Eintracht sie alle beherrschte.
    Als es finster geworden war, vermehrte ein eisgrauer Nachbar
die Gesellschaft, um den sich besonders die Kinder herumdrängten 35
und verlangten, daß er ihnen wieder eine Geschichte erzählen sollte,
die Alten mischten sich auch darunter und baten, daß er ihnen
wieder von heiligen Märtyrern vorsagen möchte, nichts Neues, son=
dern was er ihnen schon oft erzählt habe, je öfter sie es hörten,

je lieber würde es ihnen. Der Nachbar war auch willig und trug
die Geſchichte der heiligen Genoveva vor, dann des heiligen Lau-
rentius und alle waren in tiefer Andacht verloren. Franz war
überaus gerührt. Noch in derſelben Nacht fing er einen Brief an
5 ſeinen Freund Sebaſtian an, am Morgen nahm er herzlich von
ſeinen Wirten Abſchied, und kam am folgenden Tage in eine kleine
Stadt, wo er den Brief an ſeinen Freund beſchloß. Wir teilen
unſern Leſern dieſen Brief mit.

Liebſter Bruder!

10   Ich bin erſt ſeit ſo kurzer Zeit von Dir und doch dünkt es
mir ſchon ſo lange zu ſein. Ich habe Dir eigentlich nichts zu
ſchreiben und kann es doch nicht unterlaſſen, denn Dein eignes
Herz kann Dir alles ſagen, was Du in meinem Briefe finden
ſollteſt, wie ich immer an Dich denke, wie unaufhörlich das Bild
15 meines teuren Meiſters und Lehrers vor mir ſteht. Ein Schmiede-
geſelle wird Euch beſucht haben, den ich am erſten Tage traf, ich
denke, Ihr habt ihn freundlich aufgenommen um meinetwillen.
Ich ſchreibe dieſen Brief in der Nacht, beim Schein des Voll-
monds, indem meine Seele überaus beruhigt iſt; ich bin hier auf
20 einem Dorfe bei einem Bauer, mit dem ich vier Meilen hieher
gefahren bin. Alle im Hauſe ſchlafen, und ich fühle mich noch
ſo munter, darum will ich noch einige Zeit wach bleiben. Lieber
Sebaſtian, es iſt um das Treiben und Leben der Menſchen eine
eigne Sache. Wie die meiſten ſo gänzlich ihres Zwecks verfehlen,
25 wie ſie nur immer ſuchen und nie finden, und wie ſie ſelbſt das
Gefundene nicht achten mögen, wenn ſie ja ſo glücklich ſind. Ich
kann mich immer nicht darin finden, warum es nicht beſſer iſt,
warum ſie nicht zu ihrem eigenen Glücke mit ſich einiger werden.
Wie lebt mein Bauer hier für ſich und iſt zufrieden und iſt wahr-
30 haft glücklich. Er iſt nicht bloß glücklich, weil er ſich an dieſen
Zuſtand gewöhnt hat, weil er nichts beſſeres kennt, weil er ſich
findet, ſondern alles iſt ihm recht, weil er innerlich von Herzen
vergnügt iſt und weil ihm Unzufriedenheit mit ſich etwas Fremdes
iſt. Nur Nürnberg wünſcht er vor ſeinem Tode noch zu ſehen und
35 lebt doch ſo nahe dabei; wie mich das gerührt hat!
         Wir ſprechen immer von einer goldnen Zeit und denken ſie
uns ſo weit weg und malen ſie uns mit ſo ſonderbaren und bunt-
grellen Farben aus. O teurer Sebaſtian, oft dicht vor unſern

Füßen liegt dieses wundervolle Land, nach dem wir jenseits des
Oceans und jenseits der Sündflut mit sehnsüchtigen Augen suchen.
Es ist nur das, daß wir nicht redlich mit uns selber umgehen.
Warum ängstigen wir uns in unsern Verhältnissen so ab, um nur
das bißchen Brot zu haben, das wir selber darüber nicht einmal 5
in Ruhe verzehren können? Warum treten wir denn nicht manchmal
aus uns heraus und schütteln alles das ab, was uns quält und
drückt, und holen darüber frischen Atem und fühlen die himmlische
Freiheit, die uns eigentlich angeboren ist? Dann müssen wir der
Kriege und Schlachten, der Zänkereien und Verleumdungen auf 10
einige Zeit vergessen, alles hinter uns lassen und die Augen davor
zudrücken, daß es in dieser Welt so kunterbunt hergeht und sich
alles toll und verworren durcheinander schiebt, damit irgend einmal
der himmlische Friede eine Gelegenheit fände, sich auf uns herab=
zusenken und mit seinen süßen lieblichen Flügeln zu umarmen. 15
Aber wir wollen uns gern immer mehr in dem Wirrwarr der ge=
wöhnlichen Welthändel verstricken, wir ziehn selber einen Flor über
den Spiegel, der aus den Wolken herunterhängt, und in welchem
Gottheit und Natur uns ihre himmlischen Angesichter zeigen, damit
wir nur die Eitelkeiten der Welt desto wichtiger finden dürfen. So 20
kann der Menschengeist sich nicht aus dem Staube aufrichten und
getrost zu den Sternen hinblicken und seine Verwandtschaft zu ihnen
empfinden. Er kann die Kunst nicht lieben, da er das nicht liebt,
was ihn von der Verworrenheit erlöst, denn mit diesem seligen
Frieden ist die Kunst verwandt. Du glaubst nicht, wie gern ich 25
jetzt etwas malen möchte, was so ganz den Zustand meiner Seele
ausdrückte, und ihn auch bei andern wecken könnte. Ruhige, fromme
Herden, alte Hirten im Glanz der Abendsonne und Engel, die in
der Ferne durch Kornfelder gehn, um ihnen die Geburt des Herrn,
des Erlösers, des Friedefürsten zu verkündigen. Kein wildes Er= 30
starren, keine erschreckten durcheinandergeworfenen Figuren, sondern
mit freudiger Sehnsucht müßten sie nach den Himmlischen hin=
schauen, die Kinder müßten mit ihren zarten Händlein nach den
goldnen Strahlen hindeuten, die von den Botschaftern ausströmten.
Jeder Anschauer müßte sich in das Bild hineinwünschen und seine 35
Prozesse und Plane, seine Weisheit und seine politischen Konnexionen
auf ein Viertelstündchen vergessen, und ihm würde dann vielleicht
so sein, wie mir jetzt ist, indem ich dieses schreibe und denke. Laß
Dich manchmal, lieber Sebastian, von der guten freundlichen Natur

anwehen, wenn es Dir in Deiner Brust zu enge wird, schaue auf
die Menschen je zuweilen hin, die im Strudel des Lebens am
wenigsten bemerkt werden, und heiße die süße Frömmigkeit will=
kommen, die unter alten Eichen beim Schein der Abendsonne, wenn
5 Heimchen zwitschern und Feldtauben girren, auf Dich niederkömmt.
Renne mich nicht zu weich und vielleicht phantastisch, wenn ich Dir
dieses rate, ich weiß, daß Du in manchen Sachen anders denkst,
und vernünftiger und eben darum auch härter bist.

Ein Nachbar besuchte uns noch nach dem Abendessen und
10 erzählte in seiner einfältigen Art einige Legenden von Märtyrern.
Der Künstler sollte nach meinem Urteil bei Bauern oder Kindern
manchmal in die Schule gehn, um sich von seiner kalten Gelehr=
samkeit oder zu großen Künstlichkeit zu erholen, damit sein Herz
sich wieder einmal der Einfalt aufthäte, die doch nur einzig und
15 allein die wahre Kunst ist. Ich wenigstens habe aus diesen Er=
zählungen vieles gelernt; die Gegenstände, die der Maler daraus
darstellen müßte, sind mir in einem ganz neuen Lichte erschienen.
Ich weiß Kunstgemälde, wo der rührendste Gegenstand von un=
nützen schönen Figuren, von Gemäldegelehrsamkeit und trefflich
20 ausgedachten Stellungen so eingebaut war, daß das Auge lernte,
das Herz aber nichts dabei empfand, als worauf es doch vor=
züglich müßte abgesehen sein. So aber wollen einige Meister größer
werden als die Größe, sie wollen ihren Gegenstand nicht darstellen,
sondern verschönern, und darüber verlieren sie sich in Nebendingen.
25 Ich denke jetzt an alles das, was uns der vielgeliebte Albrecht so
oft vorgesagt hat, und fühle, wie er immer recht und wahr spricht.
— Grüße ihn; ich muß hier aufhören, weil ich müde bin. Morgen
komme ich nach einer Stadt, da will ich den Brief schließen und
abschicken. —

30   Ich bin angekommen und habe Dir, Sebastian, nur noch
wenige Worte zu sagen und auch diese dürften vielleicht überflüssig
sein. Wenn nur das ewige Auf= und Abtreiben meiner Gedanken
nicht wäre! Wenn die Ruhe doch, die mich manchmal wie im
Vorbeifliegen küßt, bei mir einheimisch würde, dann könnt' ich von
35 Glück sagen, und es würde vielleicht mit der Zeit ein Künstler
aus mir, den die Welt zu den angesehenen zählte, dessen Namen
sie mit Achtung und Liebe spräche. Aber ich sehe es ein, noch
mehr fühl' ich es, das wird mir ewig nicht gegönnt sein. Ich
kann nicht dafür, ich kann mich nicht im Zaume halten, und alle

meine Entwürfe, Hoffnungen, mein Zutrauen zu mir geht vor
neuen Empfindungen unter, und es wird leer und wüst in meiner
Seele, wie in einer rauhen Landschaft, wo die Brücken von einem
wilden Waldstrome zusammengerissen sind. Ich hatte auf dem
Wege so vielen Mut, ich konnte mich ordentlich gegen die großen 5
herrlichen Gestalten nicht schützen und mich ihrer nicht erwehren,
die in meiner Phantasie aufstiegen, sie überschütteten mich mit ihrem
Glanze, überdrängten mich mit ihrer Kraft und eroberten und
beherrschten so sehr meinen Geist, daß ich mich freute und mir
ein recht langes Leben wünschte, um der Welt, den Kunstfreunden 10
und Dir, geliebter Sebastian, so recht ausführlich hinzumalen, was
mich innerlich mit unwiderstehlicher Gewalt beherrschte. Aber kaum
habe ich nun die Stadt, diese Mauern und die Emsigkeit der
Menschen gesehen, so ist alles in meinem Gemüte wieder wie zu=
geschüttet, ich kann die Plätze meiner Freude nicht wiederfinden, keine 15
Erscheinung steigt auf. Ich weiß nicht mehr, was ich bin; mein Sinn
ist gänzlich verwirrt. Mein Zutrauen zu mir scheint mir Raserei,
meine inwendigen Bilder sind mir abgeschmackt, sie kommen mir
so vor, als wenn sie sich nie wirklich fügen würden, als wenn
kein Auge daran Wohlgefallen finden könnte. Mein Brief ver= 20
drießt mich; mein Stolz ist beschämt. — Was ist es, Sebastian,
warum kann ich nicht mit mir einig werden? Ich meine es doch
so gut und ehrlich. — Lebe wohl und bleibe immer mein Freund
und grüße Meister Albrecht.

Viertes Kapitel. 25

Franz hatte in dieser Stadt einen Brief von Dürer an einen
Mann abzugeben, der der Vorsteher einer ansehnlichen Fabrik war.
Er ging zu ihm und traf ihn gerade in Geschäften, so daß Herr
Zeuner den Brief nur sehr flüchtig las und mit dem jungen
Sternbald nur wenig sprechen konnte, er bat ihn aber, zum 30
Mittagsessen wieder zu kommen.

Franz ging betrübt durch die Gassen der Stadt und fühlte
sich ganz fremd. Zeuner hatte für ihn etwas Zurückstoßendes und
Kaltes, und er hatte eine sehr freundliche Aufnahme erwartet, da
er einen Brief von seinem ihm so teuren Lehrer brachte. Als es 35
Zeit zum Mittagsessen war, ging er nach Zeuners Hause zurück,

das eins der größten in der Stadt war; mit Bangigkeit schritt er
die großen Treppen hinauf und durch den prächtig verzierten Vorsaal; im ganzen Hause merkte man, daß man sich bei einem reichen
Manne befinde. Er ward in einen Saal geführt, wo eine stattliche
5 Versammlung von Herren und Damen, alle mit schönen Kleidern
angethan, nur auf den Augenblick des Essens zu warten schienen.
Nur wenige bemerkten ihn, und die zufälligerweise ein Gespräch
mit ihm anfingen, brachen bald wieder ab, als sie hörten, daß er
ein Maler sei. Jetzt trat der Herr des Hauses herein, und alle
10 drängten sich mit höflichen und freundlichen Glückwünschen um ihn
herum; jeder ward freundlich von ihm bewillkommnt, auch Franz
im Vorbeigehn. Dieser hatte sich in eine Ecke des Fensters zurückgezogen und sah mit Bangigkeit und schlagendem Herzen auf die
Gasse hinunter, denn es war zum erstenmale, daß er sich in einer
15 solchen großen Gesellschaft befand. Wie anders kam ihm hier die
Welt vor, da er von anständigen, wohlgekleideten und unterrichteten
Leuten über tausend nichtswürdige Gegenstände, nur nicht über die
Malerei reden hörte, ob er gleich geglaubt hatte, daß sie jedem Menschen am Herzen liegen müsse, und daß man auf ihn, als einen
20 vertrauten Freund Albrecht Dürers, besonders aufmerksam sein würde.
Man setzte sich zu Tische, er saß fast unten. Durch den
Wein belebt, ward das Gespräch der Gesellschaft bald munterer,
die Frauen erzählten von ihrem Putze, die Männer von ihren
mannigfaltigen Geschäften, der Hausherr ließ sich weitläuftig darüber
25 aus, wie sehr er nun nach und nach seine Fabrik verbessert habe
und wie der Gewinn also um so einträglicher sei. Was den guten
Franz besonders ängstigte, war, daß von allen abwesenden reichen
Leuten mit einer vorzüglichen Ehrfurcht gesprochen wurde; er fühlte,
wie hier das Geld das Einzige sei, was man achte und schätze;
30 er konnte fast kein Wort mitsprechen. Auch die jungen Frauenzimmer waren ihm zuwider, da sie nicht so züchtig und still waren,
wie er sie sich vorgestellt hatte, alle setzten ihn in Verlegenheit,
er fühlte seine Armut, seinen Mangel an Umgang zum erstenmal
in seinem Leben auf eine bittere Art. In der Angst trank er
35 vielen Wein und ward dadurch und von den sich durchkreuzenden
Gesprächen ungemein erhitzt. Er hörte endlich kaum mehr darauf
hin, was gesprochen ward, die grotesksten Figuren beschäftigten
seine Phantasie, und als die Tafel aufgehoben ward, stand er
mechanisch mit auf, fast ohne es zu wissen.

Die Gesellschaft verfügte sich nun in einen angenehmen Garten,
und Franz setzte sich etwas abseits auf eine Rasenbank nieder, es
war ihm, als wenn die Gesträuche und Bäume umher ihn über
die Menschen trösteten, die ihm so zuwider waren. Seine Brust
ward freier, er wiederholte in Gedanken einige Lieder, die er in   5
seiner Jugend gelernt hatte und die ihm seit lange nicht eingefallen
waren. Der Hausherr kam auf ihn zu, er stand auf und sie
gingen sprechend in einem schattigen Gange auf und ab.

„Ihr seid jetzt auf der Reise?" fragte ihn Zeuner.

„Ja," antwortete Franz, „vorjetzt will ich nach Flandern und   10
dann nach Italien."

„Wie seid Ihr grade auf die Malerkunst geraten?"

„Das kann ich Euch selber nicht sagen, ich war plötzlich dabei,
ohne zu wissen wie es kam; einen Trieb, etwas zu bilden, fühlte
ich immer in mir."   15

„Ich meine es gut mit Euch," sagte Zeuner, „Ihr seid jung
und darum laßt Euch von mir raten. In meiner Jugend gab
ich mich auch wohl zuweilen mit Zeichnen ab, als ich aber älter
wurde, sah ich ein, daß mich das zu nichts führen könne. Ich
legte mich daher eifrig auf ernsthafte Geschäfte und widmete ihnen   20
alle meine Zeit, und seht dadurch bin ich nun auch das geworden,
was ich bin. Eine große Fabrik und viele Arbeiter stehn unter
mir, zu deren Aufsicht, sowie zum Führen meiner Rechnungen
ich immer treue Leute brauche. Wenn Ihr wollt, so könnt Ihr
mit einem sehr guten Gehalte bei mir eintreten, weil mir grade   25
mein erster Aufseher gestorben ist. Ihr habt ein sichres Brot
und ein gutes Auskommen, Ihr könnt Euch hier verheiraten
und sogleich antreffen, was Ihr in einer ungewissen zukünftigen
Ferne sucht. — Wollt Ihr also Eure Reise einstellen und bei
mir bleiben?"   30

Franz antwortete nicht.

„Ihr mögt vielleicht viel Geschick zur Kunst haben," fuhr
jener fort, „aber was habt Ihr mit alle dem gewonnen? Wenn
Ihr ein großer Meister werdet, so führt Ihr doch immer ein
kümmerliches und höchst armseliges Leben. Ihr habt ja das Bei-   35
spiel an Eurem Lehrer. Wer erkennt ihn, wer belohnt ihn? Mit
allem seinem Fleiße muß er sich doch von einem Tage zum andern
hinübergrämen, er hat keine frohe Stunde, er kann sich nie recht
ergötzen, niemand achtet ihn, da er ohne Vermögen ist, statt daß

er reich, angesehen und von Einfluß sein könnte, wenn er sich den bürgerlichen Geschäften gewidmet hätte."

„Ich kann Euren Vorschlag durchaus nicht annehmen," rief Franz aus.

5 „Und warum nicht? Ist denn nicht alles wahr, was ich Euch gesagt habe?"

„Und wenn es auch wahr ist," antwortete Franz, „so kann ich es doch so unmöglich glauben. Wenn Ihr das Zeichnen und Bilden sogleich habt unterlassen können, als Ihr es wolltet, so 10 ist das gut für Euch, aber so habt Ihr auch unmöglich einen recht kräftigen Trieb dazu verspürt. Ich wüßte nicht, wie ich es an= finge, daß ich es unterließe, ich würde Eure Rechnungen und alles verderben, denn immer würden meine Gedanken darauf gerichtet bleiben, wie ich diese Stellung und jene Miene gut ausdrücken 15 wollte, alle Eure Arbeiter würden mir nur ebenso viele Modelle sein, Ihr wärt ein schlechter Künstler geworden, sowie ich zu allen ernsthaften Geschäften verdorben bin, denn ich achte sie zu wenig, ich habe keine Ehrfurcht vor dem Reichtum, ich könnte mich nimmer zu diesem kunstlosen Leben bequemen. Und was Ihr mir von 20 meinem Albrecht Dürer sagt, gereicht den Menschen, nicht aber ihm zum Vorwurf. Er ist arm, aber doch in seiner Armut glück= seliger als Ihr. Oder haltet Ihr es denn für so gar nichts, daß er sich hinstellen darf und sagen: nun will ich einen Christuskopf malen! und das Haupt des Erlösers mit seinen göttlichen Mienen 25 in kurzem wirklich vor Euch stehet und Euch ansieht und Euch zur Andacht und Ehrfurcht zwingt, selbst wenn Ihr gar nicht dazu aufgelegt seid? Seht, so ein Mann ist der verachtete Dürer."

Franz hatte nicht bemerkt, daß während seiner Rede sich das Gesicht seines Wirts zum Unwillen verzogen hatte; er nahm kurz 30 Abschied und ging mit weinenden Augen nach seinem Wirtshause. Hier hatte er auf seinem Fenster das Bildnis Albrecht Dürers aufgestellt, und als er in die Stube trat, fiel er laut weinend und klagend davor nieder und schloß es in seine Arme, drückte es an die Brust und bedeckte es mit Küssen. „Ja, mein guter, 35 lieber, ehrlicher Meister!" rief er aus, „nun lerne ich erst die Welt und ihre Gesinnungen kennen! Das ist das, was ich dir nicht glauben wollte, so oft du es mir auch sagtest. Ach wohl, wohl sind die Menschen undankbar gegen dich und deine Herrlichkeit und gegen die Freuden, die du ihnen zu genießen giebst. Freilich haben

Sorgen und stete Arbeit diese Furchen in deine Stirne gezogen,
ach! ich kenne diese Falten ja nur zu gut. Welcher unglückselige
Geist hat mir diese Liebe und Verehrung zu dir eingeblasen, daß
ich wie ein lächerliches Wunder unter den übrigen Menschen herum=
stehen muß, daß ich auf ihr Reden nichts zu antworten weiß, daß 5
sie meine Fragen nicht verstehen? Aber ich will dir und meinem
Triebe getreu bleiben; was thut's, wenn ich arm und verachtet
bin, was hindert's, wenn ich auch am Ende aus Mangel um=
kommen sollte! Du und Sebastian, ihr beide werdet mich wenig=
stens deßhalb lieben!" 10

Er hatte noch einen Brief von Dürers Freund Pirkheimer
an einen angesehenen Mann in der Stadt abzugeben. Er war
unentschlossen, ob er ihn selber hintragen sollte. Endlich nahm er
sich vor, ihn eilig abzugeben und noch an diesem Abend die Stadt,
die ihm so sehr zuwider war, zu verlassen. 15

Man wies ihn auf seine Fragen nach einem abgelegenen
kleinen Hause, in welchem die größte Ruhe und Stille herrschte.
Ein Diener führte ihn in ein geschmackvolles Zimmer, in welchem
ein ehrwürdiger alter Mann saß; es war derselbe, an den der
Brief gerichtet war. „Ich freue mich," sagte der Greis, „wieder 20
einmal Nachrichten von meinem lieben Freunde Pirkheimer zu
erhalten; aber verzeiht, junger Mann, meine Augen sind zu
schwach, daß Ihr so gut sein müßt, ihn mir vorzulesen."

Franz schlug den Brief auseinander und las unter Herz=
klopfen, wie Pirkheimer ihn als einen edlen und sehr hoffnungs= 25
vollen jungen Maler rühmte, und ihn den besten Schüler Albert
Dürers nannte. Bei diesen Worten konnte er kaum seine
Thränen zurückdrängen.

„So seid Ihr ein Schüler des großen Mannes, meines
teuren Albrechts?" rief der Alte wie entzückt aus, „o so seid mir 30
von Herzen willkommen!" Er umarmte mit diesen Worten den
jungen Mann, der nun seine schmerzliche Freude nicht mehr
mäßigen konnte, laut schluchzte und ihm alles erzählte.

Der Greis tröstete ihn, und beide setzten sich. „O wie
oft," sagte der alte Mann, habe ich mich an den überaus köst= 35
lichen Werken dieses wahrhaft einzigen Mannes ergötzt, als
meine Augen noch in ihrer Kraft waren! Wie oft hat nur er

---

11. Wilibald Pirkheimer (1470—1530), der berühmte Nürnberger Staatsmann und
Humanist, Freund des Conrad Celtis und Albrecht Dürers.

mich über alles Unglück dieſer Erde getröſtet! O wenn ich ihn
doch einmal wieder ſehen könnte!"

Franz vergaß nun, daß er noch vor Sonnenuntergang hatte
die Stadt verlaſſen wollen; er blieb gern, als ihn der Alte zum
5 Abendeſſen bat. Bis ſpät in die Nacht mußte er ihm von
Albrechts Werken, von ihm erzählen, dann von Pirkheimer und
von ſeinen eigenen Entwürfen. Franz ergötzte ſich an dieſem
Geſpräch und konnte nicht müde werden, dies und jenes zu
fragen und zu erzählen, er freute ſich, daß der Greis die Kunſt
10 ſo ſchätzte, wie er von ſeinem Lehrer mit eben der Wärme ſprach.

Sehr ſpät gingen ſie auseinander, und Franz fühlte ſich ſo
getröſtet und ſo glücklich, daß er noch lange in ſeinem Zimmer
auf und abging, den Mann betrachtete, und an großen Gemälden
in Gedanken arbeitete.

15 ## Fünftes Kapitel.

Wir treffen unſern jungen Freund wieder an vor einem
Dorfe an der Tauber. Er hatte einen Umweg gemacht, um
hier ſeine Eltern zu beſuchen, denn er war als ein Knabe von
zwölf Jahren zufälligerweiſe nach Nürnberg gekommen und auf
20 ſein inſtändiges Bitten bei Meiſter Albrecht in die Lehre ge=
bracht, er hatte in Nürnberg einige weitläufige Verwandten, die
ihn unterſtützten. Jetzt hatte er von ſeinen Eltern, die Bauern
waren, lange keine Nachrichten bekommen.

Es war noch am Morgen, als er in dem Wäldchen ſtand,
25 das vor dem Dorfe lag. Hier war ſein Spielplatz geweſen, hier
war er oft in der ſtillen Einſamkeit des Abends voll Nachdenken
gewandelt, wenn die Schatten immer dichter zuſammenwuchſen
und das Rot der ſinkenden Sonne tief unten durch die Baum=
ſtämme äugelte und mit zuckenden Strahlen um ihn ſpielte.
30 Hier hatte ſich zuerſt ſein Trieb entzündet, und er betrat den
Wald mit einer Empfindung wie man in einen heiligen Tempel
tritt. Er hatte vor allen einen Lieblingsbaum gehabt, von dem
er ſich immer kaum hatte trennen können; dieſen ſuchte er jetzt
mit großer Emſigkeit auf. Es war eine dicke Eiche mit vielen
35 weit ausgebreiteten Zweigen, die Kühlung und Schatten gaben.
Er fand den Baum und den Raſen am Fuße deſſelben noch
eben ſo weich und friſch, als ehemals. Wie vieler Gefühle aus

seiner Kindheit erinnerte er sich an dieser Stelle! wie er ge=
wünscht hatte, oben in dem krausen Wipfel zu sitzen und von
da ins weite Land hineinzuschauen, mit welcher Sehnsucht er
den Vögeln nachgesehn hatte, die von Zweig zu Zweig sprangen
und auf den dunkelgrünen Blättern scherzten, die nicht wie er ₅
nach einem Hause rückkehrten, sonden im ewig frohen Leben von
glänzenden Stunden angeschienen, die frische Luft einatmeten
und Gesang zurückgaben, die das Abend= und Morgenrot sahen,
die keine Schule hatten und keinen strengen Lehrer. Ihm fiel
alles ein, was er vormals gedacht hatte, alle kindischen Begriffe ₁₀
und Empfindungen gingen an ihm vorüber und reichten ihm die
kleinen Hände und hießen ihn so herzlich willkommen, daß er
heftig im Innersten erschrak, daß er nun wieder unter dem alten
Baume stehe und wieder dasselbe denke und empfinde, er noch
derselbe Mensch sei. Alle zwischenliegenden Jahre, und alles ₁₅
was sie an ihm vermocht hatten, fiel in einem Augenblicke von
ihm ab und er stand wieder als Knabe da, die Zeit seiner Kind=
heit lag ihm so nah, so nah, daß er alles übrige nur für einen
vorbeifliegenden Traum halten wollte. Ein Wind rauschte her=
über und ging durch die großen Äste des Baums, und alle Ge= ₂₀
fühle, die fernsten und dunkelsten Erinnerungen wurden mit her=
übergeweht und wie Vorhänge fiel es immer mehr von Franzens
Seele zurück und er sah nur sich und die liebe Vergangenheit.
Alle frommen Empfindungen gegen seine Eltern, der Unterricht,
den ihm seine ersten Bücher gaben, sein Spielzeug fiel ihm wieder ₂₅
bei und seine Zärtlichkeit gegen leblose Gestalten.

„Wer bin ich?" sagte er zu sich selber und schaute langsam
um sich her. „Was ist es, daß die Vergangenheit so lebendig
in meinem Innern aufsteigt? Wie konnte ich alles, wie konnte
ich meine Eltern so lange fast, wenn ich wahr sein soll, ver= ₃₀
gessen? Wie wäre es möglich, daß uns die Kunst gegen die
besten und teuersten Gefühle verhärten könnte? Und doch kann
es nur das sein, daß dieser Trieb mich zu sehr beschäftigte, sich
mir vorbaute und die Aussicht des übrigen Lebens verdeckte."

Er stand in Gedanken, und die Malerstube und Albrecht ₃₅
und seine Kopieen kamen ihm wieder in die Gedanken, er setzte
seinen Freund Sebastian sich gegenüber und hörte schnell wieder
durch, was sie nur je mit einander gesprochen hatten; dann sah
er wieder um sich und die Natur selbst, der Himmel, der

rauſchende Wald und ſein Lieblingsbaum ſchienen Atem und
Leben zu ſeinen Gemälden herzugeben, Vergangenheit und Zukunft
bekräftigten ſeinen Trieb und alles was er gedacht und empfunden,
war ihm nur deswegen wert, weil es ihn zur Kunſtliebe geführt
5 hatte. Er ging mit ſchnellen Schritten weiter und alle Bäume
ſchienen ihm nachzurufen, aus jedem Buſche traten Erſcheinungen
hervor und wollten ihn zurückhalten, er taumelte aus einer Erinnerung in die andere, er verlor ſich in ein Labyrinth von ſeltſamen Empfindungen.
10 Er kam auf einen freien Platz im Walde, und plötzlich
ſtand er ſtill. Er wußte ſelbſt nicht, warum er inne hielt und
verweilte um darüber nachzudenken. Ihm war, als habe er ſich
hier auf etwas zu beſinnen, das ihm ſo lieb, ſo unausſprechlich
teuer geweſen ſei; jede Blume im Graſe nickte ſo freundlich, als
15 wenn ſie ihm auf ſeine Erinnerungen helfen wollte. „Es iſt
hier, gewißlich hier!" ſagte er zu ſich ſelber, und ſuchte emſig
nach dem glänzenden Bilde, das wie von ſchwarzen Wolken in
ſeiner innerſten Seele zurückgehalten wurde. Mit einem Male
brachen ihm die Thränen aus den Augen, er hörte vom Felde
20 herüber eine einſame Schalmeie eines Schäfers, und nun wußte
er alles. Als ein Knabe von ſechs Jahren war er hier im
Walde gegangen, auf dieſem Platze hatte er Blumen geſucht, ein
Wagen kam daher gefahren und hielt ſtill, eine Frau ſtieg ab
und hob ein Kind herunter, und beide gingen auf dem grünen
25 Platze auf und ab und vor dem kleinen Franz vorüber. Das
Kind, ein liebliches blondes Mädchen, kam zu Franz und bat
um ſeine Blumen, er ſchenkte ſie ihr alle, ohne ſelbſt ſeine Lieblinge zurückzubehalten, indes ein alter Bedienter auf einem
Waldhorne blies, und Töne hervorbrachte, die dem jungen Franz
30 damals äußerſt wunderbar in die Ohren klangen. So verging
eine Zeit, und Franz hatte alles vergeſſen; dann fuhren die
Fremden wieder fort, und er erwachte wie aus einem Entzücken
zu ſich und den gewöhnlichen Empfindungen, den gewöhnlichen
Spielen, dem gewöhnlichen Leben von einem Tage zum andern
35 hinüber. Dazwiſchen klangen immer die holden Waldhorntöne
in ſeine Exiſtenz hinein, und vor ihm ſtand wie der Mond das
holde Angeſicht des Kindes, dem er ſeine Blumen geſchenkt hatte,
nach denen er im Schlummer oft die Hände ausſtreckte, weil ihn
dünkte, er erhielte ſie von dem Mädchen wieder. Alles Liebe

und Holde entlehnte er von ihrem Bilde, alles Schöne was er
sah, trug er zu ihrer Gestalt hinüber; wenn er von Engeln
hörte, glaubte er einen zu kennen, und sich von ihm gekannt, er
war es überzeugt, daß die Feldblumen einst ein Erkennungs=
zeichen zwischen ihnen beiden sein würden.   5

Als er so deutlich wieder an alles dieses dachte, als ihm
einfiel, daß er es in so langer Zeit gänzlich vergessen hatte, setzte
er sich ins grüne Gras nieder und weinte; er drückte sein heißes
Gesicht an den Boden und küßte mit Zärtlichkeit die Blumen,
die dort standen. Er hörte in der Trunkenheit wieder die   10
Melodie eines Waldhorns, und konnte sich vor Wehmut, vor
Schmerzen der Erinnerung und süßen ungewissen Hoffnungen
nicht fassen. „Bin ich wahnsinnig, oder was ist es mit diesem
thörichten Herzen?" rief er aus. „Welche unsichtbare Hand fährt
so zärtlich und grausam zugleich über alle Saiten in meinem   15
Innern hinweg, und scheucht alle Träume und Wundergestalten,
Seufzer und Thränen und verklungne Lieder aus ihrem fernen
Hinterhalte hervor? O mein Geist, ich fühle es in mir, strebt
nach etwas Überirdischem, das keinem Menschen gegönnt ist. Mit
magnetischer Gewalt zieht der unsichtbare Himmel mein Herz an   20
sich und bewegt alle Ahndungen durcheinander, die längst aus=
geweinten Freuden, die unmöglichen Wonnen, die Hoffnungen,
die keine Erfüllung zugeben. Und ich kann es keinem Menschen,
keinem Bruder einmal klagen, wie mein Gemüt zugerichtet ist,
denn keiner würde meine Worte verstehen. Daher aber gebricht   25
mir die Kraft, die den übrigen Menschen verliehen ist, und die
uns zum Leben notwendig bleibt, ich matte mich ab in mir
selber und keiner hat dessen Gewinn, mein Mut verzehrt sich, ich
wünsche was ich selbst nicht kenne. Wie Jakob seh ich im
Traume die Himmelsleiter mit ihren Engeln, aber ich kann nicht   30
selbst hinaufsteigen, um oben in das glänzende Paradies zu
schauen, denn der Schlaf hat meine Glieder bezwungen, und was
ich sehe und höre, ahnde und hoffe und lieben möchte, ist nur
Traumgestalt in mir."

Jetzt schlug die Glocke im Dorfe. Er stand auf und trocknete   35
sich die Augen, indem er weiter ging, und nun schon die Hütte
und die kleine Kirche durch das grüne Laub auf sich zuschimmern
sah. Er ging an einem Garten vorbei, und über den Zaun
herüber hing ein Zweig voll roter schöner Kirschen. Er konnte

es nicht unterlassen, einige abzubrechen und sie zu kosten, weil
die Frucht dieses Baumes ihn in der Kindheit oft erfreuet hatte;
es waren dieselben Zweige, die sich ihm auch jetzt freundlich ent=
gegenstreckten, aber die Frucht schmeckte ihm nicht wie damals.
5 In der Kindheit wird der Mensch von den blanken, glänzenden,
und vielfarbigen Früchten und ihrem süßen lieblichen Geschmacke
angelockt, das Leben lieb zu gewinnen, wie es die Schulmeister
in den Schulen machen, die mit Süßigkeiten dem Kinde Lust zum
Lernen beibringen wollen; nachher verliert sich im Menschen dieses
10 frohe Vorgefühl des Lebens, er ist der Lockungen gewohnt und
dagegen abgestumpft.

Franz ging über den Kirchhof und las die Kreuze im Vorbei=
gehn schnell, aber an keinem war der Name seines Vaters oder
seiner Mutter angeschrieben, und er fühlte sich zuversichtlicher.
15 Die Mauer des Turms kam ihm nicht so hoch vor, alles war
ihm beengter, das Haus seiner Eltern kannte er kaum wieder.
Er zitterte, als er die Thür anfaßte, und doch war es ihm schon
wieder so gewöhnlich, diese Thür zu öffnen. In der Stube saß
seine Mutter mit verbundenem Kopf und weinte; als sie ihn er=
20 kannte, weinte sie noch heftiger; der Vater lag im Bette und
war krank. Er umarmte sie beide mit gepreßtem Herzen, er er=
zählte ihnen, sie ihm, sie sprachen durcheinander und fragten sich,
und wußten doch nicht recht was sie reden sollten. Der Vater
war matt und bleich. Franz hatte ihn sich ganz anders vor=
25 gestellt, und darum war er nun so gerührt und konnte sich gar
nicht wieder zufrieden geben. Der alte Mann sprach viel vom
Sterben, von der Hoffnung der Seligkeit, er fragte den jungen
Franz, ob er auch Gott noch so treu anhange, wie er ihm immer
gelehrt habe. Franz drückte ihm die Hand und sagte: „Haben
30 wir in diesem irdischen Leben etwas anders zu suchen, als die
Ewigkeit? Ihr liegt nun da an der Grenze, Ihr werdet nun
bald in Eurer Andacht nicht mehr gestört werden, und ich will
mir gewiß auch alle Mühe geben, mich von den Eitelkeiten zu
entfernen.“

35 „Liebster Sohn,“ sagte der Vater, „ich sehe, mein Lehren ist
an dir nicht verloren gegangen. Wir müssen arbeiten, sinnen und
denken, weil wir einmal in diesem Leben, in diesem Joch ein=
gespannt sind, aber darum müssen wir doch nie das Höhere aus
den Augen verlieren. Sei redlich in deinem Gewerbe, damit es

dich ernährt, aber laß nicht deine Nahrung, deine Bekleidung den
letzten Gedanken deines Lebens sein; trachte auch nicht nach dem
irdischen Ruhme, denn alles ist doch nur eitel, alles bleibt hinter
uns, wenn der Tod uns fordert. Male, wenn es sein kann, die
heiligen Geschichten recht oft, um auch in weltlichen Gemütern die 5
Andacht zu erwecken."

Franz aß wenig zu Mittage, der Alte schien sich gegen Abend
zu erholen. Die Mutter war nun schon daran gewöhnt, daß Franz
wieder da sei; sie machte sich seinetwegen viel zu thun und vernachlässigte den Vater beinahe. Franz war unzufrieden mit sich, 10
er hätte dem Kranken gern alle glühende Liebe eines guten Sohns
gezeigt, auf seine letzten Stunden gern alles gehäuft, was ihn
durch ein langes Leben hätte begleiten sollen, aber er fühlte sich
so verworren und sein Herz so matt, daß er über sich selber erschrak. Er dachte an tausend Gegenstände, die ihn zerstreuten, vor- 15
züglich ein Gemälde von Kranken, von trauernden Söhnen und
wehklagenden Müttern, und darüber machte er sich dann die bittersten
Vorwürfe.

Als sich die Sonne zum Untergang neigte, ging die Mutter
hinaus, um aus ihrem kleinen Garten, der etwas entfernt war, 20
Gemüse zu holen zur Abendmahlzeit. Der Alte ließ sich von
seinem Sohn mit einem Sessel vor die Hausthür tragen, um sich
von den roten Abendstrahlen bescheinen zu lassen.

Es stand ein Regenbogen am Himmel, und im Westen regnete
der Abend in goldnen Strömen nieder. Schafe weideten gegen- 25
über und Birken säuselten, der Vater schien stärker zu sein. „Nun
sterb' ich gerne," rief er aus, „da ich dich doch noch vor meinem
Tode gesehen habe."

Franz konnte nicht viel antworten, die Sonne sank tiefer
und schien dem Alten feurig ins Gesicht, der sich wegwendete und 30
seufzte: „Wie Gottes Auge blickt es mich noch zu guterletzt an und
straft mich Lügen; ach! wenn doch erst alles vorüber wäre." Franz
verstand diese Worte nicht, aber er glaubte zu bemerken, daß sein
Vater von Gedanken beunruhigt würde. „Ach! wenn man so mit
hinuntersinken könnte!" rief der Alte aus, „mit hinunter mit der 35
lieben Gottessonne! O wie schön und herrlich ist die Erde, und
jenseit muß es noch schöner sein; dafür ist uns Gottes Allmacht
Bürge. Bleib immer fromm und gut, lieber Franz, und höre
mir aufmerksam zu, was ich dir noch jetzt zu entdecken habe."

Franz trat ihm näher und der Alte sagte: „Du bist mein Sohn nicht, liebes Kind." — Indem kam die Mutter zurück; man konnte sie aus der Ferne hören, weil sie mit lauter Stimme ein geistliches Lied sang, und der Alte brach sehr schnell ab und sprach von gleichgiltigen Dingen. „Morgen," sagte er heimlich zu Franz, „morgen!"

Die Herden kamen vom Felde mit den Schnittern, alles war fröhlich, aber Franz war sehr in Gedanken versunken, er betrachtete die beiden Alten in einem ganz neuen Verhältnisse zu sich selber, er konnte kein Gespräch anfangen, die letzten Worte seines vermeintlichen Vaters schallten ihm noch immer in den Ohren, und er erwartete mit Ungeduld den Morgen.

Es ward finster, der Alte ward hineingetragen und legte sich nieder schlafen; Franz aß mit der Mutter. Plötzlich hörten sie nicht mehr den Atemzug des Vaters, sie eilten hinzu und er war verschieden. Sie sahen sich stumm an und nur Brigitte konnte weinen. „Ach! so ist er denn gestorben, ohne von mir Abschied zu nehmen?" sagte sie seufzend, „ohne Priester und Einsegnung ist er entschlafen! — Ach! wer auf der weiten Erde wird nun noch mit mir sprechen, da sein Mund stumm geworden ist? Wem soll ich mein Leid klagen, wer wird mir sagen, wenn die Bäume blühen, und wenn wir die Früchte abnehmen? — Ach! der gute alte Vater, nun ist es also vorbei mit unserm Umgang, mit unsern Abendgesprächen, und ich kann gar nichts dazu thun, sondern ich muß mich nur so eben darin finden. Unser aller Ende sei ebenso sanft!"

Die Thränen machten sie stumm und Franz tröstete sie. Er sah in Gedanken betende Einsiedler, die verehrungswürdigen Märtyrer, und alle Leiden der armen Menschheit gingen in mannig= faltigen Bildern seinem Geiste vorüber.

Sechstes Kapitel.

Die Leiche des Alten lag in der Kammer auf Stroh aus= gebreitet und Franz stand sinnend vor der Thür. Die Nachbarn traten herzu und trösteten ihn; Brigitte weinte von neuem, so oft darüber gesprochen wurde, sein Herz war zu, seine Augen waren wie vertrocknet, tausend neue Bilder zogen durch seine Sinne, er

konnte sich selber nicht verstehn, er hätte gern mit jemand sprechen
mögen, er wünschte Sebastian herbei, um ihm alles klagen zu können.

Am dritten Tage war das Begräbnis, und Brigitte weinte
und klagte laut am Grabe, als sie nun den mit Erde zudeckten,
den sie seit zwanzig Jahren so genau gekannt hatte, den sie fast   5
einzig liebte. Sie wünschte auch bald zu sterben, um wieder in
seiner Gesellschaft zu sein, um mit ihm die Gespräche fortzusetzen,
die sie hier hatte abbrechen müssen. Franz schweifte indes im
Felde umher und betrachtete die Bäume, die sich in einem benachbarten Teiche spiegelten. Er hatte noch nie eine Landschaft mit   10
diesem Vergnügen beschaut, es war ihm noch nie vergönnt gewesen,
die mannigfaltigen Farben mit ihren Schattierungen, das Süße
der Ruhe, die Wirkung des Baumschlages in der Natur zu entdecken, wie er es jetzt im klaren Wasser gewahr ward. Über alles
ergötzte ihn aber die wunderbare Perspektive, die sich bildete, und   15
der Himmel dazwischen mit seinen Wolkenbildern, das zarte Blau,
das zwischen den krausen Figuren und dem zitternden Laube
schwamm. Franz zog seine Schreibtafel hervor und wollte die
Landschaft anfangen zu zeichnen; aber schon die wirkliche Natur
erschien ihm trocken gegen die Abbildung im Wasser, noch weniger   20
aber wollten ihm die Striche auf dem Papier genügen, die durchaus nicht nachbildeten, was er vor sich sah. Er war bisher noch
nie darauf gekommen eine Landschaft zu zeichnen, er hatte sie
immer nur als eine notwendige Zugabe zu manchen historischen
Bildern angesehn, aber noch nie empfunden, daß die leblose Natur   25
etwas für sich Ganzes und Vollendetes ausmachen könne, und so
der Darstellung würdig sei. Unbefriedigt ging er nach der Hütte
seines Pflegevaters zurück.

Seine Mutter kam ihm entgegen, die sich in der ungewohnten
Einsamkeit nicht zu lassen wußte. Sie setzten sich beide auf eine   30
Bank, die vor dem Hause stand, und unterredeten sich von mancherlei Dingen. Franz ward durch jeden Gegenstand, den er sah,
durch jedes Wort, das er hörte, niedergeschlagen, die weidenden
Herden, die ziehenden Töne des Windes durch die Bäume, das
frische Gras und die sanften Hügel weckten keine Poesie in seiner   35
Seele auf. Er hatte Vater und Mutter verloren, seine Freunde
verlassen, er kam sich so verwaist und verachtet vor, besonders
hier auf dem Lande, wo er mit niemand über die Kunst sprechen
konnte, daß ihn fast aller Mut zum Leben verließ. Seine Mutter

nahm ſeine Hand und ſagte: „Lieber Sohn, du willſt jetzt in die
weite Welt hineingehen, wenn ich dir raten ſoll, ſo thu es nicht,
denn es bringt dir doch keinen Gewinn. Die Fremde thut keinem
Menſchen gut, wo er zu Hauſe gehört, da blüht auch ſeine Wohl=
5 fahrt; fremde Menſchen werden es nie ehrlich mit dir meinen,
das Vaterland iſt gut, und warum willſt du ſo weit weg und
Deutſchland verlaſſen, und was ſoll ich indeſſen anfangen? Dein
Malen iſt auch ein unſicheres Brot, wie du mir ſchon ſelber
geſagt haſt, du wirſt darüber alt und grau; deine Jugend ver=
10 geht und mußt noch obenein wie ein Flüchtling aus deinem Lande
wandern. Bleib hier bei mir, mein Sohn, ſieh, die Felder ſind
alle im beſten Zuſtande, die Gärten ſind gut eingerichtet, wenn
du dich des Hausweſens und des Ackerbaues annehmen willſt,
ſo iſt uns beiden geholfen und du führſt doch ein ſicheres und
15 ruhiges Leben, du weißt doch dann, wo du deinen Unterhalt her=
nimmſt. Du kannſt hier heiraten, es findet ſich wohl eine Ge=
legenheit; du lernſt dich bald ein und die Arbeit des Vaters wird
dann von dir fortgeſetzt. Was ſagſt zu dem allen, mein Sohn?"
Franz ſchwieg eine Weile ſtill, nicht weil er den Vorſchlag
20 bei ſich überlegte, ſondern weil an dieſem Tage alle Vorſtellungen
ſo ſchwer in ſeine Seele fielen, daß ſie lange hafteten. Ihm lag
Herr Zeuner von neuem in den Gedanken, er ſah die ganze Ge=
ſellſchaft noch einmal und fühlte alle Beängſtigungen wieder, die
er dort erlitten hatte. „Es kann nicht ſein, liebe Mutter," ſagte
25 er endlich. „Seht, ich habe ſo lange auf die Gelegenheit zum
Reiſen gewartet, jetzt iſt ſie gekommen und ich kann ſie nicht wieder
aus den Händen gehen laſſen. Ich habe mir ängſtlich und ſorg=
ſam all' mein Geld, deſſen ich habhaft werden konnte, dazu
geſammelt, was würde Dürer ſagen, wenn ich jetzt alles aufgäbe?"
30 Die Mutter wurde über dieſe Antwort ſehr betrübt, ſie
ſagte ſehr weichherzig: „Was aber ſuchſt du in der Welt, lieber
Sohn? Was kann dich ſo heftig antreiben, ein ungewiſſes Glück
zu erproben? Iſt denn der Feldbau nicht auch etwas Schönes,
und immer in Gottes freier Welt zu hantieren und ſtark und
35 geſund zu ſein? Mir zuliebe könnteſt du auch etwas thun, und
wenn du noch ſo glücklich biſt, kömmſt du doch nicht weiter, als
daß du dich ſatt eſſen kannſt und eine Frau ernährſt und Kinder
groß zieheſt, die dich lieben und ehren. Alles dies zeitliche Weſen
kannſt du nun hier ſchon haben, hier haſt du es gewiß, und deine

Zukunft ist noch ungewiß. Ach, lieber Franz, und es ist denn doch auch eine herzliche Freude das Brot zu essen, das man selber gezogen hat, seinen eignen Wein zu trinken, mit den Pferden und Kühen im Hause bekannt zu sein, in der Woche zu arbeiten und des Sonntags zu rasten. Aber dein Sinn steht dir nach der 5 Ferne, du liebst deine Eltern nicht, du gehst in dein Unglück und verlierst gewiß deine Zeit, vielleicht noch deine Gesundheit."

„Es ist nicht das, liebe Mutter," rief Franz aus, „und Ihr werdet mich auch gar nicht verstehn, wenn ich es Euch sage. Es ist mir gar nicht darum zu thun, Leinwand zu nehmen und die 10 Farben mit mehr oder minder Geschicklichkeit aufzutragen, um damit meinen täglichen Unterhalt zu erwerben, denn seht, in manchen Stunden kömmt es mir sogar sündhaft vor, wenn ich es so beginnen wollte. Ich denke an meinen Erwerb niemals, wenn ich an die Kunst denke, ja, ich kann mich selber hassen, wenn ich zuweilen 15 darauf verfalle. Ihr seid so gut, Ihr seid so zärtlich gegen mich, aber noch weit mehr als Ihr mich liebt, liebe ich meine Han= tierung. Nun ist es mir vergönnt, alle die Meister wirklich zu sehn, die ich bisher nur in der Ferne verehrt habe; von vielen habe ich nur die Namen gehört. Wenn ich dies erleben kann 20 und beständig neue Bilder sehn, und lernen, und die Meister hören; wenn ich durch ungekannte Gegenden mit frischem Herzen streifen kann, so mag ich keines ruhigen Lebens genießen. Tausend Stim= men rufen mir herzstärkend aus der Ferne zu, die ziehenden Vögel, die über meinem Haupte wegfliegen, scheinen mir Boten aus der 25 Ferne, alle Wolken erinnern mich an meine Reise, jeder Gedanke, jeder Pulsschlag treibt mich vorwärts, wie könnt' ich da wohl in meinen jungen Jahren ruhig hier sitzen und den Wachstum des Getreides abwarten, die Einzäunung des Gartens besorgen und Rüben pflanzen! Nein, laßt mir meinen Sinn, ich bitte Euch 30 darum und redet mir nicht weiter zu, denn Ihr quält mich nur damit."

„Nun so magst du es haben," sagte Brigitte in halbem Unwillen, „aber ich weiß, daß es dich noch einmal gereuet, daß du dich wieder hierher wünschest, und dann ist's zu spät, daß du 35 dann das hoch und teuer schätzest, was du jetzt schmähest und verachtest."

„Ich habe Euch etwas zu fragen, liebe Mutter," fuhr Franz fort. „Der Vater ist gestorben, ohne mir Rechenschaft davon zu geben; er sagte mir, ich sei sein Sohn nicht, und brach dann ab. Was wißt Ihr von meiner Herkunft?"

„Nichts weiter, lieber Franz," sagte die Mutter, „und dein Vater hat mir darüber nie etwas anvertraut. Als ich ihn kennen 5 lernte und heiratete, warst du schon bei ihm und damals zwei Jahr alt; er sagte mir, daß du sein einziges Kind von seiner verstorbenen Frau seist. Ich verwundre mich, warum der Mann nun zu dir anders gesprochen hat."

Franz blieb also über seine Herkunft immer noch in Un- 10 gewißheit; diese Gedanken beschäftigten ihn sehr und er wurde in manchen Stunden darüber verdrießlich und traurig. Das Erntefest war indes herangekommen und alle Leute im Dorfe waren sehr fröhlich; jedermann war nur darauf bedacht sich zu vergnügen; die Kinder hüpften umher und konnten den Tag nicht erwarten. 15 Franz hatte sich vorgenommen, diesen Tag in der Einsamkeit zuzubringen, sich nur mit seinen Gedanken zu beschäftigen und sich nicht um die Fröhlichkeit der übrigen Menschen zu bekümmern. Er war in der Woche, die er hier bei seinem Pflegevater zubrachte, überhaupt ganz in sich versunken, nichts konnte ihm rechte Freude 20 machen, denn ihm war hier ganz anders und alles ereignete sich so ganz anders, als er es vorher vermutet hatte. Am Tage vor dem Erntefest erhielt er einen Brief von seinem Sebastian, denn es war vorher ausgemacht, daß er ihm schreiben sollte, während er hier auf dem Dorfe sei. Wie wenn nach langen Winternächten 25 und trüben Tagen der erste Frühlingstag über die starre Erde geht, so erheiterte sich Franzens Gemüt, als er diesen Brief in der Hand hielt; es war, als wenn ihn plötzlich sein Freund Sebastian selber anrühre und ihm in die Arme fliege; er hatte seinen Mut wieder, er fühlte sich nicht mehr so verlassen, er erbrach 30 das Siegel.

Wie erstaunte und freute er sich zu gleicher Zeit, als er drinnen noch ein andres Schreiben von seinem Albrecht Dürer fand, welches er nie erwartet hatte. Er war ungewiß, welchen Brief er zuerst lesen sollte; doch schlug er Sebastians Brief auseinander, welcher 35 folgendermaßen lautete:

„Liebster Franz.

Wir gedenken Deiner in allen unsern Gesprächen, und so kurze Zeit Du auch entfernt bist, so dünkt es mich doch schon

recht lange. Ich kann mich immer noch in dem Hause ohne Dich
nicht schicken und fügen, alles ist mir zu leer und doch zu enge,
ich kann nicht sagen ob sich das wieder ändern wird. Als ich
von Dir an jenem schönen und traurigen Morgen durch die Kornfelder zurückging, als ich alle die Stellen wieder betrat, wo ich 5
mit Dir gegangen war, und der Stadt mich nun immer mehr
näherte; o Franz! ich kann es Dir nicht sagen, was da mein
Herz empfand. Es war mir alles im Leben taub und ohne Reiz
und ich hätte vorher niemals geglaubt, daß ich Dich so lieb haben
könnte. Wie wollte ich jetzt mit den Stunden geizen, die ich sonst 10
unbesehn und ungenossen verschwendete, wenn ich nur mit Dir
wieder zusammen sein könnte! Alles was ich in die Hände nehme
erinnert mich an Dich, und meine Palette, mein Pinsel, alles
macht mich wehmütig, ohne daß ich begreifen kann, wie es zugeht.
Als ich in die Stadt wieder hineinkam, als ich die gewohnten 15
Treppen unsers Hauses hinaufstieg und da wieder alles liegen
und stehn sah, wie ich es am frühen Morgen verlassen hatte, konnt'
ich mich der Thränen nicht enthalten, ob ich gleich sonst nie so
weich gewesen bin. Halte mich nicht für härter oder vernünftiger,
lieber Franz, wie Du es nennen magst, denn ich bin es nicht, 20
wenn es sich bei mir auch anders äußert als bei Dir. Ich war
den ganzen Tag verdrießlich, ich maulte mit jedermann; was ich
that war mir nicht recht, ich wünschte Staffelei und das Porträt,
das ich vor mir hatte, weit von mir weg, denn mir gelang kein
Zug und ich spürte auch nicht die mindeste Lust zum Malen. 25
Meister Dürer war selbst an diesem Tage betrübter als gewöhnlich, alles war im Hause still, und wir fühlten es, daß mit Deiner
Abreise eine andre Epoche unsers Lebens anfing.

Dein Schmied hat uns besucht; es ist ein lieber Bursche,
wir haben viel über ihn gelacht, uns aber auch recht an ihm 30
gefreut. Unermüdet hat er uns einen ganzen Tag lang zugesehn,
und wunderte sich immer darüber, daß das Malen so langsam
von der Stelle ginge. Er setzte sich nachher selber nieder und
zeichnete ein paar Verzierungen nach, die ihm ziemlich gut gerieten,
es gereut ihn jetzt, daß er das Schmiedehandwerk erlernt und sich 35
nicht lieber so wie wir auf die Malerei gelegt hat. Meister Dürer
meint, daß viel aus ihm werden könnte, wenn er noch anfinge;

22. maulen, ein Maul machen, verdrießlich sein, schmollen. — 31. gefreut: später
setzte Tieck das richtigere erfreut.

und er selber ist halb und halb dazu entschlossen. Er hat Nürnberg schon wieder verlassen; von Dir hat er viel gesprochen und
Dich recht gelobt.

Daß Du Dich von Deinen Empfindungen so regieren und
5 zernichten lässest, thut mir sehr weh. Deine Überspannungen rauben
Dir Kräfte und Entschluß und wenn ich es Dir sagen darf, suchst
Du sie etwas. Doch mußt Du darüber nicht zornig werden, jeder
Mensch ist einmal anders eingerichtet als der andere. Aber strebe
danach, etwas härter zu sein, und Du wirst ein viel ruhigeres
10 Leben führen, wenigstens ein Leben, in welchem Du weit mehr
arbeiten kannst als in dem Strom dieser wechselnden Empfindungen,
die Dich notwendig stören und von allem abhalten müssen.

Lebe recht wohl und schreibe mir ja fleißig, damit wir uns
einander nicht fremde werden, wie es sonst gar zu leicht geschieht.
15 Teile mir alles mit, was du denkst und fühlst, und sei überzeugt,
daß in mir beständig ein mitempfindendes Herz schlägt, das jeden
Ton des Deinigen beantwortet.

Ach! wie lange wird es währen, bis wir uns wiedersehn!
Wie traurig wird mir jedesmal die Stunde vorkommen, in welcher
20 ich mit Lebhaftigkeit an Dich denke und die schreckliche leere Nichtigkeit der Trennung so recht im Innersten fühle. Es ist um unser
Leben eine dürftige Sache, so wenig Glanz und so viele Schatten,
so viele Erdfarben, die durchaus keinen Firnis vertragen wollen.
Adieu. Gott sei mit Dir."

25 Der Brief des wackern Albrecht Dürer lautete also:

„Mein lieber Schüler und Freund!

Es hat Gott gefallen, daß wir nun nicht mehr nebeneinander
leben sollen, ob mich gleich kein Zwischenraum gänzlich von Dir
wird trennen können. So wie die Abwechselungen des Lebens
30 gehen, so ist es nun unter uns dahin gekommen, daß wir nur
an einander denken, an einander schreiben können. Ich habe Dir
alle meine Liebe, alle meine herzlichsten Wünsche mit auf den
Weg gegeben und der allmächtige Gott leite jeden Deiner Schritte.
Bleib ihm und der Redlichkeit treu und Du wirst mit Freuden
35 dieses Leben überstehn können, in dem uns mancherlei Leiden suchen
irre zu machen. Es freut mich, daß Du der Kunst so fleißig
gedenkst und zwar Vertrauen, aber kein übermütiges zu Dir selber
hast. Das Zagen, das Dich oft überfällt, kömmt einem in der

Jugend oft und ist viel eher ein gutes als ein schlimmes Zeichen.
Es ist immer etwas Wunderbares darinnen, daß wir Maler nicht
so recht unter die übrigen Menschen hineingehören, daß unser
Treiben und unsre Geschäftigkeit die Welthändel und ihre Ereig=
nisse so um gar nichts aus der Stelle rückt, wie es doch bei 5
den übrigen Handwerkern der Fall ist; das befällt uns sehr oft
in der Einsamkeit oder unter kunstlosen Menschen und dann möchte
uns schier aller Mut verlassen. Ein einziges gutes Wort, das
wir plötzlich hören, ist aber auch wieder imstande, alle schaffende
und wirkende Kraft in uns zurückzuliefern und Gottes Segen 10
obendrein, so daß wir dann mit Großherzigkeit wieder an unsre
Arbeit gehen mögen. Ach Lieber! die ganze menschliche Geschäftig=
keit läuft im Grunde so auf gar nichts hinaus, daß wir nicht
einmal sagen können: dieser Mensch ist unnütz, jener aber nützlich.
Es ist die Erde zum Glück so eingerichtet, daß wir alle darauf 15
Platz finden mögen; groß und klein, vornehm und geringe. Mir
ist es in meinen jüngern Jahren oft ebenso wie Dir ergangen,
aber die guten Stunden kommen doch immer wieder zurück. Wärst
Du ohne Anlage und Talent, so würdest Du diese Leere in Deinem
Herzen niemals empfinden. 20

Mein Weib läßt Dich grüßen. Bleib nur immer der Wahr=
heit treu, das ist die Hauptsache. Deine fromme Empfindung, so
schön sie ist, kann Dich zu weit leiten, wenn Du Dich nicht von
der Vernunft regieren läßt. Nicht eigentlich zu weit; denn man
kann gewiß und wahrlich nicht zu fromm und andächtig sein, 25
sondern ich meine nur, Du dürftest endlich etwas Falsches in
Dein Herz aufnehmen, das Dich selber hinterginge, und so unver=
merkt ein Mangel an wahrer Frömmigkeit entstehn. Doch sage
ich dieses gar nicht, um Dich zu tadeln, sondern es geschieht nur,
weil ich an manchen sonst guten Menschen dergleichen bemerkt habe, 30
wenn sie an Gott und die Unsterblichkeit mit zu großer Rührung
und nicht mit froher Erhebung der Seele gedacht haben, mit weich=
herziger Zerknirschung und nicht mit erhabener Mutigkeit, so sind
sie am Ende in einen Zustand der Weichlichkeit verfallen, in dem
sie die tröstende wahre Andacht verlassen hat und sie sich und 35
ihrem Kleinsinn überlassen blieben. Doch wie ich sage, es gilt
nicht Dich, denn Du bist zu gut, zu herzlich, als daß Du je darin

---

36 f. Es gilt nicht Dich: auch hier schrieb Tieck später es galt nicht Dir; auch
W. Schlegel gebraucht „gelten" mit dem bloßen acc. der Person.

verfallen könntest, und weil Du große Gedanken hegst und mit warmer brünstiger Seele die Bibel liesest und die heiligen Geschichten, so wirst Du auch gewißlich ein guter Maler werden und ich werde noch einst stolz auf Dich sein.

5 Suche recht viel zu sehen und betrachte alle Kunstsachen genau und wohl, dadurch wirst Du Dich endlich gewöhnen mit Sicherheit selbst zu arbeiten und zu erfinden, wenn Du an allen das Vortreffliche erkennst, und auch dasjenige, was einen Tadel zugeben dürfte. Dein Freund Sebastian ist ein ganz melancholischer 10 Mensch geworden, seit Du von uns gereiset bist; ich denke, es soll sich wohl wieder geben, wenn erst einige Wochen verstrichen sind. Gehab Dich wohl und denke unser fleißig."

Durch Franzens Geist ergoß sich Heiterkeit und Stärke, er fühlte wieder seinen Mut und seine Kraft. Albrechts Stimme 15 berührte ihn wie die Hand einer stärkenden Gottheit und er fühlte in allen Adern seinen Gehalt und sein künftiges arbeitreiches Leben. Wie wenn man oft alte längst vergessene Bücher wieder aufschlägt und in ihnen Belehrungen oder unerwarteten Trost im Leiden antrifft, so kamen vergangene Zeiten mit ihren Gedanken in Franzens 20 Seele zurück, alte Entwürfe, die ihm von neuem gefielen. „Ja," sagte er, indem er die Briefe zusammenfaltete und sorgfältig in seine Schreibtafel legte, „es soll schon mit mir werden, weiß ich doch, daß mein Meister was von mir hält; warum will ich denn verzagen?"

25 Es war am folgenden Tage, an welchem das Erntefest gefeiert werden sollte. Franz hatte nun keinen Widerwillen mehr gegen das frohe aufgeregte Menschengetümmel, er suchte die Freude auf und war darum auch bei dem Feste zugegen. Er erinnerte sich einiger guten Kupferstiche von Albrecht Dürer, auf denen 30 tanzende Bauern dargestellt waren und die ihm sonst überaus gefallen hatten; er suchte nun beim Klange der Flöten diese possierlichen Gestalten wieder und fand sie auch wirklich; er hatte hier Gelegenheit zu bemerken, welche Natur Albrecht auch in diese Zeichnungen zu legen gewußt hatte.

35 Der Tag des Festes war ein schöner warmer Tag, an dem alle Stürme und unangenehmen Winde von freundlichen Engeln zurückgehalten wurden. Die Töne der Flöten und Hörner gingen wie eine liebliche Schar ruhig und ungestört durch die sanfte Luft hin. Die Freude auf der Wiese war allgemein, hier sah

man tanzende Paare, dort scherzte und neckte sich ein junger Bauer
mit seiner Liebsten, dort schwatzten die Alten und erinnerten sich
ihrer Jugend. Die Gebüsche standen still und waren frisch grün
und überaus anmutig, in der Ferne lagen krause Hügel mit Obst-
bäumen bekränzt. „Wie," sagte Franz zu sich, „sucht ihr Schüler 5
und Meister immer nach Gemälden, und wißt niemals recht, wo
ihr sie suchen müßt? Warum fällt es keinem ein, sich mit seiner
Staffelei unter einen solchen unbefangenen Haufen niederzusetzen
und uns auf einmal diese Natur ganz wie sie ist darzustellen.
Keine abgerissenen Fragmente aus der alten Historie und Götter- 10
geschichte, die so oft weder Schmerz noch Freude in uns erregen,
keine kalten Figuren aus der Legende, die uns oft gar nicht ansprechen, weil der Maler die heiligen Männer nicht selber vor
sich sah und er ohne Begeisterung arbeitete. Diese Gestalten wörtlich so und ohne Abänderung niedergeschrieben, damit wir lernen, 15
welche Schöne, welche Erquickung in der einfachen Natürlichkeit
verborgen liegt. Warum schweift ihr immer in der weiten Ferne
und in einer staubbedeckten unkenntlichen Vorzeit herum, uns zu
ergötzen? Ist die Erde, wie sie jetzt ist, keiner Darstellung mehr
wert; und könnt ihr die Vorwelt malen, wenn ihr gleich noch 20
so sehr wollt? Und wenn ihr größeren Geister nun auch hohe
Ehrfurcht in unser Herz hineinbannt; wenn eure Stücke uns mit
ernster feierlicher Stimme anreden; warum sollen nicht auch einmal die holden Strahlen einer weltlichen Freude aus einem Gemälde herausbrechen? Warum soll ich in einer freien herzlichen 25
Stunde nicht auch einmal Bäuerlein und ihre Spiele und Ergötzungen lieben? Dort werden wir beim Anblick der Bilder älter
und klüger, hier kindischer und fröhlicher."

So stritt Franz mit sich selber und unterhielt seinen Geist
mit seiner Kunst, wenn er gleich nicht arbeitete. Es konnte ihm 30
überhaupt nicht leicht etwas begegnen, wobei er nicht an Malereien gedacht hätte, denn das war so seine Art, seine Beschäftigung
in allem, was er in der Natur oder unter Menschen sah und hörte,
wiederzufinden. Alles gab ihm Antworten zurück, nirgends traf
er eine Lücke, in der Einsamkeit sah ihm die Kunst zu und in 35
der Gesellschaft saß sie neben ihm und er führte mit ihr stille
Gespräche; darüber kam es denn aber auch, daß er so manches

---

8. unter e i n e n Haufen niedersetzen: Tieck konstruiert setzen immer (auch später) auf
die Frage: „wohin?" mit dem acc.

in der Welt gar nicht bemerkte, was weit einfältigern Gemütern ganz
geläufig war, weshalb es auch geschah, daß ihn die beschränkten
Leute leicht für unverständig oder albern hielten. Dafür bemerkte
er aber manches, das jedem andern entging, und die Wahrheit
5 und Feinheit seines Witzes setzte dann die Menschen oft in Erstaunen. So war Franz Sternbald um diese Zeit, ich weiß nicht
ob ich sagen soll ein erwachsenes Kind oder ein kindischer Er-
wachsener. O wohl dir, daß dir das Auge noch verhüllt ist,
über die Thorheit und Armseligkeit der Menschen, daß du dir
10 und deiner Liebe dich selbst mit aller Unbefangenheit ergeben kannst!
Seliges Leben, wenn der Mensch nur noch in sich lebt und die
übrigen umher nicht in sein Inneres einzudringen vermögen und
ihn so beherrschen. Es kommt bei den meisten eine Zeit, wo der
Winter beständig in ihren Sommer hineinscheint, wo sie sich ver-
15 gessen, um es den andern Menschen recht zu machen, wo sie ihrem
Geiste keine Opfer mehr bringen, sondern ihr eigenes Herz als
ein Opfer auf dem Altar der weltlichen Eitelkeit niederlegen.
Darum bist du mir eben so lieb, mein Franz Sternbald, weil
du darin so ganz anders bist; meine eigene Jugend kömmt in
20 meine Seele zurück, indem ich deine Geschichte schreibe, und alles
was ich litt, sowie alles was mich beseligte.

Als es Abend geworden war, und der rote Schimmer bebend
an den Gebüschen hing, war seine Empfindung sanfter und schöner
geworden. Er wiederholte den Brief Dürers in seinen Gedanken,
25 und zeichnete sich dabei die schönen Abendwolken in seinem Gedächtnisse ab. Er hatte sich im Garten in eine Laube zu einem
frischen Bauermädchen gesetzt, das schon seit lange viel und lebhaft mit ihm gesprochen hatte. Jetzt lag das Abendrot auf ihren
Wangen, er sah sie an, sie ihn, und er hätte sie gern geküßt; so
30 schön kam sie ihm vor. Sie fragte ihn, wenn er zu reisen gedächte;
und es war das erstemal, daß er ungern von seiner Reise sprach.
„Ist Italien weit von hier?" fragte die unwissende Gertrud.

„O ja," sagte Franz: „manche Stadt, manches Dorf, mancher
Berg liegt zwischen uns und Italien. Es wird noch lange
35 währen, ehe ich dort bin."

---

18 ff. Diese für den Stil des Romanes bezeichnende Stelle (Darum ... beseligte,
der Originaldruck hat fehlerhaft indem ich feine Geschichte schreibe) hat Tieck später
weggelassen. — 30. Das temporale wann und das conditionale wenn verwechselt Tieck
(ebenso dann und denn) in der ersten Periode beständig; erst später hat er hierin Ordnung gemacht.

„Und Ihr müßt dahin?" fragte Gertrud.

„Ich will, und muß," antwortete er; „ich denke dort viel zu lernen für meine Malerkunst. Manches alte Gebäude, manchen vortrefflichen Mann habe ich zu besuchen, manches zu thun und zu erfahren, ehe ich mich für einen Meister halten darf." 5

„Aber Ihr kommt doch wieder?"

„Ich denke," sagte Franz, „aber es kann lange währen, und dann ist hier vielleicht alles anders, ich bin hier dann längst vergessen, meine Freunde und Verwandten sind vielleicht gestorben; die Burschen und Mädchen, die eben so fröhlich singen, sind denn 10 alt und haben Kinder. Daß das Menschenleben so kurz ist, und daß in der Kürze dieses Lebens so viele und betrübte Verwandlungen mit uns vorgehn!"

Gertrud ward von ihren Eltern abgerufen und sie ging nach Hause; Franz blieb allein in der Laube. „Freilich," sagte er zu 15 sich, „ist es etwas Schönes, ruhig nur sich zu leben, und recht früh das stille Land aufzusuchen, wo wir einheimisch sein wollen. Wem die Ruhe gegönnt ist, der thut wohl daran; mir ist es nicht so. Ich muß erst älter werden, denn jetzt weiß ich selber noch nicht, was ich will." 20

Siebentes Kapitel.

Fast seit seiner Ankunft auf dem Dorfe hatte sich Franz eine Arbeit vorgenommen, es war nämlich nichts geringers, als daß er seinem Geburtsorte ein Gemälde von sich hinterlassen wollte. Der Gedanke der Verkündigung der Geburt Christi lag ihm noch 25 im Sinn, und er bildete ihn weiter aus, und malte fleißig. Aber nun fehlte ihm diese Seelenruhe, die er damals in seinem Briefe geschildert hatte, alles hatte ihn betäubt, und die bildende Kraft erlag oft den Umständen. Er fühlte es lebhaft wieder, wie es ganz etwas anders sei, in einer glücklichen Minute ein kühnes 30 und edles Kunstwerk zu entwerfen, und es nachher mit unermüdeter Emsigkeit, und dem nie ermattenden Reiz der Neuheit durchzuführen. Mitten in der Arbeit verzweifelte er oft an ihrer Vollendung, er wollte es schon unbeendigt stehen lassen, als ihm Dürers Brief zur rechten Zeit Kraft und Erquickung schenkte. Jetzt 35 endigte er schneller als er erwartet hatte.

Wir wollen hier dem Leſer dieſes Bild Franzens ganz kurz beſchreiben. Ein dunkles Abendrot lag auf den fernen Bergen, denn die Sonne war ſchon ſeit lange untergegangen, in dem bleichroten Scheine lagen alte und junge Hirten mit ihren Herden, 5 dazwiſchen Frauen und Mädchen; die Kinder ſpielten mit Lämmern. In der Ferne gingen zwei Engel durch das hohe Korn und er= leuchteten mit ihrem Glanze die Landſchaft. Die Hirten ſahen mit ſtiller Sehnſucht nach ihnen, die Kinder ſtreckten die Hände nach den Engeln aus, das Angeſicht des einen Mädchens ſtand 10 in roſenrotem Schimmer, vom fernen Strahl der Himmliſchen er= leuchtet. Ein junger Hirt hatte ſich umgewendet, und ſah mit verſchränkten Armen und tiefſinnigem Geſichte der untergegangenen Sonne nach, als wenn mit ihr die Freude der Welt, der Glanz des Tages, die anmutigen und erquickenden Strahlen verſchwunden 15 wären; ein alter Hirte faßte ihn beim Arm um ihn umzudrehen, ihm die Freudigkeit zu zeigen, die von Morgenwärts herſchritt. Dadurch hatte Franz der untergegangenen Sonne gegenüber, gleichſam eine neuaufgehende darſtellen wollen, der alte Hirte ſollte den jungen beruhigen und zu ihm ſagen: „Selig ſind die nunmehr 20 ſterben, denn ſie werden in dem Herrn ſterben.“ Einen ſolchen zarten und troſtreichen und frommen Sinn hatte Franz für den ver= nünftigen und fühlenden Beſchauer in ſein Gemälde zu bringen geſucht.

Er hatte es nun vollendet und ſtand lange nachdenkend und 25 ſtill vor ſeinem Werke. Er empfand eine wunderbare Beklemmung, die er an ſich nicht gewohnt war, es ängſtigte ihn, von dem teuren Werke, an dem er mehrere Wochen mit ſo vieler Liebe gearbeitet hatte, Abſchied zu nehmen. Das glänzende Bild der erſten Begeiſterung war während der Arbeit aus ſeiner Seele 30 gänzlich hinweggelöſcht, und er fühlte darüber eine trübe Leere in ſeinem Innern, die er mit keinem neuen Entwurfe, mit keinem Bilde wieder ausfüllen konnte. „Iſt es nicht genug,“ ſagte er zu ſich ſelber, „daß wir von unſern lebenden Freunden ſcheiden müſſen? müſſen auch noch jene befreundeten Lichter in unſrer Seele Ab= 35 ſchied von uns nehmen? So gleicht unſer Lebenslauf einem Spiele, in dem wir unaufhörlich verlieren, wo wir halb verrückt ſtets etwas Neues einſetzen, das uns koſtbar iſt und niemals keinen

---

37. niemals keinen, die beiden Negationen wie öfter bei Goethe u. a. zur Ver= ſtärkung, nicht zur Aufhebung der Verneinung.

Gewinn dafür austauschen. Es ist wunderbar, daß unser Geist
uns treibt, die innere Entzückung durch das Werk unsrer Hände
zu offenbaren, und daß wir, wenn wir vollendet haben, in unserm
Fleiß uns selber nicht wieder erkennen."

Das Malergeräte stand unordentlich um das Bild herum, die 5
Sonne schien glänzend auf den frisch aufgetragenen Firniß, er
hörte das taktmäßige Klappen der Dreschflegel in den Scheuren,
in der Ferne das Vieh auf dem Anger brüllen, und die kleine
Dorfglocke gab mit bescheidenen Schlägen die Zeit des Tages an;
alle Thätigkeit, alle menschliche Arbeit kam ihm in diesen Augen= 10
blicken so seltsam vor, daß er lächelnd die Hütte verließ und
wieder seinem geliebten Walde zueilte, um sich von der innern
Verwirrung zu erholen.

Im Walde legte er sich ins Gras nieder und sah über sich
in den weiten Himmel, er überblickte seinen Lebenslauf und schämte 15
sich, daß er noch so wenig gethan habe. Er betrachtete jedes
Werk eines Künstlers als ein Monument, das er den schönsten
Stunden seiner Existenz gewidmet habe; um jedes wehen die
himmlischen Geister, die dem bildenden Sinn die Entzückungen
brachten, aus jeder Farbe, aus jedem Schatten sprechen sie hervor. 20
"Ich bin nun schon zweiundzwanzig Jahr alt," rief er aus, "und
noch ist von mir nichts geschehen, das der Rede würdig wäre;
ich fühle nur den Trieb in mir und meine Mutlosigkeit; der
frische thätige Geist meines Lehrers ist mir nicht verliehen, mein
Beginnen ist zaghaft, und alle meine Bildungen werden die Spur 25
dieses zagenden Geistes tragen."

Er kehrte zurück, als es Abend war, und las seiner Pflege=
mutter einige fromme Gesänge aus einem alten Buche vor, das
er in seiner Kindheit sehr geliebt hatte. Die frommen Gedanken
und Ahndungen redeten ihn wieder an wie damals, er betrachtete 30
sinnend den runden Tisch mit allen seinen Furchen und Narben,
die ihm so wohl bekannt waren, er fand die Figuren wieder, die
er manchmal am Abend heimlich mit seinem Messer eingeritzt hatte,
er lächelte über diese ersten Versuche seiner Zeichenkunst. "Mutter,"
sagte er zu der alten Brigitte, "am künftigen Sonntage wird nun 35
mein Gemälde in unsrer Kirche aufgestellt, da müßt Ihr den
Gottesdienst nicht versäumen." "Gewiß nicht, mein Sohn," ant=
wortete die Alte, "das neue Bild wird mir zu einer sonderlichen
Erbauung dienen; unser Altargemälde ist kaum mehr zu erkennen,

das erweckt keine Rührung, wenn man es ansieht. Aber sage mir, was wird am Ende aus solchen alten Bildern?"

„Sie vergehen, liebe Mutter," antwortete Franz seufzend, „wie alles übrige in der Welt. Es wird eine Zeit kommen, wo
5 man keine Spur mehr von den jetzigen großen Meistern antrifft, wo die unerbittliche, unkünstliche Hand der Zeit alle Denkmale ausgelöscht hat."

„Das ist aber schlimm," sagte Brigitte, „daß alle diese mühselige Arbeit so ganz vergeblich ist; so unterscheidet sich ja deine
10 Kunst, wie du es nennst, von keinem andern Gewerbe auf der Erde. Der Mann, dessen Altarblatt nun abgenommen werden soll, hat sich auch gewiß recht gefreut, als seine Arbeit fertig war, er hat es auch gut damit gemeint; und doch ist das alles umsonst, denn nun wird das vergessen, und er hat vergeblich gearbeitet."

15 „So geht es mit aller unsrer irdischen Thätigkeit," antwortete Franz, „nichts als unsre Seele ist für die Unsterblichkeit geschaffen, unsre Gedanken an Gott sind das Höchste in uns, denn sie lernen sich schon in diesem Leben für die Ewigkeit ein, und folgen uns nach. Sie sind das schönste Kunstwerk, das wir hervorbringen
20 können, und sie sind unvergänglich."

Am Sonntage ging Franz mit einigen Arbeitsleuten früh in die Kirche. Das alte Bild wurde losgemacht; Franz wischte den Staub davon ab und betrachtete es mit vieler Rührung. Es stellte die Kreuzigung vor, und manche Figuren waren ganz ver-
25 loschen, es war eins von denen Gemälden, die noch ohne Öl gearbeitet waren, die Köpfe waren hart, die Gewänder steif, und Zettel mit Sprüchen gingen aus dem Munde der Personen heraus. Sternbald bemühte sich sehr, den Namen des Meisters zu entdecken, aber vergebens; er sorgte dann dafür, daß das Bild nicht
30 weggeworfen wurde, sondern er verschloß es selbst in einen Schrank in der Kirche, damit auch künftig ein Kunstfreund dies alte Überbleibsel wiederfinden könne.

Jetzt war sein Gemälde befestigt, die Glocke fing zum erstenmale an durch das ruhige Dorf zu läuten, Bauern und Bäuerinnen
35 waren in ihren Stuben und besorgten emsig ihren festlichen Anzug. Man hörte keinen Arbeiter, ein schöner heitrer Tag glänzte über die Dächer, die alten Weiden standen ruhig am kleinen See, denn kein Wind rührte sich. Franz ging auf der Wiese, die hinter dem Kirchhofe lag, auf und ab, er zog die ruhige heitre Luft in

sich, und stillentzückende Gedanken regierten seinen Geist. Wenn
er nach dem Walde sah, empfand er eine seltsame Beklemmung;
in manchen Augenblicken glaubte er, daß dieser Tag für ihn sehr
merkwürdig sein würde; dann verflog es wie eine ungewisse
Ahndung aus seiner Seele, die zuweilen nächtlich um den Menschen 5
wandelt, und beim Schein des Morgens schnell entflieht. Es
war jetzt nicht mehr sein Gemälde, das ihn beschäftigte, sondern
etwas Fremdes, das er selbst nicht kannte.

So ist die Seele des Künstlers oft von wunderlichen Träu=
mereien befangen, denn jeder Gegenstand der Natur, jede bewegte 10
Blume, jede ziehende Wolke ist ihm eine Erinnerung oder ein
Wink in die Zukunft. Heereszüge von Luftgestalten wandeln durch
seinen Sinn hin und zurück, die bei den übrigen Menschen keinen
Eingang antreffen; besonders ist der Geist des Dichters ein ewig
bewegter Strom, dessen murmelnde Melodie in keinem Augenblicke 15
schweigt, jeder Hauch rührt ihn an und läßt eine Spur zurück,
jeder Lichtstrahl spiegelt sich ab, er bedarf der lästigen Materie
am wenigsten und hängt am meisten von sich selber ab, er darf
in Mondschimmer und Abendröte seine Bilder kleiden und aus
unsichtbaren Harfen nie gehörte Töne locken, auf denen Engel und 20
zarte Geister herniedergleiten und jeden Hörer als Bruder grüßen,
ohne daß sich dieser oft aus dem himmlischen Gruße vernimmt
und nach irdischen Geschäften greift, um nur wieder bei sich selber
zu sein. In jenen beklemmten Zuständen des Künstlers liegt oft
der Wink auf eine neue niebetretene Bahn, wenn er mit seinem 25
Geiste dem Liede folgt, das aus ungekannter Ferne herübertönt.
Oft ist jene Ängstlichkeit ein Vorgefühl der unendlichen Mannig=
faltigkeit der Kunst, wenn der Künstler glaubt, Leiden, Unglück
oder Freuden zu ahnden.

Jetzt hatte die Glocke zum letztenmale geläutet, die Kirche 30
war schon angefüllt, Sternbalds Mutter hatte ihren gewöhnlichen
Platz eingenommen. Franz stellte sich in die Mitte der kleinen
Kirche und das Orgelspiel und der Gesang hub an; die Kirchthür
Franzen gegenüber war offen, und das Gesäusel der Bäume tönte
herein. Franz war in Andacht verloren, der Gesang zog wie mit 35
Wogen durch die Kirche, die ernsten Töne der Orgel schwollen
majestätisch herauf und sprachen wie ein melodischer Sturmwind
auf die Hörer herab; aller Augen waren während des Gesanges
nach dem neuen Bilde gerichtet. Franz sah auch hin und erstaunte

über die Schönheit und rührende Bedeutsamkeit seiner Figuren,
sie waren nicht mehr die seinigen, sondern er empfand eine Ehr=
furcht, einen andächtigen Schauer vor dem Gemälde. Es schien
ihm, als wenn sich unter den Orgeltönen die Farbengebilde be=
5 wegten und sprächen und mitsängen, als wenn die fernen Engel
näher kämen und jeden Zweifel, jede Bangigkeit mit ihren Strahlen
aus dem Gemüte hinwegleuchteten, er empfand eine unaussprechliche
Wonne in dem Gedanken ein Christ zu sein. Von dem Bilde
glitt dann sein Blick nach dem grünen Kirchhofe vor der Thüre
10 hin und es war ihm, als wenn Baum und Gesträuch außerhalb
auch mit Frömmigkeit beteten und unter der umarmenden Andacht
ruhten. Aus den Gräbern schienen leise Stimmen der Abgeschiedenen
herauszusingen und mit Geisterstimme den ernsten Orgeltönen nach=
zueilen; die Bäume jenseit des Kirchhofs standen betrübt und
15 einsam da und hoben ihre Zweige wie gefaltene Hände empor,
und freundlich legten sich durch die Fenster die Sonnenstrahlen
weit in die Kirche hinein. Die unförmlichen steinernen Bilder an
der Mauer waren nicht mehr stumm, die fliegenden Kinder, mit
denen die Orgel verzieret war, schienen in lieber Unschuld auf ihrer
20 Leyer zu spielen und den Herrn, den Schöpfer der Welt zu loben.

Sternbalds Gemüt ward mit unaussprechlicher Seligkeit an=
gefüllt, er empfand zum erstenmale den harmonischen Einklang aller
seiner Kräfte und Gefühle, ihn ergriff und beschirmte der Geist, der die
Welt regiert und in Ordnung hält, er gestand es sich deutlich, wie
25 die Andacht der höchste und reinste Kunstgenuß sei, dessen unsre
menschliche Seele nur in ihren schönsten und erhabensten Stunden
fähig ist. Die ganze Welt, die mannigfaltigsten Begebenheiten,
Unglück und Glück, das Niedre und Hohe, alles schien ihm in diesen
Augenblicken zusammenzufließen und sich selbst nach einem kunst=
30 mäßigen Ebenmaße zu ordnen. Thränen flossen ihm aus den
Augen, und er war mit sich, mit der Welt, mit allem zufrieden.

Schon in Nürnberg war es oft für Franz eine Erquickung
gewesen, sich aus dem Getümmel des Markts und des verworrenen
geräuschvollem Lebens in eine stille Kirche zu retten; da hatte er
35 oft gestanden und die Pfeiler, das erhabne Chor betrachtet und
das Gewühl vergessen, er hatte es immer empfunden, wie diese
heilige Einsamkeit auf jedes Gemüt gut wirken müsse, aber noch
nie hatte er diese reine erhabne Entzückung genossen.

Die Orgel schwieg und man vernahm aus der Ferne über

die Wiese her das Schnauben von Pferden und einen schnell=
rollenden Wagen. Franz hob seine Augen auf; in demselben
Augenblick eilte das Fuhrwerk der Kirche vorüber, ein Rad fuhr
ab, der Wagen fiel um, und ein alter Mann und ein junges
Frauenzimmer stürzten herab. Franz eilte sogleich hinaus, das 5
junge Mädchen hatte sich schon aufgerichtet und war unbeschädigt,
der Mann schien vom Falle betäubt, erholte sich aber bald. Franz
war erschrocken und sehr geschäftig die Fremden zu bedienen; der
Fuhrmann richtete indessen den Wagen wieder ein. Die Fremde
betrachtete unsern Freund sehr aufmerksam, er schien mehr er= 10
schrocken als sie, er bat sie, sich erst wieder zu erholen. Er wußte
nicht was er sagen sollte; die blauen Augen des Mädchens be=
gegneten ihm, und er errötete, der alte Mann war sehr still.
Alles war wieder im Stande, und Franz ängstigte sich, daß sie
nun wieder fortfahren würden; alle drei gingen unter den nahen 15
Bäumen auf und ab, und aus der Kirche tönte ihnen der Gesang
entgegen. Endlich stiegen die Fremden wieder ein; der junge
Maler fühlte sein Herz heftig klopfen, das schöne Mädchen dankte
ihm noch einmal, und nun flog der Wagen fort. Er sah ihnen
nach so weit er konnte; schon wurde die Gestalt undeutlich und er 20
konnte vom Fuhrwerke nichts mehr unterscheiden. Jetzt nahten sie sich
einem fernen Gebüsche, der Wagen verschwand, er war wie betäubt.

Als er wieder zu sich erwachte, sah er im Grase, wo er ge=
standen hatte, eine kleine zierliche Brieftasche liegen. Er nahm
sie schnell auf und entfernte sich damit; es war kein Zweifel, daß 25
sie den Fremden gehören müsse. Es war unmöglich dem Wagen
nachzueilen, er hatte auch nicht gefragt, wohin sie sich wenden
wollten, er wußte den Namen der Reisenden nicht, und ob das
Frauenzimmer die Tochter oder die Gattin des Mannes sei. Alles
dies beunruhigte ihn erst jetzt, als er die Brieftasche in seinen 30
Händen hielt. Er mußte sie behalten, und sie war ihm teuer,
er wagte es nicht sie zu eröffnen, sondern eilte damit seinem ge=
liebten Walde zu; hier setzte er sich auf dem Platze nieder, der
ihm so teuer war, hier machte er sie mit zitternden Händen auf,
und das erste, was ihm in die Augen fiel, war ein Gebinde wilder 35
vertrockneter Blumen. Er blickte um sich her, er besann sich, ob
es Traum sein könne, er konnte sich nicht zurückhalten, er küßte
die Blumen und weinte heftig, innerlich ertönte der Gesang des
Waldhorns, den er in der Kindheit gehört hatte.

„So biſt du es geweſen, mein Genius, mein ſchützender Engel?"
rief er aus. „Du biſt mir wieder vorübergegangen und ich kann mich
nicht finden, ich kann mich nicht zufrieden geben. Auf dieſem Plaße
hier ſind dieſe Blumen gewachſen, ſchon vierzehn Sommer ſind in=
5 deſſen über die Erde gegangen, und auf dieſem Plaße halte ich das
teure Geſchenk wieder in meinen Händen. O wann werd' ich dich
wiederſehn? Kann es Zufall ſein, daß du mir wieder begegnet biſt?"

Es giebt Stunden, in denen das Leben des Menſchen einen ge=
waltſamen ſchnellen Anlauf nimmt, wo die Blüten plötzlich aufbrechen
10 und alles ſich verändert in und um den Menſchen. Dieſer Tag war
für Sternbald ein ſolcher; er konnte ſich gar nicht wieder erholen, er
wünſchte nichts, und dürſtete doch nach den wunderbarſten Begeben=
heiten, er ſah über ſeine Zukunft wie über ein glänzendes Blumen=
feld hin, und doch genügte ihm keine Freude, er war unzufrieden mit
15 allem was da kommen konnte, und doch fühlte er ſich ſo überſelig.

Außerdem enthielt das Taſchenbuch nichts, woraus er den
Namen oder den Aufenthalt ſeiner Geliebten hätte erfahren können.
Auf der einen Seite ſtand:

„zu Antwerpen ein ſchönes Bild von Lukas von Leyden
20 geſehn".

und dicht darunter:

„eben daſelbſt, ein unbeſchreiblich ſchönes Kruzifix vom
großen Albert Dürer".

Er küßte das Blatt zu wiederholtenmalen, er konnte heut
25 ſeine Empfindungen durchaus nicht bemeiſtern. Es war ihm zu
ſeltſam und zu erfreulich, daß die Engelsgeſtalt, die er ſo fernab
im Traum ſeiner Kindheit geſehn hatte, jetzt ſeinen Dürer ver=
ehrte, den er ſo genau kannte, deſſen Schüler und Freund er
war. Sein Schickſal ſchien ein wunderbares Konzert zu ſein, er
30 konnte nicht genug darüber ſinnen, er konnte an dieſem Tage
vor Entzücken nicht müde werden.

Achtes Kapitel.

Franz hatte ſeinem Sebaſtian dieſe Begebenheiten geſchrieben,
die ihm ſo merkwürdig waren; es war nun die Zeit verfloſſen, die
35 er ſeinem Aufenthalte in ſeinem Geburtsorte gewidmet hatte, und

---

19. Lukas von Leyden (1494—1533), aus der Schule des Cornelius Engelbrechtſen,
einer der berühmteſten Kupferſtecher, Holzſchneider und Maler der niederländiſchen Schule.

er besuchte nun noch einmal die Plätze, die ihm in seiner Kindheit so
bekannt geworden waren; dann nahm er Abschied von seiner Mutter.

Er war wieder auf dem Wege, und nach einiger Zeit schrieb
er seinem Sebastian folgenden Brief:

„Liebster Bruder!   5

Manchmal frage ich mich selbst mit der größten Ungewißheit,
was aus mir werden soll? bin ich nicht plötzlich ohne mein Zuthun
in ein recht seltsames Labyrinth verwickelt? Meine Eltern sind
mir genommen, und ich weiß nun nicht, wem ich angehöre, meine
Freunde habe ich verlassen, jenen glänzenden Engel, den ich nicht   10
zu meinen Freunden rechnen darf, habe ich nur wie ein vorbei-
fliegendes Schattenbild wahrgenommen. Warum treten mir diese
Verwickelungen in den Weg, und warum darf ich nicht wie die
übrigen Menschen einen ganz einfachen Lebenslauf fortsetzen? —

Ich glaube manchmal, und schäme mich dieses Gedankens,   15
daß mir meine Kunst zu meinem Glücke nicht genügen dürfte,
auch wenn ich endlich weiter und auf eine hohe Stufe gekommen
sein sollte. Ich sage nur Dir dieses im Vertrauen, mein liebster
Sebastian, denn jeder andre würde mir antworten: nun, warum
legst Du nicht Palette und Pinsel weg, und suchst durch ge-   20
wöhnliche Thätigkeit den Menschen nützlich zu werden und Dein
Brod zu erwerben? Es kann sein, daß ich besser thäte, aber alle
dergleichen Gedanken fallen mir jetzt sehr zur Last. Es ist etwas
Trübseliges darin, daß das ganze große menschliche Leben mit allen
seinen unendlich scheinenden Verwickelungen durch den allerarm-   25
seligsten Mechanismus umgetrieben wird; die kümmerliche Sorge
für morgen setzt sie alle in Bewegung, und die meisten dünken
sich noch was rechts zu sein, wenn sie dieser Beweggrund in recht
heftige und ängstliche Thätigkeit setzt.

Ich weiß nicht, wie Du diese Äußerungen vielleicht ansehn   30
wirst, ich fühle es selbst, wie notwendig der Fleiß der Menschen
ist, eben so, wie man ihn mit Recht edel nennen kann. Aber
wenn alle Menschen Künstler wären, oder Kunst verständen, wenn
sie das reine Gemüt nicht beflecken und im Gewühl des Lebens
abängstigen dürften, so wären doch gewiß alle um vieles glücklicher. 35
Dann hätten sie die Freiheit und die Ruhe, die wahrhaftig die
größte Seligkeit sind. Wie beglückt müßte sich dann der Künstler
fühlen, der die reinsten Empfindungen dieser Geschöpfe darzustellen

unternähme! dann würde es erſt möglich ſein, das Erhabene zu
wagen, dann würde jener falſche Enthuſiasmus, der ſich an Kleinig=
keiten und Spielwerk ſchließt, erſt eine Bahn finden, auf der er
eine herrliche Erſcheinung wandeln dürfte. Aber alle Menſchen
5 ſind ſo abgetrieben, ſo von Mühſeligkeiten, Neid, Eigennuß, Planen,
Sorgen verfolgt, daß ſie gar nicht das Herz haben, die Kunſt
und Poeſie, den Himmel und die Natur als etwas Göttliches
anzuſehn. In ihre Bruſt kömmt ſelbſt die Andacht nur mit Erden=
ſorgen vermiſcht, und indem ſie glauben klüger und beſſer zu
10 werden, vertauſchen ſie nur eine Jämmerlichkeit mit der andern.

Du ſiehſt, ich führe noch immer meine alten Klagen, und ich habe
vielleicht ſehr unrecht. Ich ſehe vielleicht alles anders an, wenn ich älter
werde, aber ich wünſche es nicht. Ach Sebaſtian, ich habe manchmal
eine unausſprechliche Furcht vor mir ſelber, ich empfinde meine Be=
15 ſchränktheit, und doch kann ich es nicht wünſchen, dieſe Gefühle zu
verlieren, die ſo mit meiner Seele verwebt ſcheinen, die vielleicht mein
eigentlichſtes Selbſt ausmachen. Wenn ich daran denke, daß ich mich
ändern könnte, ſo iſt mir eben ſo, als wenn Du ſterben ſollteſt. —

Wenn ich nur wenigſtens mehr Stolz und Feſtigkeit hätte!
20 denn ich muß doch vorwärts und kann nicht immer ein weich=
herziges Kind bleiben, wenn ich auch wollte. Ich glaube faſt,
daß der Geiſt am leichteſten unterſinkt und verloren geht, der ſich
zu blöde und beſcheiden betrachtet, man muß mit kaltem Vertrauen
zum Altar der Göttin hinzutreten, und dreiſt eine von ihren
25 Gaben fordern, ſonſt drängt ſich der Unwürdige vor und trägt
über den Beſſern den Sieg davon. Ich möchte manchmal darüber
lachen, daß ich alles in der Welt ſo ernſthaft betrachte, daß ich
ſo viel ſinne, wenn es doch nicht anders ſein kann, und mit
Schwingen der Seele das zu ereilen trachte, wonach andre nur die
30 Hand ausſtrecken. Denn wohin führt mich meine Liebe, meine Ver=
ehrung der Künſtler und ihrer Werke? Viele große Meiſter haben
ſich vielleicht recht kaltblütig vor die Staffelei geſetzt, ſo wie auch ge=
wöhnlich unſer Albrecht arbeitet, und dann dem Werke ſeinen Lauf
gelaſſen, überzeugt, daß es ſo werden müſſe, wie es ihnen gut dünkt.

35 Meine Wanderung bringt oft wunderbare Stimmungen in
mir hervor. Jetzt bin ich in einem Dorfe und ſehe den Nebel
auf den fernen Bergen liegen: matte Schimmer bewegen ſich im
Dunſte, und Wald und Berg tritt oft plötzlich aus dem Schleier
hervor. Ich ſehe Wagen und Wandrer ihre Straße forteilen, und

ferne Türme und Städte sind das Ziel, wonach sie in mannig=
faltiger Richtung streben. Ich befinde mich mit unter diesem Haufen,
und die übrigen wissen nichts von mir, sie gehn mir vorüber und
ich kenne sie nicht, jeder unsichtbare Geist wird von einem ver=
schiedenen Interesse beherrscht, und jeder beneidet und bemitleidet 5
aufs Geratewohl den andern. Ich denke mir nun alle die mannig=
faltigen Wege durch Wälder, über Berge, an Strömen vorüber,
wie jeder Reisende sich umsieht, und in des andern Heimat sich
in der Fremde fühlt, wie jeder umherschaut und nach dem Bruder
seiner Seele sucht, und so wenige ihn finden, und immer wieder 10
durch Wälder und Städte, bergüber an Strömen vorbei weiter
reisen und ihn immer nicht finden. Viele suchen schon gar nicht
mehr, und diese sind die Unglücklichsten, denn sie haben die Kunst
zu leben verlernt, da das Leben nur darin besteht, immer wieder
zu hoffen, zu suchen, der Augenblick, wo wir dies aufgeben, sollte 15
der Augenblick unsers Todes sein. So ist es auch vielleicht, und
jene wahrhaft Elenden müssen dann an der Zeit hinsterben und
wissen und empfinden nicht, woran sie das Leben verlieren.

Ich will daher immer suchen und erwarten, ich will meine
Entzückung und Verehrung der Herrlichkeit in meinem Busen auf= 20
bewahren, weil dieser schöne Wahnsinn das schönste Leben ist. Der
Vernünftige wird mich immer als einen Berauschten betrachten, und
mancher wird mir vielleicht furchtsam oder auch verachtend aus dem
Wege gehn. — Welche Gegend ihr Blick wohl jetzt durchwandert!
Ich schaue nach Osten und Westen, um sie zu entdecken, und 25
ängstige mich ab, daß sie vielleicht in meiner Nähe ist, und daß
ich es nicht weiß. Nur einmal sehn, nur einmal sprechen möcht'
ich sie noch, ich kann mein Verlangen darnach nicht mit Worten
ausdrücken, und doch wüßt' ich nicht, was ich ihr sagen sollte,
wenn ich sie plötzlich wiederfände. Ich kann es nicht sagen, was 30
meine Empfindung ist, und ich weiß nicht, ob Du nicht vielleicht
über Deinen Freund lächelst. Aber Du bist zu gut, als daß Du
über mich spotten solltest, auch bin ich zu ehrlich gegen Dich.

Wenn ich an die reizenden Züge denke, an diese heilige Un=
schuld ihrer Augen, diese zarten Wangen, — wenigstens möcht' ich 35
ein Gemälde, ein treues, einfaches der jetzigen Gestalt besitzen.

3 f. sie gehn mir vorüber und ich kenne sie nicht, vgl. den Monolog des
Schillerischen Tell: "Jeder treibt sich an dem andern still und fremd vorüber und fraget
nicht nach seinem Schmerz . . . sie alle ziehen ihres Weges fort an ihr Geschäft . . ."

Tod und Trennung sind es nicht allein, die wir zu bejammern
haben; sollte man nicht jeden dieser süßen Züge, jede dieser sanften
Linien beweinen, die die Zeit nach und nach vertilgt; der un-
geschickte Künstler, der sein Bild verdirbt, das er erst so schön
5 ausgearbeitet hatte. Ich sehe sie vielleicht nach vielen, vielen Jahren
wieder, vielleicht auch nie. Es giebt ein Lied eines alten Minne-
sängers, ich weiß nicht, ob Du Dich dessen noch erinnerst.

Wohlauf und geh' in den vielgrünen Wald,
Da steht der rote frische Morgen,
10 Entlade dich der bangen Sorgen
Und sing' ein Lied, das fröhlich durch die Zweige schallt.
Es blitzt und funkelt Sonnenschein
Wohl in das grüne Gebüsch hinein
Und munter zwitschern die Vögelein.

15 Ach nein! ich geh' nimmer zum vielgrünen Wald,
Das Lied der süßen Nachtigall schallt,
Und Thränen
Und Sehnen
Bewegt mir die bange, die strebende Brust,
20 Im Walde, im Walde wohnt mir keine Lust.
Denn Sonnenschein
Und hüpfende Vögelein
Sind mir Marter und Pein.

Einst fand ich den Frühling im grünenden Thal,
25 Da blühten und dufteten Rosen zumal,
Durch Waldesgrüne
Erschiene
Im Eichenforst wild
Ein süßes Gebild.
30 Da blitzte Sonnenschein,
Es sangen Vögelein
Und riefen die Geliebte mein.

Sie ging mit Frühling Hand in Hand,
Die Weste küßten ihr Gewand
35 Zu Füßen
Die süßen

8 ff. Wie die folgenden Lieder aus alten Büchern u. dgl. ist auch dieses eine Dichtung
Tiecks, der es ohne Zusatz in die Sammlung seiner Gedichte (Dresden 1821) II, 150 ff.
aufgenommen hat.

Viol' und Primeln hingekniet,
Indem sie still vorüberzieht,
    Da gingen ihr die Töne nach,
    Da wurden alle Stimmen wach.

Mich traf ihr wunderfüßer Blick;   5
    Woher? wohin du goldnes Glück?
        Die Schöne,
        Die Töne,
        Die rauschenden Bäume,
        Wie goldne Träume!   10
        Ist dies noch der Eichengrund?
        Grüßt mich dieser süße Mund?
        Bin ich tot, bin ich gesund?

Da schwanden mir die alten Sorgen
Und neue kehrten bei mir ein,   15
    Ich traf die Maid an jedem Morgen,
    Und schöner grünte stets der Hain.
        Lieb' wie süße
        Deine Küsse!
        Glänzendschönste Zier   20
        Wohne stets bei mir,
        Im vielgrünen Walde hier.

Ich ging hinaus im Morgenlicht,
    Da kam die süße Liebe nicht;
        Vom Baum herab   25
        Schrie laut ein Rab',
    Da weint' und klagt' ich laut,
    Doch nimmer kam die Braut,
        Und Morgenschein
        Und Vögelein,   30
        Nur Angst und Pein.

Ich suchte sie auf und ab, bergwärts, thalwärts,
    Ich sah manche fremde Ströme fließen,
    Aber ach, mein liebend banges Herz
    Nimmer fand's die Gegenwart der Süßen;   35
        Einsam blieb der Wald,
        Da kam der Winter kalt,
        Vöglein,
        Sonnenschein
        Flohen aus dem Walde mein.

Ach schon viele Sommer stiegen nieder,
Oftmals kam der Zug der Vögel wieder,
Oft hat sich der Wald in Grün gekleid't,
Niemals kam zurück die süße Maid.
       Zeit! Zeit!
Warum trägst du so grausamen Neid?

Ach! sie kommt vielleicht auf fremden Wegen
Ungekannter Weis' mir bald entgegen,
Aber Jugend ist von mir gewichen,
Ihre schönen Wangen sind erblichen,
Kömmt sie auch hinab zum Eichengrund,
Kenn' ich sie nicht mehr am roten Mund.
      O Leide
Fremd sind wir uns beide!
Keiner kennt den andern
    Im Wandern.

Der Jüngling ist, der wandle munter
   Den Wald hinunter,
Wohl mag's, daß ihm Treulieb' entgegen ziehet,
      Dann blühet
Aus allen Knospen Frühling auf ihn ein:
Doch niemals treff' ich die verlorne Jugend mein,
    Drum ist mir Sonnenschein
    Die Nachtigall im Hain
    Nur Qual und Pein.

Wie wahr finde ich den kindischen Ausdruck in diesen Reimen! Vielleicht ist für mich auch einst der vielgrüne Wald so abgestorben.

Oft möcht' ich alles in Gedichten niederschreiben, und ich fühle es jetzt, wie die Dichter entstanden sind. Du vermagst das Wesen, was Dein innerstes Herz bewegt, nicht anders auszusprechen.

Ich habe neulich einen neuen Kupferstich vor unserm Albert gesehn, den er seit meiner Abwesenheit gemacht hat, denn die Zeichnung und alles war mir noch neu. Du wirst ihn kennen, es ist der lesende Einsiedler. Wie ich da wieder unter euch war! denn ich kannte die Stube, den Tisch und die runden Scheiben gleich wieder, die Dürer auf diesem Bilde von seiner eigenen Wohnung abgeschrieben hat. Wie oft habe ich die runden Scheiben betrachtet, die der Sonnenschein an der Täfelung oder an der Decke zeichnete; der Eremit sitzt an Dürers Tisch. Es ist schön, daß unser Meister in seiner frommen Vorliebe für das, was ihn

Der lesende Einsiedler. Von A. Dürer

so nahe umgiebt, der Nachwelt ein Konterfei von seinem Zimmer gegeben hat, wo doch alles so bedeutend ist, und jeder Zug An= dacht und Einsamkeit ausdrückt.

Ich gehe auf meinem Wege oft in die kleinen Kapellen hinein
5 und verweile mich dabei, die Gemälde und Zeichnungen zu be= trachten. Ob es meine Unerfahrenheit oder meine Vorliebe für das Alter macht, ich sehe selten ein ganz schlechtes Bild; ehe ich die Fehler entdecke, sehe ich immer die Vorzüge an jedem. Ich habe gemeiniglich bei jungen Künstlern die entgegengesetzte Gemüts=
10 art gefunden, und sie wissen sich immer recht viel mit ihrem Tadel. Ich habe oft eine fromme Ehrfurcht vor unsern treuherzigen Vor= fahren, die zuweilen recht schöne und erhabene Gedanken mit so wenigen Umständen ausgedrückt haben.

Ich will meinen Brief schließen. Möge der Himmel Dich
15 und meinen teuren Albert gesund erhalten! Dieser Brief dürfte seinem ernsten Sinne schwerlich gefallen. Laß mich bald Nach= richten von Dir und von allen Bekannten hören.

In der Ferne geht die Liebe
Ungekannt durch Nacht und Schatten,
20 Ach! wozu, daß ich hier bliebe
Auf den vaterländ'schen Matten?

Wie mit süßen Flötenstimmen
Rufen alle goldnen Sterne:
Weit muß manche Woge schwimmen,
25 Deine Lieb' ist in der Ferne.

Jenes Bild, vor dem du knietest,
Dich ihm ganz zu eigen gabst,
Ihm mit allen Sinnen glühtest,
An dem Schatten dich erlabst —

30 Was dein Geist als Zukunft dachte,
Dein Entzücken Kunst genannt,
Was als Morgenrot dir lachte,
Immer sich dir abgewandt:

35 Sie nur ist es, dein Verzagen
Hat sie fort von dir gescheucht,
Willst du es nur männlich wagen,
Wird das Ziel noch einst erreicht.

Alle Ketten sind gesprungen,
Frei sind alle Geister dann,
40 Jeder Knechtschaft kühn entschwungen
In dem Wollustocean.

Rückwärts flieht das zage Bangen,
Und die Muse reicht die Hand,
Führet sicher das Verlangen
45 In der Götter Himmelsland.

O wer darf mit Kunst und Liebe
Von den Sterblichen sich messen? —
Groß im schönvermählten Triebe
Wird der Künstler nie vergessen.

50 Diese ungeschickten Zeilen habe ich gestern in einem angenehmen Walde gedichtet; meine ganze Seele war darauf hingewandt, und ich bin nicht errötet, sie Dir, Sebastian, niederzuschreiben; denn warum sollte ich Dir einen Gedanken meiner Seele verheimlichen? — Lebe wohl."

Zweites Buch.

Erstes Kapitel.

Wie gern wandelt mein Geist in jener guten alten Zeit, und besucht ihre Künstler und Helden, die jetzt zum Teil vergessen sind! Wie gern höre und lese ich von euch ihr Meister, die ihr damals die niederländische Kunst berühmt machtet, Lukas von Leyden, Engelbrecht, Johann von Mabuse, und den übrigen, mit welcher Freude habe ich immer eure Werke betrachtet, vor denen die meisten vorübergehn! Wird der Geist des Lesers mir auch willig in jene Zeiten folgen, die ich mit kindlicher Vorliebe betrete? Werdet ihr euch gern von der jetzigen Welt trennen, die so nahe um euch liegt, und in der dem Menschen auch das Kleinste leicht wichtig wird? Könnte ich doch allen die liebende Empfindung mitteilen die mir die Feder in die Hand giebt, die mich so oft die alten Bücher aufschlagen läßt, die meinen Blick vor jenen geliebten Bildnissen fest hält, so daß sich jeder Zug und jede Miene dieser alten Meister meinem Gedächtnisse einprägt! Aber ich will mit keinem hadern, der zu ungeduldig diese Blätter verläßt, und lieber seinen Sinn neuen Begebenheiten hingiebt, die ihn fast noch berühren. Ich widme diese kleine unbedeutende Geschichte jenen jungen Seelen, die ihre Liebe noch mit sich selber beschäftigen, und sich noch nicht dem Strome der Weltbegebenheiten hingegeben haben, die sich noch mit Innigkeit an den Gestalten ihrer innern Phantasie ergötzen, und ungern durch die wirkliche Welt in ihren

2. Diesen ganzen Absatz hat Tieck später durch einen kürzeren ersetzt, in welchem er die Vorliebe für die niederländische Kunst nicht im eigenen Namen ausspricht, sondern seinem Helden zuschreibt, den er nach den Niederlanden reisen läßt. — 6. Über Lukas von Leyden s. oben S. 163. — 7. Engelbrecht, es ist der oben genannte Cornelius Engelbrechtsen, Lehrer Lukas' von Leyden, gemeint. — Johann Mabuse (bis 1532).

Träumen gestört werden. Wenn ihr, die ich meine, von der Kunst
entzückt werdet, wenn ihr einen Trieb in euch spüret, der euer
Herz den großen Meisterwerken oder den Helden der Vorzeit ent=
gegendrängt, wenn ihr euer Vaterland liebt, und nicht mit vor=
eiligem Enthusiasmus, aus Vorsatz zu gut zu sein, eure Brüder
verdammt, die es anders meinen, wenn ihr euren Geist von groß=
scheinenden Gegenständen zurückziehen, und auch Kleinigkeiten mit
Liebe betrachten könnt, so habe ich für euch geschrieben. Dann
rede ich euch in Gedanken an, dann glaube ich von euch, daß ihr
mich versteht, und daß euch jener Dünkel fremd ist, der sich so
gern über die größten Geister, die die menschliche Natur geboren
hat, hinausschwingt. Euch ist mein ganzes Buch geweiht und ich
tröste mich damit, daß ich glaube, daß ihr irgendwo seid, und
mir gerne zuhört.

Es war gegen Mittag, als Franz Sternbald auf dem freien
Felde unter einem Baume saß und die große Stadt Leyden be=
trachtete, die vor ihm lag. Er war an diesem Tage schon früh
ausgewandert, um sie noch zeitig zu erreichen; jetzt ruhte er aus,
und es war ihm wunderbar, daß nun die Stadt, die weltberühmte,
mit ihren hohen Türmen wie ein Bild vor ihm stand, die er
sonst schon öfter im Bilde gesehn hatte. Er kam sich jetzt vor
als eine von den Figuren, die immer in den Vordergrund eines
solchen Prospektes gestellt werden, und er sah sich nun selber ge=
zeichnet oder gemalt da liegen unter seinem Baume, und die Augen
nach der Stadt vor ihm wenden. Sein ganzes Leben erschien
ihm überhaupt oft als ein Traumgesicht, und er hatte dann einige
Mühe sich von den Gegenständen die ihn umgaben wirklich zu
überzeugen. Da er ganze Bilder, Versammlungen mit allen ihren
Menschen getreu und lebhaft in seiner Phantasie aufbewahren und
sie dann von neuem vor sich hinstellen konnte, so war er in
manchen Augenblicken ungewiß, ob alles, was ihn umgab, nicht
auch vielleicht eine Schöpfung seiner Einbildung sei.

Er hielt seine Schreibtafel in seiner Hand, und vor ihm im
Grase lag die fremde gefundene. Er hatte den Umriß eines
Kopfes entworfen, den er eben wieder ausstrich, weil ihm keine
Ähnlichkeit darin zu liegen schien; es sollte das Gesicht des fremden
Mädchens vorstellen, die seine Phantasie unaufhörlich beschäftigte.
Er rief sich dabei jeden Umstand, jedes Wort, das sie gesprochen
hatte, in die Gedanken zurück, er sah alle die lieblichen Mienen,

den süßlächelnden Mund, die unaussprechliche Grazie jeder Be=
wegung, alles dies zog wieder durch sein Gedächtnis, und er fühlte
sich darüber so entfremdet, so entfernt von ihr, so auf ewig ge=
schieden, daß ihm der helle Tag, das funkelnde Gras, die klaren
Wasser trübe und melancholisch wurden; ihm blühten und dufteten 5
nur die wenigen verwelkten Blumen, die er mit süßer Zärtlichkeit
betrachtete; dann lehnte er sich an den Stamm des Baums, der
mit seinen Zweigen und Blättern über ihm rauschte und lispelte,
als wenn er ihm Trost zusprechen möchte, als wenn er ihm dunkle
Prophezeiungen von der Zukunft sagen wollte. Franz hörte 10
aufmerksam hin als wenn er die Töne verstände; denn die Natur
redet uns mit ihren Klängen zwar in einer fremden Sprache an,
aber wir fühlen doch die Bedeutsamkeit ihrer Worte, und merken
gern auf ihre wunderbaren Accente.

Er hörte auf zu zeichnen, da ihm keiner seiner Striche Aus= 15
druck und Würde genug hatte, er betrachtete wieder die Türme
der Stadt, auf deren Schieferdächern die Sonne hell glänzte.
„So werde ich jetzt deine Straßen betreten," sagte er zu sich selber,
„so werde ich den großen Lukas sehn dürfen, von dem mir Albrecht
Dürer mit so vieler Liebe gesprochen hat, der schon als Kind ein 20
Künstler war, dessen Namen man schon in seinem sechszehnten
Jahre kannte. Ich werde ihn sprechen hören und von ihm lernen,
ich werde seine neusten Werke sehn, ich werde ihm sagen können
wie ich ihn bewundre; wenn ich mich nur nicht schämen dürfte,
ihm unter die Augen zu treten! Denn noch habe ich nichts ge= 25
than, noch darf ich mich ihm nicht als Künstler nennen, ich bin
noch nichts, und ich schäme mich vor jedem trefflichen Manne."

Er stand eilig auf, und näherte sich mit schnellen Schritten
der Stadt; schon stand er nahe vor dem Thore, und sah die Leute
aus und eingehn, als er das fremde Taschenbuch vermißte, und 30
merkte, daß er es beim Aufstehn unter dem Baume hatte liegen
lassen; er erschrak heftig, und ging mit noch schnellern Schritten
zurück. Der Baum war so weit entfernt, daß er ihn jetzt nicht
mit den Augen wiederfinden konnte, er lief sich außer Atem.
Endlich entdeckte er ihn wieder ganz in der Ferne, aber zugleich 35
bemerkte er zwei Wandersleute die nach derselben Stelle zu gehen
schienen. Seine Angst, daß sie den Baum früher als er erreichen

19. Der oben genannte Lukas von Leyden.

möchten, ist nicht zu beschreiben, er war überzeugt, daß sie ihm
das Taschenbuch nimmermehr zurückgeben würden, wenn sie es
finden sollten. Endlich kam er an; die Schreibtafel lag noch im
Grase, er hob sie eilig auf, und warf sich nieder unter den Baum,
5 indem er sie betrachtete und küßte; die Wandrer gingen vorbei
ohne nach ihm umzusehn. Franz fühlte sein Herz heftig schlagen,
der Schweiß floß ihm die Stirn hinab, er war so froh als wenn
er die Tafel erst jetzt zum erstenmal gefunden hätte; es rührte
ihn innig, daß sie beinah für ihn verloren gewesen sei. Die beiden
10 Wandrer waren ihm jetzt beinahe schon aus den Augen verschwunden,
er beschloß nun unter diesem Baume, der ihm so lieb geworden
war, zu ruhen, bis die Mittagshitze vorüber sein würde.

Ohne daß er es bemerkte schlief er nach und nach ein; die
Stille, das liebliche Geräusch der Blätter, ein Gewässer in der
15 Entfernung luden ihn dazu. Er hörte alles noch leise in seinen
Schlummer hinein, und ihm dünkte als wenn er über eine Wiese
ginge, auf der fremde Blumen standen, die er bis dahin noch nie
gesehen hatte. Unter den Blumen waren auch die Feldblumen
gewachsen, die er bei sich trug, aber sie waren nun wieder frisch
20 geworden, und verdunkelten an Farbe und Glanz alle übrigen.
Franz grämte sich bei aller ihrer Schönheit, und wollte sie wieder
pflücken, als er am Ende der Wiese, in einer Laube sitzend, seinen
Lehrer Albert Dürer wahrnahm, der nach ihm sah und ihm zu
winken schien. Er ging schnell hinzu, und als er näher kam, be-
25 merkte er deutlich, daß Albrecht emsig an einem Gemälde arbeitete,
es war der Kopf der Fremden, das Gesicht war zum Sprechen
ähnlich. Franz wußte nicht was er zu seinem Lehrer sagen sollte,
seine Augen waren auf das Gemälde hingeheftet, und es war ihm,
als wenn es über seine Verlegenheit und Aufmerksamkeit zu lächeln
30 anfinge. Indem er noch darüber nachdachte, war er in einem
dunkeln Walde und alles übrige war verschwunden; liebliche
Stimmen riefen ihn bei seinem Namen, aber er konnte sich aus
dem Gebüsche nicht herausfinden, der Wald ward immer grüner
und immer dunkler, aber Sebastians Stimme und die Stimme
35 der Fremden wurden immer deutlicher, sie riefen ihn mit Ängstlichkeit, als wenn er sich in einer Gefahr befände. Er fürchtete
sich, und die dichten Bäume und Gebüsche kamen ihm entsetzlich
vor, er zagte weiter zu gehn, er wünschte das freie helle Feld
wieder anzutreffen. Nun war es Mondschein. Wie vom Schimmer

erregt, klang von allen silbernen Wipfeln ein süßes Getöne nieder;
da war alle Furcht verschwunden, der Wald brannte sanft im
schönsten Glanze, und Nachtigallen wurden wach, und flogen dicht
an ihm vorüber, dann sangen sie mit süßer Kehle, und blieben
immer im Takte mit der Musik des Mondscheins. Franz fühlte 5
sein Herz geöffnet, als er in einer Klause im Felsen einen Wald=
bruder wahrnahm, der andächtig die Augen zum Himmel aufhob
und die Hände faltete. Franz trat näher: „Hörst du nicht die
liebliche Orgel der Natur spielen?" sagte der Einsiedel, „bete wie
ich thue." Franz war von dem Anblicke hingerissen, aber er sah 10
nun Tafel und Palette vor sich und malte unbemerkt den Eremiten,
seine Andacht, den Wald mit seinem Mondschimmer, ja es gelang
ihm sogar, und er konnte nicht begreifen wie es kam, die Töne
der Nachtigall in sein Gemälde hineinzubringen. Er hatte noch
nie eine solche Freude empfunden, und er nahm sich vor, wenn 15
das Bild fertig sei, sogleich damit zu Dürer zurückzureisen, damit
dieser es sehn und beurteilen möge. Aber in einem Augenblicke
verließ ihn die Lust weiter zu malen, die Farben erloschen unter
seinen Fingern, ein Frost überfiel ihn, und er wünschte den Wald
zu verlassen. 20
    Franz erwachte mit einer unangenehmen Empfindung, es war
einer der letzten warmen Tage im Herbst gewesen, jetzt ging
die Sonne in dunkelroten Wolken hinter der Stadt unter, und
ein kalter Herbstwind strich über die Wiese. Franz ging wieder
nach der Stadt, sein Traum lag ihm stets in den Gedanken, er 25
sah noch immer den schönen mondglänzenden Wald, den Eremiten,
und die Stimmen seiner Freunde tönten noch immer in seinen
Ohren. Das Gedränge am Thore war groß, denn jedermann
eilte nun aus den Feldern, und von den benachbarten Dörfern
zur Stadt zurück, er beobachtete die mannigfaltigen Gesichter, er 30
hörte einzelne abgerissene Gespräche und Namen nennen, deren
kurze Geschichte er durch die Sprechenden erfuhr. Nun war er
in der Stadt; er empfand es seltsam, nun wieder an einem fremden
großen Orte, unter so vielen ihm ganz unbekannten Menschen zu
sein, er schweifte hin und wieder; der Mond stand am hellen 35
Himmel und schien auf die Dächer der Kirchen und auf die freien
Plätze; endlich kehrte er in eine Herberge ein.
    Franz fühlte sich müde und darum ging er bald zu Bette,
aber er konnte noch lange nicht einschlafen. Die Scheibe des

Mondes stand seinem Kammerfenster gerade gegenüber, er be=
trachtete ihn mit sehnsüchtigen Augen, er suchte auf dem glänzenden
Runde, und in seinen Flecken Berge und Wälder; bald schien er
erhabene Türme zu entdecken, bald die See mit ihren segelnden
5 Schiffen; ach dort! dort! rief eine innerliche Stimme seiner Brust,
ist die Heimat aller unsrer Wünsche, dort ist die Liebe zu Hause,
dort wohnt das Glück, von da herab scheint es auf uns nieder,
und sieht uns wehmütig an, daß wir noch hier sind.

Er verschloß sein Auge, da erschien ihm die Fremde mit
10 allen ihren Reizen, sie winkte ihm, und vor ihm lag ein schöner
dunkler Lindengang, welcher blühte und den süßesten Duft ver=
breitete. Sie ging hinein, er folgte ihr schüchtern nach, er gab
ihr die Blumen zurück, und erzählte ihr, wer er sei. Da umfing
sie ihn mit ihren zarten Armen, da kam der Mond mit seinem
15 Glanze näher, und schien ihnen beiden hell ins Angesicht, sie ge=
standen sich ihre Liebe, sie waren unaussprechlich glücklich. —
Diesen Traum setzte Franz fort, die frühesten Erinnerungen aus
seinen Kinderjahren kamen zurück, alle schönen Empfindungen, die
er einst gekannt hatte, zogen wieder an ihm vorbei und begrüßten
20 ihn. So ist der Schlaf oft ein Ausruhn in einer schönern Welt;
wenn die Seele sich von diesem Schauplatze hinwegwendet, so eilt
sie nach jenem unbekannten magischen, auf welchem liebliche Lichter
spielen, und kein Leiden erscheinen darf; dann dehnt der Geist
seine großen Flügel auseinander und fühlt seine himmlische Frei=
25 heit, die Unbegrenztheit, die ihn nirgends beengt und quält. Beim
Erwachen sehn wir oft zu voreilig mit Verachtung auf dieses
schönere Dasein hin, weil wir unsre Träume nicht in unser Tages=
leben hineinweben können, weil sie nicht da fortgefahren sind, wo
unsre Menschenthätigkeit am Abend aufhörte, sondern ihre eigene
30 Bahn wandelten.

Am Morgen erkundigte sich Franz mit glühendem Gesichte
nach der Wohnung des berühmten Lukas von Leyden. Man be=
zeichnete ihm die Straße und das Haus, und er ging mit hoch=
schlagendem Herzen hin. Er ward in ein ansehnliches Haus ge=
35 führt, und eine Magd sagte ihm, daß der Herr sich schon in seiner
Malerstube befinde und arbeite. Franz bat, daß man ihn hinein=
führen möchte. Die Thür öffnete sich, und Franz sah einen kleinen,
freundlichen, ziemlich jungen Mann vor einem Gemälde sitzen, an
dem er fleißig arbeitete, um ihn her standen und hingen vielerlei

Schildereien, einige Farbenkasten, Zeichnungen und Anatomieen,
aber alles in der besten Ordnung. Der Maler stand auf und
ging Franzen entgegen, der Schüler war jetzt mit seinen Augen
dem Gesicht des berühmten Meisters gegenüber, und vermochte in
der ersten Verwirrung kein Wort hervorzubringen. Endlich faßte ⁵
er sich, und nannte seinen Namen und den Namen seines Lehrers.
Lukas hieß ihn von Herzen willkommen, und beide setzten sich nun
in der Werkstatt nieder, und Franz erzählte ganz kurz seine Reise,
und sprach von einigen merkwürdigen Gemälden, die er unterwegs
angetroffen hatte. Er beschaute während dem Sprechen aufmerk= ¹⁰
sam das Bild, an welchem Lukas eben arbeitete; es war eine
heilige Familie, und er traf darinnen vieles von einigen Dürer=
schen Arbeiten an, denselben Fleiß, dieselbe Genauigkeit im Aus=
malen, nur schien ihm an Lukas Bildern Dürers strenge Zeichnung
zu fehlen, ihm dünkte, als wären die Umrisse weniger dreist und ¹⁵
sicher gezogen, dagegen hatte Lukas etwas Liebliches und Anmutiges
in den Wendungen seiner Gestalten, ja auch in seiner Färbung,
das dem Dürer mangelte. Dem Geiste nach, glaubte er, müßten
sich diese beiden großen Künstler sehr nahe verwandt sein, er sah
hier dieselbe Simplizität in der Zusammensetzung, dieselbe Ver= ²⁰
schmähung unnützer Nebenwerke, die rührende und echt deutsche
Behandlung der Gesichter und Leidenschaften, dasselbe Streben
nach Wahrheit.

Lukas war in seinem Gespräche ein muntrer, fröhlicher
Mann, seine Augen waren sehr lebhaft, und seine schnellverän der= ²⁵
lichen Mienen begleiteten und erklärten jedes seiner Worte.
Franz konnte ihn noch immer nicht genug betrachten, denn in
seiner Einbildung hatte er sich ihn ganz anders gedacht, er hatte
einen großen, starken, ernsthaften Mann erwartet, und nun sah er
eine kleine, sehr behende aber fast kränkliche Figur vor sich, dessen ³⁰
Reden alle das Gepräge eines lustigen freien Gemütes trugen.

„Es freut mit ungemein, Euch kennen zu lernen,“ rief Lukas
mit seiner Lebhaftigkeit aus, „aber vor allen Dingen wünschte
ich einmal Euren Meister zu sehen, ich wüßte nichts Erfreulicheres,
das mir begegnen könnte, als wenn er so wie Ihr heut thatet, ³⁵
in meine Werkstatt hereinträte; bin auch auf keinen andern
Menschen in der Welt so neugierig als auf ihn, denn ich halte
ihn für den größten Künstler, den die Zeiten hervorgebracht
haben. Er ist wohl sehr fleißig?“

„Er arbeitet fast immer," antwortete Franz, „und er kennt auch kein größeres Vergnügen als seine Arbeit. Seine Emsigkeit geht so weit, daß er dadurch sogar manchmal seiner Gesundheit Schaden thut."

5 „Ich will es gern glauben," antwortete Lukas, „es zeugen seine Kupferstiche von einer fast unbegreiflichen Sorgfalt, und doch hat er davon schon so viele ausgehn lassen! Man kann nichts Sauberers sehn als seine Arbeit, und doch leidet unter diesem Fleiße die Wahrheit und der eigentliche Ausdruck seiner Dar-
10 stellungen niemals, so daß seine Emsigkeit nicht bloß zufällige Zier, sondern Wesen und Sache selbst ist. Und dann begreife ich kaum die mannigfaltigen Arten seiner Arbeiten von den kleinsten und feinsten Gemälden bis zu den lebensgroßen Bildern, dann seine Holzstiche, seine Kupferarbeiten, seine saubern Figuren,
15 die er auf Holz in erhabener Arbeit geschnitten, und die so leicht, so zierlich sind, daß man trotz ihrer Vollendung die Arbeit ganz daran vergißt, und gar nicht an die vielen mühseligen Stunden denkt, die der Künstler darüber zugebracht haben muß. Wahrlich, Albert ist ein äußerst wunderbarer Mann, und ich halte
20 den Schüler für sehr glücklich, dem es vergönnt ist, unter seinen Augen seine erste Laufbahn zu eröffnen."

Franz war immer gerührt, wenn von seinem Lehrer die Rede war; aber das Lob, diese Verehrung seines Meisters aus dem Munde eines andern großen Künstlers setzte sein Herz in
25 die gewaltsamste Bewegung. Er drückte Lukas' Hand, und sagte mit Thränen: „Glaubt mir, Meister, ich habe mich vom ersten Tage glücklich geschätzt, da ich Dürers Haus betrat."

„Es ist eine seltsame Sache mit dem Fleiße," fuhr Lukas fort, „so treibt es auch mich Tag und Nacht zur Arbeit, so daß
30 mich manchmal jede Stunde, ja jede Minute gereut, die ich nicht in dieser Stube zubringen darf. Von Jugend auf ist es so mit mir gewesen, und ich habe auch nie an Spielen, Erzählungen, oder dergleichen zeitvertreibenden Dingen Gefallen gefunden. Ein neues Bild liegt mir manchmal so sehr im Sinne, daß ich
35 davor nicht schlafen kann. Ich weiß mir auch keine größere Freude, als wenn ich nun endlich ein Gemälde, an dem ich lange arbeitete, zustande gebracht habe, wenn nun alles fertig geworden ist, was mir bis dahin nur in den Gedanken ruhte, wenn man nun zugleich mit jedem Bilde merkt, wie die Hand

geübter und dreister wird, wie nach und nach alles das von
selbst sich einstellt, was man anfangs mit Mühe erringen und er-
kämpfen mußte. O mein lieber Sternbald, ich könnte manchmal stundenlang davon schwatzen, wie ich nach und nach ein
Maler geworden bin, und wie ich noch hoffe, mit jedem Tage 5
weiter zu kommen."

„Ihr seid ein sehr glücklicher Mann," antwortete Franz.
„Wohl dem Künstler, der sich seines Werts bewußt ist, der mit
Zuversicht an sein Werk gehn darf, und es schon gewohnt ist,
daß ihm die Elemente gehorchen. Ach, mein lieber Meister, ich 10
kann es Euch nicht sagen, Ihr könnt es vielleicht kaum fassen,
welchen Drang ich zu unsrer edlen Kunst empfinde, wie es meinen
Geist unaufhörlich antreibt, wie alles in der Welt, die seltsamsten
und fremdesten Gegenstände so gar nur von der Malerei zu mir
sprechen; aber je höher meine Begeisterung steigt, je tiefer sinkt 15
auch mein Mut, wenn ich irgend einmal an die Ausführung gehn
will. Es ist nicht, daß ich die Übung und den wiederholten
Fleiß scheue, daß es ein Stolz in mir ist, gleich das Vortrefflichste
hervorzubringen, das keinen Tadel mehr zulassen dürfte, sondern
es ist eine Angst, eine Scheu, ja ich möchte es wohl eine An- 20
betung nennen, beides der Kunst und des Gegenstandes, den ich
darzustellen unternehme."

„Ihr erlaubt mir wohl," sagte Lukas, „indem wir sprechen,
an meinem Bilde weiter zu malen." Und wirklich zog er auch
die Staffelei herbei, und vermischte die Farben auf der Palette, 25
die er auftragen wollte. — „Wenn ich Euch mit meinem Ge-
schwätze nur nicht störe," sagte Franz, „denn diese Arbeit da ist
äußerst kunstreich." — „Gar nicht," sagte Lukas, „thut mir den
Gefallen und fahrt fort."

„Wenn ich mir also," sagte Franz, „eine der Thaten unsers 30
Erlösers in ihrer ganzen Herrlichkeit denke, wenn ich die Apostel,
die Verehrungswürdigen vor mir sehe, die ihn umgaben, seine
göttliche Milde, mit der er lehrt und spricht; wenn ich mir einen
der heiligen Männer aus der ersten christlichen Kirche denke, die
mit so kühnem Mute das Leben und seine Freuden verachteten, 35
und alles hingaben, was den übrigen Menschen so viele Sehnsucht, so manche Wünsche ablockt, um nur das innerste Bekenntnis
ihres Herzens, das Bewußtsein der großen Wahrheit sich zu behaupten und andern mitzuteilen; wenn ich dann diese erhabenen

Gestalten in ihrer himmlischen Glorie vor mir sehe, und nun noch
bedenke, daß es einzelnen Auserwählten gegönnt ist, daß sich ihnen
das volle Gefühl, daß sich ihnen jene Helden und der Sohn
Gottes in eigentümlichern Gestalten und Farben als den übrigen
5 Menschen offenbaren, und daß sie durch das Werk ihrer Hände
schwächern Geistern diese Offenbarungen wieder mitteilen dürfen;
wenn ich mich meiner Entzückungen vor herrlichen Gemälden er=
innere, seht, so entschwindet mir dann aller Mut, so wage ich es
nicht, mich jenen auserwählten Geistern zuzurechnen und statt zu
10 arbeiten, statt fleißig zu sein, verliere ich mich in ein leeres un=
thätiges Staunen."

"Ihr seid brav," sagte Meister Lukas, ohne von seinem
Bilde aufzusehn, "aber das wird sich fügen, daß Ihr auch Mut
bekommet."

15 "Schon mein Lehrer," fuhr Franz fort, "hat mich deshalb
getadelt, aber ich habe mir niemals helfen können, ich bin von
Kindheit auf so gewesen. Aber so lange ich in Nürnberg war,
in der Gegenwart des teuren Albrecht, bei meinem Freunde, und
von alle dem bekannten Geräte umgeben, konnte ich mich doch
20 immer noch etwas aufrecht erhalten. Ich lernte mich aus Ge=
wohnheit ein, den Pinsel zu führen, ich fühlte, wie ich nach und
nach etwas weiter kam, weil es immer derselbe Ort war, den ich
wieder betrat, weil dieselben Menschen mich aufmunterten, und
weil ich nun auf einer gebahnten Straße gerade ausging, ohne
25 mich weiter rechts oder links umzusehn. Freilich durfte ich keine
neue Erzählung hören, keinen neuen verständigen Mann kennen
lernen, ohne etwas irre zu werden, doch fand ich mich bald
wieder zurecht. Aber seit meiner Abreise aus Nürnberg hat sich
alles das geändert. Meine innerlichen Bilder vermehren sich bei
30 jedem Schritte, den ich thue, jeder Baum, jede Landschaft, jeder
Wandersmann, Aufgang der Sonne und Untergang, die Kirchen,
die ich besuche, jeder Gesang, den ich höre, alles wirkt mit
quälender und schöner Geschäftigkeit in meinem Busen, und bald
möcht' ich Landschaften, bald heilige Geschichten, bald einzelne Ge=
35 stalten darstellen, die Farben genügen mir nun nicht, die Ab=
wechselung ist mir nicht mannigfaltig genug, ich fühle das Edle
in den Werken andrer Meister, aber mein Gemüt ist nunmehr
so verwirrt, daß ich mich durchaus nicht unterstehen darf, selber
an die Arbeit zu gehn."

Lukas hielt eine Weile mit Malen inne und betrachtete Sternbald sehr aufmerksam, der sich durch Reden erhitzt hatte, dann sagte er: „Lieber Freund, ich glaube, daß Ihr so auf einem ganz unrechten Wege seid. Ich kann mir Eure Verfassung wohl so ziemlich vorstellen, aber ich bin niemals in solcher Gemüts= stimmung gewesen. Von der frühesten Jugend habe ich einen heftigen Trieb in mir empfunden zu bilden und ein Künstler zu sein; aber von je an lag mir die Nachahmung klar im Sinne, daß ich nie zweifelhaft war oder zögerte, was aus einer Zeich= nung werden sollte. Schon während der Arbeit lag mir dann ein andrer Entwurf schon ganz deutlich im Kopfe, den ich aber so schnell und eben so unverzagt als den vorigen ausführte, und so sind meine zahlreichen Werke entstanden, ob ich gleich noch nicht alt bin. Euer Zagen, Eure zu große Verehrung des Gegen= standes ist, will mich dünken, etwas Unkünstlerisches; denn wenn man ein Maler sein will, so muß man doch malen, man muß beginnen und endigen, Eure Entzückungen könnt Ihr ja doch nicht auf die Tafel tragen. Nach dem, was Ihr mir gesagt habt, müßt Ihr viele Anlagen zu einem Poeten haben, nur muß ein Dichter auch mit Ruhe arbeiten. — Erlaubt mir, daß ich Euch noch etwas sage: Ich habe mich von jeher über die Künstler gewundert, die Wallfahrten nach Italien, wie nach einem ge= lobten Lande der Kunst anstellen, aber nach dem, was Ihr mir von Euch erzählt habt, muß ich mich billig noch mehr verwundern. Warum wollt Ihr Eure Zeit also verderben? Mit Eurer Reiz= barkeit wird Euch jeder neue Gegenstand, den Ihr erblickt, zer= streuen, die größere Mannigfaltigkeit wird Eure Kräfte noch mehr niederschlagen; sie werden alle verschiedene Richtungen suchen, und alle diese Richtungen werden für Euch nicht genügend sein. Nicht, als ob ich die großen Künstler Italiens nicht schätzte und liebte, aber man mag sagen was man will, so hat doch jedes Land seine eigene Kunst, und es ist gut, daß es sie hat. Ein Meister tritt dann in die Fußstapfen des andern, und verbessert, was bei ihm etwa noch mangelhaft war; was dem ersten schwer war, wird dem zweiten und dritten leicht, und so wird die vater= ländische Kunst endlich zur höchsten Vortrefflichkeit hingeführt. Wir sind einmal keine Italiener, und ein Italiener wird nimmer= mehr deutsch empfinden. Wenn ich Euch also raten soll, so stellt lieber Eure Reise nach Italien ganz ein und bleibt im Vater=

lande, denn was wollt Ihr dort? Meint Ihr, Ihr werdet die
italienischen Bilder mit einem andern als einem deutschen Auge
sehen können? So wie auch kein Italiener die Kraft und Vor=
trefflichkeit Eures Albert Dürer jemals erkennen wird; es sind
5 widerstrebende Naturen, die sich niemals in demselben Mittelpunkte
vereinigen können. Wenn Ihr hingeht, so wird jedes neue
Gemälde, jede neue Manier eine neue Lust in Euch erwecken, Ihr
werdet in ewiger Abwechselung vielleicht arbeiten, aber Euch
niemals üben, Ihr werdet kein Italiener werden, und könnt doch
10 kein Deutscher bleiben, Ihr werdet zwischen beiden streben, und
die Mutlosigkeit und Verzagtheit wird Euch am Ende nur noch
viel stärker, als jetzt ergreifen. Ihr findet meinen Ausspruch
vielleicht hart, aber Ihr seid mir wert, und darum wünsche ich
Euer Bestes. Glaube mir, jeder Künstler wird, was er werden
15 kann, wenn er ruhig sich seinem eignen Geiste überläßt, und dabei
unermüdet fleißig ist. Seht nur Euren Albert Dürer an; ist er
denn nicht ohne Italien geworden, was er ist, denn sein kurzer
Aufenthalt in Venedig kann kaum in Rechnung gebracht werden,
und denkt Ihr denn mehr zu leisten als er? Auch unsre besten
20 Meister in den Niederlanden haben Italien nicht gesehn, sondern
einheimische Natur und Kunst hat sie groß gezogen; manche
mittelmäßige, die dort gewesen sind, haben eine fremde Manier
nachahmen wollen, die ihnen nimmermehr gelingt, und als etwas
Erzwungenes herauskömmt, das ihnen nicht steht, und sich in
25 unsrer Gegend nicht ausnimmt. Mein lieber Sternbald, wir sind
gewiß nicht für die Antiken, wir verstehen sie auch nicht mehr,
unser Fach ist die wahre nordische Natur; je mehr wir diese er=
reichen, je wahrer und lieblicher wir diese ausdrücken, je mehr
sind wir Künstler. Und das Ziel, wonach wir streben, ist gewiß
30 eben so groß als der poetische Zweck, den sich die andern vor=
gestellt haben.“

Franz war noch in seinem Leben nicht so niedergeschlagen
gewesen. Er glaubte es zu empfinden, wie er noch keine Ver=
dienste habe; diese Verehrung der Kunst, diese Begier Italien mit
35 seinen Werken zu sehn, hatte er immer für sein einziges Verdienst
gehalten, und nun vernichtete ein verehrungswürdiger Meister ihm
auch dieses gänzlich. Zum erstenmale erschien ihm sein ganzes
Beginnen thöricht und unnütz. „Ihr mögt recht haben, Meister!“
rief er aus, „ich bin nun auch beinahe davon überzeugt, daß ich

zum Künstler verdorben bin; je mehr ich Eure Vortrefflichkeit
fühle, um so stärker empfinde ich auch meinen Unwert, ich führe
ein verlornes Leben in mir, das sich an keine vernünftige Thätig=
keit hinaufranken wird, ein unglückseliger Trieb ist mir eingehaucht,
der nur dazu nützt, mir alle Freuden zu verbittern, und mir 5
aus den köstlichsten Gerichten dieses Lebens etwas Albernes und
Nüchternes zuzubereiten."

„Es ist nicht so gemeint," sagte Lukas mit einem Lächeln,
das seinem freundlichen Gesichte sehr gut stand; „ich merke, daß
alles bei Euch aus einem zu heftigen Charakter entspringt, und 10
freilich, darin kann sich der Mensch nicht ändern und wenn er
es auch noch so sehr wollte. Gebt Euch zufrieden, meine Worte
sind immer nur die Worte eines einzelnen Mannes, und ich kann
mich eben so leicht irren als jeder andre."

„Ihr seid nicht wie jeder andre," sagte Franz mit der 15
größten Lebhaftigkeit, „das fühl ich zu lebendig in meinem Herzen,
Ihr solltet es nur einmal hören, mit welcher Verehrung mein
Meister immer von Euch spricht; Ihr solltet es nur wissen können
wie vortrefflich Ihr mir vorkommt, welch Gewicht bei mir jedes
Eurer Worte hat. Wie viele Künstler dürfen sich denn mit Euch 20
messen? Wer auf solche Stimmen nicht hörte, verdiente gar nicht
Euch so gegenüber zu sitzen, mit Euch zu sprechen, und diese
Freundschaft und Güte zu erhalten."

„Ihr seid jung," sagte Lukas, „und Euer Wesen ist mir
ungemein lieb, es giebt wenig solcher Menschen, die meisten be= 25
trachten die Kunst nur als ein Spielwerk, und uns als große
Kinder, die albern genug bleiben um sich mit derlei Possen zu
beschäftigen. — Aber laßt uns auf etwas anders kommen, ich
bin jetzt überdies müde zu malen. Ich habe einen Kupferstich
von Eurem Albert erhalten, der mir bisher noch unbekannt war. 30
Es ist der heilige Hubertus, der auf der Jagd einem Hirsche mit
einem Kruzifixe zwischen dem Geweih begegnet, und sich bei diesem
Anblicke bekehrt und seine Lebensweise ändert. Seht hierher, es
ist für mich ein merkwürdiges Blatt, nicht bloß der schönen Aus=
führung, sondern vorzüglich der Gedanken halber, die für mich 35
darin liegen. Die Gegend ist Wald, und Dürer hat einen hohen
Standpunkt angenommen, weshalb ihn nur ein Unverständiger
tadeln könnte, denn wenn auch ein dichter Wald, wo wir nur
wenige große Bäume wahrnehmen, etwas natürlicher beim ersten

St. Hubertus. Von A. Dürer.

Anblick in die Augen fallen dürfte, so könnte das doch nimmer=
mehr das Gefühl der völligen Einsamkeit so ausdrücken und dar=
stellen wie es hier geschieht, wo das Auge weit und breit alles
übersieht, einzelne Hügel und lichte Waldgegenden. Ich glaube
auch, daß manche Leute, die mehr guten Willen vernünftig zu 5
sein als Verstand haben, den gewählten Gegenstand selbst als
etwas Albernes tadeln dürften, ein Rittersmann, der vor einer
unvernünftigen Bestie knicet. Aber das ist es gerade, wenn ich
meine aufrichtige Meinung sagen soll, was mir so sehr daran
gefällt und zu großem Vergnügen gereicht. Es ist so etwas 10
Unschuldiges, Frommes und Liebliches darin, wie der Jagd=
mann hier knicet, und das Hirschlein mit seiner kindischen Phy=
siognomie so unbefangen drein sieht, im Kontrast mit der heiligen
Ehrfurcht des Mannes; dies erweckt ganz eigene Gedanken von
Gottes Barmherzigkeit, von dem grausamen Vergnügen der Jagd, 15
und dergleichen mehr. Nun beobachtet einmal die Art wie der
Ritter niederkniect; es ist die wahrste, frömmste und rührendste,
mancher hätte hier wohl seine Zierlichkeit gezeigt, wie er Beine
und Arme verschiedentlich zu stellen wüßte, so daß er durch An=
nehmlichkeit der Figur sich gleichsam vor jedem entschuldigt hätte, 20
daß er ein so närrisches Bild zu seinem Gegenstande gemacht.
Denn manche zierliche Maler sind mir so vorgekommen, daß sie
nicht sowohl verschiedentliche Bilder malen, als vielmehr nur die
Gegenstände brauchen, um immer wieder ihre Verschränkungen
und Niedlichkeiten zu zeigen; diese putzen sich mit der edlen 25
Malerkunst, statt daß sie ihr freies Spiel, und eine eigne Bahn
gönnen sollten. So ist es nicht mit diesem Hubertus beschaffen.
Seine zusammengelegten Beine, auf denen er so ganz natürlich
hinkniect, seine gleichförmigen aufgehobenen Hände sind das Wahrste,
was man sehen kann; aber sie haben nicht die spielende Anmut, 30
die manche der heutigen Welt über alles schätzen.“

Lukas sprach noch mancherlei; dann besuchten ihn einige
Freunde aus der Stadt, mit denen er und Franz sich zu Tische
setzten. Man lachte und erzählte viel; von der Malerei ward
nur wenig gesprochen. 35

Zweites Kapitel.

Franz hielt sich längere Zeit in Leyden auf, als er sich anfangs vorgenommen hatte, denn Meister Lukas hatte ihm einige Konterfeie zu malen übergeben, die Franz zu dessen Zufriedenheit
5 beendigte. Beide hatten sich oft von der Kunst unterhalten. Franz liebte Lukas ungemein, aber doch konnte er in keiner Stunde das Vertrauen zu ihm fassen, das er zu seinem Lehrer hatte, er fühlte sich in seiner Gegenwart immer gedemütigt, seine freiesten Gedanken waren gefesselt, selbst Lukas' fröhliche Laune konnte ihn ängstigen,
10 weil sie von der Art wie er sich zu freuen pflegte, so gänzlich verschieden war. Er kämpfte oft mit der Verehrung, die er vor dem niederländischen Meister empfand, denn er schien ihm in manchen Augenblicken nur ein Handwerker zu sein; wenn er dann wieder den hurtigen erfinderischen Geist betrachtete, den nie rastenden
15 Eifer, die Liebe zu allem Vortrefflichen, so schämte er sich seines Mißtrauens.

Als er an einem Morgen Lukas' Werkstelle besuchte, — wie erstaunte er, was glich seiner Freude! — als er seinen Lehrer, seinen über alles geschätzten Dürer neben dem niederländischen
20 Maler sitzen sah. Erst schien es ihm nur ein Blendwerk seiner Augen zu sein; aber Dürer stand auf und schloß ihn herzlich in seine Arme; die drei Maler waren überaus fröhlich sich zu sehn. Fragen und Antworten durchkreuzten sich, besonders hinderte der lebhafte Lukas auf alle Weise das Gespräch, zu einer stillen Ruhe
25 zu kommen, denn er fing immer wieder von neuem an sich zu verwundern und zu freuen. Er rieb die Hände, und lief mit großer Geschäftigkeit hin und wieder; bald zeigte er dem Albert ein Bild, bald hatte er wieder eine Frage, worauf er die Antwort wissen wollte. Franz bemerkte, wie gegen diese lebhafte Unruhe
30 Alberts Gelassenheit und seine stille Art sich zu freuen, schön kontrastierte. Auch wenn sie neben einander standen, ergötzte sich Franz an der gänzlichen Verschiedenheit der beiden Künstler, die sich doch in ihren Werken so oft zu berühren schienen. Dürer

---

17. Die in dem folgenden geschilderte Zusammenkunft zwischen Lukas von Leyden und Dürer fand im Jahre 1521 wirklich statt. Lukas befand sich in Leyden, wohin er zufällig oder um Dürer kennen zu lernen, gekommen war. Er lud Dürer zu sich ein und dieser zeichnet in seinem Tagebuche auf: „Mich hat zu Gast geladen Meister Lukas, der in Kupfer sticht. Ist ein kleines Männchen und bürtig aus Leyden in Holland." Auch der Charakter der beiden Maler ist im ganzen der Wahrheit getreu kontrastiert.

war groß und schlank, lieblich und majestätisch fielen seine lockigen
Haare um seine Schläfe, sein Gesicht war ehrwürdig und doch
freundlich, seine Mienen veränderten den Ausdruck nur langsam,
und seine schönen braunen Augen sahen feurig und doch sanft
unter seiner Stirn hervor. Franz bemerkte deutlich, wie die Um- 5
risse von Alberts Gesichte denen auffallend glichen, mit denen man
immer den Erlöser der Welt zu malen pflegt. Lukas erschien
neben Albert noch kleiner als er wirklich war; sein Gesicht veränderte sich in jedem Augenblicke, seine Augen waren mehr lebhaft
als ausdrucksvoll, sein hellbraunes Haar lag schlicht und kurz um 10
seinen Kopf.

　　Albert erzählte, wie er sich schon seit lange unpaß gefühlt
habe, und die weite Reise nach den Niederlanden nicht gescheut,
um seine Gesundheit wieder herzustellen. Seine Hausfrau habe ihn
begleitet; von Sebastian gab er unserm Franz einen Brief, er 15
selber sei zwar nicht gefährlich, aber doch so krank, daß er die
Reise nicht habe unternehmen können, sonst würde er ihn mitgenommen haben. „Euch zu sehn, Meister Lukas," sagte er, „war
der vornehmste Bewegungsgrund meiner Reise, denn ich habe es
mir schon lange gewünscht, ich weiß auch noch nicht, ob ich einen 20
andern Maler besuche, wenn der Wohnort mir aus dem Wege
liegt, denn so viel ich sie kenne, ist mir nach dem berühmten Meister
Lukas keiner merkwürdig."

　　Lukas dankte ihm und sprang wieder durch die Stube, voller
Freude den großen Albert Dürer bei sich zu haben. Dann zeigte 25
er ihm einige seiner neuesten Bilder, und Albert lobte sie sehr
verständig. Dieser hatte einige neue Kupferstiche bei sich, die er
dem Niederländer schenkte, und Lukas suchte zur Vergeltung auch
ein Blatt hervor, das er dem Albrecht in die Hände gab. „Seht,"
sagte er, „dies Blatt, es wird von einigen für meinen besten 30
Kupferstich erklärt, es ist das Konterfei des Tillen Eulenspiegel,
wie ich mir diesen seltsamen Mann in den Gedanken vorgestellt
habe. Es wollen einige jetzt, die sich mit der Gelehrsamkeit be-
fassen, sein Buch verachten, und es als den Sitten und der
Zucht zuwider verdammen, es möchte vielleicht einiges besser 35
darin mangeln können, aber ich muß gestehen, daß es mich im

---

31. Der Held des Volksbuches von Till Eulenspiegel, dessen ältester Druck aus
dem Jahre 1515 erhalten ist. Lukas' Kupferstich, die Familie des Eulenspiegel, gehört
heute zu den seltensten des Meisters.

Ganzen immer sehr ergötzt hat. Die Schalkheit des Knechtes
Eulenspiegel ist so eigen, viele seiner Streiche geben zu so
manchen kuriosen Gedanken Veranlassung, daß ich mich ordentlich
dazu angetrieben fühlte, sein seltsames Konterfei in Kupfer zu
5 bringen."

„Ihr habt es auch wacker ausgerichtet," sagte Albert Dürer,
„und ich danke Euch höchlich für Euer Geschenk. Ihr habt den
berüchtigten Schalksknecht da erschaffen, wie er gewißlich aus-
gesehn haben muß, die schielenden Augen und die verdrehte Nase
10 drücken sein seltsames Gemüt vortrefflich aus, in diesen Lippen
habt Ihr seinen Witz, der oft beißend genug war, herrlich an-
gedeutet, und es ist mir sehr erwünscht daß Ihr das häßliche
Gesicht doch nicht so verzerrt habt, daß es uns zuwider ist, sondern
mit vieler Kunst habt Ihr es so auszurichten gewußt, daß man
15 es gerne beschaut, und den possigen Kerl ordentlich lieb gewinnt."

„Es ist eine Art von Dankbarkeit," sagte Meister Lukas,
„daß ich ihn so mühsam in Kupfer gebracht habe, da ich über
seine Schwänke oft so herzlich habe lachen müssen. Wie schon
gesagt, es verstehen wenig Menschen die Kunst, sich an Tills
20 Narrenstreichen so zu freuen als ich, weil sie es sogar mit dem
Lachen ernsthaft nehmen; andern gefällt sein Buch wohl, aber es
kommt ihnen als etwas Unedles vor, dies Bekenntnis abzulegen;
andern fehlt es wieder an Übung das Possierliche zu verstehen
und zu fassen, weil man sich vielleicht ebenso daran gewöhnen
25 muß, wie man viele Gemälde sieht, ehe man über eins ein richtiges
Urteil faßt."

„Ihr mögt sehr recht haben, Meister," antwortete Dürer,
„die meisten Leute sind wahrlich mit dem Ernsthaften und Lächerlichen gleich fremd. Sie glauben immer, das Verständnis von
30 beiden müsse ihnen von selbst ohne ihr weiteres Zuthun kommen;
und doch ist das bei den allerwenigsten der Fall. Sie überlassen
sich daher mit Roheit dem Augenblicke und ihrem damaligen
Gefühl, und so tadeln und loben sie alles unbesehn. Ja sie gehn
mit der Malerkunst ebenso um, sie kosten davon, wie man wohl
35 ein Gemüse oder Suppe zu kosten pflegt, ob die Magd zu viel
oder zu wenig Salz daran gethan habe, und dann sprechen sie
das Urteil, ohne um die Einsicht und die Kenntnisse die dazu

---

15. possig, possierlich; von Sanders erst aus H. König belegt.

gehören, besorgt zu sein. Ich muß immer noch lachen, so oft ich
daran denke, daß es mir doch auch einmal so ging. Ohne etwas
davon zu verstehn, und ohne die Anlagen von der Natur zu haben,
fiel ich einmal darauf ein Poet zu sein. Ich dachte in meinem
einfältigen Sinne, Verse müsse ja wohl jedermann machen können, 5
und ich wunderte mich über mich selber, daß ich nicht schon weit
früher auf die Dichtkunst verfallen sei. Ich machte also ein
zierlich großes Kupferblatt, und stach mühsam rund herum meine
Verse mit zierlichen Buchstaben ein: es sollte ein moralisches
Gedicht vorstellen, und ich unterstund mich, der ganzen Welt darin 10
gute Lehren zu geben. Wie nun aber alles fertig war, siehe da,
so war es erbärmlich geraten. Was ich da für Leiden von dem
gelehrten Pirkheimer habe ausstehn müssen, der mir lange nicht
meine Verwegenheit vergeben konnte! Er sagte immer zu mir:
Schuster bleib bei deinen Leisten! Albert, wenn du den Pinsel 15
in der Hand hast, so kömmst du mir als ein verständiger Mann
vor, aber mit der Feder gebärdest du dich als ein Thor. — So
sollte man auch zu manchen sagen, die sich auf Künste legen, die
ihnen nicht besser anstehen als dem Esel das Lautenschlagen."

„Ihr müßt Euch doch einige Zeit in Leyden aufhalten," 20
sagte Lukas; „denn ich möchte gar zu gern recht viel mit Euch
sprechen, über so viele Dinge Euer Urteil vernehmen, denn ich
wüßte keinen Menschen auf der Welt, mit dem ich mich lieber
unterredete als mit Euch."

„Ich bleibe gewiß wenigstens einige Tage," antwortete Dürer; 25
„seit Franz von mir fortgezogen ist, habe ich mir die Reise vorgesetzt, und alles Geld, was ich erübrigen konnte, dazu aufgespart."

Unter diesen Gesprächen war die Mittagsstunde herangekommen;
eine junge hübsche Frau trat herein, es war das Weib des Nieder-
länders, sie erinnerte ihren Mann mit freundlichem Gesichte, daß 30
es Zeit sei zu essen, er möchte mit seinen Gästen in die Speise-
stube treten. Sie folgten ihr gern, und man setzte sich zu Tische.
Die Hausfrau Albert Dürers hieß den Franz Sternbald sehr
freundlich willkommen, Franz hatte sie noch nie so liebenswürdig
gesehn, denn die Reise hatte sie heiter gemacht, ihr Gesicht war 35
auch blühender und voller.

Der kleine Lukas schien nun bei Tische erst recht an seinem
Platze zu sein; er wußte so gutmütig zum Essen und Trinken
einzuladen, daß keiner seine Einladung auszuschlagen imstande

war; dabei erwies er sich überaus artig gegen Dürers Frau, und wußte ihr auf seine Art tausend kleine Schmeicheleien zu sagen. Dürer war viel ernster und unbeholfener, die schöne junge Frau des Lukas setzte ihn eher in Verlegenheit, als daß sie ihn unter=
5 halten hätte, seine Sitten waren ernst und deutsch, und wenn sich ihm ein Scherz nicht von selber darbot, so hielt er es für eine unnütze Mühe ihn aufzusuchen. Franz war in einer heiligen Stimmung, es war ihm gar nicht möglich, seine Augen von seinem geliebten Lehrer abzuwenden, vollends da es ihm beständig im
10 Sinne lag, daß er morgen früh abreisen müsse und also Dürer nicht länger sehn könne, denn er hatte eine Reisegesellschaft gefunden, die ihn gegen ein Billiges mit nach Antwerpen nehmen wollte.

„Ihr müßt mir erlauben," rief Lukas fröhlich aus, „Meister Albrecht (verzeiht mir, daß ich so vertraut thue, Euch bei Eurem
15 Taufnamen zu nennen,) daß ich Euer Konterfei abnehme, ehe Ihr von hier reiset, denn es liegt mir gar zu viel daran es zu be= sitzen, und zwar recht treu und fleißig gemalt, ich will mir alle Mühe dabei geben."

„Und ich will Euch malen," sagte Albrecht, „mir ist gewiß
20 Euer Gesicht ebenso lieb, damit ich's dann mit mir nach Nürn= berg nehme."

„Wißt Ihr, wie wir es einrichten können?" antwortete Lukas. „Ihr malt Euer eignes Bildniß und ich das meinige, und wir tauschen sie nachher gegen einander aus, so besitzt noch jeder etwas
25 von des andern Arbeit."

„Es mag sein," sagte Dürer, „ich weiß mit meinem Kopfe schon ziemlich Bescheid, denn ich habe ihn schon etlichemal gemalt und gestochen, und man hat die Kopie immer ähnlich gefunden. „Worüber ich mich aber billig wundern muß," fuhr er fort, „ist,
30 daß Ihr Meister Lukas noch so jung seid, und daß Ihr doch schon so viele Kunstsachen in die Welt habt ausgehn lassen, und mit Recht einen so großen Namen habt; denn noch scheint Ihr keine dreißig Jahre alt zu sein."

Lukas sagte: „ich bin auch noch nicht dreißig Jahre alt,
35 sondern kaum neunundzwanzig. Es ist wahr, ich habe fleißig gemalt, und fast ebensoviel in Kupfer gestochen als Ihr; aber mein lieber Albrecht, ich habe auch schon sehr früh angefangen; Ihr wißt es vielleicht nicht, daß ich schon im neunten Jahre ein Kupferstecher war."

„Im neunten Jahre?" rief Franz Sternbald voller Ver=
wunderung aus; „ich glaubte immer im sechzehnten hättet Ihr
Euer erstes Werk begonnen, und das hat schon immer mein Er=
staunen erregt."

„Nein," erzählte Lukas weiter, „denn ich zeichnete schon
Bilder und allerhand natürliche Sachen nach, als ich kaum sprechen
konnte. Die Sprache und der Ausdruck durch die Reißkohle schien
mir natürlicher als die wirkliche. Ich war unglaublich fleißig,
und interessierte mich für gar nichts anderes in der Welt, denn
die übrigen Wissenschaften, so wie Sprachen und dergleichen, waren
mir völlig gleichgiltig, ja es war mir verhaßt, meine Zeit mit
solchem Unterrichte zuzubringen. Wenn ich auch nicht zeichnete,
so gab ich genau auf alle die Dinge acht, die mir vor die Augen
kamen, um sie nachher nachahmen zu können. Die größte Freude
machte es mir, wenn meine Eltern oder andre Menschen die
Personen wieder erkannten, die ich kopiert hatte. Kein Spiel
machte mir Vergnügen, andre Knaben waren mir zur Last und
ich verachtete sie und ging ihnen aus dem Wege, weil mir ihr
Beginnen zu kindisch vorkam; sie verspotteten mich auch deshalb,
und nannten mich den kleinen alten Mann. Ich erkundigte mich,
wie die Kupferstiche entständen, und einige eben nicht geschickte
Leute machten mich mit der Kunst bekannt, soviel sie selbst davon
begriffen hatten. So machte ich im neunten Jahre mein erstes
Bild, das ich öffentlich herausgab, und das vielen Leuten nicht
mißfiel; bald darauf thaten mich meine Eltern auf mein inständiges
Bitten beim Meister Engelbrecht in die Lehre; ich fuhr fort zu
arbeiten, und im sechzehnten Jahre war ich schon einigermaßen
bekannt, so daß meine Werke gesucht wurden."

„Ihr seid ein wahres Wunderkind gewesen, Meister Lukas,"
sagte Albert Dürer, „und auf die Art muß man freilich nicht
erstaunen, wenn die Welt so viele Arbeiten von Euch gesehn hat."

„Wenn ich jetzt vielleicht etwas bin," sagte Lukas sehr leb=
haft, „so hab' ich's nur Euch zu verdanken. Ihr wart mein
Vorbild, Ihr gabt mir immer neues Feuer, wenn ich manchmal
den Mut verlieren wollte, denn ich glaube, es giebt auch beim
eifrigsten Künstler Stunden, in denen er durchaus nichts hervor=
bringen mag, wo er sich in sich selber ausruht, und ihm die
Arbeit mit den Händen ordentlich widersteht; dann hörte ich wieder
von Euch, ich sah eins Eurer Kupferblätter, und der Fleiß kam

mir mit frischer Anmut zurück. Ich muß es gestehen, daß ich
Euch auch meine meisten Erfindungen zu danken habe, denn ich
weiß nicht wie es zugeht, einzelne Figuren oder Sachen stehn mir
immer sehr klar vor den Augen, aber das Zusammenfügen, der
5 wahre historische Zusammenhang, der ein Bild erst fertig macht,
will sich nie deutlich vor die Sinnen hinstellen, bis ich dann ein
andres Blatt in die Hände nehme, da fällt es mir denn ein, daß
ich das auch darstellen, und hie und da wohl noch verbessern
könnte, aus dem Bilde, das ich vor mir sehe, entwickelt sich ein
10 neues in meiner Seele, das mir dann nicht eher Ruhe läßt, als
bis ich es fertig gemacht habe. Am liebsten habe ich Eure Bilder
nachgemacht, Albrecht, weil sie alle einen ganz eignen Sinn haben,
den ich in andern nicht antreffe. Ihr habt mich am meisten auf
Gedanken geführt, und Ihr werdet es wissen, daß ich die meisten
15 Bilder, die Ihr ausgeführt habt, auch darzustellen versucht habe.
Manchmal habe ich die Eitelkeit gehabt, Ihr verzeiht mir meinen
freimütigen Stolz, und Ihr seid ein gerader guter Mann, Eure
Vorstellung zu verbessern und dem Auge angenehmer zu machen."

„Ich weiß es recht wohl," sagte Albert mit der gutmütigsten
20 Freundlichkeit, „und ich versichere Euch, ich habe viel von Euch
gelernt. Wie Ihr mit Eurem Körper behender und gewandter
seid, so seid Ihr es auch mit dem Pinsel und Grabstichel. Ihr
wißt eine gewisse Anmut mit Wendungen und Stellungen der
Körper in Eure Bilder zu bringen, die mir oft fehlt, so daß
25 meine Zeichnungen gegen die eurigen hart und rauh aussehn;
aber Ihr erlaubt mir auch zu sagen, daß es mir geschienen hat,
als wärt Ihr ein paarmal unnötigerweise von der wahren Einfalt
des Gegenstandes abgewichen. So gedenke ich an ein paar Kupfer=
stiche, wo vorne Leute mit großen Mänteln stehn, die dem Zu=
30 schauer den Rücken zuwenden, da sie uns wohl natürlicher das
Angesicht hätten zukehren dürfen. Hier habt Ihr nach meinem
einfältigen Urteil nur etwas Neues anbringen und durch die
großen Mantelfiguren die Kontrastierung mit den übrigen Personen
im Bilde verstärken wollen; aber es kommt doch etwas gezwungen
35 heraus."

„Ihr habt recht, Albert," sagte Lukas, „ich sehe, Ihr seid ein
schlauer Kopf, der mir meine Münzen wieder zu geben weiß. Ich
habe mich öfter darauf ertappt, daß ich ein Bild verdorben habe,
wenn ich es habe besser machen wollen, als ich es auf Euren

Platten gesehn hatte. Denn man verliert gar zu leicht den ersten
Gedanken aus den Augen, der doch sehr oft der allerwahrste und
beste ist; nun putzt man am Bilde herum, und über lang oder
kurz wird es ein Ding, das einen mit ganz fremden Augen
ansieht, und sich auf dem Papiere oder der Leinwand selber nicht ₅
zu finden weiß. Da seid Ihr glücklicher und besser daran, daß
Euch die Erfindung immer zu Gebote steht; denn so ist es Euch
fast unmöglich in einen solchen Fehler zu fallen. — Wie macht
Ihr es aber, Albrecht, daß Ihr so viele Gedanken, so viele Erfindungen in Eurem Kopfe habt?"   ₁₀
     „Ihr irrt Euch an mir," sagte Albrecht, „wenn Ihr mich
für so erfindungsreich haltet Nur wenige meiner Bilder sind
aus dem bloßen Vorsatz entstanden, sondern es war immer eine
zufällige Gelegenheit, die sie veranlaßte. Wenn ich irgend ein
Gemälde loben höre, oder eine der heiligen Geschichten wieder ₁₅
erzählen höre, so regt sich's dann plötzlich in mir, daß ich ein
ganz neues Gelüst empfinde, gerade das und nichts anders darzustellen. Das eigentliche Erfinden ist gewiß sehr selten, es ist
eine eigne und wunderbare Gabe, etwas bis dahin Unerhörtes
hervorzubringen. Was uns erfunden scheint, ist gewöhnlich nur ₂₀
aus älteren schon vorhandenen Dingen zusammengesetzt, und dadurch wird es gewissermaßen neu; ja der eigentliche erste Erfinder
setzt seine Geschichte oder sein Gemälde doch auch nur zusammen,
indem er teils seine Erfahrungen, teils was ihm dabei eingefallen, oder was er sich erinnert, gelesen, oder gehört hat, nur ₂₅
in eins faßt."
     „Ihr habt sehr recht," sagte Lukas, „etwas im eigentlichsten
Verstande aus der Luft zu greifen wäre gewiß das Seltsamste,
das dem Menschen begegnen könnte. Es wäre eine ganz neue
Art von Verrückung, denn selbst der Wahnsinnige erfindet seine ₃₀
Fieberträume nicht. Die Natur ist also die einzige Erfinderin,
sie leiht allen Künsten von ihrem großen Schatz; wir ahmen
immer nur die Natur nach, unsre Begeisterung, unser Ersinnen,
unser Trachten nach dem Neuen und Vortrefflichen ist nur wie
das Achtgeben eines Säuglings, der keine Bewegung seiner Mutter ₃₅
aus den Augen läßt. — Wißt Ihr aber wohl, Albrecht, welchen
Schluß man aus dieser Bemerkung ziehn könnte? Daß es also in
den Sachen selbst, die der Poet oder Maler oder irgend ein
Künstler darstellen wollte, durchaus nichts Unnatürliches geben

könne, denn indem ich als Mensch auf den allertollsten Gedanken
verfalle, ist er doch schon natürlich und der Darstellung und
Mitteilung fähig. Von dem Felde des wahrhaft Unnatürlichen
sind wir durch eine hohe Mauer geschieden, über die kein Blick
5 von uns dringen kann. Wo wir also in irgend einem Künstler=
werk Unnatürlichkeiten, Albernheit oder Unsinn wahrzunehmen
glauben, die unsre gesunde Vernunft und unser Gefühl empören,
so müßte das immer nur daher rühren, daß die Sachen auf eine
ungehörige und unvernünftige Art zusammengesetzt wären, daß
10 Teile darunter gemengt sind, die nicht hineingehören, und die
übrigen so verbunden, wie es nicht sein sollte. So müßte also
ein höherer Geist, als derjenige war, der es fehlerhaft gemacht
hatte, aus allem Möglichen etwas Vortreffliches und Würdiges
hervorbilden können."

15 Dürer nickte mit dem Kopfe Beifall, und wollte eben das
Gespräch fortsetzen, als Lukas' Frau ausrief: „Aber lieben Leute,
hört endlich mit Euren gelehrten Gesprächen auf, von denen wir
Weiber hier kein Wort verstehn. Wir sitzen hier so ernsthaft wie
in der Kirche, verspart alle Eure Wissenschaften bis das Mittags=
20 essen vorüber ist." — Sie schenkte hierauf einem jeden ein großes
Glas Wein ein, und erkundigte sich bei Dürer, was er auf der
Reise Neues gesehn und gehört habe. Albrecht erzählte, und
Franz Sternbald saß in tiefen Gedanken. In den letzten Worten
des Lukas schien ihm der Schlüssel, die Auflösung zu allen seinen
25 Zweifeln zu liegen, nur konnte er den Gedanken nicht deutlich
fassen; er hatte von seinem Lehrmeister noch nie eine ähnliche
Äußerung über die Kunst gehört, sie auch in keinem seiner Bücher
angetroffen; es schien ihm sogar, als wenn Dürer auf diesen
Gedanken nicht soviel gebe als er wert sei, daß er die Folgen
30 nicht so bemerke, die alle in ihm lägen. Er konnte auf das
jetzige Gespräch nicht acht geben, vorzüglich da die Niederländerin
anfing sich nach allen Nürnbergischen Trachten der verschiedenen
Stände zu erkundigen, und den Anzug der Dürerschen Hausfrau
vom Kopfe bis zu den Füßen musterte.

35 Plötzlich sprang Lukas mit seiner Behendigkeit vom Tische
auf, fiel seiner Frau um den Hals, und rief aus: „Mein liebstes
Kind, du mußt es mir jetzt doch schon vergönnen, daß ich mit
Meister Albrecht wieder etwas über die Malereikunst anfange,
denn mir ist da eine Frage eingefallen. Es wäre ja Sünde,

13*

wenn ich den Mann hier in meinem Hause hätte, und nicht alles
vom Herzen los sprechen sollte."

„Meinetwegen magst du es halten wie du willst," antwortete
sie; „aber was wird die Nürnbergische Frau dazu sagen?"

„Ich bin es schon so gewohnt," sagte Dürers Frau, „der- 5
gleichen sind bei Tische seine gewöhnlichen Gespräche. Mein
Mann ist immer der letzte, der etwas von den Neuigkeiten der
Stadt erfährt, und wenn er mir zuweilen etwas erzählen soll,
weiß er nichts, es müßte sich denn etwa wieder mit Martin
Luther etwas zugetragen haben." 10

„Daß wir den Mann vergessen konnten!" rief Dürer aus,
„indem er sein volles Glas in die Höhe hob: er soll leben! noch
lange soll der große Doktor Martin Luther leben! der Kirche,
und uns allen zu Heil und Frommen!"

Lukas stieß an und lächelte. „Es ist zwar eine ketzerische 15
Gesundheit," sagte er, „aber Euch zu Gefallen will ich sie doch
trinken. Ich fürchte nur, die Welt wird viele Trübsale zu überstehen haben, ehe die neue Lehre durchdringen kann."

Albrecht antwortete: „Wann wir im Schweiß unsers Angesichts unser Brot essen müssen, so verlohnt es ja wohl die 20
Wahrheit, wenn wir Qual und Trübsal ihretwegen aushalten."

„Nun das sind alles Meinungen," antwortete Lukas, „die
eigentlich vor den Theologen und Doktor gehören, ich verstehe
davon nichts. — Ich wollte vorher, Meister Albrecht, eine andre
Frage an Euch thun. — Es hat mir immer sehr an Euren Bil- 25
dern gefallen, daß Ihr manchmal die neuern Trachten auch in alten
Geschichten abkopiert, oder daß Ihr Euch ganze neue wunderliche
Kleidungen ersinnt. Ich habe es ebenfalls nachgeahmt, weil es
mir sehr artlich dünkte."

Albrecht antwortete: „Ich habe dergleichen immer mit über- 30
legtem Vorsatze gethan, weil mir dieser Weg kürzer und besser
schien, als die antikischen Trachten eines jeden Landes und eines
jeden Zeitalters zu studieren. Ich will ja den, der meine Bilder
ansieht, nicht mit längstvergessenen Kleidungsstücken bekannt machen,
sondern er soll die dargestellte Geschichte empfinden; die Bekleidung 35
ist gleichsam nur ein notwendiges Übel. Ich rücke also die biblische
oder heidnische Geschichte manchmal meinen Zuschauern dadurch
recht dicht vor die Augen, daß ich die Figuren in den Gewändern
auftreten lasse, in denen sie sich selber wahrnehmen. Dadurch ver-

liert ein Gegenstand das Fremde, besonders da unsre Tracht, wenn
man sie gehörig auswählt, auch malerisch ist. Und denken wir
denn wohl an die alte Kleidungsart, wenn wir eine Geschichte
lesen, die uns rührt und entzückt? Würden wir es nicht gerne
5 sehen, wenn Christus unter uns wandelte, ganz wie wir selber
sind? Man darf also die Menschen nur nicht an das sogenannte
Kostum erinnern, so vergessen sie es gerne. Die Darstellung der
alten Gewänder wird überdies in unsern Gemälden leicht tot und
fremd, denn der Künstler mag sich gebärden wie er will, die
10 Tracht setzt ihn in Verlegenheit, er sieht niemand so gehen, er
ist nicht in der Übung diese Falten und Massen zu werfen, sein
Auge kann nicht mit arbeiten, die Imagination muß alles thun,
die sich dabei doch nicht sonderlich interessiert. Ein Modell, auf
dem man die Gewänder ausspannt, wird nimmermehr das thun,
15 was dem Künstler die Wirklichkeit leistet. Außerdem scheint es mir
gut, wie ich auch immer gesucht habe, die Tracht der Menschen
physiognomisch zu brauchen, so daß sie den Ausdruck und die Bedeutung der Figuren erhöht. Daher mache ich oft aus meiner
Einbildung Gewand und Kleidung, die vielleicht niemals getragen
20 sind. Ich muß gestehen, ich setze gern einem wilden bösen Kerl
eine Mütze von seltsamer Form aufs Haupt, und gebe ihm sonst
im Äußern noch ein Abzeichen; denn unser höchster Zweck ist ja
doch, daß die Figuren mit Hand und Fuß und dem ganzen Körper
sprechen sollen."

25 „Ich bin darin völlig Eurer Meinung," sagte Lukas. „Ihr
werdet gefunden haben, daß ich diese Sitte auch von Euch angenommen habe; nur habt Ihr vielleicht mehr als ich darüber
nachgedacht. Auch in manchen Sachen, die ich von Rafael Sanzius
gesehn habe, habe ich etwas ähnliches bemerkt."

30 „Wozu," rief Albrecht aus, „die gelehrte Umständlichkeit, das
genaue Studium jener alten vergessenen Tracht, die doch immer
nur Nebensache bleiben kann und muß? Wahrlich, ich habe einen
zu großen Respekt vor der Malerei selbst, um auf derlei Er-
kundigungen großen Fleiß und viel Zeit zu verwenden, vollends,
35 da wir es doch nie recht accurat erreichen mögen."

„Trinkt, trinkt," sagte Lukas, indem er die leeren Gläser
wieder füllte, „und sagt mir dann, wie's kömmt, daß Ihr Euch

---

28. **Rafael Sanzius**, die richtige Form des Namens ist Raphael Santi; in
früheren Zeiten häufiger die irrige Sanzio, woraus die lat. Form Sanzius.

mit so gar mancherlei Dingen abgebt, von denen man glauben
sollte, daß manche Eures hohen Sinnes unwürdig sind. Warum
wendet Ihr so viele Mühseligkeiten, Geschichten fein und zierlich
in Holz zu schneiden, und dergleichen?"

„Ich weiß es selbst nicht recht, wie's zugeht," antwortete ihm 5
Albrecht. „Seht, Freund Lukas, der Mensch ist ein wunderliches
Wesen; wenn ich darüber zuweilen gedacht habe, so ist mir immer
zu Sinne gewesen, als wenn der wunderbarliche Menschengeist aus
dem Menschen heraustrebte, und sich auf tausend mannigfaltigen
Wegen offenbaren wollte. Da sucht er nun herum, und trifft 10
beim Dichter nur die Sprache, beim Spielmann eine Anzahl Instrumente mit ihren Saiten, und beim Künstler die fünf Finger
und Farben an. Er probiert nun wie es gelingt, wenn er mit
diesen unbeholfenen Werkzeugen zu hantieren anfängt, und keinmal
ist es ihm recht, und doch hat er immer wieder nichts Besseres. 15
Mir hat der Himmel ein gelassenes Blut geschenkt, und darum
werde ich niemals ungeduldig. Ich fange immer wieder etwas
Neues an, und kehre immer wieder zum alten zurück. Wenn ich
etwas Großes male, so befällt mich gewöhnlich nachher das Gelüst,
etwas recht Kleines und Zierliches in Holz zu schnitzeln, und ich 20
kann nachher tagelang sitzen, um die kleine Arbeit aus der Stelle
zu fördern. Eben so geht es mir mit meinen Kupferstichen. Je
mehr Mühe ich darauf verwende, je lieber sind sie mir. Dann
suche ich wieder freier und schneller zu arbeiten, und so wechsele
ich in allerhand Manieren ab, und jede bleibt mir etwas Neues. 25
Die Liebe zum Fleiß und zur Mühseligkeit scheint mir überdies
etwas zu sein, was uns Deutschen angeboren ist; es ist gleichsam
unser Element, in dem wir uns immer wohlbefinden. Alle Kunstwerke, die Nürnberg aufzuweisen hat, tragen die Spuren an sich,
daß sie der Meister mit sonderbarer Liebe zu Ende führte, daß 30
er keinen Nebenzweig vernachlässigte, und gering schätzte; und ich
mag dasselbe wohl von dem übrigen Deutschland und auch von
den Niederlanden sagen."

„Aber warum," sagte Lukas, „habt Ihr nun Eurem Schüler
Sternbald da nicht abgeraten nach Italien zu gehn, da er doch 35
gewiß bei Euch seine Kunst so hoch bringen kann, als es ihm nur
möglich ist?"

Franz war begierig, was Dürer antworten würde. Dieser
sagte: „eben weil ich an dem zweifle, was Ihr da behauptet,

Meister Lukas. Ich weiß es wohl, daß ich in meiner Wissenschaft
nicht der Letzte bin; aber es würde thöricht sein, wenn ich dafür
halten wollte, daß ich alles geleistet und entdeckt hätte, was man
in der Kunst vollbringen kann. Glaubt Ihr nicht, daß es den
5 künftigen Zeiten möglich sein wird, Sachen darzustellen und Geschichten und Empfindungen auszudrücken, auf eine Art, von der
wir jetzt nicht einmal eine Vorstellung haben?"

Lukas schüttelte zweifelhaft mit dem Kopfe.

„Ich bin sogar davon überzeugt," fuhr Albrecht fort, „denn
10 jeder Mensch leistet doch nur das, was er vermag; eben so ist es
auch mit dem ganzen Zeitalter. Erinnert Euch nur dessen, was
wir vorher über die Erfindung gesprochen haben. Dem alten
Wohlgemuth würde das Ketzerei geschienen haben, was ich jetzt
male, so würde Euer Lehrer Engelbrecht schwerlich wohl auf die
15 Erfindungen und die Manieren verfallen sein, die Euch so geläufig
sind. Warum sollen unsre Schüler nun uns nicht wieder über-
treffen?"

„Was hätten wir aber dann mit unsrer Arbeit gewonnen?"
rief Lukas aus.

20 „Daß sie ihre Zeit ausfüllt," sagte Dürer gelassen, „und daß
wir sie gemacht haben. Weiter wird es niemals einer bringen.
Jedes gute Bild steht da an seinem eigenen Platze, und kann
eigentlich nicht entbehrt werden, wenn auch viele andre in andern
Rücksichten besser sind, wenn sie auch Sachen ausdrücken, die man
25 auf jenem Bilde nicht antrifft. Ich habe mich immer darin gefunden, daß vielleicht mancher zukünftige Maler von meinen Gemälden verächtlich sprechen mag, daß man meinen Fleiß, und wohl
auch mein Gutes daran verkennt. Viele machen es schon jetzt
mit den Meistern nicht besser, die vor uns gewesen sind, sie spre-
30 chen von ihren Fehlern, die jedem in die Augen fallen, und sehn
ihr Gutes nicht, ja es ist ihnen unmöglich das Gute daran zu
sehn. Aber auch dieses Schlimme rührt bloß vom bessern Zustande
unsrer Kunst her, und darum müssen wir uns darüber nicht erzürnen. Und also sehe ich es im Gegenteil gerne, daß mein lieber
35 Franz Sternbald Italien besucht, und alle seine denkwürdigen
Kunstsachen recht genau betrachtet, eben weil ich viel Anlage zur
Malerei bei ihm bemerkt habe. Aus wem ein guter Maler werden

---

13. **Michel Wohlgemuth** (1434—1519), Nürnberger Maler und Holzschnitzer, war
der Lehrer Dürers. — 14. Über **Engelbrecht** s. oben S. 163.

soll, der wird es gewiß, er mag in Deutschland bleiben oder nicht.
Aber ich glaube, daß es Kunstgeister giebt, denen der Anblick des
Mannigfaltigen ungemein zu statten kömmt, in denen immer neue
Bildungen entstehn, wenn sie das Neue sehn, die eben dadurch
vielleicht ganz andre Wege auffinden, die wir noch nicht betreten   5
haben, und ich glaube fast, daß Sternbald zu diesen gehört. Laßt
ihn also immer reisen, denn so viel älter ich bin, wirkt doch jede
Veränderung, jede Neuheit noch immer auf mich. Glaubt nur,
daß ich selbst auf dieser Reise zu Euch noch viel für meine Kunst
gelernt habe. Wenn Franz auch eine Zeitlang in Verwirrung lebt,   10
und durch sein Lernen in der eigentlichen Arbeit gestört wird, und
ich glaube wohl, daß sein sanftes Gemüt dem ausgesetzt ist; so
wird er doch gewiß dergleichen überleben, und nachher aus diesem
Zeitpunkte einen desto größern Nutzen ziehn. — Ich bin über das
Dorf gereiset, mein lieber Franz, in dem du dich aufgehalten hast,   15
und ich muß dir sagen, daß ich eine rechte Freude empfunden habe.
Du hast in der Kirche dort ein Blatt aufgestellt, wozu ich dir
wirklich nicht die Kräfte zugetrauet hätte, und mich dünkt, es be=
weiset eben, daß du einen neuen Weg einschlagen wirst. Ich kann
Euch, Meister Lukas, das Gemälde unmöglich beschreiben; es ist   20
die Verkündigung des Heilandes, die den Hirten auf dem Felde
geschieht. Franz hat darin zwei wunderbare Erleuchtungen an=
gebracht, die das Bild sehr rührend machen, und worauf ich noch
niemals gefallen bin. Alles ist zierlich und lieblich, und verdrängt
doch die Sache nicht, die dargestellt werden sollte. Ich habe mich   25
an dem Bilde recht ergötzt, und ich kann sagen, daß ich in der
That etwas davon gelernt habe. Nur war der Hirt, der der
untergegangenen Sonne nachsieht, falsch gezeichnet, er ist zu klein
gegen die Figuren, die hinter ihm sind. Aber das Bild erweckt
heilige und andächtige Empfindungen, und ich habe mich recht   30
glücklich geschätzt, daß Franz mein Schüler ist.“

So große Worte waren über den armen Franz noch niemals
ausgesprochen, und es schien ihm auch, als wenn er sie gar nicht
verdiente, darum wurde er schamrot, aber innerlich war er so er=
freut, so überglücklich, daß sich gleichsam alle geistigen Kräfte in   35
ihm auf einmal bewegten, und nach Thätigkeit riefen. Er empfand
die Fülle in seinem Busen, und ward von den mannigfaltigsten
Gedanken übermeistert.

Lukas, nachdem er eine Weile geschwiegen hatte, brach eine

neue Weinflasche an, und ging selber mit lustigen Gebärden um
den Tisch herum, um allen einzuschenken. Fröhlich rief er aus:
„laßt uns munter sein, so lange dies irdische Leben dauert, wir
wissen ja so nicht wie lange es währt!"

5 Albrecht trank und lachte. „Ihr habt ein leichtes Gemüt,
Meister," sagte er scherzend, „Euch wird der Gram niemals etwas
anhaben können."

„Wahrlich nicht!" sagte Lukas, „so lange ich meine Gesundheit und mein Leben fühle, will ich guter Dinge sein, mag es
10 hernach werden wie es will. Mein Weib, Essen und Trinken, und
meine Arbeit, seht, das sind die Dinge, die mich beständig vergnügen werden, und nach etwas Höherem strebe ich gar nicht."

„Doch," sagte Meister Albrecht ernsthaft, „die geläuterte wahre
Religion, der Glaube an Gott und Seligkeit."

15 „Davon spreche ich bei Tische niemals," sagte Lukas. —
„Aber so seid Ihr ein größerer Ketzer als ich." — „Mag sein,"
rief Lukas, „aber laßt die Dinge fahren, von denen wir ohnehin
so wenig wissen können. Oft mag ich gern arbeiten, wenn ich so
recht fröhlich gewesen bin. Wenn der Wein noch in den Adern
20 und im Kopfe lebendig ist, so gelingt der Hand oft ein kühner
Zug, eine wilde Gebärde weit besser als in der nüchternen Überlegung. Ihr erlaubt mir wohl, daß ich nach Tische eine kleine
Zeichnung entwerfe, die ich schon seit lange habe ausarbeiten wollen;
nämlich den Saul, wie er seinen Spieß nach David wirft. Mich
25 dünkt, ich sehe den wilden Menschen jetzt ganz deutlich vor mir,
den erschrocknen und doch mutigen David, die Umstehenden und
alles."

„Wenn Ihr wollt," sagte Dürer, „so mögt Ihr jetzt gleich
an die Arbeit gehn, da Ihr den kühnen Entschluß einmal gefaßt
30 habt. Mir vergönnt im Gegenteil einen kleinen Schlaf, denn ich
bin noch müde von der Reise."

Jetzt ward der Tisch aufgehoben. Lukas führte den Albert
zu einem Ruhebette; die beiden Frauen gingen in ein anderes
Zimmer, um sich nun in Ruhe allerhand zu erzählen, er selbst begab
35 sich nach seiner Werkstätte. Franz eilte mit Sebastians Briefe
hinunter in einen kleinen Garten, der dem Meister Lukas zugehörte.
Alle Gesträuche und Gewächse standen hier in der schönsten
Ordnung; einige hatte der Herbst schon entblättert, andre waren
noch frisch grün, als wären sie eben aufgebrochen. Die Gänge

waren sehr reinlich gehalten, die späten Herbstblumen standen im
schönsten Flore. Franzens Gemüt war völlig erheitert, er fühlte
eine holdselige Gegenwart um sich scherzen und die Zukunft sah
ihn mit freundlichen Gebärden an. Er öffnete den Brief und las:

„Trauter Bruder.   5

Wie weh thut es mir, daß ich unsern Dürer nicht habe
begleiten können, um Dich in den Niederlanden vielleicht noch an=
zutreffen. Meine Krankheit ist nicht gefährlich, aber doch hält sie
mich von dieser Reise ab. Meine Sehnsucht nach Dir wird auf
meinem einsamen Lager in jeder Stunde lebendiger; ich weiß nicht, 10
ob Du an mich mit denselben Empfindungen denkst. Wenn die
Blumen des Frühlings wiederkommen, bist Du noch weiter von
mir entfernt, und dabei weiß ich nicht einmal zuverlässig, ob ich
Dich auch wiedersehe. Wie mühevoll und wie leer ist unser mensch=
liches Leben! ich lese jetzt Deine Briefe zu wiederholten Malen, 15
und mich dünkt, als wenn ich sie nun besser verstände; wenigstens
bin ich jetzt noch mehr Deiner Meinung. Ich kann nicht malen,
und darum lese ich auch wohl jetzt in Büchern fleißiger als ich
sonst that, und ich lerne manches Neue und manches, das ich schon
wußte, erscheint mir wieder neu. Übel ist es, daß es dem Men= 20
schen oft so schwer ankömmt, selbst das Einfältigste recht ordentlich
zu verstehn, wie es gemeint sein muß, denn seine jedesmalige Lebens=
art, seine augenblicklichen Gedanken hindern ihn daran; wo er
diese nicht wiederfindet, da dünkt ihm nichts recht zu sein. Ich
möchte Dich jetzt mündlich sprechen, um recht viel von Dir zu 25
hören, um Dir recht viel zu sagen; denn je länger Du fort bist,
je mehr empfinde ich Deine Abwesenheit, und daß ich mit nie=
mand, selbst mit Dürer nicht das reden kann, was ich mit Dir
gern sprechen möchte.

Die Helden des römischen Altertums wandeln jetzt mit ihrer 30
Größe durch mein Gemüt; sowie ich genese, will ich den Versuch
anstellen, aus ihren Geschichten etwas zu malen. Ich kann es Dir
nicht beschreiben, wie sich seit einiger Zeit das Heldenalter so
lebendig vor mir regt; bis dahin sah ich die Geschichte als eine
Sache an, die nur unsre Neugier angehe, aber es hat sich mir 35
darin eine ganz andre Welt entwickelt. Vorzüglich gern möchte
ich aus Cäsars Geschichte etwas bilden, man nennt diesen Mann
so oft und nie mit der Ehrfurcht, die er verdient. Wenn er auf

dem Rachen ausruft: Du trägst den Cäsar und sein Glück! oder
sinnend am Rubikon steht und nun noch einmal kurz sein Vor-
haben erwägt, wenn er dann fortschreitet und die bedeutenden
Worte sagt: der Würfel ist geworfen! dann bewegt sich mein ganzes
5 Herz vor Entzücken, alle meine Gedanken versammeln sich um den
einen großen Mann und ich möchte ihn auf alle Weise verherr-
lichen. Am liebsten sehe ich ihn vor mir, wenn er durch die kleine
Stadt in den Alpen zieht, sein Gesellschafter ihn fragt: ob denn
hier auch wohl Neid und Verfolgung und Plane zu Hause wären,
10 und er mit seiner höchsten Größe die tiefsinnigen Worte sagt: Glaube
mir, ich möchte lieber hier der Erste, als in Rom der Zweite sein.

Dies ist nicht bloßer Ehrgeiz, oder wenn man es so nennen
will, so ist es das Erhabenste, wozu sich der Mensch emporschwingen
kann. Denn freilich war Rom, das damals die ganze Welt beherrschte,
15 im Grunde etwas anders, als jene kleine unbedeutende Stadt?
Der höchste Ruhm, die größte Verehrung des Helden, auch wenn
ihm der ganze Erdkreis huldigt, was ist es denn nun mehr?
Wird er niemals wieder vergessen? ist vor ihm nicht etwas Ähnliches da gewesen? Es liegt eine große Seele in Cäsars Worten,
20 die hier so kühn das anscheinend Höchste, mit dem scheinbar Nied-
rigsten zusammenstellt. Es ist ein solcher Ehrgeiz, der diesen Ehrgeiz wieder als etwas Gemeines und Verächtliches empfindet, der
sein großes Leben, das er führt, nicht höher anschlägt, als das
des unbedeutenden Bürgers, der das ganze Leben gleichsam nur
25 so mitmacht, weil es eine hergebrachte Gewohnheit ist, und der
nun in der Fülle seiner Herrlichkeit, gleichsam als Zugabe, als
einen angeworfenen Zierat, seinen Ruhm, seine glorwürdigen Thaten,
sein erhabenes Streben hineinlegt. Wo die Wünsche der übrigen
Menschen über ihre eigne Kühnheit erstaunen, da sieht er noch
30 Alltäglichkeit und Beschränktheit; wo andre sich vor Wonne und
Entzücken nicht mehr fassen können, ist er kaltblütig und nimmt
mit zurückhaltender Verachtung an, was sich ihm aufdrängt.

Mir fallen diese Gedanken bei, weil viele jetzt von den wahrhaft großen Männern mit engherziger Kleinmütigkeit sprechen,
35 weil sich diese es einfommen lassen, Riesen und Kolosse auf einer
Goldwage abzuwägen. Eben diese können es auch nicht begreifen,
warum ein Sylla in seinem höchsten Glanze das Regiment plötz-

---

37. Sylla, der Diktator L. C. Sulla legte im Jahre 79 v. Chr. freiwillig die Diktatur
nieder und zog sich ins Privatleben zurück.

lich niederlegt und wieder Privatmann wird und so stirbt. Sie
können es sich nicht vorstellen, daß der menschliche Geist, der hohe
nämlich, sich endlich an allen Freuden dieser Welt ersättige und
nichts mehr suche, nichts mehr wünsche. Ihnen genügt schon das
bloße Dasein und jeder Wunsch zerspaltet sich in tausend kleine; 5
sie würden ohne Stolz, in schlechter Eitelkeit Jahrhunderte durch=
leben und immer weiter träumen und keinen Lebenslauf hinter
sich lassen.

Jetzt ist es mir sehr deutlich, warum Cato und Brutus gerne
starben; ihr Geist hatte den Glanz verlöschen sehn, der sie an 10
dieses Leben fesselte. — Ich lese viel, wie Du mich sonst oft dazu
ermahntest, in der heiligen Schrift, und je mehr ich darin lese,
je teurer wird mir alles darin. Unbeschreiblich hat mich der Pre=
diger Salomo erquickt, der alle diese Gedanken meiner Seele so
einfältig und so erhaben ausdrückt; der die Eitelkeit des ganzen 15
menschlichen Treibens durchschaut hat; der alles erlebt hat und
in allem das Vergängliche, das Nichtige entdeckt, daß nichts unserm
Herzen genüget, und daß alles Streben nach Ruhm, nach Größe
und Weisheit Eitelkeit sei; der immer wieder damit schließt:
„Darum sage ich, daß nichts besser sei, denn daß ein Mensch 20
fröhlich sei in seiner Arbeit, denn das ist sein Teil.“

„Was hat der Mensch von aller seiner Mühe, die er hat
unter der Sonnen? Ein Geschlecht vergehet, das andre kömmt,
die Erde aber bleibt ewiglich. Die Sonne gehet auf und gehet
unter und läuft an ihren Ort, daß sie daselbst wieder aufgehe. 25
Der Wind gehet gegen Mittag und kömmt herum zu Mitternacht,
und wieder herum an den Ort da er anfing. Alle Wasser laufen
ins Meer, noch wird das Meer nicht völler; an den Ort, wo sie
herfließen, fließen sie wieder hin. Es ist alles Thun so voll Mühe,
daß niemand ausreden kann. Das Auge siehet sich nimmer satt 30
und das Ohr höret sich nimmer satt. Was ist's, das geschehen
ist? Eben das hernach geschehen wird. Was ist's, das man ge=
than hat? Eben das man hernach wieder thun wird, und geschicht
nichts Neues unter der Sonnen.“ —

Und nachher sagt er: „Ist's nun nicht besser dem Menschen, 35
essen und trinken, und seine Seele guter Dinge sein in seiner
Arbeit?“

20 f. Prediger 3, 22. — 22. Das folgende wörtlich aus Prediger 1, 3—?, nach Luthers
Übersetzung. — 35 ff. Prediger 2, 24.

„Wie es dem Guten gehet, so geht's auch dem Sünder. Das ist ein böses Ding, unter allem, das unter der Sonnen geschicht, daß es einem geht wie dem andern, daher auch das Herz des Menschen voll Arges wird, und Thorheit in ihrem Herzen, dieweil sie leben, danach müssen sie sterben. — Denn die Lebendigen wissen, daß sie sterben werden, aber die Toten wissen nichts, sie verdienen auch nichts mehr, denn ihr Gedächtnis ist vergessen; daß man sie nicht mehr liebet, noch hasset, noch neidet, und haben kein Teil mehr auf der Welt in allem, was unter der Sonnen geschicht. So gehe hin und iß dein Brot mit Freuden, trink deinen Wein mit gutem Mut, denn dein Werk gefällt Gott. Laß deine Kleider immer weiß sein und deinem Haupte Salbe nicht mangeln. Brauche des Lebens mit deinem Weibe, das du lieb hast, so lange du das eitel Leben hast, das dir Gott unter der Sonnen gegeben hat, so lange dein eitel Leben währet, denn das ist dein Teil im Leben und in deiner Arbeit, die du thust unter der Sonnen. Alles, was dir vorhanden kommt zu thun, das thue frisch, denn in dem Tode, da du hinfährst, ist weder Werk, Kunst, Vernunft noch Weisheit." —

Liebster Franz, ich habe viel daraus gelernt, höher bringt es der Mensch gewiß niemals, dies ist die Weisheit.

Ich habe einen Nürnberger, Hans Sachs, kennen gelernt, einen wackern Mann und schönen Dichter, er hat sich auf die Kunst der Meistersänger gelegt und es weit darin gebracht, dabei ist er ein großer Freund der Reformation, er hat viel herrlicher Gedichte darüber abgefaßt. Er ist Bürger und Schuhmacher allhier.

Lebe wohl und gieb mir bald Nachricht von Dir; Deine Briefe können mir niemals zu weitläufig sein.

Sebastian."

Dieser Brief setzte Franzen in ein tiefes Nachsinnen, er wollte seinem Gemüte nicht recht eindringen und er fühlte fast etwas Fremdartiges in der Schreibart, das sich seinem Geiste widersetzte. Es quälte ihn, daß alles Neue mit einem zu gewaltsamen Eindrucke auf seine Seele fiel und ihr dadurch die freie Bewegung raubte. So lag ihm wieder die Gesinnung und das Betragen

1 ff. Prediger 9, 2—10. Der biblische Text beginnt so: „Wie es den Meineidigen geht, so geht es auch dem, der den Eid fürchtet." — 18. in dem Tode, in dem biblischen Texte: „in der Hölle, da du hinfährst". — 22. Der Schuster und Dichter Hans Sachs 1494 bis 1576.

des Meisters Lukas in Gedanken, manches in Sebastians Briefe
schien ihm damit übereinzustimmen, und in solchen Augenblicken
des Gefühls kam er sich oft in der Welt ganz einsam vor.

Wunderlich seltsam ist das Leben der Jugend, die sich selbst
nicht kennt. Sie verlangt, daß die ganze übrige Welt, wie ein 5
einziges Instrument, mit ihren Empfindungen eines jeden Tages
zusammenstimmen soll, sie mißt sich mit der fremdartigsten Natur
und ist nur zu oft unzufrieden, weil sie allenthalben Disharmonie
zu hören glaubt. Sich selbst genug, sucht sie doch auswärts
einen freundlichen Wiederhall, der antworten soll, und ängstigt sich, 10
wenn er ausbleibt.

Er ging nach einiger Zeit in das Haus zurück. Dürer war
schon wieder munter, und beide suchten den Meister Lukas in
seiner Malerstube auf. Er saß bei seiner Zeichnung und war schon
ziemlich weit damit gekommen. Franz verwunderte sich sehr über 15
den kunstreichen Mann, der in so kurzer Zeit so viel hätte arbeiten
können, die Zeichnung war beinahe fertig und mit großem Feuer
entworfen. Dürer betrachtete sie und sagte: „Ihr scheint recht zu
haben, Meister Lukas, daß sich nach einem guten Trunke besser
arbeiten läßt, ob ich es gleich noch nie versucht habe; denn mir 20
steigt der Wein in den Kopf und verdunkelt mir die Gedanken."

„Man muß sich nur nicht stören lassen," sagte Lukas, „wenn
einem auch anfangs etwas wunderlich dabei wird, sondern dreist
fortfahren, so findet man sich bald in die Arbeit hinein, und alsdann gerät sie gewißlich besser."   25

Die drei Künstler blieben mit den Frauen auch am Abend
zusammen und sie setzten ihre Gespräche fort. Franz war gedrückt
von dem Gedanken, daß er morgen abreise; ob er gleich seinen
Dürer ganz unvermuteter Weise gefunden hatte, so sollte er ihn
doch jetzt ebenso plötzlich zum zweitenmale verlassen; er sprach 30
wenig mit, auch aus dem Grunde, weil er zu bescheiden war.

Es war spät, der Mond war eben aufgegangen, als man
sich trennte. Franz nahm von Lukas Abschied; dann begleitete
er seinen Lehrer mit seiner Hausfrauen nach ihrer Herberge. Hier
sagte er auch der Frau Lebewohl. Dürer ging wieder mit ihm 35
zurück, sie durchstrichen einige Straßen und kamen dann auf einen
Spaziergang der Stadt.

34. Hausfrauen, altertümliche Form für Hausfrau.

Der Mond schien schräge durch die Bäume, die beinahe schon ganz entblättert waren; sie standen still und Franz fiel seinem Meister mit Thränen an die Brust. „Was ist dir?" sagte Dürer, indem er ihn in seine Arme schloß. „O liebster, liebster Albrecht," schluchzte Franz, „ich kann mich nicht darüber zufrieden geben, ich kann es nicht aussprechen, wie sehr ich Euch verehre und liebe. Ich hab' es mir immer gewünscht, Euch noch einmal zu sehn, um es Euch zu sagen, aber nun habe ich doch keine Gewalt dazu. O liebster Meister, glaubt es mir nur auf mein Wort, glaubt es meinen Thränen."

Franz war indem zurückgetreten und Dürer gab ihm die Hand und sagte: „Ich glaube es dir."

„Ach!" rief Franz aus, „was seid Ihr doch für ein ganz anderer Mann als die übrigen Menschen! das fühle ich immer mehr, ich werde keinen Euresgleichen wieder antreffen. An Euch hängt mein ganzes Herz, und wie ich Euch vertraue, werde ich keinem wieder vertrauen."

Dürer lehnte sich nachdenkend an den Stamm eines Baumes, sein Gesicht war ganz beschattet. „Franz," sagte er langsam, „du machst, daß mir deine Abwesenheit immer trauriger sein wird, denn auch ich werde niemals solchen Schüler, solchen Freund wieder antreffen. Denn du bist mein Freund; der einzige, der mich aus recht voller Seele liebt, der einzige, den ich ganz so wieder lieben kann."

„Sagt das nicht, Albrecht," sagte Franz, „ich vergehe vor Euch."

Dürer fuhr fort: „Es ist nur die Wahrheit, mein Sohn, denn als solchen liebe ich dich. Meinst du, deine getreue Anhänglichkeit von deiner Kindheit auf habe mein Herz nicht gerührt? O du weißt nicht, wie mir an jenem Abend in Nürnberg war und wie mir jetzt wieder ist: wie ich damals den Abschied von dir abkürzte und es jetzt gern wieder thäte; aber ich kann nicht."

Er umarmte ihn freiwillig und Franz fühlte, daß sein teurer Lehrer weinte. Sein Herz wollte brechen. „Die übrigen Menschen," sagte Dürer, „lieben mich nicht wie du; es ist zuviel Irdisches in ihren Gedanken. Ich stelle mich oft wohl äußerlich hart und thue wie die übrigen; aber mein Herz weiß nichts davon. Pirkheimer ist ein Patrizier, ein reicher Mann, er ist brav, aber er schätzt mich nur der Kunst wegen, und weil ich fleißig und aufgeräumt bin. Mein Weib kennt mich wenig und weil ich ihr im

stillen nachgebe, so meint sie, sie mache mir alles recht. Sebastian
ist gut, aber sein Herz ist dem meinigen nicht so verwandt als
das deine. Von den übrigen laß mich gar schweigen. Ja wahr=
lich, du bist mir der einzige auf der Erde."

Franz sagte begeistert: „O was könnte mir für ein größeres
Glück begegnen, als daß Ihr die Liebe erkennt, die ich so innig=
lich zu Euch trage?"

„Sei immer wacker," sagte Dürer, „und laß dein frommes
Herz allerwege so bleiben, als es jetzt ist. Komm dann nach Deutsch=
land und Nürnberg zurück, wenn es dir gut däucht; ich wüßte
mir keine größere Freude, als künftig immer mit dir zu leben."

„Ich bin eine verlassene Waise, ohne Eltern, ohne Ange=
hörige," sagte Franz, „Ihr seid mir alles."

„Ich wünsche," sagte Albrecht, „daß du mich wiederfindest,
aber ich glaube es nicht; es ist etwas in meiner Seele, was mir
sagt, daß ich es nicht lange mehr treiben werde. Ich bin in manchen
Stunden so ernsthaft und so betrübt, daß ich zu sterben wünsche,
wenn ich auch nachher oft wieder scherze und lustig scheine. Ich
weiß auch recht gut, daß ich zu fleißig bin und mir dadurch
Schaden thue, daß ich die Kraft der Seele abstumpfe und es
gewiß büßen muß; aber es ist nicht zu ändern. Ich brauche dir,
liebster Franz, wohl die Ursache nicht zu sagen. Meine Frau
ist gut, aber sie ist zu weltlich gesinnt, sie quält sich ewig mit
Sorgen für die Zukunft und mich mit; sie glaubt, daß ich nie=
mals genug arbeiten kann, um nur Geld zu sammeln, und ich
arbeite, um in Ruhe zu sein, oft mit unlustiger Seele; aber die
Lust stellt sich während der Arbeit ein. Meine Frau empfindet
nicht die Wahrheit der himmlischen Worte, die Christus aus=
gesprochen hat: Sorget nicht für euer Leben, was ihr essen und
trinken werdet, auch nicht für euren Leib, was ihr anziehen werdet.
Ist nicht das Leben mehr denn die Speise? Und der Leib mehr
denn die Kleidung? So denn Gott das Gras auf dem Felde
kleidet, das doch heute stehet und morgen in den Ofen geworfen
wird, sollte er das nicht vielmehr euch thun? O ihr Kleingläubigen!
Darum sollt ihr nicht sorgen und sagen: Was werden wir essen?
Was werden wir trinken? Womit werden wir uns kleiden? —
Nun lebe wohl, mein liebster Freund; ich will zurück und du

28 f. die himmlischen Worte, die Christus ausgesprochen hat, Ev. Matthäi
6, 25—31.

sollst mich nicht begleiten, denn an einer Stelle müssen wir uns ja doch trennen."

Franz hielt noch immer seine Hand. „Ich sollte Euch nicht wiedersehn?" sagte er, „warum sollte ich dann wohl nach Deutsch= land zurückkommen? Nein, Ihr müßt leben, noch lange, lange, Euch, mir und dem Vaterlande!"

„Wie wir uns trennen müssen," sagte Dürer, „so muß ich doch irgend einmal sterben, es sei wenn es sei. Je früher, je weniger Lebensmühe; je später, je mehr Sorgen. Aber komm bald zurück, wenn du kannst."

Er segnete hierauf seinen jungen Freund und betete in= brünstig zum Himmel. Franz sprach in Gedanken seine Worte nach und war in einer frommen Entzückung; dann umarmten sich beide und Dürer ging wie ein großer Schatten von ihm weg. Franz sah ihm nach, und der Mondschimmer und die Bäume dämmerten ungewiß um ihn. Plötzlich stand der Schatten still und bewegte sich wieder rückwärts. Dürer stand neben Franz, nahm seine Hand und sagte: „Und wenn du mir künftig schreibst, so nenne mich in deinen Briefen du und deinen Freund, denn du bist mein Schüler nicht mehr." — Mit diesen Worten ging er nun wirklich fort und Franz verlor ihn gänzlich aus den Augen. Die Nacht war kalt, die Wächter der Stadt zogen vorüber und sangen, die Glocken schlugen feierlich. Franz irrte noch eine Zeit= lang umher. dann begab er sich nach seiner Herberge, aber er konnte nicht schlafen.

Drittes Kapitel.

Der Morgen kam. Franz hatte eine Gesellschaft gefunden, die auf dem Kanal mit einem Schiffe nach Rotterdam fahren wollte, dort wollten sie ein größeres nehmen, um vollends nach Antwerpen zu kommen.

Es war helles Wetter, als sie in das Boot stiegen; die Ge= sellschaft schien bei guter Laune. Franz betrachtete sie nach der Reihe und keiner darunter fiel ihm besonders auf, außer ein junger Mensch, der einige zwanzig Jahre alt zu sein schien und ungemein schön im Gesicht und in seinen Gebärden· war. Franz fühlte sich immer mehr zu den jüngern als zu den ältern Leuten hingezogen;

er sprach mit den letztern ungern, weil er nur selten in ihre
Empfindungen einstimmen konnte. Bei alten Leuten empfand er
seine Beschränkung noch quälender und er merkte es immer, daß
er ihnen zu lebhaft, zu jugendlich war, daß er sich gemeiniglich
an Dingen entzückte, die jenen immer fremd geblieben, und daß 5
sie doch zuweilen mit einem gewissen Mitleiden, mit einer tyran=
nisierenden Duldung auf ihn herabblickten, als wenn er endlich
allen diesen Gefühlen und Stürmen vorüberschiffen müßte, um in
ihr ruhiges kaltes Land festen Fuß zu fassen. Vollends demütigte
es ihn oft, wenn sie dieselben Gegenstände liebten, die er verehrte; 10
Lob und Tadel, Anpreisung und Nachsicht aber mit so scheinbarer
Gerechtigkeit austeilten, daß von ihrer Liebe fast gar nichts übrig
blieb. Er dagegen war gewohnt aus vollem Herzen zu zahlen,
seine Liebe nicht zu messen und einzuschränken, sondern es zu dulden,
daß sie sich in vollen Strömen durch das gelobte Land der Kunst, 15
sein Land der Verheißung, ergoß; je mehr er liebte, je wohler
ward ihm. — Er konnte sein Auge von dem Jünglinge gar nicht
zurückziehn, die lustigen hellen braunen Augen und das gelockte
Haar, eine freie Stirn und dazu eine bunte, fremdartige Tracht
machten ihn zum Gegenstande von Franzens Neugier. 20

Das Schiff fuhr fort und man sah links weit in das ebene
Land hinein. Die Gesellschaft schien nachdenkend oder vielleicht
müde, weil sie alle früh aufgestanden waren; nur der Jüngling
schaute unbefangen mit seinen großen Augen umher. Ein ältlicher
Mann zog ein Buch hervor und fing an zu lesen; doch es währte 25
nicht lange, so schlummerte er. Die übrigen schienen ein Gespräch
zu wünschen.

„Der Herr Vansen schläft,“ sagte der eine zu seinem Nachbar,
„das Lesen ist ihm nicht bekommen.“

„Er schläft nicht so, Nachbar, daß er Euch nicht hören sollte,“ 30
sagte Vansen, indem er sich ermunterte. „Ihr solltet nur etwas
erzählen oder ein lustiges Lied singen.“

„Ich bin heiser,“ sagte jener, „Ihr wißt es selber; auch hab'
ich eigentlich seit Jahr und Tag das Singen schon aufgegeben.“

Der fremde Jüngling sagte: „Ich will mich wohl erbieten 35
ein Lied zu singen, wenn ich nur wüßte, daß die Herren es mit
der Poesie nicht so gar genau nehmen wollten.“

Sie versicherten ihn alle, daß es nicht geschehn würde, und
jener fuhr fort: „Es ist auch nur, daß man sich das bißchen Freude

verbittert; alle Lieder, die ich gern singe, müssen sich hübsch geradezu und ohne Umschweife ausdrücken, auf eine andre Art gefallen sie mir nicht. Ich will also mit Eurer Erlaubnis anfangen."

Über Reisen kein Vergnügen,
    Wenn Gesundheit mit uns geht,
Hinter uns die Städte liegen,
    Berg und Waldung vor mir steht.
Jenseit, jenseit, ist der Himmel heiter,
Treibt mich rege Sehnsucht weiter.

Schau dich um, und laß die trüben Blicke.
    Sieh, da liegt die große weite Welt,
In der Stadt blieb alles Graun zurücke.
    Das den Sinn gefangen hält.
Endlich wieder Himmel, grüne Flur,
Groß und lieblich die Natur.

Auch ein Mädchen muß dich nimmer quälen,
    Kömmst ja doch zu Menschen wieder hin.
Nirgend wird es dir an Liebe fehlen,
    Ist dir Lieben ein Gewinn:
Darum laß die trüben Blicke,
Allenthalben blüht dein Glücke.

Immer munter, Freunde, munter,
    Denn mein Mädchen wartet schon,
Treibt den Fluß nur rasch hinunter,
    Denn mich dünkt, mich lockt ihr Ton.
Günstig sind uns alle Winde,
Stürme schweigen, Lüfte säuseln linde.

    Siehst du die Sonne nicht
        Glänzen im Bach?
    Wo du bist, spielt das Licht
        Freundlich dir nach.

    Durch den Wald Funkelschein,
        Sieht in den Quell;
    Guckt in die Flut hinein,
        Macht tausend Ströme hell.

    So auch der Liebe Licht,
        Wandelt mit dir;
    Löschet wohl nimmer nicht,
        Ist dorten bald, bald hier.

14*

Liebst du die Morgenpracht,
Wenn nach der schwarzen Nacht
Auf diamantner Bahn
Die Sonne ihren Weg begann?

Wenn alle Vögel jubeln laut,   5
Begrüßen fröhlich des Tages Braut;
Wenn Wolken sich zu Füßen schmiegen,
In Brand und goldnem Feuer fliegen?

Auch wenn die Sonne nun den Wagen lenkt,
Und hinter ihr das Morgenrot erbleicht,   10
O Freund, wie eilig Tag und Mittag weicht,
Daß sich zum Meer die Göttin senkt!

Und dann funkeln neue Schimmer
Über See und über Land,
Erd' und Himmel in dem Flimmer   15
Sich zu einem Glanz verband.

Prächtig mit Rubinen und Saphiren
Siehst du dann den Abendhimmel prangen,
Goldenes Geschmeide um ihn hangen,
Edelsteine Hals und Nacken zieren,   20
Und in holder Glut die schönen Wangen.
Drängt sich nicht mit leisem Licht der Chor
Aller Sterne, ihn zu sehen, vor?
Jubeln nicht die Lerchen ihre Lieder,
Tönt nicht Fels und Meer Gesänge wieder? —   25

Also wenn die erste Liebe dir entschwunden,
Mußt du weibisch nicht verzagen,
Sondern dreist dein Glücke wagen,
Bald hast du die zweite aufgefunden;
Und kannst du im Rausche dann noch klagen: 30
Nie empfand ich, was ich vor empfunden?

Nie vergißt der Frühling wiederzukommen,
Wenn Störche ziehn, wenn Schwalben auf der Wiese sind.
Kaum ist dem Winter die Herrschaft genommen,
So erwacht und lächelt das goldne Kind.   35

Dann sucht er sein Spielzeug wieder zusammen,
Das der alte Winter zusammengestört,
Er putzt den Wald mit grünen Flammen,
Der Nachtigall er die Lieder lehrt.

Er rührt den Obstbaum mit rötlicher Hand,
Er klettert hinauf die Aprikosenwand,
  Wie Schnee die Blüte sich unter die Blätter bringt,
  Er schüttelt froh das Köpfchen, daß ihm die Arbeit gelingt.

5   Dann geht er und schläft im wald'gen Grün
Und haucht den Atem aus, den süßen,
  Um seinen zarten roten Mund
  Im Grase Viol' und Erdbeer sprießen.

  Wie rötlich und bläulich lacht
10 Das Thal, wann er erwacht.
    In den verschloßnen Garten
Steigt er übers Gitter in Eil,
  Mag auf den Schlüssel nicht warten,
  Ihm ist keine Wand zu steil.

15   Er räumt den Schnee aus dem Wege,
Er schneidet das Buxbaumgehege,
  Und feiert auch am Abend nicht,
  Er schaufelt und arbeitet im Mondenlicht.

  Dann ruft er: wo säumen die Spielkameraden,
20 Daß sie so lange in der Erde bleiben?
    Ich habe sie alle eingeladen,
  Mit ihnen die fröhliche Zeit zu vertreiben.

  Die Lilie kommt und reicht ihm die weißen Finger,
Die Tulpe steht mit dickem Kopfputz da,
25   Die Rose tritt bescheiden nah,
  Aurikelchen und alle Blumen, vornehm und geringer.

  Der bunte Teppich ist nun gestickt,
Die Liebe tritt aus Jasminlauben hervor.
    Da danken die Menschen, da jauchzet der Vögel ganzes Chor,
30 Denn alle fühlen sich beglückt.

  Dann küßt der Frühling die zarten Blumenwangen,
Und scheidet und sagt: ich muß nun gehn.
  Da sterben sie alle an süßem Verlangen,
  Daß sie mit welken Häuptern stehn.

35   Der Frühling spricht: vollendet ist mein Thun,
Ich habe schon die Schwalben herbestellt,
  Sie tragen mich in eine andre Welt,
  Ich will in Indiens duftenden Gefilden ruhn.

Ich bin zu klein, das Obst zu pflücken,
Den Stock der schweren Traube zu entkleiden,
  Mit der Sense das goldne Korn zu schneiden,
Dazu will ich den Herbst euch schicken.

Ich liebe das Spielen, bin nur ein Kind   5
Und nicht zur ernsten Arbeit gesinnt;
  Doch wenn ihr des Winters überdrüssig seid,
Dann komm' ich zurück zu eurer Freud.
Die Blumen, die Vögel nehm' ich mit mir,
Wenn ihr erntet und keltert, was sollen sie hier?   10
  Abe, abe, die Liebe ist da,
Drum ist euch der Frühling ewiglich nah.

„Ihr habt das Lied sehr schön gesungen," sagte Vansen,
„aber es ist wahr, daß man es mit dem Texte nicht so genau
nehmen muß, denn das Letzte hängt gar nicht mit dem Ersten 15
zusammen."

„Ihr habt sehr recht," sagte der Fremde, „indessen Ihr kennt
das Sprichwort: Ein Schelm giebt's besser als er es hat."

„Ich habe einen guten und schönen Zusammenhang darin
gefunden," sagte Franz. „Der Hauptgedanke darin ist der fröhliche 20
Anblick der Welt; das Lied will uns von trüben Gedanken und
Melancholie abziehn und so kömmt es von einer Vorstellung auf
die andre. Zwar ist nicht der Zusammenhang einer Rede darin,
aber es wandelt gerade so fort, wie sich unsre Gedanken in einer
schönen heitern Stunde bilden."   25

„Ihr seid wohl selber ein Poet?" rief der Fremde aus.

Franz ward rot und sagte dann, daß er ein Maler sei,
der vorjetzt nach Antwerpen und dann nach Italien zu gehen ge-
sonnen sei.

„Ein Maler?" schrie Vansen auf, indem er Sternbald genau 30
betrachtete. „O so gebt mir Eure Hand! dann müssen wir näher
miteinander bekannt werden!"

Franz war in Verlegenheit, er wußte nicht, was er sagen
sollte; der Niederländer fuhr fort: „Vor allen andern Künsten in
der Welt ergötzt mich immer die Kunst der Malerei am meisten 35
und ich begreife es nicht, wieviele Menschen so kalt dagegen sein
können. Denn was ist Poesie und Musik, die so flüchtig vorüber-
rauschen und uns kaum anrühren! Jetzt vernehme ich die Töne
und dann sind sie vergessen — sie waren und sie waren auch

nicht; es sind Klänge und Worte und ich weiß niemals recht, was
sie mir sollen. Sie sind wirklich nichts als ein Spielwerk, das
ein jeder anders handhabt. Dagegen verstehn es die edeln Maler=
künstler, mir Sachen und Personen unmittelbar vor die Augen
5 zu stellen, mit ihren freundlichen Farben, mit aller Wirklichkeit
und Lebendigkeit, so daß das Auge, der klügste und edelste Sinn
des Menschen, gleich im Augenblicke alles auffaßt und versteht.
Je öfter ich die Figuren wieder sehe, je bekannter werden sie mir,
ja ich kann sagen, daß sie meine Freunde werden, daß sie für
10 mich ebensogut leben und da sind als die übrigen Menschen. Darum
liebe ich die Maler so ungemein, denn sie sind gleichsam Schöpfer
und können schaffen und darstellen, was ihnen gelüstet.“

　　Von diesem Augenblicke bemühte sich Vansen sehr um Stern=
bald; dieser nannte ihm seinen Namen und ward von jenem sehr
15 dringend gebeten, ihn in Antwerpen in seinem Hause zu besuchen
und etwas für ihn zu malen. Auf der fortgesetzten Reise geriet
Franz mit dem unbekannten Jünglinge in ein Gespräch und erfuhr
von diesem, daß er sich Rudolf Florestan nenne, daß er aus
Italien sei, jetzt England besucht habe und nach seiner Heimat
20 zurückzukehren denke. Beide Jünglinge beschlossen die Reise zu=
sammen zu machen, denn sie fühlten einen Zug der Freundschaft
zu einander, der sie schnell vereinigte. „Wir wollen recht vergnügt
miteinander sein,“ sagte Rudolf, „ich bin schon mehr als ein=
mal in Deutschland gewesen und habe lange unter Euren Lands=
25 leuten gelebt, ich bin selbst ein halber Deutscher und liebe Eure
Nation.“

　　Franz versicherte ihn, daß er sich sehr freue seine Bekannt=
schaft gemacht zu haben. Er äußerte seine Verwunderung, daß
Rudolf noch so jung sei und doch schon von der Welt so viel
30 gesehn habe. „Das muß Euch nicht erstaunen,“ sagte jener, „denn
ich bin auch schon einmal in Spanien gewesen. Mein unruhiger
Geist treibt mich immer umher, und wenn ich eine Weile still in
meiner Heimat gesessen habe, muß ich wieder reisen, wenn ich nicht
krank werden will. Wenn ich auf der Reise bin, geschieht es mir
35 wohl, daß ich mich nach meinem Hause sehne und mir vornehme,
nie wieder in der Ferne herumzustreifen; indessen dauern dergleichen
Vorsätze niemals lange, ich darf nur von fremden Ländern hören
oder lesen, gleich ist die alte Lust in mir wieder aufgewacht.“

　　Ein großer Teil der Gesellschaft kam nun darauf, man solle,

um die Zeit der Fahrt zu verkürzen, Geschichten oder Märchen
erzählen. Alle trauten dem Rudolf zu, daß er am besten im=
stande sei ihr Begehren zu erfüllen; sie ersuchten ihn daher alle
darum, auch Franz vereinigte sich mit ihren Bitten. „Ich will
es gern thun,“ antwortete Rudolf, „allein es geht mir mit   5
meiner Geschichte wie mit meinem Liede, sie wird keinem recht
gefallen.“ Alle behaupteten, daß er sie gewiß unterhalten würde,
er solle nur getrost anfangen. Rudolf sagte: „Ich liebe keine
Geschichte und mag sie gar nicht erzählen, in der nicht von Liebe
die Rede ist. Die alten Herren aber kümmern sich um dergleichen   10
Neuigkeiten nicht viel.“

„O doch,“ sagte Vansen, „nur finde ich es in vielen Ge=
schichten der Art unnatürlich, wie die ganze Erzählung vorgetragen
wird; gewöhnlich macht man doch zuviel Aufhebens davon, und
das ist, was mir mißfällt. Wenn es aber alles so recht natür=   15
lich und wahr fortgeht, kann ich mich sehr daran ergötzen.“

„Das ist es gerade,“ rief Rudolf aus, „was ich sagte; die
meisten Menschen wollen alles gar zu natürlich haben, und wissen
doch eigentlich nicht, was sie sich darunter vorstellen; sie fühlen
den Hang zum Seltsamen und Wunderbaren, aber doch soll das   20
alles wieder alltäglich werden; sie wollen wohl von Liebe und
Entzücken reden hören, aber alles soll sich in den Schranken der
Billigkeit halten. Doch, ich will nur meine Geschichte anfangen,
weil ich sonst selber schuld daran bin, wenn ihr gar zu viel erwartet.

Die Sonne ging eben auf, als ein junger Edelmann, den   25
ich Ferdinand nennen will, auf dem freien Felde spazierte. Er
war damit beschäftigt, die Pracht des Morgens zu betrachten und
zu sehn, wie sich nach und nach das Morgenrot und das lichte
Gold des Himmels immer brennender zusammendrängten, immer
höher leuchteten. Er verließ gewöhnlich an jedem Morgen sein   30
Schloß, auf dem er unverheiratet lebte, denn seine Eltern waren
seit einiger Zeit gestorben. Dann setzte er sich in dem benach=
barten Wäldchen nieder und las einen der italienischen Dichter,
die er sehr liebte.

Jetzt war die Sonne heraufgestiegen, und er wollte sich eben   35
nach dem einsamen Waldplatze begeben, als er aus der Ferne
einen Reiter heransprengen sah. Auf dem Hute und Kleide des
Reiters glänzten Gold und Edelgesteine im Schein des Morgens,
und als er näher kam, glaubte Ferdinand einen vornehmen Ritter

vor sich zu sehn. Der Fremde ritt eiligst vorüber und verschwand im Walde; kein Diener folgte ihm.

Ferdinand wunderte sich noch über diese Eile, als er zu seinen Füßen im Grase etwas Glänzendes sah. Er ging hinzu und hob 5 das Bild eines Mädchens auf, das mit kostbaren Diamanten eingefaßt war. Er ging damit nach dem Walde zu, indem er es aufmerksam betrachtete; er setzte sich an der gewohnten Stelle nieder und vergaß sein Buch herauszuziehen, so sehr war er mit dem Bilde beschäftigt."

10   „Was war der Edelmann für ein Landsmann?" fragte Vansen.

„Je nun, ich denke," antwortete Rudolf, „er wird wohl ein Deutscher gewesen sein, ja, und jetzt erinnere ich mich deutlich, er war ein Franke."

„Nun so seid so gut und fahrt fort."

15   „Er kam nach Hause und aß nicht. Leopold, sein vertrautester Freund besuchte ihn, aber er sprach nur wenig mit diesem. Warum bist du so in Gedanken, fragte Leopold? Mir ist nicht wohl, antwortete jener, und mit dieser Antwort mußte der Freund zufrieden sein.

20   So verstrichen einige Wochen und Ferdinand ward mit seinen Worten immer sparsamer. Sein Freund ward besorgt, denn er bemerkte, daß Ferdinand alle Gesellschafter vermied, daß er fast beständig im Walde oder auf der Wiese war, daß er jedem Gespräche aus dem Wege ging. An einem Abende hörte Leopold 25 folgendes Lied singen:

> Soll ich harren, soll mein Herze
>   Endlich brechen?
> Soll ich niemals von dem Schmerze
>   Meines Busens sprechen?

30
> Warum geh ich in der Irre?
>   Ach was eile
> Ich nicht schnell aus dem Gewirre?
>   Wozu träge Weile?

35
> Irgendwo muß ich sie finden;
>   Euch die Ferne,
> Durch den Wald, durch blüh'nde Linden
>   Lächeln dir die Sterne.

Leopold hörte aufmerkſam dem rätſelhaften Liede zu; dann
ging er in den Wald hinein und traf ſeinen Freund in Thränen.
Er ward bei dieſem Anblicke erſchüttert und redete ihn ſo an:
„Liebſter, warum willſt du mich ſo ſehr bekümmern, daß du mir
kein Wort von deinem Leiden anvertraueſt? Ich ſehe es täglich, 5
wie dein Leben ſich aufzehrt, und unwiſſend muß ich mit dir
leiden, ohne daß ich raten und tröſten könnte. Warum nennſt du
mich deinen Freund? Ich bin es nicht, wenn du mich nicht deines
Vertrauens würdig achteſt. Jetzt gilt es, daß ich deine Liebe zu
mir auf die Probe ſtelle, und was fürchteſt du, dich mir zu ent- 10
decken? Wenn du unglücklich biſt, wo findeſt du ſicherer Troſt,
als im Buſen deines Freundes? Biſt du dich eines Fehlers bewußt, wer verzeiht dir williger als die Liebe?"

Ferdinand ſah ihn eine Weile an, dann antwortete er: „keines
von beiden, mein lieber Freund, iſt bei mir der Fall; ſondern 15
eine wunderſeltſame Sache belaſtet mein Herz ſo gewaltſam, die
ich dir noch nicht habe anvertrauen wollen, weil ich mich vor dir
ſchäme. Ich fürchte deine Vernunft, ich fürchte, daß du mir das
ſagſt, was ich mir ſelber täglich und ſtündlich ſage; ich fürchte,
daß du wohl deinen Freund, aber nicht ſeine unbegreifliche Thor- 20
heit liebſt. Ich will mich dir alſo anvertrauen. Sieh dies Gemälde, das ich vor einigen Wochen gefunden habe, und das ſeit-
dem meinen Sinn ſo gänzlich umgewandelt hat. Mit ihm habe
ich mein höchſtes Glück, ja mich ſelber gefunden, denn ich lebte
vorher ohne Seele, ich kannte mich und das Glück der Welt nicht, 25
denn ich wurde ohne alles Glück in der Welt fertig. Seitdem
iſt mir, als wenn ein unbekanntes Weſen mir aus den Morgen-
wolken die Hand gereicht und mich mit ſüßer Stimme bei meinem
Namen genannt hätte. Aber zugleich habe ich in dieſem Bilde
meinen größten Feind gefunden, der mir keine Minute Ruhe läßt, 30
der mich auf jeden Schritt verfolgt, der mir alle übrigen Freuden
dieſer Erde als etwas Armſeliges und Verächtliches darſtellt. Ich
darf mein Auge nicht davon hinwegwenden, ſo befällt mich eine
marternde Sehnſucht und wenn ich nun darauf blicke und dieſen
ſüßen Mund und dieſe ſchönen Augen antreffe, ſo ergreift eine 35
ſchreckliche Beklemmung mein Herz, ſo daß ich in unnützen Kämpfen,
in Streben und Wünſchen vergehe und mein Leben ſich verzehrt,
wie du richtig geſagt haſt. Aber es muß ſich nun endigen; mit
dem kommenden Morgen will ich mich aufmachen und das Land

durchziehn, um diejenige wirklich aufzufinden, von der ich bis jetzt
nur das Gemälde besitze. Sie muß irgendwo sein, sie muß meine
Liebe kennen lernen, und ich sterbe dann entweder in öder Ein=
samkeit, oder sie erwidert diese Liebe."

5 Leopold stand lange staunend und betrachtete seinen Freund;
endlich rief er aus: „Unglücklicher! Wohin hast du dich verirrt?
An diesen Schmerzen hat sich bisher vielleicht noch keiner der
Sterblichen verblutet. Was soll ich dir sagen? Wie soll ich dir
raten? Der Wahnsinn hat sich deiner schon bemeistert, und alle
10 Hülfe kömmt zu spät. Wenn nun das Original dieses Bildes
auf der ganzen weiten Erde nicht zu finden ist! und wie leicht
kann es bloß die Imagination eines Malers sein, die dieses
zierliche Köpfchen hervorgebracht hat! oder sie kann gelebt haben
und ist nun schon gestorben, oder sie ist die Gattin eines andern,
15 und nun schon alt und voll Runzeln, so daß du sie gar nicht
einmal wieder kennst. Glaubst du, daß sich dir zu Gefallen das
Wunder des Pygmalion erneuern wird? Ist es nicht eben so
gut, als wenn du die Helena von Griechenland, oder die ägyptische
Kleopatra liebtest? Bedenke dein eigen Wohl und laß dich nicht
20 von einer Leidenschaft unterjochen, die offenbar völlig aberwitzig ist.
Hier ist es gerade, wo dich deine Vernunft aus dem Labyrinthe
erretten muß, und mich wundert, wie du sie so hast unterdrücken
können, daß es so weit mit dir gekommen ist."

„Nun, der Mann hat doch wahrlich völlig recht," rief Vansen
25 aus, „und ich bin neugierig, was der verliebter Schwärmer wohl
darauf wird antworten können."

„Gewiß gar nichts," sagte ein andrer, „er wird einsehn, wie
gut es sein Freund mit ihm meint, und das wunderliche Aben=
teuer fahren lassen."

30 Rudolf fuhr fort: Ferdinand schwieg eine Weile still, dann
sagte er: „Liebster Freund, deine Worte können mich auf keine
Weise beruhigen, und wenn du mich und mein Herz nur etwas
kennst, so wirst du auch darauf gar nicht ausgehn. Ich gebe dir
recht, du hast vollkommen vernünftig gesprochen; allein was ist
35 mir damit geholfen? Ich kann dir nichts antworten, ich fühle
nur, daß ich elend bin, wenn ich nicht gehe und jenes Bild auf=
suche, das meine Seele ganz regiert. Denn könnt' ich hier ver=
nünftig sein, so würde ich gewiß nicht einen Traum lieben; könnt'
ich auf deinen Rat hören, so würde ich mich nicht in der Nacht

schlaflos auf meinem Lager wälzen. Denn wenn ich nun auch
wirklich die Helena oder die ägyptische Kleopatra liebte, mit der
heißen brennenden Liebe des Herzens; wenn ich nun auch ginge
und sie in der weiten Welt aufsuchte, sowie ich jetzt ein Bild
suche, das vielleicht nirgendwo ist, was könnte mir auch da all 5
dein Reden nützen? Doch nein, sie lebt, mein Herz sagt es mir,
daß sie für mich lebt und daß sie mich mit stiller Ahndung er=
wartet. Und wenn ich sie nun gefunden habe, wenn die Sterne
günstig auf mein Thun herunterscheinen, wenn ich sie in meinen
Armen zurückbringe, dann wirst du mein Glück preisen und mein 10
jetziges Beginnen nicht mehr unvernünftig schelten. Sieh, so hängt
es bloß von Glück und Zufall ab, ob ich vernünftig oder un=
vernünftig handle, ob die Leute mich schelten oder loben; wie
kann also dein Rat gut sein, wie könnte ich vernünftig sein, wenn
ich ihm folgte? Wer nie wagt, kann nie gewinnen, wer nie den 15
ersten Schritt thut, kann keine Reise vollbringen, wer das Glück
nicht auf die Probe stellt, kann nicht erfahren, ob es ihm günstig
ist. Ich will also getrost diesen Weg einschlagen und sehn, wohin
er mich führt. Ich komme entweder vergnügt oder nicht zurück."

Er nahm hierauf seinen Freund Leopold in die Arme und 20
drückte ihn herzlich. „Laß mich gehen," sagte er, „sei nicht traurig,
denn du siehst mich gewiß wieder, ich bleibe gewiß nicht aus.
Vielleicht verändert sich auch unterwegs mein Gemüt, wenn ich die
mannigfaltige Welt mit ihren wechselnden Gestalten erblicke; darum
sei nicht betrübt. Wie sich dies Gefühl wunderbarlich meines 25
Herzens bemeistert hat, so kann es mich ja auch plötzlich wieder
loslassen."

Sie gingen nach Hause und am folgenden Morgen trat
Ferdinand wirklich seine seltsame Wanderschaft an. Leopold sah
ihm mit Thränen nach, denn er hielt die Leidenschaft seines Freundes 30
für Wahnsinn, er hätte ihn gern begleitet, aber Ferdinand wollte
es durchaus nicht zugeben.

Dieser wußte nicht, wohin er seinen Weg richten sollte, er
ging daher auf der ersten Straße fort, auf die er traf. Seine
Seele war unaufhörlich mit dem geliebten Bilde beschäftigt, in 35
der reizendsten Gestalt sah er es vor sich hinschweben und folgte

19. In der späteren Überarbeitung erzählt Ferdinand hier seinem Freunde die Ge=
schichte des provençalischen Troubadours Gottfried Rudell, welcher die Gräfin von Tripolis
liebte ohne sie gesehen zu haben und sterbend in ihre Nähe trachtete.

ihm wie unwillkürlich nach. In den Wäldern saß er oft still
und dichtete ein wunderbares Lied auf seine wunderbare Leiden=
schaft; dann hörte er dem Gesange der Nachtigallen zu, und ver=
tiefte und verlor sich in sich selber, daß er die Nacht über im
5 Walde bleiben mußte.

Zuweilen erwachte er wie aus einem tiefen Schlafe, und
überdachte dann seinen Vorsatz mit kälterem Blute, alles was er
wollte und wünschte, kam ihm dann wie eine Traumgestalt vor,
er bestrebte sich oft, sich des Zustandes seiner Seele zu erinnern,
10 ehe er das Bildnis im Grase gefunden hatte, aber es war ihm
unmöglich. So wanderte er fort und verirrte sich endlich von
der Straße, indem er in einen dicken Wald geriet, der gar kein
Ende zu haben schien.

Er ging weiter und traf immer noch keinen Ausweg, das
15 Gehölz ward immer dichter, Vögel schrieen und lärmten mit selt=
samen Tönen durch die stille Einsamkeit. Ferdinand dachte jetzt
an seinen Freund, ihm schien selber sein Unternehmen wahnsinnig,
und er nahm sich vor, am folgenden Tage nach seinem Schlosse
zurückzukehren. Es wurde Nacht, und wie wenn eine Verblendung
20 plötzlich von ihm genommen wäre, so verschwand seine Leidenschaft,
es war wie ein Erwachen aus einem schweren Traume. Er
wanderte durch die Nacht weiter, denn der Mond warf seinen
Schimmer durch die Zweige hinein, er sah schon seinen Freund
vergnügt und versöhnt vor sich stehn, er dachte sich sein künftiges
25 ruhiges Leben. Unter diesen Betrachtungen brach der Morgen
an, die Sonne sandte ihre frühen Strahlen durch das grüne
Gebüsch, und neuer Mut und neue Heiterkeit ward in ihm wach.
Er betrachtete das Gemälde wieder und wußte nicht, was er thun
sollte. Alle seine Entschlüsse fingen an zu wanken, jedes andre
30 Leben erschien ihm leer und nüchtern, er wünschte und dachte nur
sie. Wohin soll ich mich wenden? rief er aus. O Morgenrot!
zeige mir den Weg! ruft mich ihr Lerchen und zieht auf meiner
Bahn voran, damit ich wissen möge, wohin ich den irren Fuß
setzen soll. Meine Seele schwankt in Leid und Freude, kein Ent=
35 schluß kann Wurzel fassen, ich weiß nicht was ich bin, ich weiß
nicht was ich suche. Warum kann ich mich nicht an den ge=
wöhnlichen Wünschen begnügen?

Indem er so mit sich selber sprach, trat er aus dem Walde
heraus und eine schöne Ebene mit angenehmen Hügeln lag vor

ihm. In der Ferne standen Kruzifixe und einige kleine Kapellen
im Glanz der Morgensonne. Der wunderbare Trieb weiter zu
wandeln und den Inhalt seiner Gedanken aufzusuchen, ergriff den
Jüngling mit neuer Gewalt. Er sah in der Entfernung sich eine
weiße Gestalt auf der grünen Wiese bewegen, und als er weiter 5
fortging, unterschied er, daß es eine Pilgerin sei. Die Gegen=
wart eines Menschen zog ihn nach der langen Einsamkeit an, er
verdoppelte seine Schritte. Jetzt war er näher gekommen, als die
Pilgerin vor einem Kruzifix am Wege niederknicete, die Hände
in die Höhe hob und andächtig betete. Indem kam ein Reiter 10
vom nächsten Hügel heruntergestürzt; als er näher kam, sah
Ferdinand, daß es derselbe sei, der ihm an jenem Morgen vor=
übersprengte, als er sein geliebtes Bildnis fand. Der Reiter
stieg schnell ab und näherte sich der Betenden; als er sie mit
einem genauen Blicke betrachtet, ergriff er sie mit einer ungestümen 15
Bewegung. Sie streckte die Hände aus und rief um Hilfe. Zwei
Diener kamen mit ihren Pferden und wollten sich auf Befehl
ihres Herrn der Pilgerin bemächtigen. Ferdinands Herz ward
durch diesen Anblick bewegt, er zog den Degen und stürzte auf
die Räuber ein, die sich zur Wehre setzten. Nach einem kurzen 20
Gefechte verwundete er den Reiter; dieser sank nieder und die
erschrockenen Diener nahmen sich seiner sogleich an. Da er in
Ohnmacht lag, so trugen sie ihn zu seinem Pferde, das sie hinter
sich führten, um so im nächsten Orte Hilfe zu suchen. Die Pilgerin
hatte die Zeit des Kampfs benutzt und war indessen feldeinwärts 25
geflohen. Ferdinand erblickte sie in einer ziemlichen Entfernung.
Er eilte ihr nach und sagte: „Ihr seid gerettet, Pilgerin, Ihr mögt
nun ungehindert Eures Weges fortziehn, die Räuber haben sich
davon gemacht." Sie konnte vor Angst noch nicht antworten, sie
dankte ihm mit einem scheuen Blicke. Er glaubte sie zu kennen, 30
doch konnte er sich nicht erinnern, sie sonst schon gesehn zu haben.
„Ich bin Euch meinen herzlichsten Dank schuldig," sagte sie endlich,
„ich wollte nach einem wunderthätigen Bilde der Mutter Gottes
wallfahrten, als jener Räuber mich überfiel. O daß er uns nur
nicht wieder einholt!" 35
    „Ich will Euch begleiten," sagte Ferdinand, „bis Ihr völlig in
Sicherheit seid; aber fürchtet nichts, er ist vielleicht tot, wenigstens
sehr schwer verwundet. Aber kehrt zur Straße zurück, denn auf
diesem Wege gehn wir nur in der Irre."

Indem kam ein Gewitter heraufgezogen und ein Hagelschauer
fiel nieder. Die beiden Wandrer retteten sich vor dem Platzregen
in eine kleine Kapelle, die dicht vor einem Walde stand. Die
Pilgerin war sehr ängstlich, wenn die Donnerschläge in den Bergen
5 wiederhallten, und Ferdinand suchte sie zu beruhigen; sie schien
sehr mit ihren Gedanken beschäftigt. Endlich hörte das Gewitter
auf und ein lieblicher Regenbogen stand am Himmel, der Wald
war frisch und grün, und alle Blätter funkelten von Tropfen,
die Schwüle des Tages war vorüber, die ganze Natur durchwehte
10 ein kühler Atem, alle Bäume, alle Blumen waren fröhlich. Sie
standen beide und sahen in die erfrischte Welt hinaus, und die
Pilgerin lehnte sich an des Ferdinands Schulter. Da war es
ihm, als wenn sich ihm alle Sinne aufthäten, als wenn auch aus
seinem Gemüte die drückende Schwüle fortzöge, denn er erkannte
15 nun das liebe Gesicht, das ihm so vertraulich nahe war; es war
das Original jenes Gemäldes, das er mit so heftiger Sehnsucht
gesucht hatte. So freut sich der Durstende, wenn er lange
schmachtend in der heißen Wüste umherirrte und nun den Quell
in seiner Nähe rieseln hört; so der verirrte Wandersmann, der
20 nun endlich am späten Abend die Glocken der Herden vernimmt,
das abendliche Getöse des nahen Dorfes und dem nun von allen
Menschen ein alter Herzensfreund zuerst entgegentritt.

Ferdinand zog das Gemälde hervor, die Pilgerin erkannte
es Sie erzählte, daß ein junger Ritter aus der Nachbarschaft
25 sie. habe malen lassen, derselbe, von dem Ferdinand sie heute befreit habe: sie sei elternlos und bei armen Bauern auferzogen,
aber sie habe sich entschlossen, der Liebe des Ritters zu entfliehen,
weil sie ihn nicht lieben könne. „So hab' ich," sagte sie, „nach dem
heiligen, wunderthätigen Marienbilde eine Wallfahrt thun wollen
30 und bin dabei unter Euren Schutz geraten, den ich Euch nie genug
verdanken kann."

Ferdinand konnte erst vor Entzücken gar nicht sprechen, er
traute seiner eignen Überzeugung nicht, daß er den gesuchten Schatz
wirklich erbeutet habe; er erzählte der Fremden, die sich Leonore
35 nannte, wie er das Bildnis gefunden und wie es ihn bewegt
habe, wie er endlich den Entschluß gefaßt, sie in weiter Welt
aufzusuchen, um zu sterben oder sein Gemüt zu beruhigen. Sie
hörte ihm geduldig und mit Lächeln zu, und als er geendigt
hatte, nahm sie seine Hand und sagte: „Wahrlich, Ritter, ich bin

Euch unendlich vielen Dank schuldig, und noch gegen niemand
habe ich die Freundschaft empfunden, die ich zu Euch trage. Aber
kommt und laßt uns irgend eine Herberge suchen, denn der Abend
bricht herein."

Die untergehende Sonne färbte die Wolken schon mit Gold   5
und Purpur, der Weg führte sie durch den Wald, in welchem
ein kühler Abendwind sich in den nassen Blättern bewegte. Ferdinand
führte die Pilgerin und drückte ihre Hand an sein klopfendes Herz;
sie war stumm. Die Nacht näherte sich immer mehr, und noch
trafen sie kein Dorf und keine Hütte; dem Mädchen ward bange, 10
der Wald ward dichter und einzelne Sterne traten schon aus dem
blauen Himmel hervor. Da hörten sie plötzlich von abseits her
ein geistliches Lied ertönen, sie gingen dem Schalle nach und sahen
in einiger Entfernung die Klause eines Einsiedels vor sich, ein
kleines Licht brannte in der Zelle und er kniete vor einem Kruzifixe 15
nieder, indem er mit lauter Stimme sang. Sie hörten eine
Weile dem Liede zu, die Nacht war hereingebrochen, die ganze
übrige Welt war still; dann gingen sie Hand in Hand näher.
Als sie vor der Zelle stand, fragte Ferdinand das Mädchen leise:
„Liebst du mich?" Sie schlug die Augen nieder und drückte ihm 20
die Hand; er wagte es und drückte einen Kuß auf ihren schönen
Mund; sie widersetzte sich nicht. Zitternd traten sie zum Eremiten
hinein und baten um ein Nachtlager als verirrte Wanderer. Der
alte Einsiedel hieß sie willkommen und ließ sie niedersitzen, dann
trug er ihnen ein kleines Mahl von Milch und Früchten auf, 25
an dem sie sich erquickten. Ferdinand war sich vor Glückseligkeit
kaum seiner selbst bewußt, er fühlte sich wie in einer neuen Welt,
alles was vor heute geschehen war, gehörte gleichsam gar nicht
in seinen Lebenslauf; von diesem entzückenden Kusse, der ihm alle
Sinnen geraubt hatte, begann ihm ein neues Gestirn, eine neue 30
Sonne emporzuleuchten, alles vorige Licht war nur matte Finsternis
gewesen. Dann wies der Einsiedel Leonoren ein Lager an, und
Ferdinand mußte sich gegenüber in eine kleine leere Hütte begeben.

Ferdinand konnte in der Nacht nicht schlafen, seine glückliche
Zukunft trat vor sein Lager und erhielt seine Augen wach, er 35
ward nicht müde hinunter zu sehn und in dem glücklichen Reiche
der Liebe auf und abzuwandeln. Leonorens Stimme schien ihm
beständig wiederzutönen, er glaubte sie nahe und streckte die Arme
nach ihr aus, er rief sie laut und weinte, indem er sich allein

ſah. Als der Mondſchimmer erblaßte und die Morgenröte nach
und nach am Himmel heraufſpielte, da verließ er die Hütte, ſeßte
ſich unter einem Baume nieder und ſang:

Bin ich denn gewiß des Glückes?
5   Iſt denn Hand und Lippe mein?
Mir der ſüße Gruß des Blickes?
       Ach woher, du goldner Schein?

Trübe hing ein dichter Schleier
       Über Buſch und Wald daher.
10 Sagt: wo iſt die Frühlingsfeier?
       Iſt der Wald an Tönen leer?

Rührt kein Wind ſich in den Zweigen,
       Treibt die Wolken übers Feld? —
Dumpfes, ödes, totes Schweigen
15   Die Natur gefangen hält. —

Und mir ward im Buſen bange,
       Denn kein Stimmlein ſprach mich an,
Senfzte tief und harrte lange,
       Klagte: Sonne, komm heran!

20 Aber dichter ward der Schatten,
       Wolken hingen tiefer ab,
Dunkler ſchwärzten ſich die Matten,
       Alles Feld ein enges Grab.

Durch den Nebel warf ich Blicke,
25   Wie man in die Ferne ſchaut,
Alle kamen mir zurücke,
       Finſternis war vorgebaut.

Da warf ich mich weinend nieder,
       Wünſcht' im Unmut tot zu ſein.
30 Tot ſind alle Lerchenlieder,
       Abgeſtorben Sonnenſchein. —

Warum ſoll denn ich noch leben
       In der wüſten Dunkelheit,
Hier wo Schrecken um mich weben,
35 Alle Freuden abwärts ſtreben,
       In mir ſelber Angſt und Leid? —

4. Den folgenden Geſang hat Tieck ſpäter weggelaſſen.

Tieck u. Wackenrober.

Plötzlich war's, wie wenn an Saiten
  Abendwind vorüberschwebt
Und in Harfentönen webt,
  Über Blumen hinzuschreiten.

An der fernsten, fernsten Grenze
  Teilte sich die dunkle Nacht,
Und ein Sonnenblick voll Pracht
  Wand sich durch die Nebelkränze.

Als ich kaum zu atmen wagte,
  Schoß der Strahl, ein goldner Pfeil,   10
Schnell in glühendroter Eil
  Hin zum Orte, wo ich klagte.

Schreckenfroh sah ich den Schein,
  Kriegte Mut zu neuem Leben:
Sollte das der Frühling sein?   15
  Könnt' es doch wohl Freuden geben?

Da erglühten schon die Wogen,
  Funkeln ging auf grüner Flur,
Morgenrot sprang kühn in Bogen,
  Glänzend, taumelnd die Natur.   20

Und die Waldung blieb nicht träge,
  Alle Vögel sprangen auf,
Jubelten durch das Gehege,
  Jagten sich im muntern Lauf. —

In des Jauchzens Lust verloren,   25
  Dacht' ich nicht an Sterben mehr,
Fühlte mich nun neugeboren
  In dem goldnen Freudenmeer.

Ach! sie ist mir endlich nahe,
  Nach der meine Sehnsucht rang,   30
Seit ich ihre Augen sahe,
  Fühl' ich neuen Lebensdrang.

Alle Klagen sind verschwunden,
  Fort der Seufzer banger Schwarm,
Um mich tanzen goldne Stunden,   35
  Mit der Liebe fest verbunden
Ruh' ich in des Glückes Arm.

Er hatte die letzten Worte noch nicht geendigt, als er den
Ritter wieder aus dem Dickicht kommen sah, den er gestern auf
dem Felde verwundet hatte; zwei Diener folgten ihm. Eben sollte
der Kampf von neuem beginnen, als der Eremit aus seiner Klause
5 trat. Er hörte den Verwundeten Bertram nennen und erkundigte
sich nach dem Orte seines Aufenthalts und nach seinen Verwandten.
Der Fremde nannte beides und der Einsiedler fiel ihm weinend
um den Hals, indem er ihn seinen Sohn nannte. Er war es
wirklich; als sich der Vater aus der Welt zurückzog, übergab er
10 diesen Sohn seinem Bruder, der aber nach einiger Zeit in den
Unruhen des Krieges seinen Wohnort änderte und so dem Einsiedler näher kam als er es glaubte. Wenn ich jetzt noch Nachrichten von meiner Tochter überkäme, rief der Einsiedler aus, so
wäre ich unaussprechlich glücklich! Leonore trat aus der Thür,
15 weil sie das Geräusch vernommen hatte. Ferdinand ging auf sie
zu und Bertram stürzte sogleich herbei, als er die Pilgerin gewahr
ward. Der Einsiedler betrachtete sie aufmerksam; dann fragte er,
woher sie die Ohrringe habe, die sie trage. Leonore erzählte ihre
Geschichte kurz, daß sie von Bauern erzogen sei, und als diese
20 starben, hätten sie andere gutherzige arme Leute zu sich genommen,
die aber der Krieg ebenfalls von ihrem Wohnorte vertrieben habe.

„Du bist meine Tochter!" sagte der alte Eremit, „ich übergab
dich Bauern, als ich von meinem Wohnsitze durch der Feinde sieg-
reiches Heer vertrieben wurde. O wie glücklich macht mich dieser Tag "
25 „Was kann das für ein Krieg gewesen sein?" rief Vansen aus.

„O irgend einer," antwortete Rudolf hastig. „Ihr müßt
die Sachen nie so genau nehmen, es ist mir in der Geschichte
um einen Krieg zu thun, und da müßt Ihr gar nicht fragen:
Wie? Wo? Wann geschahe das? denn solche Erzählungen sind
30 immer nur aus der Luft gegriffen, und man muß sich für die
Geschichte, aber für nichts anders außer ihr interessieren."

„Erlaubt," sagte Franz bescheiden, „daß ich Euch widerspreche,
denn ich bin hierin ganz anderer Meinung. Wenn mir eine Erzählung, sei sie auch nur ein Märchen, Zeit und Ort bestimmt,
35 so macht sie dadurch alles um so lebendiger, die ganze Erde wird
dadurch mit befreundeten Geistern bevölkert, und wenn ich nachher
den Boden betrete, von dem mir eine liebe Fabel sagte, so ist
er dadurch gleichsam eingeweiht, jeder Stein, jeder Baum hat
dann eine poetische Bedeutung für mich. Ebenso ist es mit der

Zeit. Höre ich von einer Begebenheit, werden Namen aus der
Geschichte genannt, so fallen mir zugleich jene poetischen Schatten
dabei ins Gedächtnis und machen mir den ganzen Zeitraum lieber."

„Nun, das ist alles auch gut," sagte Rudolf, „das andre
aber auch, wenn man sich weder um Zeit noch um Ort bekümmert. 5
So laßt es also den Hussitenkrieg gewesen sein, der alle diese
Verwirrungen in unsrer Familie angerichtet hat."

Der Schluß der Geschichte findet sich übrigens von selbst.
Alle waren voller Freude, Leonore und Ferdinand waren durch
gegenseitige Liebe glücklich, der Eremit blieb im Walde, so sehr 10
ihm auch alle zuredeten, zur Welt zurückzukehren.

Es vermehrte noch eine Person die Gesellschaft, und zwar
niemand anders als Leopold, der ausgereiset war, seinen Freund
aufzusuchen. Dieser erzählte ihm sein Glück und stellte ihm Leo=
noren als seine Braut vor. Leopold freute sich mit ihm und sagte: 15
„Aber liebster Freund, danke dem Himmel, denn du hast bei weitem
mehr Glück als Verstand gehabt." — „Das begegnet jedem Sterb=
lichen," erwiderte Ferdinand, „und wie elend müßte der Mensch sein,
wenn es irgend einmal einen geben sollte, der mehr Verstand als
Glück hätte?" 20

Hier schwieg Rudolf. Einige von den Herren waren während
der Erzählung eingeschlafen; Franz war sehr nachdenkend geworden.
Fast alles, was er hörte und sah, bezog er auf sich, und so
traf er in dieser Erzählung auch seine eigne Geschichte an. Sonder=
bar war's, daß ihn der Schluß beruhigte, daß er dem Glücke 25
vertraute, daß es ihn seine Geliebte und seine Eltern würde finden
lassen. Franz und Rudolf wurden auf der Reise vertrauter mit=
einander, sie freuten sich darauf, in Gesellschaft nach Italien zu
gehn. Rudolf war immer lustig, sein Mut verließ ihn nie, und
das war für Franz in vielen Stunden sehr erquicklich, der fast 30
beständig ein Mißtrauen gegen sich selber hatte. Es fügte sich,
daß einige Meilen vor Antwerpen das Schiff eine Zeitlang still
liegen mußte, ein Boot ward ausgesetzt, und Franz und Rudolf
beschlossen, den kleinen Rest der Reise zu Lande zu machen.

Es war ein schöner Tag. Die Sonne breitete sich hell über 35
die Ebene aus, Rudolf war willens, nach einem Dorfe zu gehn,
um ein Mädchen dort zu besuchen, das er vor zwei Jahren hatte
kennen lernen. „Du mußt nicht glauben, Franz," sagte er, „daß
ich meiner Geliebten in Italien untreu bin oder daß ich sie ver=

gesse, denn das ist unmöglich, aber ich lernte diese Niederländerin auf eine wunderliche Weise kennen, wir wurden so schnell mit= einander bekannt, so daß mir das Andenken jener Stunden immer teuer sein wird."

5 „Dein frohes Gemüt ist eine glückliche Gabe des Himmels," antwortete Franz, „dir bleibt alles neu und keine Freude veraltet dir und du bist mit der ganzen Welt zufrieden."

„Warum sollte man es nicht sein!" rief Franz aus, „ist die Welt denn nicht schön, so wie sie ist? Mir ist das ernsthafte 10 Klagen zuwider, weil die wenigsten Menschen wissen, was sie wollen oder was sie wünschen. Sie sind blind und wollen sehn, sie sehn und wollen blind sein."

„Bist du aber nie traurig oder verdrießlich?"

„O ja, warum das nicht? Es kehren bei jedem Menschen 15 Stunden ein, in denen er nicht weiß, was er mit sich selber an= fangen soll, wo er herumgreift und nach allen seinen Talenten oder Kenntnissen oder Narrheiten sucht, um sich zu trösten, und nichts will ihm helfen. Oft ist unser eignes närrisches Herz die Quelle dieser Übel. Aber bei mir dauert ein solcher Zustand nie 20 lange. So könnt' ich mich grämen, wenn ich an Bianka denke, sie kann krank sein, sie kann sterben, sie kann mich vergessen, und dann mache ich mir Vorwürfe darüber, daß ich mich zu dieser Reise drängte, die auch jeder andere hätte unternehmen können. Doch, was hilft alles Sorgen?"

25 Er warf sich unter einen Baum und zog ein kleines In= strument hervor, das die Italiener Cornetto nennen, und blies darauf ein sehr lustiges Stückchen. Franz setzte sich zu ihm. „Liebst du nicht auch das Waldhorn ganz vorzüglich?" fragte ihn dieser.

„Ich liebe alle Instrumente," antwortete Rudolf, „sie mögen 30 einen Namen haben, welchen sie wollen, denn jegliches hat etwas Eigentümliches, das allen übrigen wieder abgeht. Es ist mir eine treffliche Freude, so eins nach dem andern zu hören und den Empfindungen nachzugehn, die sie mir im Herzen erregen. Wenn du Geduld hast, will ich dir einige Lieder singen, die ich vor 35 einiger Zeit darüber gemacht habe, und die den Charakter etlicher Instrumente ausdrücken sollten. Denke dir zum Beispiel hier dies ebene Land gebirgig, mit vielen abwechselnden Waldscenen. Du kömmst nun einen Hügel herunter, ein einsames Thal liegt vor dir und du hörst nun von gegenüber eine Schalmei spielen."

Schalmeiklang.

Himmelblau,
Hellbegrünte Frühlingsau,
  Lerchenlieder,
· Zur Erde nieder.   5
  Frisches Blut,
  Zur Liebe Mut;
  Beim Gesang
  Hüpfende Schäfchen auf Bergeshang.

Froh und zufrieden   10
  Mit mir und der Welt,
Was Gott mir beschieden,
Mein Liebchen hienieden,
  Die Sorgen in Dunkel weit von mir gestellt.

Wie fern liegt dies Thal   15
  Von der Welt Herrlichkeit,
Hier wohnen zumal
  Nur Fried und Freud.
  Ach! Herzeleid,
  Wie weit,   20
Um Größe und Geld das nagende Herzeleid!

Nun ist es Mai,
  Sie ist mir treu,
Und fährt auch Frühling und Sommer hin,
Und wenn ich auch nicht mehr Bräutigam bin,   25
So kommt der Sommer doch balde zurück,
Und Ehestand ist noch schöneres Glück.
    Frisch und froh,
    Ohne Ach! und O!
Vergehen, verwehen die Tage mir so."   30

„Das Lied gefällt mir sehr," sagte Franz, „denn es führt
eine gewisse kindliche Sprache, und mir ist oft beim Klang einer
Schalmei dergleichen in den Sinn gekommen."

„Du wirst dich oft," sagte Rudolf, „wundervoll beim Schall
eines Posthorns bewegt gefühlt haben. In einer trüben Stunde, 35
als ich selber so reiste, schrieb ich folgendes nieder."

---

1. Die folgenden Charakteristiken der Instrumente fehlen ebenso wie Sternbalds „Der
Dichter und die Stimme" in der späteren Überarbeitung.

Posthornsschall

Weit weg, weit weg,
Von allen Schmerzen weg,
  Durch die Wälder möcht' ich eilen,
Niederwärts,
Aufwärts,
  Klüften vorüber und von den steilen
  Gebirgen rasseln zu tiefen Gründen,
    Ruhe zu finden.

    Pfeifender Wind,
    Treibe geschwind,
Schnell und schneller die Rosse ins Dickicht hinein,
  Laß, o laß die trüben Stunden,
  Eilend verschwunden,
Rastlos nimmer Stillstand sein.

  Wo soll ich sie suchen?
    Auf Bergeshöhn?
Im Schatten der Buchen?
    Wo werd' ich sie sehn?

  Die Stunden verfliegen,
    Tag wechselt mit Nacht,
  Die Schmerzen besiegen,
  Die Freuden erliegen
    Der stürmenden Macht.

Ach! weiter, weiter ohne Stillstand,
  Hin wo der Strom braust,
Wo von steiler moos'ger Felswand
  Wind und Woge niedersaust.

Wo Walddunkel schattet,
  Wo Wolken sich jagen,
Und Nacht und banges Zagen
  Mit schwarzen Träumen sich gattet.

Thal nieder, bergauf,
  Echo spricht, und grüßt herüber,
Ach! statt dieses Treibens, ende lieber,
  Ende, ende diesen trüben Lauf.

Käm' ich nur zum fremden Orte
   In ein wundervolles Land,
   Das kein Auge je gekannt,
Aber wechselnd hier mit dort
   Weiß ich schon die Einsamkeiten,   5
   Die sich tückisch mir bereiten,
Kenne schon die trüben Leiden;
       Leiden, Leiden.

„Nun verliert sich der Schall," sagte Rudolf, „in die einsame
Luft, er bricht sie so plötzlich ab, als er entstanden ist, und man 10
hört den unmelodischen Wagen rasseln. Ich dichtete dieses Lied
in einer großen Beängstigung des Gemüts. — Nun denke dir
einen schönen dichten Wald, in welchem ein Waldhorn mit seinen
tiefen Tönen spricht, wie aus voller, und doch ruhiger Brust
dieser Gesang hervorströmt."   15

Waldhornsmelodie.

Hörst! wie spricht der Wald dir zu,
   Baumgesang.
   Wellenklang:
Komm und finde hier die Ruh.   20

Ruhe aus in dem Gedanken,
   Daß sie dich ja wieder liebt,
Sieh, wie alle Zweige schwanken,
   Echo Töne wiedergiebt.

Spricht's herüber dir ins Herze?   25
   Sei getrost und geh' ins Thal,
Weide dich an deinem Schmerze,
   Deinem Glücke allzumal.

Bist und wandelst in der grünen Waldnacht,
   Von dem Treiben der Welt so weit, weit,   30
Weißt, daß sie mit Sonnenaufgang bald wacht,
   Denkst, empfindest ihre Holdigkeit.

Trarah! so springe muntrer Klang
   Durch die Berge, durch das grüne Gebüsch;
Fühlst doch nach der Größe, nach Ruhm nicht Drang,   35
   Schlägt dir's Herz vor Liebe doch so frisch.

Und sie hat dir ja versprochen,
  Treu zu sein bis an den Tod;
Hat ihr Wort noch nie gebrochen,
  Nun, was hast du dann für Not?

5 Und auch wieder wird' sie kommen
  Mit dem süßen, hold'gen Mund,
Gram hat dann ein End genommen,
  Küssest dich an ihm gesund.

„Du hast vielleicht schon," fuhr Rudolf fort, „ein schweize-
10 risches Alphorn gehört. Man sagt, daß bei einem gewissen Liebe
jeder Schweizer in der Fremde eine unnennbare Sehnsucht nach
seiner Heimat empfinde; eine ähnliche Vaterlandsliebe haben auch
die Niederländer. Ich habe neulich ein solches Schweizerlied verfertigt."

15 Alphornlied.

  Wo bist du treuer Schweizer hingeraten?
Vergissest du dein Vaterland?
Dein liebes Vaterland!
Die wohlbekannten Berge? die frischen grünenden Thale?
20 Wandelst unter Fremden?

  Wer grüßt dich hier mit vaterländ'schem Gruß?
Darfst du umherschaun?
Wo sind die Schneegipfel?
Wo klingt das lust'ge Horn?
25 Wo findest du den Landsmann?

  Herüber sehnt sich doch dein Sinn,
Wo der biedre Gruß auf dich wartet,
Wo die Alpe steht,
Die Sennenhütte,
30 Der weite blaue See,
Die hohen freien Gebirge.

11 f. eine unnennbare Sehnsucht ... empfinde, vgl. dazu: „Herzensergießungen" S. 265: „Ich möchte ... mich zu dem simplen Schweizerhirten ins Gebirge
flüchten, und seine Alpenlieder, wonach er überall das Heimweh bekömmt, mit ihm spielen;"
und die von Goethe beanstandete Stelle in Schillers Tell II, 1:

  „Und dieses Herdenreihens Melodei,
  Die du in stolzem Überdruß verschmähst,
  Mit Schmerzenssehnsucht wird sie dich ergreifen,
  Wenn sie dir anklingt auf der fremden Erde."

Komm, edler Sprößling Tells,
Freigeborner,
In die stillen Thäler wieder herab,
Zum einfachen Mahl,
Das Vaterlandsliebe köstlich macht.   5
Was suchst du hier?
Den Freund? die Geliebte?
Nimmer schlagen dir Schweizerherzen entgegen.

Rudolf stand auf. „Lebe wohl," sagte er schnell, „es ist zu
kalt zum Sitzen; ich muß noch weit gehn, das Mädchen wird auf 10
mich warten, denn ich sprach sie, als ich nach England hinüber=
ging. Lebe wohl, in Antwerpen sehn wir uns wieder."

Er eilte schnell davon, und Franz setzte seinen Weg nach
der Stadt fort. Die Tage waren aber schon kurz, er mußte in
einem Dorfe vor Antwerpen übernachten. Die Sonne stieg prächtig 15
herauf, als Franz sich niedersetzte, und folgende Verse in seine
Schreibtafel einschrieb:

Der Dichter und die Stimme.

Der Dichter.

Wie du mich anlachst, holdes Morgenrot,   20
    Und Mut herab mir in die Seele glühst,
Ich fühl's, die Sorgen sind nun alle tot,
    Den Sinn mit goldnen Ketten zu dir ziehst.

Die Stimme.

Noch schön'res Rot, als diese Morgenstrahlen,   25
Wird einst dein Angesicht mit Purpur malen.

Der Dichter.

O nun erwacht schon wieder das Verlangen,
Mir gönnt's, mir gönnt's nicht eine Stunde Ruh,
Aus allen Wolken seh ich Bilder hangen   30
Und alle lächeln wehmutsvoll mir zu.
O wäre nur der trübe Tag zu Ende,
Daß ich im Abendscheine wandeln könnte,
Und unter dichten Eichen, dunkeln Buchen
Dem Unmut fliehn, dich Einsamkeit zu suchen.   35

Die Stimme.

Was hoffst du auf den zarten Abendschimmer?
Der Unmut ruht im Busen nimmer.

Der Dichter.

So will ich mich zu Harfentönen retten,
  Im Waldhornsklang einheimisch sein!
Mein Sinn soll sich in Flötenwollust betten,
  Mich lullen Zaubermelodieen ein.

Die Stimme.

Und dort werd' ich in jedem Tone klingen,
Dir süße Bilder vor die Seele bringen.

Der Dichter.

So will ich schlafen, mich in Schlummer hüllen.
Und so des Herzens bange Sehnsucht stillen.

Die Stimme.

Kennst du die Träume nicht, die dann erwachen,
  Dein Auge schnell mit Thränen füllen,
Verlangen in der Brust anfachen,
  Und nimmer deine Sehnsucht stillen?
Nein, du bist mein, ich will dich nach mir ziehn,
  Und nirgends hin kannst du vor mir entfliehn.

Der Dichter.

Wer bist du denn, gewalt'ge Zauberin,
Daß du so quälst und marterst mich zum Tode hin?

Die Stimme.

Erinnerung heiß' ich; denk der schönen Stunden!
Ach sind sie nicht zu schnell, zu schnell verschwunden?

Der Dichter.

Kannst du nur quälen, giebst kein tröstend Wort?
Und ängstest mich nur immer fort und fort?
Wird nichts die bange Qual dann wenden?
Wann wirst du die Verfolgung enden?

Die Stimme.

Wann du sie wiedersiehst,
  Und schöner als vom Morgenrot
Du ihr entgegen glühst,
  Dann endet deine Not.
Dann freut dich Abendschein,
  Dann ist Musik Gespielin dir,
Nennst du die Holde balde dein,
  Blüht dir ein Paradies schon hier.
Dann wirst du selber dir vertrauen,
  Sehnst dich nach keinen Himmelsauen.

Viertes Kapitel.

Die große Handelsthätigkeit in Antwerpen war für Franz ein ganz neues Schauspiel. Es kam ihm wunderbar vor, wie sich hier die Menschen unter einander verliefen, wie sie ein ewig bewegtes Meer darstellten, und jeglicher nur seinen Vorteil vor 5 Augen hatte. Hier fiel ihm kein Kunstgedanke ein, ja wenn er die Menge der großen Schiffe sah, die Betriebsamkeit, Geld zu gewinnen, die Spannung aller Gemüter auf den Handel, die Ver= sammlungen auf der Börse, so kam es ihm als etwas Unmög= liches vor, daß einer von diesen sich der stillen Kunst ergeben 10 solle. Er hörte nur immer, welche Schiffe gekommen und ab= gegangen waren, die Namen der vornehmsten Kaufleute waren jedem Knaben geläufig, auf allen Spaziergängen setzten die Handels= leute ihre kaufmännischen Gespräche und Spekulationen fort. Franz ward von diesem neuen Anblicke des Lebens zu betäubt, als daß 15 er ihn hätte niederschlagen können.

Vansen lebte hier als ein Kaufmann vom zweiten oder dritten Range, der nur unbedeutende Geschäfte machte, der in der Stadt selbst nur wenig bekannt war, sich aber durch Aufmerksam= keit und Sparsamkeit ein ziemliches Vermögen gesammelt hatte. 20 Sternbald suchte ihn bald auf, und das Haus seines neuen Freundes war ihm wie ein Schutzort, wie ein stilles Asyl gegen das tobende Gewühl der Stadt. Vansen wohnte etwas abseits, ein kleiner Garten war hinter seinem Hause; dabei sprach er nur selten von seinen kaufmännischen Geschäften, und hatte nicht die Eitelkeit, 25 andern, die nichts davon begriffen, seine Spekulationen mitzuteilen, sondern er liebte es, von der Kunst zu sprechen, er suchte eine Ehre darin, für einen Kenner zu gelten. Sternbalds kindliches Gemüt schloß sich bald an diesen Mann an, in seiner Unbefangen= heit hielt er ihn für mehr, als er wirklich war, denn Vansens 30 Liebe zur Malerei war nichts als ein blinder Trieb, der sich zufälligerweise auf diese Kunst geworfen hatte. Er hatte an= gefangen Gemälde zu kaufen, und nachdem er sich einige Kenntnisse erworben hatte, war es nur Eitelkeit und Sucht zu sammeln und aufzuhäufen, daß er es nicht müde ward, sich um Gemälde und 35 ihre Meister zu bekümmern. So treiben die meisten Menschen irgend eine Wissenschaft oder Beschäftigung, und der gute Künstler irrt sehr, wenn er unter diesen die verwandten Geister, die Ver= ehrer der Kunst sucht.

Vansen hatte nur eine einzige Tochter, die er ungemein liebte. Sie galt in der Nachbarschaft für schön, und ihr Gesicht war wirklich liebenswürdig. Der Kaufmann bat unsern jungen Maler, das Bildnis seiner Tochter zu malen, und Franz machte sich hurtig
5 an die Arbeit. Seine Phantasie war weniger angespannt, er forderte nicht zu viel von sich, und das Bild rückte schnell fort, und gelang ihm ungemein. Er hatte indes einige Gemälde ge= sehn, die aus Italien gebracht waren, und er bemühte sich, nach diesen seine Färbung zu verbessern.

10 Franz bemerkte, daß die Tochter immer sehr traurig war; er suchte sie zu erheitern, er ließ oft, wenn er malte, auf einem Instrumente lustige Lieder spielen, aber es hatte gewöhnlich die verkehrte Wirkung, sie wurde noch trauriger, oder weinte gar; vor dem Vater suchte sie ihre Melancholie geflissentlich zu verbergen.
15 Franz war zu gut, um sich in das Vertrauen eines Leidenden einzudrängen, er kannte auch die Künste nicht, oder verschmähte sie, sich zum Teilnehmer eines Geheimnisses zu machen; daher war er in ihrer Gegenwart in Verlegenheit.

In Vansens Hause versammelten sich oft Leute von den ver=
20 schiedensten Charakteren, die eine Art von Akademie bildeten, und von denen der Wirt manche Redensarten lernte, mit denen er nachher wieder gegen andre glänzte. Franz hörte diesen Ge= sprächen mit großer Aufmerksamkeit zu, denn bis dahin hatte er noch nie so verschiedene Meinungen oft schnell hinter einander
25 gehört. Vorzüglich zog ihn ein alter Mann an, dem er besonders gern zuhörte, weil jedes seiner Worte das Gepräge eines eigenen festen Sinnes trug. An einem Abend fing der Wirt, wie er oft that, an, über die Kunst zu reden, und den herrlichen Genuß zu preisen, den er vor guten Gemälden empfände. Alle stimmten
30 ihm bei, nur der Alte schwieg still, und als man ihn endlich ausdrücklich um seine Meinung fragte, sagte er:

„Ich mag ungern so sprechen, wie ich darüber denke, weil niemand weiter meiner Meinung sein wird; aber es thut mir immer innerlich wehe, ja ich spüre ein gewisses Mitleid gegen
35 die Menschen, wenn ich sie mit einer so ernsthaften Verehrung von der sogenannten Kunst reden höre. Was ist es denn alles weiter als eine unnütze Spielerei, wo nicht gar ein schädlicher Zeitverderb? Wenn ich bedenke, was die Menschen in einer ver= sammelten Gesellschaft sein könnten, wie sie durch die Vereinigung

ſtark und unüberwindlich ſein müßten, wie jeder dem Ganzen
dienen ſollte und nichts da ſein, nichts ausgeübt werden dürfte,
was nicht den allgemeinen Nutzen beförderte: und ich betrachte
dann die menſchliche Geſellſchaft, wie ſie wirklich iſt, ſo weiß ich
nicht, was ich dazu ſagen ſoll. Es ſcheint faſt, als wäre die 5
Vereinigung nicht entſtanden, um allgemein beſſer zu werden,
ſondern um ſich gegenſeitig zu verſchlimmern. Da iſt keine Auf=
munterung zur Tugend, keine Abhärtung zum Kriege, keine Liebe
des Vaterlands und der Religion, ja es iſt keine Religion und
kein Vaterland da, ſondern jeder glaubt ſich ſelbſt der nächſte zu 10
ſein, und häuft, ohne auf den gemeinen Nutzen zu ſehn, die
Güter auf erlaubte und unerlaubte Art zuſammen, und vertändelt
übrigens ſeine Zeit mit dem erſten dem beſten Steckenpferde. Die
Kunſt vorzüglich ſcheint ordentlich dazu erfunden, die beſſern
Kräfte im Menſchen zu erlahmen und nach und nach abzutöten. 15
Ihre gaukelnde Nachäffung, dieſe armſelige Nachahmung der Wirk=
lichkeit, worauf doch alles hinausläuft, zieht den Menſchen von
allen ernſten Betrachtungen ab, und verleitet ihn, ſeine angeborne
Würde zu vergeſſen. Wenn unſer innrer Geiſt uns zur Tugend
antreibt, ſo lehren uns die mannigfaltigen Künſtler ſie zu ver= 20
ſpotten; wenn die Erhabenheit mich in ihrer göttlichen Sprache
anredet, ſo unterlaſſen es die Reimer oder Poeten nicht, ſie mit
Nichtswürdigkeiten zu überſchreien. Und daß ich namentlich von
der geprieſenen Malerei rede — Ich habe den Maler, der mir
Figuren, oder Bäume und Tiere auf flacher Leinwand hinzeichnet, 25
nie höher angeſchlagen, als den Menſchen, der mit ſeinem Munde
Vögel= und Tiergeſchrei nachzuahmen verſteht. Es iſt eine Künſtelei,
die keinem frommt, und die dabei doch die Wirklichkeit nicht
erreicht. Jeder Maler erlernt von ſeinem Meiſter eine gewiſſe
Fertigkeit, einige Handgriffe, die er immer wieder anbringt, und 30
wir ſind dann gutmütige Kinder genug, ſtellen uns vor ſein
Machwerk hin, und verwundern uns darüber. Wie da von Genuß
der Kunſt die Rede ſein kann, oder von Schönheit, begreife ich
nicht: da dieſe Menſchen die Begeiſterung nicht kennen, da ihre
Schöpfungen nicht aus ihren ſchönſten Stunden entſtehn, ſondern 35
ſie ſich des Gewinnſtes wegen niederſetzen und Farben über Farben
ſtreichen, bis ſie nach und nach ihre Figuren zuſammengebettelt
haben, und nun den Lohn an Geld dafür empfangen. Wie ſollen
dieſe knechtiſchen Arbeiten auf edle Seelen wirken können, da ſie

es selber nicht einmal wollen? Sie dienen höchstens der Sinn=
lichkeit, und trachten vielleicht, elende Begierden zu erwecken, oder
uns ein Lächeln über ihre verzerrten Gestalten abzuzwingen, damit
sie doch irgend was verursachen. Ich meine also, daß man auf
5 jeden Fall seine Zeit besser anwenden könne, als wenn man sich
mit der Kunst beschäftiget."

Franz konnte sich im Unwillen nicht länger halten, sondern
er rief aus: „Ihr habt da nur von unwürdigen Künstlern ge=
sprochen, die keine Künstler sind, die die Göttlichkeit ihres Berufs
10 selber nicht kennen, und weil Ihr Euer Auge nur auf diese wendet,
so wagt Ihr es, alle übrigen zu verkennen. O Albert Dürer!
wie könnte ich es dulden, daß man so von deinem schönsten Lebens=
laufe sprechen darf? Ihr habt entweder noch keine guten Bilder
gesehn, oder die Augen sind Euch für ihre Göttlichkeit verschlossen
15 geblieben, daß Ihr Euch erkühnt, sie so zu lästern. Es mag gut
sein, wenn in einem Staate alles zu einem Zwecke dient, es mag
in gewissen Zeiträumen nötig sein, für das Wohl der Bürger,
für die Freiheit, daß sie nur ihr Vaterland, nur die Waffen, die
bürgerliche Freiheit, und nichts weiter lieben; aber ihr bedenkt
20 nicht, daß in solchen Staaten jedes eigene Gemüt zu Grunde geht,
um nur das allgemeine Bild des Ganzen aufrecht zu erhalten.
Die Güter, um derentwillen die Freiheit dem Menschen teuer sein
muß, die Regung aller seiner Kräfte, die Entwickelung aller Schätze
seines Geistes, diese kostbarsten Kleinodien müssen wieder auf=
25 geopfert werden, um nur jene Freiheit zu bewahren. Über die
Mittel geht der Zweck verloren, nach welchem jene Mittel streben
sollten. Ist es nicht die herrlichste Erscheinung, den Menschengeist
kühn in tausend Richtungen, in tausend mannigfaltigen Strömen,
wie die Röhren eines künstlichen Spingbrunnens, der Sonne ent=
30 gegen spielen zu sehn? Eben daß nicht alle Geister ein und das=
selbe wollen, ist erfreulich; darum laßt der unschuldigen kindischen
Kunst ihren Gang. Denn sie ist es doch, in der sich am reinsten,
am lieblichsten, und auf die unbefangenste Weise die Hoheit der
Menschenseele offenbart, sie ist nicht ernst wie die Weisheit, sondern
35 ein frommes Kind, dessen unschuldige Spiele jedes reine Gemüt
rühren und erfreuen müssen. Sie drückt den Menschen am deut=
lichsten aus, sie ist Spiel mit Ernst gemischt und Ernst durch
Lieblichkeit gemildert. Wozu soll sie dem Staate, der versammelten
Gesellschaft nützen? Wann hat sie je das Große und Schöne so

tief erniedrigt, um zu nützen? Ein neues Feuer facht der große
Mann, die edle That in einem einzelnen Busen an; der Haufe
staunt dumm, und begreift nicht und fühlt nicht, er betrachtet
ebenso ein noch nie gesehenes Tier, er belächelt die Erhabenheit,
und hält sie für Fabel.   Wen verehrt die Welt, und welchem 5
Geiste wird gehuldigt?   Nur das Niedrige versteht der Pöbel,
nur das Verächtliche wird von ihm geachtet.   Zufälle und Nichtswürdigkeiten sind die Wohlthäter des Menschengeschlechts gewesen,
wenn du den häuslichen Nutzen dieser armen Welt so hoch an-
schlägst. Und was drückst du mit dem Worte Nutzen aus? Muß 10
denn alles auf Essen, Trinken und Kleidung hinauslaufen? daß
ich sicherer schlafe, oder besser, ein Schiff regiere, bequemere
Maschinen erfinde, wieder nur um besser zu essen?   Ich sage es
noch einmal, das wahrhaft Hohe darf und kann nicht nützen;
dieses Nützlichsein ist seiner göttlichen Natur ganz fremd, und es 15
fordern, heißt, die Erhabenheit entadeln, und zu den gemeinen
Bedürfnissen der Menschheit herüberwürdigen. Denn freilich bedarf
der Mensch vieles, aber er muß seinen Geist nicht zum Knecht
seines Knechtes, des Körpers erniedrigen: er muß wie ein guter
Hausherr sorgen, aber diese Sorge für den Unterhalt muß nicht 20
sein Lebenslauf sein. So halte ich die Kunst für ein Unterpfand
unsrer Unsterblichkeit, für ein geheimes Zeichen, an dem die ewigen
Geister sich wunderbarlich erkennen; der Engel in uns strebt sich
zu offenbaren, und trifft nur Menschenkräfte an, er kann von
seinem Dasein nicht überzeugen, und wirkt und regiert nun auf 25
die lieblichste Weise, um uns, wie in einem schönen Traum, den
süßen Glauben beizubringen. So entsteht in der Ordnung, in
wirkender Harmonie die Kunst. Was der Weise durch Weisheit
erhärtet, was der Held durch Aufopferung bewährt, ja, ich bin
kühn genug, es auszusprechen, was der Märtyrer durch seinen 30
Tod besiegelt, das kann der große Maler durch seinen Pinsel
auswirken und bekräftigen. Es ist der himmlische Strahl, der
diesen Geistern nicht die müßige Ruhe erlaubt, sondern sie zu
einer glänzenden Thätigkeit weckt. Und daher sind es wohl die
schönsten, die erhabensten Stunden, die ein Meister vor seinem 35
Werke zubringt; er legt bildlich die Liebe hinein, mit der er die
ganze Welt an sein Herz drücken möchte, die Urschönheit, das
erhabne Bild der Hoheit, vor dem er niederkniet; alles dies trifft
der verwandte Geist in den lieblichen Zeichen wieder, die dem

Barbaren unverständlich sind, er wird bei diesen Winken entzückt, er fühlt seinen Geist in seiner Brust emporsteigen, er gedenkt alles Schönen, alles Großen, das ihn schon einst bewegt hat, und es ist nun nicht mehr das irdische Bild, das ihn entzückt, liebliche
5 Schatten vom Himmel herab fallen in sein Gemüt, und erregen eine bunte Welt von Wohllaut, und süßer Harmonie in ihm. O wenn uns die holde Natur lieb ist, wenn wir gern die Pracht des Morgens, die Schimmer des Abends sehn, wenn die Schön- heit in Menschengestalten uns anspricht, wie könnten wir uns
10 dann gegen die liebliche Kunst so unfreundlich bezeigen? Gegen die Kunst, die sich bestrebt, uns alles das noch werter und teurer zu machen, uns mit uns selbst zu befreunden, die äußere Welt, die oft so hart um uns steht, mit unserm weichen Herzen zu ver- söhnen? Nein, es ist unmöglich, daß sich der Sinn irgend eines
15 Menschen freiwillig abwende; es sind nur Mißverständnisse, die ihn vom himmlischen Genusse zurückhalten dürfen. Zweifelt nicht, daß der Künstler in seinem schönen Wahne die ganze Welt und jede Empfindung seines Herzens in seine Kunst verflicht, er führt sein Leben nur für die Kunst, und wenn die Kunst ihm abstürbe,
20 würde er nicht wissen, was er mit seinem übrigen Leben weiter anfangen sollte. Ihr erwähnt es als etwas Schändliches, daß der arme Künstler sich genötigt sieht, um Lohn zu arbeiten, daß er das Werk seines Geistes fortgeben muß, um seinem Körper dadurch fortzuhelfen; er ist aber deshalb eher zu beklagen, als zu
25 verachten. Ihr kennt die Empfindung nicht, wenn ein Mann sein liebstes Werk, mit dem er so innig vertraut geworden ist, aus dem ihm sein Fleiß, und so viele liebe mühevolle Stunden anlächeln, wenn er es nun aufopfern muß, es verstoßen, und von sich entfremden, daß er es vielleicht niemals wiedersieht, bloß des
30 schnöden Gewinnstes wegen, und weil eine Familie ihn umgiebt, die Nahrung fordert. Es ist zu bejammern, daß in unserm irdischen Leben der Geist so von der Materie abhängig ist. O wahrlich, kein größeres Glück könnte ich mir wünschen, als wenn mir der Himmel vergönnte, daß ich arbeiten könnte, ohne an den
35 Lohn zu denken, daß ich so viel Vermögen besäße, um ganz ohne weitere Rücksicht meiner Kunst zu leben, denn schon oft hat es mir Thränen ausgepreßt, daß sich der Künstler muß bezahlen lassen, daß er mit den Ergießungen seines Herzens Handel treibt, und oft von kalten Seelen in seiner Not die Begegnung eines Sklaven erfahren muß."

Franz hielt eine kleine Weile ein, weil er sich wirklich die
Thränen abtrocknete; dann fuhr er fort: „Auch kann es der Kunst
zu keinem Vorwurfe gereichen, daß ihr unwürdige Menschen zu
nahe treten, und sich ihr als Priester aufdrängen. Eben daß es
Abwege und Irrtümer geben kann, beweist ihre Erhabenheit. Der 5
Handwerker kann nur auf Eine Art vortrefflich sein, in den mecha=
nischen Künsten ist Eine Erfindung die beste; nicht also mit der
göttlichen Malerei. Je tiefer einige sinken, um so höher steigen
andre: wenn es jenen vergönnt ist, den Weg zu verfehlen, so
dürfen diese dafür das Göttliche erreichen, und uns durch Offen= 10
barung mitteilen.‟

„Ihr habt Eure Sache recht wacker verteidigt,‟ sagte der
Alte, „ob ich gleich noch manches dagegen einwenden möchte.‟

Hier wurde das Gespräch durch die Nachricht unterbrochen,
daß Vansens Tochter plötzlich krank geworden sei. Der Vater 15
war in der größten Unruhe, er schickte sogleich nach einem Arzte,
und besuchte seine geliebte Sara. Der Arzt kam und versicherte,
daß keine Gefahr zu besorgen sei; es war spät, die Gesellschaft
ging auseinander.

Franz ging nicht nach seiner Wohnung, sondern begleitete 20
die übrigen. Jetzt hatten sich alle entfernt, und er war mit dem
alten Manne allein. „Ihr vergebt mir wohl,‟ fing er an,
„meine Hitze, da ich Euch heute als ein junger Mensch so un=
besonnen widersprochen habe; es kam, ohne daß ich sagen könnte,
wie es geschah.‟   25

„Ich habe Euch nichts zu vergeben,‟ sagte der Alte, „Ihr
seid ein wackrer Mensch, und das freut mich.‟

„Ihr mögt vielleicht recht haben,‟ sagte Franz —

„Laßt das,‟ fiel ihm der Alte ein; „haben nicht alle Zungen
recht und alle unrecht? Jeder trachte danach, daß er es wahr und 30
redlich mit sich meine, das ist die Hauptsache.‟

Franz sagte: „wenn Ihr mir also nicht böse seid, so reicht
mir zum Zeichen Eure Hand, denn mich gereut meine Heftigkeit.‟

Der Alte drückte ihm die Hand herzlich; dann umarmte er
ihn, und sagte: „Sei immer glücklich, mein Sohn, und bleib bei 35
deiner herzlichen Liebe zu allem Guten.‟ Franz ging hierauf sehr
vergnügt nach seiner Herberge.

Fünftes Kapitel.

Der Winter war beinahe verflossen, Rudolf Florestan war indes nach Antwerpen zurückgekommen. Franz hatte noch einige andre Bilder ausgearbeitet, er besuchte aber seinen Freund Vansen immer noch sehr fleißig; die Tochter war wieder hergestellt, doch blieb sie immer traurig und mißvergnügt.

An einem Morgen traf er Vansen allein, es war ein Sonntag und der Kaufmann hatte daher keine Geschäfte. „Ihr seid mir sehr willkommen," rief er dem Maler entgegen, „ich habe schon längst über eine Sache mit Euch sprechen wollen, wozu ich noch immer nicht die gelegene Zeit habe treffen können".

Sie setzten sich und Vansen fuhr in einem vertraulichen Tone fort: „Je mehr ich Euch kennen lerne, lieber Sternbald, je mehr muß ich Euch hochschätzen, denn die jugendliche Schwärmerei, die Euch zu Zeiten mit sich fortreißt, wird sich gewiß mit den Jahren verlieren. Seht, das ist das Einzige, was ich allenfalls gegen Euch hätte, aber sonst lieb' ich Euch so sehr, wie ich bis jetzt noch keinen Menschen wert gehalten habe. Dazu bekennt Ihr Euch zu einer Kunst, die ich von Jugend auf vorzüglich verehrt habe. Doch ich will Euch näher kommen. Ich weiß nicht, ob Ihr das sonderbare Betragen meiner Tochter bemerkt habt, seit Ihr in unserm Hause bekannt geworden seid; meine Sara war sonst nicht so melancholisch, sondern die Lustigkeit selbst, seit sie Euch gesehen hat, ist ihr ganzer Sinn umgewandt. Nun sagt mir aufrichtig, wie gefällt sie Euch?"

Franz versicherte, daß er sie sehr liebenswürdig finde, und der Vater fuhr fort: „Seit vielen Jahren habe ich es mir fest vorgenommen, und es ist ein Vorsatz, von dem ich gewiß nicht weiche, daß niemand als ein geschickter Maler mein Eidam werden soll. Es kömmt nun bloß auf Euch an, ob ich in Euch meinen Mann gefunden habe. Ich weiß alles, was Ihr mir antworten könnt, aber laßt mich ausreden. Ich will Euch damit keineswegs von Eurer Reise zurückhalten, sondern ich muntre Euch vielmehr selber auf, Italien zu besuchen und dort zu studieren. Meine Tochter liebt Euch, Ihr versprecht Euch mit ihr, und mein Vermögen macht Euch die Reise bequemer und nützlicher. Ihr kommt

---

6. Hier hat Tieck in der späteren Bearbeitung aus den „Phantasieen" die Nr. 2 des ersten Abschnittes (oben S. 14 f.) eingeschoben.

dann zurück, und was ich besitze, sichert Euch wenigstens vor dem
Mangel. Ihr könnt dann Eurer Kunst, wie Ihr Euch immer
gewünscht habt, mit allen Kräften obliegen, Ihr werdet bekannt
und berühmt, meine Tochter ist mit Euch glücklich und alle meine
Wünsche sind erfüllt." 5

Franz war heftig bewegt, er dankte in den wärmsten Aus=
drücken dem Kaufmanne für sein Wohlwollen, er bat ihn, noch
jetzt keine entscheidende Antwort zu verlangen und sein Zögern
nicht übel zu deuten. Er verließ ihn und schweifte mit tausend
Vorstellungen durch die Straßen umher. So nahe auf ihn zu 10
war das wirkliche Leben noch nie getreten, um sein inneres poeti=
sches zu verdrängen; er fühlte sich angezogen und zurückgestoßen,
das schöne Bild seiner Phantasie stand bald ganz hell vor ihm,
bald rückte es tief in den Hintergrund hinab. Hier bot sich
ihm eine sichre Zukunft an, ganz unverhofft, eine Lebensweise, 15
wie sie immer sein Wunsch gewesen war, und man forderte nichts
weiter von ihm, als einen Schatten, ein Traumbild aufzuopfern,
das nicht sein war. Doch fürchtete er sich wieder, so seinen Lebens=
lauf zu bestimmen und sich selber Grenzen zu setzen; die Sehn=
sucht rief ihn wieder in die Ferne hinein, seltsame Töne lockten 20
ihn und versprachen ihm ein goldenes Glück, das weit ab seiner
warte. In dieser Stimmung besuchte er seinen Freund Rudolf.
So vertraut er mit diesem war, so konnte er ihm doch nie seine
Geschichte, so wie seine wunderbare Liebe entdecken, es war nur
Sebastian, dem er dergleichen vertrauen durfte. Aber er erzählte 25
ihm jetzt Vansens Vorschlag und bat um seinen Rat. „Wie soll
ich dir hierin raten?" rief Rudolf lachend aus; „das Ratgeben
ist überall eine unnütze Sache, aber vollends bei der Ehe; jeder
Mensch muß sich sein eignes Glück machen, und dann kömmt auch
deine Frage viel zu früh, denn du weißt ja nicht einmal, ob dich 30
das Mädchen haben will."

Franz stutzte. Das Wort Ehe erweckte überdem mancherlei
Vorstellungen bei ihm. Er sah alle die Scenen einer ruhigen
Häuslichkeit vor sich: Kinder, die ihn umgaben, er hörte die Ge=
spräche seines Schwiegervaters und der Freunde, er fühlte seine 35
frische Jugend verschwunden und sich eingelernt in die ernsteren
Verhältnisse des Lebens; seine wunderbaren Gefühle und Wünsche,
das zauberische Bild seiner Geliebten, alles hatte Abschied ge=
nommen und sein Herz hing an nichts mehr glühend. Es war

wie ein klarer geschäftiger Tag, der nach der Pracht des Morgen=
rots erwacht; wie eine Rede nach einem ausgeklungenen Liede.
Seine Brust war beängstigt, er wußte sich nicht zu lassen und
verließ unmutig den lachenden Florestan. „Wie ist es mit dem
5 Leben?" dachte er bei sich selber; „irgend einmal ist dieser Taumel
der Jugend doch verflogen, endlich einmal nimmt mich doch jenes
Leben in Empfang, dem ich jetzt so scheu aus dem Wege trete.
Wie wird mir sein, wenn meine schönen Träume hinter mir
liegen?"

10 Er kam in Baniens Haus zurück. Die Tochter war allein
und spielte auf der Zither. Er nahte ihr mit großer Verlegen=
heit; das Mädchen bemerkte seine Angst und fragte ihn, ob er
krank sei. Franz war im Begriff, alles zu erzählen, was ihm der
Vater vertraut hatte, als Sara von der Magd heimlich eine Bot=
15 schaft erhielt, über die sie sehr zu erschrecken schien. Die Magd
entfernte sich wieder und Sara ging weinend auf Sternbald zu
und sagte: „Nein, mein liebster Freund, ich habe mich nicht mehr
in meiner Gewalt, ich muß Euch mein Leiden klagen, Euch ver=
traue ich allein, und Ihr werdet mein Vertrauen nicht mißbrauchen.
20 O Sternbald, seit acht Wochen leide ich unaussprechlich. Ihr seid
gut, Ihr habt Mitleiden mit mir getragen, ich habe es wohl be=
merkt, und darum will ich Euch alles sagen. Nicht weit von uns
wohnt ein junger Schmied, den ich schon seit lange kenne, der
mich liebt und der jetzt krank liegt. Es soll mit seiner Krankheit
25 immer schlimmer werden; er fürchtet jetzt, mein Vater will mich
verheiraten, er ist arm, ein Handwerker und nun der Verzweiflung
nahe. O wollt Ihr so gütig gegen mich sein und ihn besuchen
und trösten? Ihr glaubt nicht, wie gut, wie brav er ist, Ihr
würdet gewiß sein Freund werden, wenn Ihr ihn kennen solltet,
30 denn jedermann muß ihn lieben, der ihm nahe kommt."

Franz war gerührt; er ließ sich das Haus bezeichnen und
ging sogleich hin. Er kam in eine armselige Stube, in der der
Kranke in einem Bette lag, und vor sich Papiere hatte, auf denen
er zeichnete. Als Sternbald näher kam, erstaunte er, denn es
35 war derselbe Schmied, mit dem er vor Nürnberg am Tage seiner
Auswanderung gesprochen hatte. „O mein lieber Freund," rief
er aus, „wie werfe ich es mir vor, daß ich Euch so vergessen und
nicht früher aufgesucht habe!" Der junge Schmiedegeselle erkannte
ihn ebenfalls und nun eröffnete ihm Franz, aus welcher Absicht

er zu ihm gekommen sei. Messys weinte, als er hörte, wie zärt=
lich seine Sara für ihn besorgt sei. „O Maler,“ rief er aus,
„Ihr glaubt nicht, was ich ausgestanden habe, seitdem ich Euch
damals gesprochen hatte. Seit ich Euren Dürer sah, hatte ich
keine Ruhe mehr in mir selber, es war, als wenn es an allen 5
meinen Sinnen zöge und arbeitete, daß ich immer an Malereien,
an Zeichnungen denken mußte; an nichts in der Welt fand ich
mehr Gefallen, die Schmiedearbeit war mir zur Last. Ich zeich=
nete täglich etwas, und selbst in der Krankheit kann ich es nicht
lassen; seht, da habe ich eine herrliche Figur von Lukas Leyden.“ 10
Franz betrachtete sie; der junge Mensch hatte sie sehr gut
kopiert und Franz verwunderte sich darüber, daß er es ohne allen
Unterricht so weit habe bringen können. Messys fuhr fort: „So
kam ich nach Antwerpen zurück und nichts war mir hier recht.
Ich hatte immer noch den Dürer und seine Werkstätte im Kopf, 15
es kam so weit, daß ich mich meines Hammers schämte, ich ver=
darb die Arbeit, ich konnte nicht mehr fort. Schon lange hatte
ich die Tochter unsers Nachbars gekannt, aber es war mir nie
eingefallen, sie als ein reiches und vornehmes Mädchen so an=
zusehen, als ob ich sie lieben könnte. Aber als ob ein böser Geist 20
recht darauf ausginge, mich zu Grunde zu richten, so kam nun
alles zusammen. Ich konnte die Augen nicht mehr von ihr ab=
wenden; wenn ich ans Zeichnen dachte, wollte ich ihr Gesicht nur
immer auf dem Papiere entwerfen. Ich ging aufs Feld, ich kam
zurück, ich wollte sie nicht ansehen, o ich hatte es nicht nötig, 25
denn allenthalben war sie mir vor die Augen wie hingebannt, ich
sah nichts anders als sie. Bei jedem Gesichte dacht' ich an das
ihrige, alle Menschen sah ich darauf an, ob sie ihr ähnlich wären.
Sie bemerkte meine Leidenschaft, sie sah mich freundlich an, sie
sah mir nach, wenn ich vorbeiging; da war mir, als wenn mich 30
der Blitz angerührt hätte, so oft es geschah, wußte ich nicht, ob
ich es glauben sollte. Ihr Vater hatte in Leyden Geschäfte und
reiste dorthin; ich weiß nicht, wie ich mich unterfing, sie eines
Abends anzureden, ich konnt' es nicht lassen, ich sprach lange mit
ihr und nachher schallte mir nur der Ton ihrer Rede, nur ein= 35
zelne Worte in den Ohren, aber ich wußte nicht, was sie gesagt
hatte. So sah ich sie öfter; wir gingen heimlich mit einander
spazieren, ich wurde vertraulicher, sie gestand mir, daß sie mir
gut sei, und nun war ich im Himmel. Da fing ich an aus allen

Kräften zu arbeiten; des Abends wenn ich sie nicht sprechen konnte, zeichnete ich ihr Bild, oder stellte mich dem Hause gegenüber und ließ so die Nacht heranrücken. O ich bin geschwätzig wie ein Kind. Ehe wir es uns versahen, kam der Vater zurück. Nun war es

5 mit unsern Zusammenkünften aus; ich konnte sie nur manchmal im Vorbeigehn grüßen. Wie eine Decke fiel es mir von den Augen und mein Herz wollte springen. Ich sah nun wieder den Unterschied unter uns beiden, wie mich der reiche Vater verachten müsse, wie ich in meinem Stande so nichts gegen ihn sei. Nun hörte

10 ich noch dazu, Sara würde bald verheiratet werden; ach! und es geschieht auch gewiß. Was soll ich anfangen? Mein Handwerk war mir ein Abscheu, alles, worauf ich mich sonst wohl freuen konnte, Meister zu werden und bei Gelegenheit eine künstliche Arbeit, einen Springbrunnen, Gitterwerk, oder dergleichen zu

15 unternehmen, kam mir nun kläglich vor. Ich wußte gar nicht, was ich in der Welt sollte. Ein Maler zu werden, dazu bin ich nun zu alt; die Sara darf ich nicht sehen, nichts hoffen, so geh' ich zu Grunde. Alles das zusammen hat mich so krank und schwach gemacht, daß ich bald zu sterben hoffe."

20 Franz sagte weinend: „Nein, das dürft Ihr nicht hoffen; glaubt mir, daß Ihr gewiß noch Zeit genug habt, ein guter Maler zu werden, wenn Ihr diese Liebe zur Kunst behaltet. Ihr zeichnet schon so gut, als wenn Ihr lange in der Lehre gewesen wäret, und es kommt also nur auf Euch an, ein Maler zu wer-

25 den. Dann dürft Ihr auch auf Eure Geliebte hoffen, denn der Vater achtet die Malerei und will nur einen Malerkünstler zum Eidam haben; darum hat er mir noch heut, so arm ich auch bin, seine Tochter angetragen. Darum tröstet Euch, sammelt wieder Lust zum Leben und Kräfte, denn Ihr könnt noch recht glücklich

30 werden."

Messys schüttelte mit dem Kopfe, als wenn er nicht daran glauben könne, doch Franz fuhr so lange fort, ihn zu trösten, bis jener etwas beruhigt war. Sternbald eilte sogleich zu Vansen, den er bei einer Flasche Wein und bei guter Laune antraf. „Jetzt

35 will ich Euch meine Antwort bringen," sagte Franz, „aber Ihr müßt mir mit Geduld zuhören." Er erzählte hierauf die Geschichte seines Freundes und sprach von der gegenseitigen Liebe der beiden jungen Leute. „Ihr wolltet mir," schloß er, „als einem armen Menschen, der nicht mehr, als dieser Schmied besitzt, Eure

Tochter geben; Ihr wolltet auf meine Zurückkunft warten, nun
so thut es mit diesem, um das Glück Eurer einzigen Tochter zu
begründen; sie ist jung, ich versichere Euch, Messys ist in wenigen
Jahren ein guter Maler, der Euch Ehre macht, und so sind alle
Eure Wünsche erfüllt." 5

„Und Ihr seid überzeugt, daß er mit der Zeit gut malt?"
fragte Vansen.

„Gewiß," sagte Sternbald, „seht nur diese Zeichnungen, die
wahrlich einen guten Schüler verraten."

Er zeigte ihm hierauf einige Bilder, die er von Messys 10
Hand mitgebracht hatte, und Vansen betrachtete sie lange mit
prüfenden Blicken; doch schien er endlich mit ihnen zufrieden zu
sein. „Ihr seid ein braver junger Mensch," rief er aus, „Ihr
könntet mich zu allem bewegen, es ist viel, daß Ihr so uneigen=
nützig seid. So geht also zu dem armen Teufel und grüßt ihn 15
von mir, sagt, er soll nur gesund werden und wir wollen dann
weiter mit einander sprechen."

Franz sprang auf. Im Vorsaal begegnete ihm Sara, der
er mit wenigen Worten alles erzählte; dann eilte er zu Messys.
„Seid getrost," rief er aus, „alles ist gut, der Vater bewilligt 20
Euch die Tochter, wenn Ihr Euch auf die Malerei legt. Darum
werdet gesund, damit Ihr ihn selber besuchen könnt."

Der Kranke wußte nicht, ob er recht höre und sehe. Franz
mußte ihm die Versicherung öfters wiederholen. Als er sich end=
lich überzeugte, sprang er auf und kleidete sich schnell an. Dann 25
sprang und tanzte er in der Stube herum, wobei er alte nieder=
ländische Bauernlieder sang, umarmte bald und küßte Sternbald,
dann weinte er wieder und trieb ein seltsames Spiel mit seiner
Freude, das den jungen Maler innig bewegte. Sie machten sich
hierauf auf den Weg nach Vansens Hause. Auf der Straße 30
taumelte der Kranke, als ihn die ungewohnte freie Luft umfing;
Franz unterstützte ihn und so kamen sie hin. Das erste was sie
im Hause sahen, war Sara, und Messys gebärdete sich wie ein
Verrückter; sie schrie laut auf, da sie ihn so unvermutet und so
blaß sah. Sie kamen in des Vaters Zimmer, der sehr freundlich 35
war. Messys war gegen diesen verlegen und blöde. „Ihr liebt
meine Tochter," sagte der Kaufmann, „und Ihr versprecht, Euch
auf die Malerei zu legen, so daß Ihr Euch in einigen Jahren
als ein geschickter Mann zeigen könnt; unter dieser Bedingung ver=

spreche ich sie Euch, aber dazu müßt Ihr reisen und trefflich
studieren, ich will Euch zu diesem Endzweck auf alle Weise unter=
stützen. Vor allen Dingen müßt Ihr suchen gesund zu werden."
Die beiden Liebenden kamen hierauf in Gegenwart ihres
5 Vaters zusammen und fühlten sich unaussprechlich glücklich. Messys
mußte eine bessere Wohnung beziehen und nach einigen Tagen war
er fast ganz hergestellt. Er wußte nicht, wie er unserm Freunde
genug danken sollte.
Es waren jetzt die letzten Tage des Februars und die erste
10 Sonnenwärme brach durch die neblichte Luft. Franz und Rudolf
machten sich auf die Reise. Ehe sie Antwerpen verließen, erhielt
Franz von Vansen ein ansehnliches Geschenk; der Kaufmann liebte
den jungen Maler zärtlich. Sternbald und Florestan hatten jetzt
schon die Thore der Stadt weit hinter sich, sie hörten die Glocken
15 aus der Ferne schlagen und Rudolf sang mit lauter Stimme:

Wohlauf! es ruft der Sonnenschein
    Hinaus in Gottes freie Welt:
Geht munter in das Land hinein
    Und wandelt über Berg und Feld!

20 Es bleibt der Strom nicht ruhig stehn
    Gar lustig rauscht er fort;
Hörst du des Windes muntres Wehn?
    Er braust von Ort zu Ort.

Es reist der Mond wohl hin und her,
25   Die Sonne ab und auf,
Guckt übern Berg und geht ins Meer,
    Nie matt in ihrem Lauf.

Und Mensch, du sitzest stets daheim
    Und sehnst dich nach der Fern,
30 Sei frisch und wandle durch den Hain
    Und sieh die Fremde gern.

Wer weiß, wo dir dein Glücke blüht,
    So geh und such es nur,
Der Abend kömmt, der Morgen flieht,
35   Betrete bald die Spur.

Laß Sorgen sein und Bangigkeit,
    Ist doch der Himmel blau,
Es wechselt Freude stets mit Leid,
    Dem Glücke nur vertrau.

So weit dich schließt der Himmel ein,
    Gerät der Liebe Frucht,
Und jeglich Herz bekömmt das Sein',
    Wenn er nur emsig sucht.

Ende des ersten Teils.   5

Nachschrift an den Leser.

Dieses Buch sollte erst unter dem Namen des Verfassers der
Herzensergießungen eines kunstliebenden Klosterbruders erscheinen,
daher muß sich der Leser den Ton in manchen Stellen dieses Teils
erklären. Die meisten Gespräche, die ich seit mehreren Jahren mit 10
meinem nun verstorbenen Freunde Wackenroder führte, betrafen die
Kunst; wir waren in unsern Empfindungen einig und wurden nicht
müde, unsre Gedanken darüber gegenseitig zu wiederholen. Er
war besonders gegen die zergliedernde Kritik, die dem verehrenden
Enthusiasmus entgegensteht, und aus unsern Gesprächen über die 15
Ansicht der Kunst und der Künstler entstanden die Herzens=
ergießungen des Klosterbruders, die 1797 herauskamen. Mein
Freund suchte in diesem Buche unsre Gedanken und seine innige
Kunstliebe niederzulegen, er wählte absichtlich diese Maske eines
religiösen Geistlichen, um sein frommes Gemüt, seine andächtige 20
Liebe zur Kunst freier ausdrücken zu können; der Vortrag in den
meisten Aufsätzen gehört ganz ihm. Von meiner Hand ist die
Vorrede, Sehnsucht nach Italien, S. 23. Ein Brief des Malers
Antonio und die Antwort, S. 52, Brief eines jungen deutschen
Malers S. 179, und die Bildnisse der Maler, S. 194. Nach 25
jenem Buche hatten wir uns vorgenommen, die Geschichte eines
Künstlers zu schreiben, und so entstand der Plan zu gegenwärtigem
Roman. In einem gewissen Sinne gehört meinem Freunde ein
Teil des Werks, ob ihn gleich seine Krankheit hinderte, die Stellen
wirklich auszuarbeiten, die er übernommen hatte. Der Leser ver= 30
liert gewiß viel dabei, daß ich es ohne seine Beihilfe zu Ende
führen muß.

Franz Sternbalds

Wanderungen.

Eine altdeutsche Geschichte

herausgegeben

von

Ludwig Tieck.

Zweiter Theil.

Berlin,
bei Johann Friedrich Unger.
1798.

Erstes Buch.

Erstes Kapitel.

In einem alten Buche, das in meiner Sammlung sich befindet,
habe ich immer folgende Stelle mit vorzüglichem Wohlgefallen
5 gelesen:

O Jugend! du lieber Frühling, der du so sonnenbeschienen
vorn im Anfange des Lebens liegst! wo mit zarten Äugelein die
Blumen umher, des Waldes neugrüne Blätter, wie mit fröhlicher
Stimme dir winken, dir zujauchzen! du bist das Paradies, das
10 jeder der spätgebornen Menschen betritt, und das für jeden immer
wieder von neuem verloren geht.

Gefilde voll Seligkeit! überhangend von Blüten, durchirrt
von Tönen! Sehnsucht weht und spielt in deinen süßen Hainen.
Vergangenheit so golden, Zukunft so wunderbar: wie mit dem
15 Sirenengesange der Nachtigall lockt es von dorther; mondliche
Schimmer breiten sich auf dem Wege aus, liebliche Düfte ziehen
aus dem Thal herauf, vom Berge nieder den Silberquell. O
Jüngling, in dir glänzt Morgenröte, sie rückt mit ihren Strahlen
und wunderglänzenden Wolkenbildern herauf: dann folgt der Tag,
20 bis auf die Spur sogar verfließt die heimliche Sehnsucht; alle
Liebesengel ziehen fort, und du bist mit dir allein. War alles
nur Dunst und bunter Schatten, wornach du brünstig die Arme
strecktest?

Aus Wolken winken Hände,
25 An jedem Finger rote Rosen,
Sie winken dir mit schmeichlerischem Kosen,
Du stehst und fragst: wohin der Weg sich wende?

---

3. Die Fiktion, daß der folgende echt Tiecksche Erguß einem alten Buche oder einem
alten Liede entnommen sei, hat der Dichter später fallen gelassen.

Da singen alle Frühlingslüfte,
Da duften und klingen die Blumendüfte,
Lieblich Rauschen geht das Thal entlang:
Sei mutig, nicht bang!

Siehst du des Mondes Schimmer,   5
Der Quellen hüpfendes Geflimmer?
In Wolken hoch die goldnen Hügel,
Der Morgenröte himmelbreite Flügel?

Dir entgegen ziehn so Glück als Liebe,
Dich als Beute mit goldenen Netzen zu fahn,   10
So leise lieblich, daß keine Ausflucht bliebe,
Umzingeln sie dich, bald ist's um dich gethan.

— Was will das Glück mit mir beginnen?
O Frühlingsnachtigall, singst du drein?
Schon bringt die sehnende Lieb' auf mich ein,   15
Wie Mondglanz webt's um meine Sinnen. —

Wie bang' ist mir's, gefangen mich zu geben,
Sie nah'n, die Scharen der Wonne mit Heeresmacht!
Verloren, verträumt ist das fliehende Leben,
Schon rüstet sich Lieb' und Glück zur Schlacht. 20

Der Kampf ist begonnen,
Ich fühle die Wonnen
Durchströmen die Brust:
O sel'ge Gefilde,
Ich komme, wie milde   25
Erquickt und ermattet des Lebens Lust.

Es winket vom Himmel
Der Freuden Gewimmel,
Und lagert sich hier:
Im Boden, ich fühle   30
Der Freuden Gewühle,
Sie streben und drängen entgegen mir.

Der Quellen Getöne,
Der Blümelein Schöne,
Ihr lieblicher Blick,   35
Sie winken so eigen,
Ich deute das Schweigen:
Sie wünschen mir alle zum Leben Glück. — —

Nun geht das Kind auf grünen Wegen
Den goldglänzenden Strahlen entgegen,
Im bangen Harren geht es weit,
Es klopft das Herz, es flieht die Zeit.

Es ist, als wenn die Quellen schwiegen,
Ihm dünkt, als dunkle Schatten stiegen,
Und löschten des Waldes grüne Flammen,
Es falten die Blumen den Putz zusammen.

Die freundlichen Blüten sind nun fort,
10 Und Früchte stehn an selbigem Ort;
Die Nachtigall versteckt die Gesänge im Wald,
Nur Echo durch die Einsamkeit schallt.

Morgenröte bist du nach Haus gegangen?
Ruft das Kind, und streckt die Händ' und weint;
15 O komm', ich bin erlöst vom Bangen,
Du wolltest mich mit goldnen Netzen fangen,
Du hast es gewiß nicht böse gemeint.

Ich will mich gerne drein ergeben,
Es kann und soll nicht anders sein:
20 Ich opfre dir mein junges Leben,
O, komm' zurück, du Himmelsschein!

Aber hoch und höher steigt das Licht,
Und bescheint das thränende Gesicht;
Die Nachtigall flieht waldwärts weiter,
25 Quell wird zum Fluß und immer breiter.

Ach, und ich kann nicht hinüberfliegen!
Was mich erst lockt, ist nun so weit,
Der Morgenglanz, die Töne müssen jenseits liegen,
Ich stehe hier, und fühle nur mein Leid.

30 — Die Nachtigall singet aus weiter Fern:
Wir locken, damit du lebest gern,
Daß du dich nach uns sehnst, und immer matter sehnst,
Ist, was du thöricht dein Leben wähnst. — — —

Ich wählte dieses alte, kindlich redende Lied zum Eingange
35 dieses dritten Buchs meiner Geschichte. Der unbekannte Verfasser
beweint in diesen Worten seine weit entflohene Jugend, und seine

Erinnerungen legen sich als Töne und sanfte Bilder vor ihm hin,
die auch mich wieder ansprechen, und jeden, der diese Stelle
liest. — Wie viele Zeit ist indes verflossen! Es mag kommen,
daß nach langer Zeit jemand, den ich nicht kenne, dieses Buch
aufschlägt, und von diesen Worten gerührt wird. Giebt es denn 5
nun, geliebter Leser, nicht eine ewige Jugend? Indem du dich der
Vergangenheit erinnerst, ist sie nicht vergangen: deine Ahnung des
Künftigen macht die Zukunft zur Gegenwart, die Verwandelung
der Natur außer dir ist nur scheinbar; wie fliegende Wolken umhüllt die Wirklichkeit die innere Sonne. Sonnenblicke wechseln mit 10
Schatten; in ewiger Erneuerung giebt es kein Alter.

Darum fahre ich in meiner Geschichte fort. Laß die vorige
Zeit in dein Gemüt zurückkommen, und glaube, daß die Geister
der großen Künstler, die damals lebten, dich umgeben und kennen,
wie ich es glaube. Dann wirst du an jenen Gestalten Ergötzen 15
finden, die ich dir vorüberführe.

Franz Sternbald und sein Freund Rudolf Florestan durch-
wanderten jetzt den Elsaß. Es war die Zeit im Jahre, wenn
der Frühling in den Baumknospen schläft, und die Vögel ihn in
den unbelaubten Zweigen aufwecken wollen. Die Sonne schien 20
blaß und gleichsam blöde auf die warme, dampfende Erde hernieder, die das erste neue Gras aus ihrem Schoße gebar. Sternbald erinnerte sich der Zeit, als er zuerst seine Pflegeeltern verließ,
um bei Albrecht Dürer in Nürnberg zu lernen, gerade in solchem
Wetter hatte er sein friedliches Dorf verlassen. Sie gingen, indem 25
Rudolf fröhliche Geschichten erzählte, durch die schöne Gegend.
Straßburg lag hinter ihnen, noch sahen sie den erhabenen Münster;
in der nächsten Stadt wollten sie einen Mann erwarten, der auf
der Rückreise von Italien begriffen war.

In Straßburg hatte Franz seinem Sebastian folgenden Brief 30
geschrieben:

„Jetzt, lieber Sebastian, ist mir sehr wohl, und du wirst
dich darüber freuen. Meine Seele ergreift das Ferne und Nahe,
die Gegenwart und Vergangenheit mit gleicher Liebe, und alle
Empfindungen trage ich sorglich zu meiner Kunst hinüber. Warum 35
quäle ich mich ab, da ich mich doch am Ende überzeugen muß,
daß jeder nur das leisten wird, was er leisten kann? Wie kurz

ist das Leben, und warum wollen wir es mit unsern Be=
ängstigungen noch mehr verkürzen? Jeder Künstlergeist muß sich
ohne Druck und äußern Zwang wie ein edler Baum mit seinen
mancherlei Zweigen und Ästen ausbreiten; er strebt von selbst
durch eigne Kraft nach den Wolken zu, und ohne seine Mitwirkung
erzeugt sich die erhabene Pflanze, sei es Eiche, Buche oder Cypresse,
Myrte oder Rosengesträuch, je nachdem der Keim beschaffen war,
aus dem sie zuerst in die Höhe sproßte. So musiziert jedes
Vögelein seine eigentümlichen Lieder. Freilich will es unter ihnen
auch je zuweilen einer dem andern nach= und zuvorthun; aber sie
verfehlen doch nie so sehr ihren Weg, wie es dem Menschen nur
gar zu oft geschieht.

So will ich mich denn der Zeit und mir selber überlassen.
Soll ein Künstler, kann ein edler Maler aus mir werden, so ge=
schieht es gewiß; mein Freund Rudolf lacht täglich über meine
unschlüssige Ängstlichkeit, die sich auch nach und nach verliert.
Im reinen Sinne spiegeln sich alle Empfindungen, und lassen
nachher eine Spur zurück, und selbst was das Gemüt nicht auf=
bewahrt, nährt heimlicherweise den Sinn der Kunst und ist nicht
verloren. Das tröstet mich und hemmt die Beklemmungen, die
mich sonst nur gar zu oft überwältigten.

Auf eine fast magische Weise, zauberisch oder himmlisch (denn
ich weiß nicht, wie ich es nennen soll) ist meine Phantasie mit
dem Engelsbilde angefüllt, von dem ich dir schon so oft gesprochen
habe. Es ist wunderbar. Die Gestalt, die Blicke, der Zug des
Mundes, alles steht deutlich vor mir und doch wieder nicht deutlich,
denn es dämmert dann wie eine ungewisse, vorüberschwebende
Erscheinung vor meiner Seele, daß ich es festhalten möchte, und
Sinnen und Erinnerung brünstig ausstrecke, um es wirklich und
wahrlich zu gewahren und zu meinem Eigentum zu machen. So
ist es mir oft seitdem gegangen, wenn ich die Schönheit einer
Landschaft so recht innigst empfinden wollte, oder die Größe eines
Gedankens, oder den Glauben an Gott. Es kömmt und geht;
bald Dämmerung, bald Mondschein, nur auf Augenblicke wie
helles Tageslicht. Der Geist ist in ewiger Arbeit, im rastlosen
Streben, sich aus den Ketten aufzurichten, die ihn im Körper zu
Boden halten.

O, mein Sebastian! wie wohl ist mir, und wie lieblich fühl'
ich in mir die Regung der Lebenskraft und die heitere Jugend!

Es ist herrlich, was mir die Rheinufer, die Berge und die wunder=
baren Krümmungen des Gewässers verkündigt haben. Von dem
großen Münster will ich dir ein andermal reden, ich bin zu voll
davon.

In Straßburg habe ich für einen reichen Mann eine heilige
Familie gemalt. Es war das erstemal, daß ich meinen Kräften
in allen Stunden vertraute, und mich begeistert und doch ruhig
fühlte. In der Madonna habe ich gesucht die Gestalt hin=
zuzeichnen, die mein Inneres erleuchtet, die geistige Flamme, bei
der ich mich selbst sehe, und alles, was in mir ist, und durch die
alles von dem lieblichen Wiederscheine verschönt und strahlend ist.
Es war beim Malen unaufhörlich derselbe Kampf zwischen Deut=
lichkeit und Ungewißheit in mir, und darüber ist es mir vielleicht
nur gelungen. Die Gestalten, die wir wahrhaft anschauen, sind
eben dadurch in uns schon zu irdisch und wirklich, sie tragen zu
viele Merkmale an sich, und vergegenwärtigen sich darum zu
körperlich. Geht man aber im Gegenteil auf's Erfinden aus, so
bleiben die Gebilde gewöhnlich luftig und allgemein, und wagen
sich nicht aus ihrer ungewissen Ferne heraus. Es kann sein, daß
diese meine Geliebte (denn warum soll ich sie nicht so nennen?)
so das Ideal ist, nach dem die großen Meister gestrebt haben,
und von dem in der Kunst so viel die Rede ist. Ja, ich sage
sogar, Sebastian, daß sie es sein muß, und daß diese Unbekannt=
schaft, dies Fernsein von ihr, dies Streben meines Geistes, sie
gegenwärtig zu machen und zu besitzen, meine Begeisterung war,
als ich das Bild malte. Darum gab ich es auch so ungern aus
meinen Händen, und seitdem ist meine Phantasie noch ungewisser;
denn manchmal steht nur die gemalte Madonna vor meinen Augen,
und ich denke dann, genau so müsse die Unbekannte gestaltet sein.
Wenn ich sie einst finden sollte, würde dann vielleicht mein
Künstlertalent seine Endschaft erreicht haben? — Nein, ich will
es nicht glauben.

Festen Muts wie ein Eroberer will ich in das Gebiet der
Kunst vorrücken; ich fühle es ja, wie mein Herz für das Edle
und Schöne entzückt ist, es ist also mein Gebiet, mein Eigentum,
ich darf darin schalten und mich einheimisch fühlen.

Wirf mir nicht Stolz vor, Sebastian; denn du thätest mir
unrecht. Ich bin und bleibe wie ich war. Der Himmel schenke
dir Gesundheit."

Nach einigen Tagen waren die Wälder, Felder und Berge grün geworden und die Obstbäume blühten, der Himmel war heiter und blau, sanfte Frühlingslüfte spielten zum erstenmal durch den Sonnenschein und über die fröhliche Natur hin. Stern= bald und Rudolf waren entzückt, als sie von einem Hügel hinab in die überschwengliche Pracht hineinschauten. Das Herz ward ihnen groß, und sie fühlten sich beide neugeboren, von Himmel und Erde mit Liebe magnetisch angezogen.

„O, mein Freund!" rief Sternbald aus, „wie liebreizend hat sich der Frühling so plötzlich aufgeschlossen! Wie ein melo= discher Gesang, wie angeschlagene Harfensaiten sind diese Blüten, diese Blätter herausgequollen, und strecken sich nun der lieb= kosenden, warmen Luft entgegen. Der Winter ist fort, wie eine Verfinsterung, die ein Sonnenblick von der Natur hinweggehoben. Sieh, alles keimt und sproßt und blüht, die kleinsten Blumen, unbemerkte Kräuter drängen sich hinzu: alle Vögel singen und jauchzen und flattern umher, in fröhlicher Ungeduld ist die ganze Schöpfung in Bewegung, und wir sitzen hier als Kinder, und fühlen uns dem großen Herzen der mütterlichen Natur am nächsten."

Rudolf nahm seine Flöte, und blies ein lustiges Lied. Es schallte fröhlich den Berg hinunter, und Lämmer im Thal fingen an zu tanzen.

„Wenn nur der Frühling nicht so schnell vorüberginge!" sagte Rudolf; „er ist eine Morgenbegeisterung, die die Natur selbst nicht lange aushält."

„Oder daß es uns nur gegeben wäre," sagte Sternbald, „diese Fülle, diese Allmacht der Lieblichkeit in uns zu saugen, und im hellsten Bewußtsein diese Schätze aufzusparen. Ich wünsche nichts mehr, als daß ich in Tönen und Gesängen den übrigen Menschen diese Gefühle geben könnte; daß ich unter Musik und Frühlingswehen dichtete, und die höchsten Lieder sänge, die der Geist des Menschen bisher noch ausgeströmt hat. Ich fühle es jedesmal, wie Musik die Seele erhebt, und die jauchzenden Klänge wie Engel mit himmlischer Unschuld alle irdischen Begierden und Wünsche fern abhalten. Wenn man ein Fegfeuer glauben will, wo die Seele durch Schmerzen geläutert und gereinigt wird, so ist im Gegenteil die Musik ein Vorhimmel, wo diese Läuterung durch wehmütige Wonne geschieht." „Das ist," sagte Rudolf,

„wie du die Musik empfindest; aber gewiß werden wenige Menschen
darin mit dir übereinstimmen."

„Davon kann ich mich nicht überzeugen," rief Franz aus.
„Nein, Rudolf, sieh' alle lebendigen Wesen, wie die Töne der
Harfe, der Flöte, und jedes angeschlagenen Instruments sie ernst 5
machen: selbst die Gesänge, die den Fuß mit lebendiger Kraft
zum Tanz ermuntern, gießen eine schmachtende Sehnsucht, eine
unbekannte Wehmut in das Gemüt. Der Jüngling und das
Mädchen mischt sich dann in den Reigen; aber sie suchen mit den
Gedanken jenseit dem Tanze einen andern, geistigern Genuß." 10

„O, über die Einbildungen!" sagte Rudolf lachend; „eine
augenblickliche Stimmung in dir trägst du in die übrigen Menschen
hinüber. Wer denkt beim Tanze etwas anders, als daß er den
Reigen durchführt, daß er sich im hüpfenden Schwarm auf eine
lebendige Art ergötzt, und in diesem fröhlichen Augenblick Ver= 15
gangenheit und Zukunft durchaus vergißt. Der Tänzer sieht nach
dem blühenden Mädchen, sie nach ihm; ihre Augen begegnen sich
glänzend, und wenn sie eine Sehnsucht empfinden, so ist es gewiß
eine ganz andre, als du geschildert hast."

„Du bist zu leichtsinnig," antwortete Franz, „es ist nicht das 20
erstemal, daß ich es bemerke, wie du dir vorsätzlich das schönere
Gefühl ableugnest, um einer sinnlichern Schwärmerei nachzuhängen."

„Nur nicht wieder diese grellen Unterschiede!" rief Rudolf
aus; „denn das ist der ewige Punkt unsres Streites."

„Aber ich verstehe dich nicht." 25

„Mag sein!" schloß Florestan, „das Gespräch darüber ist
mir jetzt zu umständlich; wir reden wohl ein andermal davon."

Franz war ein wenig auf seinen Freund erzürnt; denn es
war nicht das erstemal, daß sie so mit einander stritten. Florestan
betrachtete alle Gegenstände leichter und sinnlicher; es war oft 30
dieselbe Empfindung, die Franz nur mit andern Worten aus=
drückte; es fügte sich wohl, daß Sternbald nach einiger Zeit den=
selben Gedanken äußerte, oft kam auch Rudolf später zu dem
Gefühl, dem er kurz vorher an seinem Freunde widersprochen
hatte. Wenn die Menschen Meinungen wechseln, so entsteht nur 35
gar zu oft ein blindes Spiel des Zufalls daraus, aus dem
Wunsche, sich mitzuteilen, entsteht die Sucht zu streiten, und wir
widersprechen oft, statt uns zu bemühen, die Worte des andern
zu verstehen.

Nachdem Franz eine Weile geschwiegen hatte, fuhr er fort: „O, mein Florestan, was ich mir wünsche, in meinem eigentüm= lichen Handwerke das auszudrücken, was mir jetzt Geist und Herz bewegt, diese Fülle der Anmut, diese ruhige, scherzende Heiterkeit,
5 die mich umgiebt. Malen möchte ich es, wie in dem Lufttraume sich edle Geister bewegen, und durch den Frühling schreiten, so daß aus dem Bilde ein ewiger Frühling mit unverwelklichen Blüten prangte, der jedem Auge auch nach meinem Tode neu aufginge und den freundlichen Willkommen entgegenbrächte. Meinst
10 du nicht, daß es dem großen Künstler möglich sei, in einem Historiengemälde, oder auch auf andre Weise einem fremden Herzen das deutlich hinzugeben, was wir jetzt empfinden?"

„Ich glaube es wohl," antwortete Florestan, „und vielleicht gelingt es manchem, ohne daß er es sich gerade vorsetzt. Geh'
15 nach Rom, mein Freund, und dieser ewige Frühling, nach dem du dich sehnst, blüht dort in dem Hause des Agostins Ghigi. Der göttliche Rafael hat ihn dort hingezaubert, und man nennt diese Bilder gewöhnlich die Geschichte des Amor und der Psyche. Diese Luftgestalten schweben dort, vom blauen Äther umgeben,
20 und bedeutungsvoll von großen frischen Blumenkränzen statt der Rahmen eingeschränkt und abgesondert. — Wenn du diese Bildungen mit dem Auge durchwanderst, so wird es dir vielleicht so sein, wie mir immer bei ihrer Betrachtung gewesen ist. Die Geschichte selbst ist so lieblich und zart, ein Bild der ewigen Jugend, von
25 dem Jünglingsgeiste, dem prophetischen Sanzius, in seiner schönen Entzückung hingemalt, die Verkündigung der Liebe und der Blumenschönheit, des erhabenen Reizes. Alles ist, um mich so auszudrücken, eine poetische Offenbarung über die Natur der Lieb= lichkeit, und sie ist dem Menschenherzen vertraulich nahe gerückt.
30 Wie wenn der Frühling in seiner höchsten Blüte steht, so schließt die Geschichte in diesen Bildern mit der hohen Pracht der Götter= versammlung, wo im schönsten Leben alle einzelnen Gestalten ver= einigt sind, und die Seligkeit des Olympus den sterblichen Augen enthüllen. Gedulde dich, mein Franz, bis du in Rom bist."

35 „Ach, Rafael!" sagte Franz Sternbald, „wie viel hab' ich nun schon von dir reden hören; wenn ich dich doch noch im Leben anträfe!"

---

16. Agostins Ghigi, in der von Peruzzi für Agostina Chigi erbauten Villa Farnesina.

„Ich will dir noch ein Lied vom Frühlinge singen," sagte
Rudolf.

Sie standen beide auf, und Floreſtan ſang. Er prälubierte
auf ſeiner Flöte, und zwiſchen jeder Strophe ſpielte er einige Töne,
die ſich wunderbar zum Liebe paßten, und es dem Hörer gleichſam 5
erläuterten.

Vöglein kommen hergezogen,
Setzen ſich auf dürre Aſte: —
„Weit, ach weit ſind wir geflogen,
Angelockt vom Frühlingsweſte."   10

Alſo klagen ſie, die Kleinen:
„Schmetterlinge ſchwärmen ſchon,
Bienen ſumſen ihren Ton,
Suchen Honig, finden keinen.

Frühling! Frühling! komm' hervor!   15
Höre doch auf unſre Lieder,
Gieb uns unſre Blätter wieder,
Horch, wir ſingen dir ins Ohr.

Kommt noch nicht das grüne Laub?
Laß die kleinen Blätter ſpielen,   20
Daß ſie warme Sonne fühlen,
Keines wird dem Froſt zu Raub."

„Was ſingt ſo lieblich leiſe?"
Spricht drauf die Frühlingswelt:
„Es iſt die alte Weiſe,   25
Sie kommen von der Reiſe,
Keine Furcht mich rückwärts hält."

Auf thun ſich grüne Augelein,
Die Knoſpen ſich erſchließen
Die Vögelein zu grüßen,   30
Zu koſten den Sonnenſchein.

Durch alle Bäume geht der Waldgeiſt
Und ſunſt: „Auf, Kinder! der Frühling iſt da;
Storch, Schwalbe, die ich ſchon oftmals ſah,
Auch Lerch' und Grasmück' iſt hergereiſt.   35

Streckt ihnen die grünen Arm' entgegen,
Laßt ſie wohnen wie immer im ſchattigen Zelt,
Daß ſie von Zweig zu Zweig ſich regen,
Und jubeln und ſingen in friſcher Welt."

Nun regt sich's und rauscht in allen Zweigen,
Alle Quellen mit neuem Leben spielen,
In den Ästen Luft und Kraft und Wühlen,
Jeder Baum will sich vor dem andern zeigen.

5 Nun rauscht's und alle stehn in grüner Pracht,
Die Abendwolken über Wäldern ziehn,
Und schöner durch die Wipfel glühn,
Der grüne Hain von goldnem Feuer angefacht.

Gebiert das Thal die Blumen an das Licht
10 Die die holde Liebe der Welt verkünden,
Es lächelt und winkt in stillen Gründen
Des sanften Veilchens Angesicht,
Das sinnige Vergißmeinnicht.

Sie sind die Winke, die süßen Blicke,
15 Die dem Geliebten das Mädchen reicht,
Vorboten vom zukünft'gen Glücke,
Ein Auge, das schmachtend entgegen neigt.

Sie bücken sich mit schalkhaftem Sinn
Und grüßen, wer vorübergeht,
20 Wer ihren sanften Blick verschmäht,
Dem reichen sie die weißen Finger hin.

Doch nun erscheint des Frühlings Frühlingszeit,
Wenn Liebe Gegenliebe findet
Und sich zu einer Lieb' entzündet,
25 Dann glänzt die Pracht der Blumen hell und weit.

Die Rosen nun am Stock ins Leben kommen,
Und brechen hervor mit liebreizendem Prangen,
Die süße Röte ist aufgeglommen,
Daß sie vereinter Schmuck dicht an einander hangen.
30 Dann ist des Frühlings Frühlingszeit,
Mit Küssen, mit Liebesküssen der Busch bestreut.

Rose, süße Blüte, der Blumen Blum',
Der Kuß ist auf deinen Lippen gemalt,
O Ros', auf deinem Munde strahlt
35 Der küssenden Lieb' Andacht und Heiligtum.

Höher kann das Jahr sich nicht erschwingen,
Schöner als Rose der Frühling nichts bringen,
Nun läßt Nacht'gall Sehnsuchtslieder klingen.

Bei Tage singt das ganze Vögelchor,
Bei Nacht schwillt ihr Gesang hervor.
Und wenn Rose, süß' Rose die Blätter neigt,
Dem Sommer wohl das Vögelchor weicht,
Nachtigall mit allen Tönen schweigt.   5
Die Küsse sind im Thal verblüht,
Dichtkunst nicht mehr durch Zweige zieht.

Zweites Kapitel.

Noch im Felde begegnete ihnen der Mann, den sie in der
nächsten Stadt hatten aufsuchen wollen; sie fingen zufälligerweise 10
ein Gespräch an, und erkannten sich dadurch. Der Mann nannte
sich Bolz, und war ein Bildhauer, der jetzt nach Nürnberg, seinem
Wohnorte, reiste. Er kam aus Italien zurück, und hatte einen
Gefährten bei sich, der wie ein Mönch gekleidet war.

Franz war erfreut, wieder jemand vor sich zu sehn, der bald 15
seine liebe Vaterstadt erblicken, der seinen Dürer sprechen sollte;
er ging daher dem Fremden mit aufrichtiger Freude und Freund=
schaft entgegen. Bolz und der Mönch schienen auf Sternbald
nicht sonderliche Rücksicht zu nehmen.

Man unterhielt sich von der Kunst, und Franz fragte be= 20
gierig: „Was macht der edle Rafael von Urbin? Habt Ihr ihn
noch gesehn?"

Der Mönch nahm das Wort. „Nein," sagte er, „leider hat
diese schönste Zier der edlen Malerkunst die Erde verlassen; er ist
im vorigen Jahre gestorben. Mit ihm ist vielleicht die Kunst aus 25
Italien entwichen."

„Wie Ihr da sprecht!" rief der Bildhauer Bolz, „und was
wäre dann der unsterbliche Michel Angelo, der die höchste Höhe
der Kunst erreicht hat, die Rafael niemals gekannt hat? Der
uns gezeigt hat, was erhabener Reiz sei, und die Ideale der Alten 30
mit dem genauen Studium der wirklichen Natur verbunden?
Dieser lebt noch, mein junger Freund, und er steht lächelnd am
Ziele der Skulptur und Malerei, als ein hoher Genius, der jedem
Schüler sein Streben andeutet und erleichtert."

„So ist mir dieser Wunsch meines Herzens versagt?" sagte 35

25. Raphael ist 1520 gestorben. Tieck hält also auch hier den Zeitpunkt der Handlung
fest, auf welchen das Gespräch zwischen Dürer und Lukas verweist: 1521.

Franz, „den Mann zu ſehn, der ein Freund meines Dürer war, den Dürer ſo bewunderte?"

„Nun freilich," rief Bolz aus, „der alte gutherzige Dürer hat ihn auch wohl bewundern dürfen, und für ihn iſt freilich
5 Rafael noch viel zu gut. Er iſt aber auch nicht imſtande, etwas von Angelos Größe zu verſtehn, wenn er ein Kunſtwerk von dieſem erhalten ſollte."

„Erlaubt," ſagte Floreſtan, „ich bin kein Kenner der Kunſt; aber doch habe ich von Tauſenden gehört, daß Rafael das Kleinod
10 dieſer Erde zu nennen ſei, und wahrlich! wenn ich meinen Augen und meinem Gefühle trauen darf, ſo leuchtet eine erhabene Gött=
lichkeit aus ſeinen Werken."

„Und wie ihr alle von Dürer ſprecht!" ſagte Franz, „wahrlich! er weiß wohl das Eigne und Große an fremden Werken zu ſchätzen,
15 wie könnte er ſonſt ſelber ein ſo großer Künſtler ſein! Ihr liebt euer deutſches Vaterland wenig, wenn ihr von ſeinem erſten Künſtler geringe denkt."

„Erzürnt Euch nicht," ſagte der Mönch; „denn es iſt ſeine rauhe, wilde Art, daß er alles übertreibt. Ihm dünkt nur das
20 Große, Gigantiſche ſchön, und der Sinn für alles übrige ſcheint
_ ihm verſagt."

„Nun, was iſt es denn auch mit Deutſchland und mit unſrer einheimiſchen Kunſt?" rief Bolz ergrimmt aus. „Wie armſelig und handwerksmäßig wird ſie ausgeübt und geſchätzt! Noch kein
25 wahrer Künſtlergeiſt hat dieſen unfruchtbaren deutſchen Boden, dieſen trüben Himmel beſucht. Was ſoll auch die Kunſt hier? Unter dieſen kalten gefühlloſen Menſchen, die ſie in dürftiger Häuslichkeit kaum als Zierat achten? Darum ſtrebt auch keiner von den ſogenannten Künſtlern, das Höchſte und Vollkommenſte
30 zu erreichen, ſondern ſie begnügen ſich, der kalten dürftigen Natur nahe zu kommen, ihr hin und wieder einen Zug außer dem Zu=
ſammenhange abzulauſchen, und glauben dann, wenn ſie ihr Mach=
werk in fahler Unbedeutſamkeit ſtehen laſſen, was rechtes gethan zu haben. So iſt Euer geprieſener Albert Dürer, Euer Lukas
35 von Leyden, Schoreel, obgleich er in Italien geweſen iſt, ja kaum der Schweizer Holbein verdient zu den Malern gezählt zu werden."

35. Schoreel (1495—1562), aus der flandriſchen Schule hervorgegangen, ging ſpäter nach Italien und ſchloß ſich der römiſchen Schule an. — 36. Hans Holbein der Jüngere, 1498—1543, in Augsburg geboren, wirkte wiederholt kürzere Zeit in der Schweiz und iſt neben Dürer der bedeutendſte Vertreter der deutſchen Kunſt im 16. Jahrh.

„Ihr kennt sie nicht," rief Franz unwillig aus, „oder ver=
kennt sie mit Vorsatz. Soll denn ein Mann allein die Kunst
und alle Trefflichkeit erschöpft und beendigt haben, so daß mit
ihm, nach ihm kein andrer nach dem Kranze greifen darf? Wie
beengt und klein müßte dann das himmlische Gebiet sein, wenn 5
es ein einziger Geist durchschwärmte, und wie ein Herkules an
den Grenzen seine Säulen setzte, um der Nachwelt zu sagen, wie
weit sie gehen könne. Mir scheint es Barbarei und Hartherzig=
keit, Entwürdigung des Künstlers selbst, den ich vergöttern möchte,
wenn ich ihm ausschließlich alle Kunst beilegen will. Bisher 10
scheint mir Dürer der erste Maler der Welt; aber ich kann es
mir vorstellen, und er hat es selbst oft genug gesagt, wie viele
Herrlichkeiten es außerdem noch giebt. Michael Angelo ist wenig,
wenn es nicht möglich sein darf, daß es auch jenseit seinem Wege
Größe und Erhabenheit giebt." 15

„Kommt nur nach Italien," sagte Bolz, „und Ihr werdet
anders sprechen."

„Nein, Augustin," fiel ihm der Mönch ein. „So reich die
Kunstwelt dort sein mag, so wird dieser junge Mann doch nach=
her schwerlich anders sprechen. Ihr gefallt Euch in Euren Über= 20
treibungen, in Eurer erzwungenen Einseitigkeit, und glaubt, daß
es keinen Enthusiasmus ohne Verfolgungsgeist geben könne. Stern=
bald wird gewiß auch in Rom und Florenz seinem Dürer getreu
bleiben, und er wird gewiß Angelos Erhabenheit und Rafaels
reizende Schöne mit gleicher Liebe umfassen." 25

„Und das soll er, das muß er!" rief Rudolf hier mit einem
Ungestüm aus, den man sonst nicht an ihm sah. „Ihr, mein
ungestümer Bruder Augustin, oder wie Ihr Euch nennt, habt
wenig Ehre davon, daß Ihr solche Gesinnungen und Redensarten
aus dem lieblichen Italien mit Euch bringt; nach Norden, nach 30
den Eisländern hättet Ihr reisen müssen. Ihr sprecht von deutscher
Barbarei, und fühlt nicht, daß Ihr selbst der größte Barbar seid.
Was habt Ihr in Italien gemacht, und wo hat Euch das Herz
gesessen, als Ihr im Vatikan vor Rafaels Unsterblichkeit standet?"

Alle mußten über den Ungestüm des Jünglings lachen, und 35
er selbst lachte von Herzen mit, obgleich ihm eine Thräne im
Auge stand, die ihm seine begeisterte Rede hervorgebracht hatte.
„Ich bin ein Römer," sagte er dann, „und ich gestehe, daß ich
Rom unaussprechlich liebe; Rafael ist es besonders, der Rom aus=

geschmückt hat, ·und seine hauptsächlichsten Gemälde befinden sich dort. Vergebt mir, und sagt nun, was Ihr wollt; ich werde Euch gewiß nicht noch einmal so heftig widersprechen."

„So ist denn dieser Rafael gestorben!" fing Franz von neuem 5 an, indem sie wieder friedlich über das Feld gingen. „Wie alt ist er denn geworden?"

„Gerade neununddreißig Jahre," sagte der Mönch. „Am Karfreitage, an diesem heiligen Tage ist er geboren, und an diesem merkwürdigen Geburtstage ist er auch wieder von der Erde hin-10 weggegangen. Er war und blieb sein Lebelang ein Jüngling, und aus allen seinen Werken spricht ein milder, kindlicher Geist. Sein letztes großes Gemälde war die Transfiguration, Christi Verklärung, worin er sich seine eigne Apotheose gemalt hat. Oben die Herrlichkeit des Erlösers, allgemeine Liebe in seinen Blicken, 15 unter ihm der Glaube der Apostel, umgeben von dem übrigen Menschenleben, mit allem Elende, das darin einheimisch ist, Un-glückliche, die dem Erlöser zur Heilung gebracht werden, und Zweifel, Hoffnung und Zutrauen in den Umstehenden. Rafaels Sarg stand in der Malerstube, und sein letztes vollendetes Ge-20 mälde daneben, seine eigne Verklärung. Der Finger ruhte nun auf immer, der diese Bilder in Leben und Bewegung gezaubert hat; die bunte freundliche Welt, die aus ihm hervorgegangen war, stand nun neben der blassen Leiche. Ganz Rom war in Bewegung, und keiner von denen, die es sahen, konnte sich der 25 Thränen enthalten."

„Nein," rief Franz aus, „wer wollte sich der Thränen bei solchem Anblick enthalten? Was können wir denn den großen Kunstgeistern zum Dank anders widmen, als unser volles, ent-zücktes Herz, unsre andächtige Verehrung? Für diese unbefangene 30 kindliche Rührung, für diese völlige Hingebung unsres eigentüm-lichen Selbsts, für diesen vollen Glauben an ihre edle Trefflichkeit haben sie gearbeitet; dies ist ihr größter und ihr einziger Lohn. Kommen mir doch jetzt die Thränen in die Augen, wenn ich mir den Abgeschiedenen da liegen denke, unter seinen Gemälden, seine 35 letzte Schöpfung dicht neben ihm, die so kürzlich noch sein Kunst-geist belebte und bewegte. O, man sollte denken, alle jene leben-

---

8. Rafael ist am 6. April 1483 geboren und am 6. April 1520, einem Karfreitag, gestorben. — 12. Die Transfiguration oder Verklärung Christi auf Tabor befindet sich jetzt im Vatikan.

bigen Gestalten hätten sich verändern, und nur Schmerz und Ver=
zweiflung über den entflohenen Rafael äußern müssen."

Der Bildhauer sagte: „Nun gewiß, Ihr habt eine lebhafte
Imagination; am Ende meint Ihr gar, sein gemalter Christus
hätte ihn wieder vom Tode erwecken können!"   5

„Und ist denn Rafael gestorben?" rief Sternbald in seiner
Begeisterung aus. „Wird Albrecht Dürer jemals sterben? Nein,
kein großer Künstler verläßt uns ganz; er kann es nicht, sein
Geist, seine Kunst bleibt freundlich unter uns wohnen. Der Name
der Feldherren wird auch vom späten Enkel noch genannt; aber   10
größern Triumph genießt der Künstler, Rafael ruht neben seinen
Kunstwerken glänzender, als der Sieger in seinen ehernen Grab=
mälern; denn er läßt die Bewegungen seines edlen Herzens, die
großen Gedanken, die ihn begeisterten, in sichtbaren Bildungen,
in lieblichen Klängen unter uns zurück, und jede Gestalt bietet   15
schon jetzt dem noch ungebornen Enkel die Hand, um ihn zu be=
willkommen; jedes Gemälde drückt den entzückten Beschauer an
das Herz Rafaels, und er fühlt, wie ihn der Geist des Malers
liebevoll umfängt und erwärmt, er glaubt den Atem wehen zu
hören, die Stimme des Grußes zu vernehmen, und ist durch diese 20
Stunde für seine ganze Lebenszeit gestärkt."

Bolz sagte: „Ihr werdet Euer Lebelang kein großer Maler
werden; Ihr erhitzt Euch über alles ohne Not, und das wird Euch
gerade von der Kunst abführen."

„Darin mögt Ihr nicht ganz unrecht haben," sagte der   25
Mönch. „Ich kenne in Italien einen alten Mann, der mir ein=
mal seine Geschichte erzählte, die mir sehr merkwürdig dünkte. Aus
dem ganzen erhellte, besonders nach der Meinung jenes Mannes,
daß die Kunst einen ruhigen Geist fordre."

„Das ist wohl ausgemacht," fuhr Rudolf fort; „aber warum 30
muß Euch ein alter Mann, den wir alle nicht kennen, gerade auf
diesen Gedanken bringen, der doch so natürlich ist?"

„Er fiel mir nur dabei ein," sagte der Mönch, „weil seine
Geschichte recht sehr sonderbar ist, und weil der junge Maler dort
ihm auf eine wunderbare Weise ähnlich sieht, so daß ich an jenen 35
Alten denke, seitdem wir mit einander gegangen sind."

„Könnt Ihr uns nicht seine Geschichte erzählen?" fragte Franz.

Der Mönch wollte eben anfangen, als sie Jagdhörner und
Hundegebell hörten. Ein Trupp Reiter jagte bei ihnen vorüber,

und in den benachbarten Wald hinein. Die Berge gaben die Töne zurück, und ein ſchönes muſikaliſches Gewirr lärmte durch die ein= ſame Gegend.

Bolz ſtand ſtill und ſagte: „Laßt um des Himmels willen
5 Eure langweiligen Erzählungen; freut Euch doch an dieſem Kon= zerte, das, nach meinem Gefühl, jede Bruſt erregen müßte! Ich kenne nichts Schöneres als Jagdmuſik, den Hörnerklang, den Wiederhall im Walde, das wiederholte Gebell der Hunde, und das hetzende Hallo der Jäger. Als ich jetzt Italien verließ, ge=
10 lang es mir, bei Gelegenheit einer Jagd einem überaus reizenden Mädchen das Leben zu retten. Das, Herr Maler, war eine Scene, die der Darſtellung würdig war! Der grüne dunkelſchattige Wald, das Getümmel der Jagd, ein blondes geängſtigtes Mädchen, die, vor Schreck halb ohnmächtig, einen Baum hinanklettern will, der
15 Buſen halb frei, die langen Haare aufgelöſt, Fuß und Bein von der Stellung entblößt, ein Mann, der ihr Hülfe leiſtet. — Ich habe nie wieder ſo etwas Reizendes geſehn, und unter allen Menſchen hat mir dies Mädchen den Abſchied aus Italien am meiſten erſchwert.“

20 Franz dachte unwillkürlich an ſeine Unbekannte, und der Mönch ſagte: „Ich kann den Gegenſtand ſo beſonders maleriſch nicht finden; er iſt alltäglich und bedeutungslos.“

„Nachdem ihn der Maler nehmen dürſte,“ fiel Franz ein; „vielleicht iſt kein einziger Gegenſtand ohne Intereſſe.“

25 „Ihr könntet nun wohl euer Gezänk abbrechen,“ ſagte Rudolf; „denn ihr werdet nie über irgend etwas einig werden.“

Sie waren einen Berg hinangeſtiegen, und ſtanden nun er= müdet ſtill. Indem ſie ſich an der Ausſicht ergötzten, rief Franz aus: „Mich dünkt, ich ſehe noch ganz in der Ferne den Münſter!“
30 Sie ſahen alle hin, und ein jeglicher glaubte ihn zu ent= decken. „Der Münſter,“ ſagte Bolz, „iſt noch ein Werk, das den Deutſchen Ehre macht!“

„Das aber doch gar nicht zu Euren Begriffen vom Ideali= ſchen und Erhabenen paßt,“ antwortete Franz.

35 „Was gehen mich meine Begriffe an?“ ſagte der Bildhauer; „ich kniee in Gedanken vor dem Geiſte nieder, der dieſen all= mächtigen Bau entwarf und ausführte. Wahrlich! es war ein ungemeiner Geiſt, der es wagte, dieſen Baum mit Äſten, Zweigen und Blättern ſo hinzuſtellen, immer höher den Wolken mit ſeinen

Felsmassen entgegen zu gehn, und ein Werk hinzuzaubern, das gleichsam ein Bild der Unendlichkeit ist."

Sternbald sagte: „Ich ärgere mich jetzt nicht mehr, wenn ich von diesem Riesengebäude verächtlich sprechen höre, wie es mir ehemals wohl begegnete, da ich es nur noch aus Zeichnungen 5 kannte. Führt jeden Tadler, jeden, der von griechischer und römischer Baukunst spricht, nach Straßburg. Da steht er in voller Herrlichkeit, ist fertig, ist da, und bedarf keiner Verteidigung in Worten und auf dem Papiere; er verschmäht das Zeichnen mit Linien und Bögen, und all' den Wirrwarr von Geschmack und 10 edler Einfachheit. Das Erhabene dieser Größe kann keine andre Erhabenheit darstellen; die Vollendung der Symmetrie, die kühnste allegorische Dichtung des menschlichen Geistes, diese Ausdehnung nach allen Seiten, und über sich in den Himmel hinein; das Endlose und doch in sich selbst Geordnete; die Notwendigkeit des 15 Gegenüberstehenden, welches die andre Hälfte erläutert und fertig macht, so daß eins immer um des andern willen, und alles, um die gotische Größe und Herrlichkeit auszudrücken, da ist. Es ist kein Baum, kein Wald; nein, diese allmächtigen, unendlich wiederholten Steinmassen drücken etwas Erhabeneres, ungleich Ideali= 20 scheres aus. Es ist der Geist des Menschen selbst, seine Mannigfaltigkeit zur sichtbaren Einheit verbunden, sein kühnes Riesenstreben nach dem Himmel, seine kolossale Dauer und Unbegreiflichkeit: den Geist Erwins selbst seh' ich in einer furchtbar sinnlichen Anschauung vor mir stehen. Es ist zum Entsetzen, daß der Mensch aus den 25 Felsen und Abgründen sich einzeln die Steine hervorholt, und nicht rastet und ruht, bis er diesen ungeheuren Springbrunnen von lauter Felsenmassen hingestellt hat, der sich ewig, ewig ergießt, und wie mit der Stimme des Donners Anbetung vor Erwin, vor uns selbst in unsre sterblichen Gebeine hineinpredigt. 30 Und nun klimmt unbemerkt und unkenntlich ein Wesen, gleich dem Baumeister, oben wie ein Wurm, an den Zinnen umher, und immer höher und höher, bis ihn der letzte Schwindel wieder zur flachen, sichern Erde hinunternötigt, — wer da noch demonstrieren, und Erwin und das barbarische Zeitalter bedauern kann, — o 35 wahrhaftig, der begeht, ein armer Sünder, die Verläugnung Petri an der Herrlichkeit des göttlichen Ebenbildes."

24. Erwin von Steinbach begann den Bau des Straßburger Münsters; wird von Goethe als Vertreter der deutschen Baukunst gefeiert.

Hier gab der Bildhauer dem Maler die Hand und sagte: „So hör' ich Euch gern."

„Aber wir müssen uns trennen," fuhr er fort; „hier an diesem Scheidewege geht unsre Straße auseinander. Ihr kommt
5 jetzt, junger Freund, nach Italien, indem es vielleicht seine glänzendste Epoche feiert. Ihr werdet viele große und verdiente Männer antreffen, und was an ihnen das Schönste ist, erkennen. Die meisten arbeiten in der Stille. Vielleicht kommt bald, oder irgend einmal die Zeit, wo man viel Aufhebens von der Kunst
10 macht, viel davon spricht und schreibt, Schulen errichtet, und alles ins Geleise und gehörige Ordnung bringen will, und dann ist es wahrscheinlich mit der Kunst selbst zu Ende. Jetzt thut ein jeder, was er vermag, und nach seiner besten Überzeugung; aber ich fürchte, bald stehen die falschen Propheten auf, die eine erzwungene
15 Ehrfurcht erheucheln. Jetzt schätzt man die Kunst und ihre Künstler wirklich; dann entsteht vielleicht der Afterenthusiasmus, der das wahrhaft Edle herabwürdigt. — Lebt wohl!"

Sie gingen aus einander, und Franz überdachte die letzten Worte, die ihm unverständlich waren.

———

20 ## Drittes Kapitel.

Indem Rudolf und Franz ihren Weg fortsetzten, sprachen sie über ihre Begleiter, die sie verlassen hatten. Franz sagte: „Ich kann es mir nicht erklären, vom ersten Augenblicke an empfand ich einen unbeschreiblichen Widerwillen gegen diesen Bild-
25 hauer, der sich mit jedem Worte, das er sprach, vermehrte. Selbst die freundschaftliche Art, mit der er am Ende Abschied nahm, war mir recht im Herzen zuwider."

„Der Geistliche," antwortete Rudolf, „hatte im Gegenteil etwas Anlockendes, das gleich mein Zutrauen gewann; er schien
30 ein sanfter, freundlicher Mensch, der jedem wohlwollte."

„Er hätte uns," fuhr Sternbald fort, „die Geschichte des alten Mannes erzählen sollen, von dem er sprach. Vielleicht hätte ich daraus viel für mich selbst gelernt."

„Du bist viel zu gewissenhaft, mein Freund," sagte Rudolf
35 weiter. „Alles in der Welt bestimmt dich und hat Einfluß auf dein Gemüt."

Ein Fußsteig führte sie in einen dichten kühlen Wald hinein,
und sie bedachten sich nicht lange, ihm nachzugehn. Eine er=
quickende Luft zog durch die Zweige, und das mannigfaltigste,
anmutigste Konzert der Vögel erschallte. Es war ein lebendiges
Gewimmel in den Gebüschen; die buntgefiederten Sänger sprangen 5
hier und dort hin; die Sonne flimmerte nur an einzelnen Stellen
durch das dichte Grün.

Beide Freunde gingen schweigend neben einander, indem sie
des schönen Anblicks genossen. Endlich stand Rudolf still, und
sagte: „Wenn ich ein Maler wäre, Freund Sternbald, so würde 10
ich vorzüglich Waldscenen studieren und darstellen. Schon der
Gedanke eines solchen Gemäldes kann mich entzücken. Wenn ich
mir unter diesen dämmernden Schatten die Göttin Diana vor=
übereilend denke, den Bogen gespannt, das Gewand aufgeschürzt,
und die schönen Glieder leicht umhüllt, hinter ihr die Nymphen 15
und die muntern Jagdhunde: oder stelle dir vor, daß dieser Fuß=
weg sich immer dichter in's Gebüsch hineinwendet, die Bäume
werden immer höher und wunderbarer, einzelne Laute klingen
durch das verschlungene Laub, plötzlich steht eine Grotte, ein kühles
Bad vor uns, und in ihm die Göttin, mit ihren Begleiterinnen, 20
entkleidet."

„Oder," sagte Franz, „hier im tiefen Walde ein Grabmal,
auf dem ein Freund ausgestreckt liegt und den Toten beweint:
dazu die dunkelgrünen Schatten, der frische Rasen, die einzelnen
zerspaltenen Sonnenstrahlen von oben, alles dies zusammen müßte 25
ein vortreffliches Gemälde der Schwermut ausbilden."

„Fühlst du nicht oft," sprach Rudolf weiter, „einen wunder=
baren Zug deines Herzens dem Wunderbaren und Seltsamen ent=
gegen? Man kann sich der Traumbilder dann nicht erwehren,
man erwartet eine höchst sonderbare Fortsetzung unsers gewöhn= 30
lichen Lebenslaufs. Oft ist es, als wenn der Geist von Ariosts
Dichtungen über uns hinwegfliegt, und uns in seinen krystallenen
Wirbel mit fassen wird; nun horchen wir auf und sind auf die
neue Zukunft begierig, auf die Erscheinungen, die an uns mit
bunten Zaubergewändern vorübergehn sollen; dann ist es, als 35
wollte der Waldstrom seine Melodie deutlicher aussprechen, als
würde den Bäumen die Zunge gelöst, damit ihr Rauschen in ver=
ständlichern Gesang dahinrinne. Nun fängt die Liebe an auf
fernen Flötentönen heranzuschreiten, das klopfende Herz will ihr

entgegenfliegen, die Gegenwart ist wie durch einen mächtigen Bann=
spruch festgezaubert, und die glänzenden Minuten wagen es nicht,
zu entfliehen. Ein Zirkel von Wohllaut hält uns mit magischen
Kräften eingeschlossen, und eine neue verklärtere Existenz schimmert
5 wie rätselhaftes Mondlicht in unser wirkliches Leben hinein."

„O du Dichter!" rief Franz aus, „wenn du nicht so leicht=
sinnig wärst, solltest du ein großes Wundergedicht erschaffen, voll
von gaukelndem Glanz und irrenden Klängen, voll Irrlichter und
Mondschimmer; ich höre dir mit Freuden zu, und mein Herz ist
10 schon wunderbar von diesen Worten ergriffen."

Nun hörten sie eine rührende Waldmusik von durch einander
spielenden Hörnern aus der Ferne; sie standen still und horchten,
ob es Einbildung oder Wirklichkeit sei; aber ein melodischer Ge=
sang quoll durch die Bäume ihnen wie ein rieselnder Bach ent=
15 gegen, und Franz glaubte, die Geisterwelt habe sich plötzlich auf=
geschlossen, weil sie vielleicht, ohne es zu wissen, das große
zaubernde Wort gefunden hätten, als habe nun der geheimnis=
volle unsichtbare Strom den Weg nach ihnen gelenkt, und sie in
seinen Fluten aufgenommen. — Sie gingen näher, die Wald=
20 hörner schwiegen, aber eine süße melodische Stimme sang nun
folgendes Lied:

<blockquote>

Waldnacht! Jagdlust!
Leis' und ferner
Klingen Hörner,
25 Hebt sich, jauchzt die freie Brust.
Töne, töne nieder zum Thal
Freun sich, freun sich allzumal
Baum und Strauch beim muntern Schall.

Klinge Bergquell,
30 Epheuranken
Dich umschwanken,
Ries'le durch die Klüfte schnell,
Fliehet, flieht das Leben so fort,
Wandelt hier, dann ist es dort,
35 Hallt, zerschmilzt ein luftig Wort.

Waldnacht! Jagdlust!
Daß die Liebe
Bei uns bliebe,
Wohnen blieb' in treuer Brust.

</blockquote>

Wandelt, wandelt sich allzumal,
Fliehet gleich dem Hörnerschall,
Einsam, einsam grünes Thal.

Klinge Bergquell!
Ach betrogen   5
Wasserwogen
Rauschen abwärts nicht so schnell.
Liebe, Leben sie eilen hin,
Keins von beiden trägt Gewinn,
Ach, daß ich geboren bin!   10

Die Stimme schwieg, und die Hörner fielen nun wieder mit
schmelzenden Akkorden darein; dann verhallten sie, und eine andre
Stimme sang von einem entfernteren Orte:

Treulieb' ist nimmer weit,
Nach Kummer und nach Leid   15
Kehrt wieder Lieb' und Freud',
Dann kehrt der holde Gruß,
Händedrücken,
Zärtlich Blicken,
Liebeskuß.   20

Treulieb' ist nimmer weit,
Ihr Gang durch Einsamkeit
Ist dir, nur dir geweiht.
Bald kömmt der Morgen schön,
Ihn begrüßet   25
Wie er küsset
Freudenthrän'.

Die Hörner schlossen auch diesen Gesang mit einigen über=
aus zärtlichen Tönen.

Franz und Rudolf waren indes näher geschritten, und standen 30
jetzt still, an einen alten Baum gelehnt, der sie fast ganz be=
schattete. Sie sahen eine Gesellschaft von Jägern auf einem kleinen
grünen Hügel gelagert, einige darunter waren diejenigen, die ihnen
vorher begegnet waren. Ein schöner Jüngling, den Franz für ein
verkleidetes Mädchen hielt, saß in ihrer Mitte; er hatte das erste 35
Lied gesungen, in der Ferne saß ein junger Mann, der mit schöner
voller Brust die Antwort sang, die übrigen Jäger waren zerstreut,
und am Fuße des Hügels lagen die ermüdeten Hunde schnaufend.

Franz war wie bezaubert; das Mädchen erhob sich jetzt, es war eine schöne schlanke Gestalt, sie trug einen Helm mit grüner Feder auf dem Kopfe, ihr Anzug war mit vielen Bändern geschmückt; sie glich, von der Jagd erhitzt, einer Göttin. Jetzt ward sie die
5 beiden Reisenden gewahr, und ging freundlich auf sie zu, indem sie sich erkundigte, auf welche Weise sie dorthin gekommen wären. Rudolf merkte nun, daß sie sich verirrt haben müßten, denn sie sahen jetzt keinen Weg, keinen Fußsteig vor sich. Auf den Befehl der Jägerin reichte man ihnen Wein in Bechern zur Erfrischung;
10 dann erzählten sie unverhohlen von ihrer Wanderschaft. Da die schöne Jägerin hörte, daß Sternbald ein Maler sei, bat sie beide Freunde, dem Zuge auf ihr nahe gelegenes Schloß zu folgen, Sternbald solle ausruhen, und wenn er nachher wolle, etwas für sie malen.

15 Franz war wie begeistert, er wünschte jetzt nichts so sehr, als in der Nähe dieses wundervollen Wesens zu bleiben, wie sie ihm erschien. Die Jäger stiegen also wieder auf ihre Pferde, und zwei von ihnen boten Franz und Rudolf ihre Hengste an. Sie stiegen auf, und Rudolf war immer der vorderste im Zuge, wobei
20 sich seine ausländische Tracht, seine vom Hute flatternden Bänder gut ausnahmen; Sternbald aber, der noch kein Pferd bestiegen hatte, war ängstlich und blieb hinten; er wünschte, man hätte ihn zu Fuß folgen lassen.

Jetzt eröffnete sich der Wald, eine schöne Ebene mit Ge=
25 büschen und krausen Hügeln in der Ferne lag vor ihnen. Die Pferde wieherten laut und fröhlich, als sie die Rückkehr zur Hei= mat merkten; das Schloß der Gräfin lag mit glänzenden Fenstern und Zinnen zur Rechten auf einer lieblichen Anhöhe. Ein Jäger, der mit Rudolf den Zug angeführt hatte, bot diesem an, einen
30 Wettlauf bis zum Schlosse anzustellen: Rudolf war willig, beide spornten ihre Rosse und flogen mit gleicher Eile über die Ebene, Rudolf jauchzte und triumphierte, als er seinem Mitkämpfer den Vorsprung abgewann, die übrigen folgten langsam unter einer fröhlichen Musik der Hörner.

35 Es war um die Mittagszeit, als der Zug im Schlosse an= kam, und die ganze Gesellschaft setzte sich bald darauf zur Tafel; die schöne Jägerin war aber nicht zugegen. Die Tischgesellschaft war desto lustiger, Rudolf war vom Reiten erhitzt, und da er überdies noch vielen Wein trank, war er beinahe ausgelassen.

Desto mehr aber belustigte er die Gesellschaft, die es nicht müde wurde, seine Einfälle zu belachen; Franz fühlte sich gegen seine Leichtigkeit unbeholfen und ohne alle Fähigkeit zum Umgange. Ein ältlicher Mann, der im Hause aufbewahrt wurde, galt für einen Dichter; er sagte Verse her, die ungemein gefielen, und noch mehr deswegen, weil er sie ohne alle Vorbereitung deklamierte. Unter dem lauten Beifall der Gesellschaft sang er folgendes Trinklied:

> Die Gläser sind nun angefüllt,
> Auf, Freunde! stoßet an,
> Der edle Traubensaft entquillt
> Für jeden braven Mann.
> Es geht von Mund zu Mund
> Das volle Glas in die Rund,
> Wer krank ist, trinke sich gesund.
>
> Es kommt vom Himmel Sonnenschein
> Und schenkt uns Freud' und Trost,
> Dann wächst der liebe süße Wein,
> Es rauschet uns der Most.
> Es geht von Mund zu Mund
> Das volle Glas in die Rund,
> Wer krank ist, trinke sich gesund.

Da alle das Talent des Mannes bewunderten, sagte Rudolf im Unwillen: „Es geschieht dem Wein keine sonderliche Ehre, daß Ihr ihn auf solche Art lobt, denn es klingt beinahe, als wenn Ihr aus Not ein Dichter wäret, der den lieben Wein nur besingt, weil er sich diesen Gegenstand einmal vorgesetzt hat; es ist wie ein Gelübde, das jemand mit Widerwillen bezahlt. Warum quält Ihr Euch damit, Verse zu machen? Ihr könnt den Wein so durch fünfzig Strophen verfolgen, von seiner Herkunft anfangen und seine ganze Erziehung durchgehn. Ich will Euch auf diese Art auch ein Gedicht über den Flachsbau durchsingen, und über jedes Manufakturprodukt."

„Das hören wir sehr ungern," rief einer von den Jägern.

„Wir haben den Mann immer für einen großen Dichter gehalten," sagte ein andrer, „warum macht Ihr uns in unserm Glauben irre?"

„Es ist leichter tadeln, als besser machen!" rief ein dritter.

Der Poet selber war sehr aufgebracht, daß ihm ein fremder

Ankömmling seinen Lorbeer streitig machen wollte. Er bot dem
berauschten Florestan einen dichterischen Zweikampf an, den die
Gesellschaft nachher entscheiden sollte. Florestan gab seine Zu=
stimmung, und der alte Sänger begann sogleich ein schönes Lied
5 auf den Wein, das alle Gemüter so entzückte, daß Franz für
seinen Freund wegen des Ausganges des Krieges in billige Be=
sorgnis geriet.

Während dem Liede war die Tafel aufgehoben und Florestan
bestieg nun den Tisch, indem er seinen Hut aufsetzte, der mit
10 grünem Laube geputzt war, vorher trank er noch ein großes Glas
Wein, dann nahm er eine Zither in die Hand, auf der er artig
spielte und dazu sang:

> Erwacht, ihr Melodieen
> Und tanzt auf den Saiten dahin,
> 15 Ha! meine Augen glühen,
> Alle Sorgen erdwärts fliehen,
> Himmelwärts entflattert der jauchzende Sinn.
>
> In goldenen Pokalen
> Verbirget die Freude sich gern,
> 20 Es funkeln in den Schalen
> Ha! des Weines liebe Strahlen,
> Es regt sich die Welle ein schimmernder Stern.
>
> In tiefen Bergesklüften,
> Wo Gold und der Edelstein keimt,
> 25 In Meeres fernen Schlüften,
> In Adlers hohen Lüften,
> Nirgend Wein wie auf glücklicher Erde schäumt.
>
> Gern mancher sucht' in Schlünden,
> Wo selber dem Bergmann graut,
> 30 In felsigen Gewinden,
> Könnt' er die Wonne finden,
> Die so freundlich uns aus dem Becher beschaut.

Rudolf hielt inne. „Ist es mir, Herr Poet," fragte er be=
scheiden, „nun wohl vergönnt, das Silbenmaß ein wenig zu ver=
35 ändern?"

Der Dichter besann sich ein Weilchen, dann nickte er mit

---

25. Schluft = Schlucht; so auch in den „Phantasieen" (oben Seite 44, 21) und
bei anderen Romantikern.

dem Kopfe, um ihm diese Freiheit zuzugestehn. Rudolf fuhr mit
erhöhter Stimme fort:

> Als das Glück von der Erde sich wandte,
> Das Geschick alle Götter verbannte,
> Da standen die Felsen so kahl,
> Es verstummten der Liebenden Lieder,   5
> Sah der Mond auf Betrübte hernieder,
> Vergingen die Blumen im Thal.
>
> Sorg' und Angst und Gram ohne Ende,
> Nur zur Arbeit bewegten sich Hände,   10
> Trüb' und thränend der feurige Blick,
> Sehnsucht selber war nun entschwunden,
> Keiner dachte der vorigen Stunden,
> Keiner wünschte sie heimlich zurück.

„Nicht wahr," unterbrach sich Rudolf selber, „das war für 15
die arme Menschheit eine traurige Lage, die so plötzlich das goldene
Zeitalter verloren hatte? Aber hört nur weiter:

> Alle Götter ohn' Erbarmen
> Sahn hinunter auf die Armen,
> Ihr Verderben ihr Entschluß.   20
> O, wer wäre Mensch verblieben,
> Ohne Götter, ohne Lieben,
> Ohne Sehnsucht, ohne Kuß? —
>
> Bacchus sah, ein junger Gott,
> Lächelnder Wang' mit Blicken munter,   25
> Zur verlaßnen Erd' hinunter,
> Ihn bewegt' der Menschheit Not.
>
> Und es spricht die Silberstimme:
> Meine Freunde sind zu wild,
> Ihrem eigensinn'gen Grimme   30
> Unterliegt das Menschenbild.
>
> Weil kein Tod den Gott betastet,
> Höhnen sie die Sterblichkeit,
> Die, von ihrem Zorn belastet,
> Leben fühlt im bittern Leid.   35

Aber, meine Freunde, ich bin des Singens und Trinkens
überdrüssig." Und mit diesen Worten sprang er vom Tische herunter.

Unter der berauschten Gesellschaft entstand ein Gemurmel, weil sie stritten, welcher von den beiden Poeten den Preis verdiene. Die meisten Stimmen schienen für den alten Sänger; einige aber, die durch ihre Vorliebe für das Neue einen bessern Verstand 5 anzudeuten glaubten, nahmen sich des Florestan mit vielem Eifer an, unter diesen war auch Sternbald.

„Man weiß nicht recht, was der junge Mensch mit seinem Gesange oder Liebe will," sagte einer von den Ältesten. „Ein gutes Weinlied muß seinen stillen Gang für sich fortgehn, damit 10 man brav Lust bekömmt mitzusingen, deshalb auch oft blinkt, klingt und singt darin angebracht sein muß, wie ich es auch noch allenthalben gefunden habe. Allein was sollen mir dergleichen Geschichten?"

„Freilich," sagte Florestan, „kann es nichts sollen; aber, lieben Freunde, was soll euch denn der Wein selber? Wenn ihr Wasser 15 trinkt, bleibt ihr noch um vieles mäßiger."

„Nein," schrie ein andrer, „auch im Weine kann und muß man mäßig sein; der Genuß ist dazu da, daß man ihn genießt, aber nicht so gänzlich ohne Verstand."

Rudolf lachte und gab ihm recht, wodurch viele ausgesöhnt 20 wurden und zu seiner Partei übergingen. „Ich habe nur den Tadel," sagte Sternbald, „daß dein Gedicht durchaus keinen Schluß hat."

„Und warum muß denn alles eben einen Schluß haben?" rief Florestan, „und nun gar in der entzückenden Poesie! Fangt ihr nur an zu spielen, um aufzuhören? Denkt ihr euch bei jedem 25 Spaziergange gleich das Zurückgehn? Es ist ja schöner, wenn ein Ton leise nach und nach verhallt, wenn ein Wasserfall immer fortbraust, wenn die Nachtigall nicht verstummt. Müßt ihr denn Winter haben, um den Frühling zu genießen?"

„Es kann sein, daß ihr recht habt," antworteten einige, „ein 30 Weinlied nun gar, das nichts als die reinste Fröhlichkeit atmen soll, kann eines Schlusses am ersten entbehren."

„Wie ihr nun wieder sprecht!" rief Florestan im tollen Mute, indem er sich hastig rund herumdrehte. „Ohne Schluß, ohne Endschaft ist kein Genuß, kein Ergötzen durchaus nicht möglich. Wenn 35 ich einen Baumgang hinuntergehe, sei er noch so schön, so muß ich doch an den letzten Baum kommen können, um stillzustehen und zu denken: dort bin ich gegangen. Im Leben wären Liebe, Freude und Entzücken Qualen, wenn sie unaufhörlich wären; daß sie Vergangenheit sein können, macht das zukünftige Glück wieder

möglich, ja, zu jedem großen Manne mit allen seinen bewunderns=
werten Thaten gehört der Tod als unentbehrlich zu seiner Größe,
damit ich nur imstande bin, die ordentliche Summe seiner Vor=
trefflichkeit zu ziehn und ihn mit Ruhe zu bewundern. In der
Kunst gar ist ja der Schluß nichts weiter als eine Ergänzung   5
des Anfangs."

„Ihr seid ein wunderlicher Mensch," sagte der alte Poet;
„so singt uns also Euren Schluß, wenn er denn so unentbehr=
lich ist."

„Ihr werdet aber damit noch viel weniger zufrieden sein,"   10
sagte Floreſtan. „Doch es soll Euch ein Genüge geschehn." —
Er nahm die Zither wieder in die Hand und spielte und sang:

„Bacchus läßt die Rebe sprießen,
Saft durch ihre Blätter fließen,
Läßt sie weiche Lüfte fächeln,   15
Sonnet sie mit seinem Lächeln.

Um die Ulme hingeschlungen
Steht die neue Pflanz' im Licht,
Herrlich ist es ihm gelungen,
Ihn gereut die Arbeit nicht.   20

Läßt die Blüten rötlich schwillen
Und die Beeren saftig quillen,
Fürchtend die Götter und das Geschick
Kömmt er in Trauben verkleidet zur Welt zurück.

Nun kommen die Menschlein hergegangen   25
Und kosten mit süßem Verlangen
Die neue Frucht, den glühenden Most,
Und finden den Gott, den himmlischen Trost.

In der Kelter springt der mutwillige Götterknabe,
Der Menschen allerliebste Habe,   30
Sie trinken den Wein, sie kosten das Glück,
Es schleicht sich die goldene Zeit zurück.

Der schöne Rausch erheitert ihr Gesicht,
Sie genießen froh das neue Sonnenlicht,
Sie spüren selber Götter= und Zauberkraft,   35
Die ihnen die neue Gabe schafft.

Die Blicke feurig angeglommen,
Zwingen sie die Venus zurückzukommen,
Die Göttin ist da und darf nicht fliehn,
Weil sie sie mächtig rückwärts ziehn.

5 Die Götterschar wird zum Erstaunen bewogen,
Sie kommen alle zurückgezogen:
Wir wollen wieder bei euch wohnen,
Ihr Menschen bauet unsre Thronen.

Was brauchen wir euch und euer Geschick?
10 So tönt von der Erde die Antwort zurück,
Wir können euch ohne Gram entbehren,
Wenn Wein und Liebe bei uns gewähren."

Nun schwieg er still und legte mit einer anständigen Ver=
beugung die Zither weg. „Das ist nun gar gottlos!" riefen viele
15 von den Zuhörern, „Euer Schluß ist das Unerlaubteste von allem,
was Ihr uns vorgesungen habt."

Der Streit über den Wert der beiden Dichter fing von neuem
an. Sternbald ward hitzig für seinen Freund, und da er ihn
einigemal bei seinem Namen Florestan nannte, so ward der andre
20 Poet dadurch aufmerksam gemacht; er fragte, er erkundigte sich, das
Gespräch nahm eine andre Wendung. Es fand sich, daß die beiden
Streitenden Verwandte waren; sie umarmten sich, sie freuten sich
beide, einander so unverhofft anzutreffen, und es wurde nun weiter
an keine Vergleichung ihrer Talente gedacht.

———

25 **Viertes Kapitel.**

Die Gesellschaft zerstreute sich hierauf und Franz verließ nach
dem Getümmel gern das Haus, um sich in den Schloßgarten zu
begeben. Eine geschmückte Dame, die er anfangs nicht erkannte,
begegnete ihm im Gange; es war niemand als die Jägerin. Sie
30 grüßten sich freundlich, aber nach einem kurzen Gespräch trennten
sie sich wieder. Franz betrachtete sinnend einen künstlichen Spring=
brunnen, der mit seinen krystallenen Strahlen die Luft lieblich
abkühlte und ein sanftes Geräusch ertönen ließ, zu dem die nahen
Vögel williger und angenehmer sangen. Er hörte auf den mannig=
35 faltigen Wohllaut, auf den Wechselgesang, den die Fontaine gleich=

sam mit den Waldbewohnern führte, und sein Geist verlor sich
dann wieder in eine entfernte wunderbare Zaubergegend.

„Bin ich getäuscht oder ist es wirklich?" sagte er zu sich
selber; „ich werde ungewiß, ob mir allenthalben ihr süßes Bild
begegnet, oder sie meine Phantasie nur in allen Gestalten wieder= 5
erkennt. Diese Gräfin gleicht ihr, die ich nicht zu nennen weiß,
die ich suche und doch raste, für die ich nur lebe und sie doch
gewiß verliere."

Eine Flöte ertönte aus dem Gebüsch und Franz setzte sich
auf eine schattige Rasenbank, um den Tönen ruhiger zuzuhören. 10
Als der Spielende eine Weile musiziert hatte, sang eine wohl=
bekannte Stimme folgendes Lied:

> „Holdes, holdes Sehnsuchtrufen
> Aus dem Wald, vom Thale her:
> Klimm' herab die Felsenstufen,   15
> Folg' der Oreade Rufen
> Und vertrau dem weiten Meer!
>
> Wohl seh' ich Gestalten wanken
> Durch des Waldes grüne Nacht,
> Die bewegten Zweige schwanken,   20
> Sie entschimmern wie Gedanken,
> Die der Schlaf hinweggefacht.
>
> Komm, Erinn'rung, liebe Treue,
> Die mir oft im Arm geruht,
> Nahe flüsternd mir und weihe   25
> Diese Brust, dann fühlt der Scheue
> Neue Kraft und Lebensmut.
>
> Kinder lieben ja die Scherze
> Und ich bin ein thöricht Kind,
> Treu verblieb dir doch mein Herze,   30
> Leichtsinn nur im frohen Scherze,
> Bin noch so wie sonst gesinnt.
>
> Wald und Thal und grüne Hügel,
> Kennt die Wünsche meiner Brust,
> Wie ich gern mit goldnem Flügel   35
> Von der Abendröte Hügel
> Möchte ziehn zu meiner Lust.

Erd' und Himmel nun in Küssen
Wie mit Liebesscham entbrennt,
Ach! ich muß den Frevel büßen,
Lange noch die Holde missen,
5   Die mein ganzes Herze nennt.

Morgenröte kommt gegangen,
Macht den Tag von Banden frei,
Erd' und Himmel bräutlich prangen,
Aber ach! ich bin gefangen,
10   Einsam hier im süßen Mai.

Lieb' und Mailust ist verschwunden,
Ist nur Mai in ihrem Blick,
Keine Rose wird erfunden,
Flieht und eilt, ihr trägen Stunden,
15   Bringt die Braut mir bald zurück."

Es war Rudolf, der nun hervortrat und sich zu Sternbald
an dem Rande des Springbrunnens niedersetzte. „Ich erkannte
dich wohl," sagte Franz, „aber ich wollte dich in deinem zärtlichen
Gesange nicht stören; doch siehst du munterer aus, als ich dich
20 erwartet hätte."

„Ich bin recht vergnügt," sagte Florestan, „der heutige Tag
ist einer meiner heitersten; denn ich kenne nichts Schöneres, als
so recht viel und mancherlei durcheinander zu empfinden und deut=
lich zu fühlen, wie durch Kopf und Herz gleichsam goldene Sterne
25 ziehn und den schweren Menschen wie mit einer lieben wohlthätigen
Flamme durchschimmern. Wir sollten täglich recht viele Stim=
mungen und frische Anklänge zu erleben suchen, statt uns aus Träg=
heit in uns selbst und die alltägliche Gewöhnlichkeit zu verlieren."

„Der Schluß deines heutigen Trinkliedes," antwortete Franz,
30 „hat mir nicht gefallen; es ist doch immer unerlaubt, auf diese
Art mit dem Leichtsinne zu scherzen."

„O mein Freund," rief Rudolf aus, „wie bist du denn heute
so gar schwerfällig geworden, daß du es mit einer augenblicklichen
Begeisterung so ernst und strenge nimmst. Laß doch der unschul=
35 digen Poesie ihren Gang, wenn der klare Bach sich einmal ergießt,
der Scherz soll ja nichts weiter als Scherz bedeuten; willst du
ihn aber für eine Entweihung des Feierlichen und Erhabenen
nehmen, so thust du dir selbst zu nahe. Sing dafür lieber mit
mir dies Lied."

Franz mußte das vorige Lied wiederholen und Florestan begleitete ihn mit seiner Flöte; als es geendigt war, sagte Rudolf: „Ich habe diesen Gesang heute Nachmittag aufgeschrieben, als die Abendröte anfing heraufzurücken, ich hörte eine Flöte anspielen und der Ton des Instruments gab mir diese Verse ein." 5

„Das ist ein Beitrag zu jenen Liedern," sagte Sternbald, „die du mir vor Antwerpen einmal sangest. Ich habe sie mir aufgeschrieben und kann manchmal nicht finden, daß sie sich zu den Überschriften passen."

„Es thut nichts," sagte Florestan, „sie mögen auch wohl 10 unpassend sein, aber mir kam es so vor, als ich sie machte; wer es nicht mitfühlt, dem ist es auch nicht zu beweisen. Sie sollten gleichsam die Accente sein, in die diese Instrumente freiwillig über= gingen, wie sie als lebendige Wesen sprechen und sich ausdrücken würden. Man könnte sich, wenn man sonst Lust hätte, ein ganzes 15 Gesprächstück von mancherlei Tönen aussinnen."

„Es kann sein," antwortete Franz, „von Blumen kann ich es mir gewissermaßen vorstellen. Es ist freilich immer nur ein Charakter in allen diesen Dingen, wie wir ihn als Menschen wahr= zunehmen vermögen." 20

„So geschieht alle Kunst," antwortete Florestan, „die Tiere können wir schon richtiger fühlen, weil sie uns etwas näher stehn. Ich hatte einmal Lust, aus Lämmern, einigen Vögeln und andern Tieren eine Komödie zu formieren, aus Blumen ein Liebesstück und aus den Tönen der Instrumente ein Trauer= oder, wie ich 25 es lieber nennen möchte, ein Geisterspiel."

„Die meisten Leute würden es zu phantastisch finden," sagte Sternbald.

„Das würde gerade meine Absicht sein," antwortete Rudolf, „wenn ich mir Mühe geben wollte, es niederzuschreiben. Es ist 30 indes schon Abend geworden. Kennst du Dantes großes Gedicht?"

„Nein," sagte Franz.

„Auf eine ähnliche ganz allegorische Weise ließe sich vielleicht eine Offenbarung über die Natur schreiben, voller Begeisterung und mit prophetischem Geiste durchdrungen. Ich habe dir einigemal 35 von den seltsamen Arten der spanischen Poesie gesprochen, getraut

---

34. eine Offenbarung über die Natur schreiben, der Gedanke eines großen Naturgedichtes spukte in den Köpfen aller Romantiker; am meisten hat er Schelling und Goethe beschäftigt.

du dir nun mit mir ein solches Wechsellied zu singen, wie ich es dir beschrieben habe?"

„Wir könnten es versuchen," sagte Franz, „aber du mußt das Silbenmaß setzen."

5 Rudolf fing an:

Wer hat den lieben Frühling aufgeschlagen
   Gleich wie ein Zelt
   Zu blüh'nder Welt?
Die Wolken sich nun abwärts jagen;
10   Das Thal von Sonne,
   Der Wald mit Wonne
   Und Lied durchklungen: —
Der Liebe ist das schöne Werk gelungen.

          Franz.

15 Der Liebe ist das schöne Werk gelungen,
   Der Winter kalt
   Entwich ihr bald,
Holdsel'ge Macht hat ihn bezwungen.
   Die Blumen süße,
20   Der Quell, die Flüsse,
   Befreit von Banden
Sind aus des Winters hartem Schlaf erstanden.

          Rudolf.

Sind aus des Winters hartem Schlaf erstanden
25   Der Wechselsang,
   Der Echoklang,
Die sich durch Waldgezweige fanden.
   Die Nachtigallen=
   Gesänge schallen,
30   Die Lindendüfte
Liebkosen liebevoll die Frühlingslüfte.

          Franz.

Liebkosen liebevoll die Frühlingslüfte.
   Die Blumenschar,
35   Sie beut sich dar,
Von Rosen glühn die Felsenklüfte.
   Um Lauben schwanken
   Die Geißblattranken,
   Des Himmels Ferne
40 Erhellen tausend goldne kleine Sterne.

Rudolf.

Erhellen tausend goldne kleine Sterne,
  So golden klein
  Der Flimmerschein
Erleuchtet unsre Erde gerne.
  Mit Liebesblicken,
  Uns zu beglücken,
  Schaut grüßend nieder
Die Lieb' und freut sich unsrer Grüße wieder.

Franz.   10

Die Lieb' und freut sich unsrer Grüße wieder,
  Die Blumenwelt
  Uns zugesellt,
Gesandt von ihr des Waldes Lieder:
  Sie schickt die Rose,   15
  Daß sie uns kose,
  Daß wir ihr danken,
Streckt sie entgegen uns die Geisblattsranken.

Rudolf.

Streckt sie entgegen uns die Geisblattsranken,   20
  Die Lilienpracht
  Grüßt uns mit Macht,
Daß wir nicht fern von Lieb' erkranken.
  Und leise drücken
  Wir, Dank in Blicken,
  Der Lilie Wange,
Damit die Lieb' von uns den Dank empfange.

Franz.

Damit die Lieb' von uns den Dank empfange
  Wird Mädchenmund   30
  Geküßt zur Stund',
Und Nacht'gall plaudert's im Gesange.
  Die Liebe höret
  Was jeder schwöret,
  Sie wacht den Eiden,   35
Verfolgt den Frevelnden mit bittern Leiden.

Rudolf.

Verfolgt den Frevelnden mit bittern Leiden,
  Das Mädchen flieht,
  Wenn sie ihn sieht,   40
Ach! jede mag ihn gerne meiden.

In Händen welken
Ihm Ros' und Nelken,
Die Himmelslichter
Erblassen und er ist ein schlechter Dichter.

5 „Und darum wollen wir lieber aufhören," sagte Rudolf in=
dem er aufstand, „denn ich gehöre selbst nicht zu den reinsten."
Die beiden Freunde gingen nun zurück; der Abend hatte sich
schon mit seinen dichtesten Schatten über den Garten ausgestreckt
und der Mond ging eben auf. Franz stand sinnend am Fenster
10 seines Zimmers und sah nach dem gegenüberliegenden Berge, der
mit Tannen und Eichen bewachsen war, zu ihm hinauf schwebte
der Mond, als wenn er ihn erklimmen wollte, das Thal glänzte
im ersten funkelndgelben Lichte, der Strom ging brausend dem
Berge und dem Schlosse vorüber, eine Mühle klapperte und sauste
15 in der Ferne, und nun aus einem entlegenen Fenster wieder die
nächtlichen Hörnertöne, die dem Monde entgegengrüßten und drüben
in der Einsamkeit des Bergwaldes verhallten.
„Müssen mich diese Töne durch mein ganzes Leben verfolgen?"
seufzte Franz; „wenn ich einmal zufrieden und mit mir zur Ruhe
20 bin, dann dringen sie wie eine feindliche Schar in mein innerstes
Gemüt und wecken die kranken Kinder, Erinnerung und unbekannte
Sehnsucht wieder auf. Dann drängt es mir im Herzen, als wenn
ich wie auf Flügeln hinüberfliegen sollte, höher über die Wolken
hinaus und von oben herab meine Brust mit neuem, schönerem
25 Klange anfüllen und meinen schmachtenden Geist mit dem höchsten,
letzten Wohllaut ersättigen. Ich möchte die ganze Welt mit Liebes=
gesang durchströmen, den Mondschimmer und die Morgenröte an=
rühren, daß sie mein Leid und Glück wiederklingen, daß die Melodie
Bäume, Zweige, Blätter und Gräser ergreife, damit alle spielend
30 meinen Gesang wie mit Millionen Zungen wiederholen müßten."
Er war am folgenden Morgen sehr früh aufgestanden und
hatte das Schloß durchwandert. In einem Zimmer hing ein
Brustbild eines Mannes mit einem kostbaren Hute und einer blauen
Feder geschmückt; die Miene zog ihn an, und als er es genauer
35 betrachtete, glaubte er in diesem Kopfe das Gesicht des Mönchs
zu entdecken, der den Bildhauer Bolz begleitet hatte. Je mehr
er das Bild untersuchte, je überzeugender fand er die Ähnlichkeit.
— Jetzt trat Rudolf zu ihm, dem er seine Entdeckung mitteilte;
Florestan fand sich nach seiner leichtsinnigen Art nicht sonderlich

wichtig, sondern brach das Gespräch darüber bald ab, indem er
sagte: „Ich habe gestern noch, lieber Franz, ein andres Gedicht
geschrieben, in dem ich versucht habe, eine Stimmung auszubrücken
und darzustellen, die schon oft meine Seele erfüllt hat." Er las:

Mondscheinlied.

5

    Träuft vom Himmel der kühle Tau,
Thun die Blumen die Kelche zu,
Spätrot sieht scheidend nach der Au,
Flüstern die Pappeln, sinkt nieder die näcjt'ge Ruh'.

    Kommen und gehn die Schatten, 10
Wolken bleiben noch spät auf,
Und ziehn mit schwerem, unbeholfnem Lauf
Über die erfrischten Matten.

    Kommen die Sterne und schwinden wieder,
Blicken winkend und flüchtig nieder, 15
Wohnt im Wald die Dunkelheit,
Dehnt sich finster weit und breit.

    Hinterm Wasser wie flimmende Flammen,
Berggipfel, oben mit Gold beschienen,
Neigen rauschend und ernst die grünen 20
Gebüsche, die blinkenden Häupter zusammen.

    Welle, rollst du herauf den Schein,
Des Mondes rundfreundlich Angesicht?
Es merkt's und freudig bewegt sich der Hain,
Streckt die Zweig' entgegen dem Zauberlicht. 25

    Fangen die Geister auf den Fluten zu springen,
Thun sich die Nachtblumen auf mit Klingen,
Wacht die Nachtigall im dicksten Baum,
Verkündet dichterisch ihren Traum,
Wie helle, blendende Strahlen die Töne niederfließen 30
Am Bergeshang den Wiederhall zu grüßen.

    Flimmern die Wellen,
Funkeln die wandernden Quellen,
Streifen durchs Gesträuch
Die Feuerwürmchen bleich. — 35

Wie die Wolken wandelt mein Sehnen,
Mein Gedanke bald dunkel, bald hell,
Hüpfen Wünsche um mich wie der Quell,
Kenne nicht die brennenden Thränen.

5 Bist du nah, bist du weit,
Glück, das nur für mich erblühte?
Ach! daß es die Hände biete
In des Mondes Einsamkeit.

Kömmt's aus dem Walde? schleicht's vom Thal,
10 Steigt es den Berg vielleicht hernieder?
Kommen alte Schmerzen wieder?
Aus Wolken ab die entflohne Qual?

Und Zukunft wird Vergangenheit,
Bleibt der Strom nie ruhig stehn,
15 Ach! ist dein Glück auch noch so weit,
Magst du entgegengehn,
Auch Liebesglück wird einst Vergangenheit.

Wolken schwinden,
Den Morgen finden
20 Die Blumen wieder;
Doch ist die Jugend einst entschwunden,
Ach! der Frühlingsliebe Stunden
Steigen keiner Sehnsucht nieder.

Fünftes Kapitel.

25 Es waren indes einige Tage verflossen; Sternbald hatte die
Gräfin zu malen angefangen, neben ihr mußte er den Ritter zeichnen,
der dem Mönche so ähnlich sah. Sein Geist war mit der Schön=
heit seines Gegenstandes beschäftigt, er wußte nicht mehr, ob er
sich in Gegenwart der Jägerin seiner Unbekannten erinnere, oder
30 diese Bildung selber liebgewann. Sie ließ sich als Jägerin dar=
stellen, fast ebenso, wie er sie zum erstenmale gesehn hatte.

Er ließ oft Musik in den Saal bringen und ihm war dann,
als wäre seine Hand sicherer und geläufiger, als würde dann sein
Geist zur Kunst lieblicher angetrieben. Er zitterte oft, wenn er

25. Die folgende Partie von S. 289—292, 17 hat in der späteren Umarbeitung die
größte Erweiterung erfahren.

die zarten Umrisse des Busens anblickte und abzeichnete, wenn er
den Glanz der schalkhaft feurigen Augen ausdrücken wollte.

Florestan hatte das Schloß verlassen und schwärmte wieder
in den benachbarten Gegenden umher, weil er niemals lange an
einem Orte verweilen mochte. Franz wollte diese Zeit benutzen, 5
um seinem Dürer und Sebastian einen weitläuftigen Brief zu
schreiben, allein er verschob es von einem Tage zum andern. An
manchen Tagen sprach die Gräfin viel, indem er sie malte, und
seine Aufmerksamkeit wurde gewöhnlich dann ganz zerstreut.

Die Gräfin war an jedem Tage in einer andern Laune, ja 10
sie konnte sogar in derselben Stunde die Stimmung ihres Gemüts
auffallend verändern. Franz fühlte einige Teilnahme, wenn sie
traurig war, aber er war in einer quälenden Verlegenheit, wenn
sie ihm mit vertraulicher Lustigkeit näher kam. Dann konnte ihn
Musik trösten und beruhigen, es war, als wenn ihn die ange= 15
schlagenen Akkorde dreister und kühner machten, die Töne waren
sein Beistand und ihm wie zärtliche Freunde nahe, seine Hand
arbeitete schneller und williger und sein Gemüt war durchsichtig
und rein wie ein heller Bach. Die Gräfin schien ihn mit jedem
Tage lieber zu gewinnen, Franz war gewöhnlich stumm, aber sie 20
sprach desto mehr: ihre lebhafte Beweglichkeit ertrug nicht den
Stillstand einer Minute, sie machte sich immer etwas zu schaffen,
sie erzählte hundert kleine Geschichten, und Sternbald wurde nicht
selten durch ihre Munterkeit gestört.

So erfuhr er unter vielen andern Erzählungen, daß sie einige 25
Verwandte in Italien und zwar in Rom habe, an die sie ihm
auch Briefe mitzugeben versprach. Sie schilderte die Lebensart der
ganzen Familie und die Eigenheiten eines jeden Charakters bis
auf den kleinsten Umstand, sie ging so weit, daß sie Stellungen
und Mienen nachahmte, wodurch dann Franz zuweilen im Malen 30
aufgehalten wurde, ja sie unterließ nicht, die Arbeit nach ihrer
Laune zu unterbrechen, um mit ihm durch den Garten zu spazieren.
Oft verlor sie sich dann so plötzlich in ein trübseliges Nachsinnen,
in wehmütige Klagen, daß Franz mit vieler Anstrengung das Amt
eines tröstenden Freundes bei ihr übernehmen mußte. 35

Als Sternbald ihren Kopf fast vollendet hatte, und er nun
an die Abschilderung des Ritters ging, war ihre Lebhaftigkeit
noch mehr erhöht. „Ihr müßt wissen, lieber Freund,“ sagte sie,
„daß jenes Bild von einem wahren Stümper in der edlen Kunst

herrührt, der es noch gar nicht einmal verſtand, das Holdſelige
und Angenehme eines Antlitzes zu fühlen und auszudrücken, ihm
war es nur darum zu thun, einen Kopf mit den gewöhnlichen
Sinnen fertig zu machen, der dem Originale im Groben ähnlich
5 ſähe. Ihr müßt Euch die Klarheit der Augen, das ſüße Lächeln
der freundlichen Lippen nur vorſtellen, denn das Bild ſelbſt giebt
Euch keine Anweiſung zu dergleichen. O, wenn er doch hier
wäre! wenn er ſo vor Euch ſtände, und ich ihm den Arm um
den ſchönen Nacken ſchlänge! Unmöglich könnt Ihr es Euch vor=
10 ſtellen, und das Gemälde muß notwendig kalt werden. Aber
freilich ſieht es ihm dann um ſo ähnlicher, denn er iſt jetzt auch
kalt und fühllos. Wo mag er umherirren, und wann kommt er
zu mir zurück?"

Sie ſtand auf, Franz mußte die Malerei beiſeite legen, ſie
15 gingen in ein benachbartes Gehölz. „Hier ſah ich ihn zum letzen=
male," fuhr die Gräfin fort, „hier ſtieg er auf ſein Roß, und
ſagte mir ſein heuchleriſches Lebewohl, er wolle noch am Abend
wiederkommen; aber es iſt ſchon in meiner Seele Abend geworden,
und er iſt noch nicht wieder da. Könnt' ich den Undankbaren
20 vergeſſen, dies Andenken, ſein Bild aus meinem Herzen verſtoßen,
und wieder ſo glücklich und zufrieden werden, als ich vormals
war! Dies thörichte Herz will ihm nach, ihn in weiter Welt auf=
ſuchen, und weiß doch nicht, wohin? Ich finde ihn niemals
wieder!" — —

25 Sie ſetzten ſich im Schatten nieder, und nach einem kleinen
Stillſchweigen fuhr die Dame fort: „Ich will Euch kürzlich meine
ganze Geſchichte erzählen; ſie iſt unbedeutend und kurz, aber Ihr
habt etwas in Eurem Weſen, einen Blick Eurer Augen, das alles
mir mein Zutrauen abgewinnt. Wenn man recht unglücklich iſt,
30 und ſich durchaus verlaſſen fühlt, ſo ſehnt man ſich nach dem
Mitleiden einer guten Seele, wie nach einer herrlichen Gabe, und
darum will ich Euch meine Leiden vertrauen. Kurz nachher, als
mich der Tod meines Vaters in den Beſitz meiner Güter ſetzte,
erſchien in der Nachbarſchaft hier ein junger Ritter, der vorgab,
35 er komme aus Franken. Er war ſo jung, ſchön und liebens=
würdig, daß man ihn allenthalben gern ſah: es verging nur
wenige Zeit, und es ſchien, daß er ſich in meiner Gegenwart am
meiſten gefalle, daß ihn nur das freue, was auf mich einigen
Bezug habe. Mir ſchmeichelte dieſer Vorzug, ich kam ihm eben

so entgegen, wie er mir, ich schenkte ihm mein reinstes Wohl=
wollen; denn es ist einmal der Fehler unseres Geschlechts, an
List und Verstellung nicht zu glauben, sondern sich von dem Irr=
tume blenden zu lassen, als könne jede von uns durch einen Be=
trüger niemals betrogen werden.   5

Was soll ich weitläufig sein? Ihr kennt mein Herz nicht,
und gehört selbst zu dieser hinterlistigen Rotte. Er gestand mir
seine Liebe, ich ihm meine Zuneigung; er nannte mir seinen
Namen, und bekannte, daß er ein armer Edelmann sei, der mir
kein Glück anbieten könne; ich wollte ihn zum Herrn aller meiner 10
Besitztümer machen, ich fand mich so groß darin, ihm mein Eigen=
tum, mich selbst ihm zu schenken. Schon war unsre Verlobung,
schon der Tag unsrer Vermählung bestimmt, als er mich plötzlich
nach einer Jagd hier auf dieser Stelle verließ. Er wolle einen
Freund in der Nachbarschaft besuchen, war sein Vorgeben; er 15
lächelte noch, als er fortritt, und seitdem habe ich ihn nicht
wieder gesehn.“

Franz konnte nach ihrer Erzählung nichts antworten, er
blieb in sich gekehrt, und wünschte seinen Freund Florestan zu=
rück, der sich in jede Lage des Lebens mit Leichtigkeit fand. Es 20
war indes Abend geworden, und die Jäger kamen mit einer
Jagdmusik aus dem Walde zurück, dadurch wurde das Gespräch
beendigt. Sternbald war verdrießlich, daß alle Gegenstände und
Gespräche so hart auf sein Gemüt fielen, so daß ihn der Ein=
druck davon bemeisterte und sein Lebenslauf dadurch gestört wurde. 25

Schon seit langer Zeit hatte er viel von einem wunder=
baren Menschen sprechen hören, der sich in den benachbarten
Bergen aufhielt, halb wahnsinnig sein sollte, in der Einsamkeit
lebte, und niemals seinen öden Aufenthalt verließ. Was Franz
besonders anzog, war, daß dieser abenteuerliche Eremit auch ein 30
Maler war, und gewöhnlich denen, die ihn besuchten, Bildnisse oder
andre Malereien zeigte, sie auch um einen billigen Preis verkaufte.
Man erzählte so viel Wunderbares von diesem Manne, daß Franz der
Begier unmöglich widerstehen konnte, ihn selber aufzusuchen. Da
Florestan immer noch nicht zurückkam, und die Gräfin wieder eine 35
Jagd, ihre Lieblingsergötzung anstellte, machte er sich an einem schönen
Morgen auf den Weg, um den bezeichneten Aufenthalt zu suchen.

Unterwegs überdachte er nach langer Zeit wieder die Ver=
änderungen seines Lebens, es schien ihm alles so sonderbar und

doch so gewöhnlich, er wünschte die Fortsetzung seiner Schicksale und fürchtete sie, er erstaunte über sich selber, daß ihn der Enthusiasmus, der ihn zur Reise angetrieben, seitdem nur selten wieder besucht habe.

5 Er stand oben auf dem Hügel, und sah im Thale die versammelte Jagd, die vom Schlosse ausritt, und sich durch die Ebene verbreitete. Es klangen wieder die musikalischen Töne zu ihm hinauf, die durch den frischen Morgen in den Bergen wiederschallten, die Eichen und Tannen rührten sich bedeutungsvoll. 10 Bald verlor er die Jagd aus dem Gesichte, die Musik der Hörner verschwand, und er wandte sich tiefer ins Gebirge hinein, wo die Gegend plötzlich ihren anmutigen Charakter verlor, und wilder und verworrener ward, die Aussicht in das ebene Land schloß sich, man verlor den vollen herrlichen Strom aus dem Gesichte, die 15 Berge und Felsen wurden kahl und unfruchtbar.

Der Weg wand sich enge und schmal zwischen Felsen hindurch, Tannengebüsch wechselte auf dem kahlen Boden, und nach einigen Stunden stand Franz auf dem höheren Gipfel des Gebirges.

Nun war es wieder wie ein Vorhang niedergefallen, seinem 20 Blicke öffnete sich die Ebene wieder, die kahlen Felsen unter ihm verloren sich lieblich in dem grünen Gemisch der Wälder und Wiesen, die unfreundliche Natur war verschwunden, sie war mit der lieblichen Aussicht eins, von dem übrigen verschönert, diente sie selber die andern Gegenstände zu verschönern. Da lag die 25 Herrlichkeit der Ströme vor ihm ausgebreitet, er glaubte vor dem plötzlichen Anblick der weiten, unendlichen, mannigfaltigen Natur zu vergehen, denn es war, als wenn sie mit herzdurchdringender Stimme zu ihm hinaufsprach, als wenn sie mit feurigen Augen vom Himmel und aus dem glänzenden Strom heraus nach ihm 30 blickte, mit ihren Riesengliedern nach ihm hindeutete. Franz streckte die Arme aus, als wenn er etwas Unsichtbares an sein ungeduldiges Herz drücken wollte, als möchte er nun erfassen und festhalten, wonach ihn die Sehnsucht so lange gedrängt: die Wolken zogen unten am Horizont durch den blauen Himmel, die Wieder- 35 scheine und die Schatten streckten sich auf den Wiesen aus, und wechselten mit ihren Farben, fremde Wundertöne gingen den Berg hinab, und Franz fühlte sich wie fest gezaubert, wie ein Gebannter, den die zaubernde Gewalt stehen heißt, und der sich dem unsichtbaren Kreise, trotz alles Bestrebens, nicht entreißen kann.

„O, unmächtige Kunst!" rief er aus, und setzte sich auf eine
grüne Felsenbank nieder; „wie lallend und kindisch sind deine
Töne gegen den vollen harmonischen Orgelgesang, der aus den
innersten Tiefen, aus Berg und Thal und Wald und Stromes-
glanz in schwellenden, steigenden Akkorden heraufquillt. Ich höre, 5
ich vernehme, wie der ewige Weltgeist mit meisterndem Finger
die furchtbare Harfe mit allen ihren Klängen greift, wie die
mannigfaltigsten Gebilde sich seinem Spiel erzeugen, und umher
und über die ganze Natur sich mit geistigen Flügeln ausbreiten.
Die Begeisterung meines kleinen Menschenherzens will hinein- 10
greifen, und ringt sich müde und matt im Kampfe mit dem Hohen,
der die Natur leise lieblich regiert, und mein Hindrängen zu ihm,
mein Winken nach Hilfe in dieser Allmacht der Schönheit vielleicht
nicht gewahrt. Die unsterbliche Melodie jauchzt, jubelt und stürmt
über mich hinweg, zu Boden geworfen schwindelt mein Blick und 15
starren meine Sinnen. O, ihr Thörichten! die ihr der Meinung
seid, die allgewaltige Natur lasse sich verschönen, wenn ihr nur
mit Kunstgriffen und kleinlicher Hinterlist eurer Ohnmacht zu
Hilfe eilt, was könnt' ihr anders, als uns die Natur nur ahnden
lassen, wenn die Natur uns die Ahndung der Gottheit giebt? 20
Nicht Ahndung, nicht Vorgefühl, urkräftige Empfindung selbst,
sichtbar wandelt hier auf Höhen und Tiefen die Religion, empfängt
und trägt mit gütigem Erbarmen auch meine Anbetung. Die
Hieroglyphe, die das Höchste, die Gott bezeichnet, liegt da vor
mir in thätiger Wirksamkeit, in Arbeit, sich selber aufzulösen und 25
auszusprechen, ich fühle die Bewegung, das Rätsel im Begriff zu
schwinden, — und fühle meine Menschheit. — Die höchste Kunst
kann sich nur selbst erklären, sie ist ein Gesang, deren Inhalt
nur sie selbst zu sein vermag."

Ungern verließ Sternbald seine Begeisterung, und die Gegend, 30
die ihn entzückt hatte, ja er trauerte über diese Worte, über diese
Gedanken, die er ausgesprochen, daß er sie nicht immer in frischer
Kraft aufbewahren könne, daß neue Eindrücke und neue Ideen
diese Empfindungen vertilgen oder überschütten würden.

Ein dichter Wald empfing ihn auf der Höhe, er warf oft 35
den Blick zurück, und schied ungern, als wenn er das Leben ver-
ließe. Der einsame Schatten erregte ihm gegen die freie Landschaft eine seltsame Empfindung, seine Brust ward beklemmt und
von Ängstlichkeit zusammengezogen. Als er kaum eine halbe

Stunde gegangen war, ſtand er vor einer kleinen Hütte, die offen
war, in der er aber niemand antraf. Ermüdet warf er ſich unter
einen Baum, und betrachtete die beſchränkte Wohnung, das dürf=
tige Gerät, mit vieler Rührung eine alte Laute, die an der Wand
5 hing, und auf der eine Saite fehlte. Paletten und Farben
lagen und ſtanden umher, einige Kleidungsſtücke; Sternbald war
wie in die uralte Zeit verſetzt, von der wir ſo gern erzählen
hören, wo die Thür noch keinen Riegel kennt, wo noch kein
Frevler des andern Gut betaſtet hat.

10 Nach einiger Zeit kam der alte Maler zurück; er wunderte
ſich gar nicht, einen Fremdling vor ſeiner Schwelle anzutreffen,
ſondern ging in ſeine Hütte, räumte auf, und ſpielte dann auf
der Zither, als wenn niemand zugegen wäre. Franz betrachtete
den Alten mit Verwunderung, der indeſſen wie ein Kind in ſeinem
15 Hauſe ſaß, und zu erkennen gab, wie wohl ihm ſei in ſeiner
kleinen Heimat, unter den befreundeten, wohlbekannten Tönen
ſeines Inſtrumentes. Als er ſein Spiel geendigt, packte er Kräuter,
Moos und Steine aus ſeinen Taſchen, und legte ſie ſorgfältig
in kleine Schachteln zurecht, indem er jedes aufmerkſam betrachtete.
20 Über manches lächelte er, anderes ſchien er mit einiger Verwun=
derung anzuſchauen, indem er die Hände zuſammenſchlug, oder
ernſthaft den Kopf ſchüttelte. Immer noch ſah er nach Sternbald
nicht hin, bis dieſer endlich in das kleine Haus hineintrat, und
ihm ſeinen Gruß anbot. Der alte Mann gab ihm die Hand,
25 und nötigte ihn ſchweigend, ſich niederzuſetzen, indem er ſich weder
verwunderte, noch ihn als einen Fremden genau beachtete.

Die Hütte war mit mannigfaltigen Steinen aufgeputzt,
Muſcheln ſtanden umher, durchmengt von ſeltſamen Kräutern, aus=
geſtopften Tieren und Fiſchen, ſo daß das Ganze ein höchſt aben=
30 teuerliches Anſehn erhielt. Stillſchweigend holte der Alte unſerm
Freunde einige Früchte, die er ihm ebenfalls mit ſtummer Gebärde
vorſetzte. Als Franz einige davon gegeſſen hatte, indem er immer
den wunderbaren Menſchen beobachtete, fing er mit dieſen Worten
das Geſpräch an: „Ich habe mich ſchon ſeit langer Zeit darauf
35 gefreut, Euch zu ſehn, ich hoffe nun, Ihr zeigt mir auch einige
von Euren Malereien, denn auf dieſe bin ich vorzüglich begierig,
da ich mich ſelbſt zur edlen Kunſt bekenne.‟

„Seid Ihr ein Maler?‟ rief der Alte aus, „nun wahrlich,
ſo freut es mich, Euch hier zu ſehn, ſeit lange iſt mir keiner

begegnet. Aber Ihr seid noch sehr jung, Ihr habt wohl schwer=
lich schon den rechten Sinn für die große Kunst."

„Ich thue mein möglichstes," antwortete Franz, „und will
immer das Beste, aber ich fühle freilich wohl, daß das nicht
zureicht."   5

„Es ist immer schon genug," rief jener aus; „freilich ist es
nur wenigen gegeben, das Wahrste und Höchste auszudrücken,
eigentlich können wir uns alle ihm nur nähern, aber wir haben
unsern Zweck gewißlich schon erreicht, wenn wir nur das wollen
und erkennen, was der Allmächtige in uns hineingelegt hat. Wir   10
können in dieser Welt nur wollen, nur in Vorsätzen leben, das
eigentliche Handeln liegt jenseits, und besteht gewiß aus den
eigentlichsten, wirklichsten Gedanken, da in dieser bunten Welt
alles in allem liegt. So hat sich der großmächtige Schöpfer heim=
lich= und kindlicherweise durch seine Natur unsern schwachen Sinnen 15
offenbart, er ist es nicht selbst, der zu uns spricht, weil wir der=
malen zu schwach sind, ihn zu verstehn; aber er winkt uns zu
sich, und in jedem Moose, in jeglichem Gestein ist eine geheime
Ziffer verborgen, die sich nie hinschreiben, nie völlig erraten läßt,
die wir aber beständig wahrzunehmen glauben. Fast ebenso macht   20
es der Künstler: wunderliche, fremde, unbekannte Lichter scheinen
aus ihm heraus, und er läßt die zauberischen Strahlen durch die
Krystalle der Kunst den übrigen Menschen entgegenspielen, damit
sie nicht vor ihm erschrecken, sondern ihn auf ihre Weise verstehn
und begreifen. Nun vollendet sich das Werk, und dem Geoffen= 25
barten liegt ein weites Land, eine unabsehliche Aussicht da, mit
allem Menschenleben, mit himmlischem Glanz überleuchtet, und
heimlich sind Blumen hineingewachsen, von denen der Künstler
selber nicht weiß, die Gottes Finger hineinwirkte, und die uns
mit ätherischem Zauber anduften und uns unmerkbar den Künstler 30
als einen Liebling Gottes verkündigen. Seht, so denke ich über
die Natur und über die Kunst."

Franz war vor Erstaunen wie gefesselt, denn dermaßen
hatten ihn bis dahin noch keine Worte angeredet; er erschrak über
sich selber, daß er aus dem Munde eines Mannes, den die übrigen 35
Leute wahnsinnig nannten, seine eigensten Gedanken deutlich aus=
gesprochen hörte, so daß wie mit Bannsprüchen seine Seele aus
ihrem fernen Hinterhalt hervorgezaubert ward, und seine unkennt=
lichen Ahndungen in anschaulichen Bildern vor ihm schwebten.

„Wie willkommen iſt mir dieſer Ton!" rief er aus, „ſo
habe ich mich denn nicht geirrt, wenn ich mit dem ſtillen Glauben
hier anlangte, daß Ihr mir vielleicht behülflich ſein würdet, mich
aus der Irre zurecht zu finden."

5 „Wir irren alle," ſagte der Alte, „wir müſſen irren, und
jenſeit dem Irrtum liegt auch gewiß keine Wahrheit, beide ſtehn
ſich auch gewiß nicht entgegen, ſondern ſind nur Worte, die der
Menſch in ſeiner Unbehilflichkeit dichtete, um etwas zu bezeichnen,
was er gar nicht meinte. Verſteht Ihr mich?"

10 „Nicht ſo ganz," ſagte Sternbald.

Der Alte fuhr fort: „Wenn ich nur malen, ſprechen oder
ſingen könnte, was mein eigentlichſtes Selbſt bewegt, dann wäre
mir und auch den übrigen geholfen; aber mein Geiſt verſchmäht
die Worte und Zeichen, die ſich ihm aufdrängen, und da er mit
15 ihnen nicht hantieren kann, gebraucht er ſie nur zum Spiel. So
entſteht die Kunſt, ſo iſt das eigentliche Denken beſchaffen."

Franz erinnerte ſich, daß Dürer einſt dieſen Gedanken faſt
mit den nämlichen Worten ausgedrückt habe. Er fragte: „Was
haltet Ihr denn nun für das Höchſte, wohin der Menſch gelangen
20 könne?"

„Mit ſich zufrieden zu ſein," rief der Alte, „mit allen
Dingen zufrieden zu ſein, denn dann verwandelt er ſich und alles
um ſich her in ein himmliſches Kunſtwerk, er läutert ſich ſelbſt
mit dem Feuer der Gottheit."

25 „Können wir es dahin bringen?" fragte Franz.

„Wir ſollen es wollen," fuhr jener fort, „und wir wollen
es auch alle, nur daß vielen, ja den meiſten, ihr eigner Geiſt
auf dieſer ſeltſamen Welt zu ſehr verkümmert wird. Daraus ent=
ſteht, daß man ſo ſelten den andern, noch ſeltener ſich ſelber
30 inne wird."

„Ich ſuche nach Euren Gemälden," ſagte Sternbald, „aber
ich finde ſie nicht; nach Euren Geſprächen über die Kunſt darf
ich etwas Großes erwarten."

„Das dürft Ihr nicht," ſagte der Alte mit einigem Verdruß,
35 „denn ich bin nicht für die Kunſt geboren, ich bin ein verunglückter
Künſtler, der ſeinen eigentlichen Beruf nicht angetroffen hat. Es
ergreift manchen das Gelüſte, und er macht ſein Leben elend.
Von Kindheit auf war es mein Beſtreben, nur für die Kunſt zu
leben, aber ſie hat ſich unwillig von mir abgewendet, ſie hat mich

niemals für ihren Sohn erkannt, und wenn ich dennoch arbeitete,
so geschah es gleichsam hinter ihrem Rücken."

Er öffnete eine Thür, und führte den Maler in eine andre
kleine Stube, die voller Gemälde hing. Die meisten waren Köpfe,
nur wenige Landschaften, noch weniger Historien. Franz betrach= 5
tete sie mit vieler Aufmerksamkeit, indes der alte Mann schweigend
einen verfallenen Vogelbauer ausbesserte. In allen Bildern spiegelte
sich ein strenges, ernstes Gemüt, die Züge waren bestimmt, die
Zeichnung scharf, auf Nebendinge gar kein Fleiß gewendet, aber
auf den Gesichtern schwebte ein etwas, das den Blick zugleich 10
anzog und zurückstieß, bei vielen sprach aus den Augen eine Heiter=
keit, die man wohl grausam hätte nennen können, andre waren
seltsamlich entzückt, und erschreckten durch ihre furchtbare Miene.
Franz fühlte sich unbeschreiblich einsam, vollends wenn er aus
dem kleinen Fenster über die Berge und Wälder hinübersah, wo 15
er auf der fernen Ebene keinen Menschen, kein Haus unterscheiden
konnte.

Als Franz seine Betrachtung geendigt hatte, sagte der Alte:
„Ich glaube, daß Ihr etwas Besondres an meinen Bildern finden
mögt, denn ich habe sie alle in einer seltsamen Stimmung verfertigt. 20
Ich mag nicht malen, wenn ich nicht deutlich und bestimmt vor
mir sehe, was ich eigentlich darstellen will. Wenn ich nun manch=
mal im Schein der Abendsonne vor meiner Hütte sitze, oder im
frischen Morgen, der die Berge herab über die Fluren hingeht,
dann rauschen oft die Bildnisse der Apostel, der heiligen Märtyrer 25
hoch oben in den Bäumen, sie sehen mich mit allen ihren Mienen
an, wenn ich zu ihnen bete, und fordern mich auf, sie abzuzeichnen.
Dann greife ich nach Pinsel und Palette, und mein bewegtes
Gemüt, von der Inbrunst zu den hohen Männern, von der Liebe
zur verflossenen Zeit ergriffen, schattiert die Trefflichkeiten mit 30
irdischen Farben hin, die in meinem Sinn, vor meinen Augen
erglänzen."

„So seid Ihr ein glücklicher Mann," sagte Franz, der über
diese Rede erstaunte.

„Wie Ihr es wollt," sagte der Alte, „der Künstler sollte 35
nach meinem Urteile niemals anders arbeiten, und was ist seine
Begeisterung denn anders? Dem Maler muß alles wirklich sein,
denn was ist es sonst, das er darstellen will? Sein Gemüt muß
wie ein Strom bewegt sein, so daß sich seine innere Welt bis

auf den tiefsten Grund erschüttert, dann ordnen sich aus der bunten Verwirrung die großen Gestalten, die er seinen Brüdern offenbart. Glaubt mir, noch nie ist ein Künstler auf eine andre Art begeistert gewesen; man spricht von dieser Begeisterung so oft, 5 als von einem natürlichen Dinge, aber sie ist durchaus unerklärlich, sie kommt, sie geht, gleich dem ersten Frühlingslichte, das unvermutet aus den Wolken niederkommt, und oft, ehe du es genießest, zurückgeflohen ist."

Franz war verlegen, was er antworten sollte; er war un= 10 gewiß, ob der alte Maler wirklich vom Wahnsinn befallen sei, oder ob er nur die Sprache der Künstler rede.

„Zuweilen," fuhr der Alte fort, „redet mir auch die um= gebende Natur zu, und erregt mich, daß ich mich in der Kunst üben muß: Es ist mir aber bei allen meinen Versuchen niemals 15 um die Natur zu thun, sondern ich suche den Charakter oder die Physiognomie herauszufühlen, und irgend einen frommen Gedanken hineinzulegen, der die Landschaft wieder in eine schöne Historie verwandelt."

Er machte hierauf den jungen Maler auf eine Landschaft 20 aufmerksam, die etwas abseits hing. Es war eine Nachtscene, Wald, Berg und Thal lag in unkenntlichen Massen durcheinander, schwarze Wolken tief vom Himmel hinunter. Ein Pilgram ging durch die Nacht, an seinem Stabe, an seinen Muscheln am Hute kennbar: um ihn zog sich das dichteste Dunkel, er selber nur von 25 verstohlenen Mondstrahlen erschimmert; ein finsterer Hohlweg deutete sich an, oben auf einem Hügel von fern her glänzte ein Kruzifix, um das sich die Wolken teilten; ein Strahlenregen vom Monde ergoß sich, und spielte um das heilige Zeichen.

„Seht," rief der Alte, „hier habe ich das zeitliche Leben 30 und die überirdische, himmlische Hoffnung malen wollen: seht den Fingerzeig, der uns aus dem finstern Thal herauf zur mondigen Anhöhe ruft. Sind wir etwas weiter, als wandernde, verirrte Pilgrime? Kann etwas unsern Weg erhellen, als das Licht von oben? Vom Kreuze her dringt mit lieblicher Gewalt der Strahl 35 in die Welt hinein, der uns belebt, der unsre Kräfte aufrecht hält. Seht, hier habe ich gesucht, die Natur wieder zu ver= wandeln, und das auf meine menschliche künstlerische Weise zu

22. Pilgram, altertümliche Form; im Mittelhochdeutschen kommt neben pilgerim auch pilgram vor.

sagen, was die Natur selber zu uns redet; ich habe hier ein sanftes Rätsel niedergelegt, das sich nicht jedem entfesselt, das aber doch leichter zu erraten steht, als jenes erhabene, das die Natur als Bedeckung um sich schlägt."

„Man könnte," antwortete Franz, „dieses Gemälde ein alle= gorisches nennen." 5

„Alle Kunst ist allegorisch," sagte der Maler, „wie Ihr es nehmt. Was kann der Mensch darstellen, einzig und für sich be= stehend, abgesondert und ewig geschieden von der übrigen Welt, wie wir die Gegenstände vor uns sehn? Die Kunst soll es auch 10 nicht: wir fügen zusammen, wir suchen dem Einzelnen einen all= gemeinen Sinn aufzuheften, und so entsteht die Allegorie. Das Wort bezeichnet nichts anders als die wahrhafte Poesie, die das Hohe und Edle sucht, und es nur auf diesem Wege finden kann."

Unter diesen Gesprächen war ein Hänfling unvermerkt aus 15 seinem Käfig entwischt, der Alte hatte die Thür in der Zerstreuung offen gelassen. Er schrie erschreckend auf, als er seinen Verlust bemerkte, er suchte umher, er öffnete das Fenster, und lockte pfeifend und liebkosend den Flüchtigen, der nicht wiederkam. Er konnte sich auf keine Weise zufrieden geben, er hörte auf Sternbalds Worte 20 nicht, der ihn zu trösten suchte.

Sternbald sagte, um ihn zu zerstreuen: „Ich glaube es ein= zusehn, wie Ihr über die Landschaften denkt, und mich dünkt, Ihr habt recht. Denn was soll ich mit allen Zweigen und Blättern? Mit dieser genauen Kopie der Gräser und Blumen? Nicht diese 25 Pflanzen, nicht die Berge will ich abschreiben, sondern mein Gemüt, meine Stimmung, die mich gerade in diesem Momente regiert, diese will ich mir selber festhalten, und den übrigen Verständigen mitteilen."

„Ganz gut," rief der Alte aus, „aber was kümmert mich 30 das jetzt, da mein Hänfling auf und davon ist?"

„War er Euch denn so lieb?" fragte Franz.

Der Alte sagte verdrießlich: „So lieb wie mir alles ist, was ich liebe. Ich mache da eben nicht sonderliche Unterschiede. Ich denke an seinen schönen Gesang, an seine Liebe, die er immer 35 zu mir bewies, und darum hätte ich mir diese Treulosigkeit um so weniger vermutet. Nun ist sein Gesang nicht mehr für mich, sondern er durchfliegt den Wald, und dieser einzelne, mir so be= kannte Vogel vermischt sich mit den übrigen seines Geschlechts.

Ich gehe vielleicht einmal aus und höre ihn, und sehe ihn, und kenne ihn doch nicht wieder, sondern halte ihn für eine ganz fremde Person. So haben mich schon so viele Freunde verlassen. Ein Freund, der stirbt, thut auch nichts weiter, als daß er sich 5 wieder mit der großen allmächtigen Erde vermischt, und mir unkenntlich wird. So sind sie auch in den Wald hineingeflogen, die ich sonst wohl kannte, so daß ich sie nun nicht wieder herausfinden kann. Wir sind Thoren, wenn wir sie verloren wähnen: Kinder, die schreien und jammern, wenn die Eltern mit ihnen 10 Versteckens spielen, denn das thun die Gestorbenen nur mit uns, der kurze Augenblick zwischen Jetzt und dem Wiederfinden ist nicht zu rechnen. Und daß ich das Gleichnis vollende: so ist Freundschaft auch wohl einem Käfige gleich, ich trenne den Vogel von den übrigen, um ihn zu kennen und zu lieben, ich umgebe ihn 15 mit einem Gefängnisse, um ihn mir so recht eigentlich abzusondern. Der Freund sondert den Freund von der ganzen übrigen Welt, und hält ihn in seinen ängstlichen Armen eingeschlossen; er läßt ihn nicht zurück, er soll nur für ihn so gut, so zärtlich, so liebevoll sein, die Eifersucht bewacht ihn vor jeder fremden Liebe, 20 verlöre jener sich im Strudel der allgemeinen Welt, so wäre er auch dem Freunde verloren und abgestorben. — Sieh her, mein Sohn, er hat sein Futter nicht einmal verzehrt, so lieb ist es ihm gewesen, mich zu verlassen. Ich habe ihn so sorgfältig gepflegt, und doch ist ihm die Freiheit lieber."

25 „Ihr habt die Menschen gewißlich recht von Herzen geliebt!" rief Sternbald aus.

„Nicht immer," sagte jener, „die Tiere stehn uns näher, denn sie sind wie kindische Kinder, deren Liebe immer unterhalten sein will, weil sie ungewiß und unbegreiflich ist, mit dem Men- 30 schen rechnen wir gern, und wenn wir Bezahlung wahrnehmen, vermissen wir schon die Liebe; gegen Tiere sind wir duldend, weil sie unsre Trefflichkeiten nicht bemerken können, und wir ihnen dadurch immer wieder gleich stehn; indem wir aber ihre dumpfe Existenz fühlen und einsehn, entsteht eine magische Freundschaft, 35 aus Mitleiden, Zuneigung, ja ich möchte sagen aus Furcht, gemischt, die sich durchaus nicht erklären läßt. Ich will Euch kürzlich meine Geschichte im Auszuge erzählen, damit Ihr begreifen könnt, wie ich hierher geraten bin."

Sie verließen die Hütte und setzten sich in den Schatten eines alten Baumes, sie schwiegen eine Weile, dann fing der alte Maler folgende Erzählung an:

„Ich bin in Italien geboren und heiße Anselm. Weiter kann ich Euch eben von meiner Jugend nichts sagen. Meine Eltern starben früh und hinterließen mir ein kleines Vermögen, das mir zufiel, 5 als ich mündig war. Meine Jugend war wie ein leichter Traum verflogen, keine Erinnerung war in meinem Gedächtnisse gehaftet, ich hatte nicht eine Erfahrung gemacht. Aber ich hatte die entflohene Zeit auf meine Art genossen, ich war immer zufrieden und vergnügt gewesen. 10

Jetzt nahm ich mir vor, ins Leben einzutreten und auch, wie andre, einen Platz anzufüllen, damit von mir die Rede sei, daß ich geachtet würde. Schon von meiner Kindheit hatte ich in mir einen großen Trieb zur Kunst gespürt, die Malerei war es, die meine Seele angezogen hatte, der Ruhm der damaligen Künstler 15 begeisterte mich. Ich ging nach Perugia, wo damals Pietro in besonderm Rufe stand, ihm wollte ich mich in die Lehre geben. Aber bald ermüdete meine Geduld, ich lernte junge Leute kennen, deren ähnliche Gemütsart mich zu ihrem vertrauten Freunde machte. Wir waren lustig miteinander, wir sangen, wir tanzten und scherzten, 20 an die Kunst ward wenig gedacht.“

Franz fiel ihm in die Rede, indem er fragte: „Könnt Ihr Euch vielleicht erinnern, ob damals bei diesem Meister Pietro noch Rafael in der Lehre stand? Rafael Sanzio?“

„O ja,“ sagte der Alte, „es war ein kleiner unbedeutender 25 Knabe, auf den niemand sonderlich Rücksicht nahm. Ich erstaune, daß Ihr den Namen so eigentlich wißt.“

„Und ich erstaune über das, was Ihr mir sagt,“ rief Sternbald aus. „So wißt Ihr es denn gar nicht, daß dieser Knabe seitdem der erste von allen Malern geworden ist? daß jedermann 30 ihn im Munde führt, jeder ihn anbetet? Er ist seit einem Jahre gestorben und ganz Europa trauert über seinen Verlust, wo Menschen wohnen, die die Kunst kennen, da ist auch er gekannt, noch keiner hat die Göttlichkeit der Malerei so tief ergründet.“

Anselm stand eine Weile in sich gekehrt, dann brach er aus: 35 „O wunderbare Vergangenheit! Wo ist all mein Bestreben geblieben, wie ist es gekommen, daß dieser mir Unbekannte meine innigsten

_____
16. Pietro Perugino (1446—1524), der Lehrer Rafaels.

Wünsche ergriffen und zu seinem Eigentume gemacht hat? Ja, ich habe wahrlich umsonst gelebt. Aber ich will meine Erzählung beendigen.

Damals schien die ganze Welt glänzend in mein junges Leben 5 hinein, ich erblickte auf allen Wegen Freundschaft und Liebe. Unter den Mädchen, die ich kennen lernte, zog eine besonders meine ganze Aufmerksamkeit auf sich, ich liebte sie innig, nach einigen Wochen war sie meine Gattin. Ich hemmte meine Freude und meine Ent= zückungen durch nichts, ein blendender, ungestörter Strom war 10 mein Lebenslauf. In der Gesellschaft der Freunde und der Liebe, vom Wein erhitzt, war es mir oft, als wenn sich wunderbare Kräfte in meinem Innersten entwickelten, als beginne mit mir die Welt eine neue Epoche. In den Stunden, die mir die Freude übrig ließ, legte ich mich wieder auf die Kunst, und es war zuweilen, 15 als wenn vom Himmel herab goldene Strahlen in mein Herz hineinschienen und alle meine Lebensgeister erläuterten und erfrischten. Dann drohte ich mir gleichsam mit ungebornen und unsterblichen Werken, die meine Hand noch ausführen sollte, ich sah auf die übrige Kunst wie auf etwas Gemeines und Alltägliches hinab, 20 ich wartete selber mit Sehnsucht auf die Malereien, durch die sich mein hoher Genius ankündigen würde. Diese Zeit war die glück= lichste meines Lebens.

Indessen war mein kleines Vermögen aufgegangen. Meine Freunde wurden kälter, meine Freude erlosch, meine Gattin war 25 krank, denn ihre Entbindung war nahe, und ich fing an, an meinem Kunsttalent zu zweifeln. Wie ein dürrer Herbstwind wehte es durch alle meine Empfindungen hindurch, wie ein Traum wurde mein frischer Geist von mir entrückt. Meine Not ward größer, ich suchte Hilfe bei meinen Freunden, die mich verließen, die sich 30 bald ganz von mir entfremdeten. Ich hatte geglaubt, ihr Enthu= siasmus würde nie erlöschen, es könne mir an Glück niemals mangeln, und nun sah ich mich plötzlich einsam. Ich erschrak, daß mir mein Streben als etwas Thörichtes erschien, ja, daß ich in meinem Innersten ahndete, ich habe die Kunst niemals geliebt.

35 O, wenn ich an jene drückenden Monate zurückdenke! Wie sich nun in meinem Herzen alles entwickelte, wie grausam sich die Wirklichkeit von meinen Phantasieen losarbeitete und trennte! Ich suchte allenthalben Hilfe, ich versuchte die schmählichsten Mittel, und kaum fristete ich mich dadurch von einem Tage zum andern

hin. Nun fühlte ich das Treiben der Welt, nun lernte ich die
Not kennen, die meine armen Brüder mit mir teilten. Vorher
hatte ich die menschliche Thätigkeit, diese mitleidswürdige Arbeit=
seligkeit verachtet, mit Thränen in den Augen verehrte ich sie jetzt,
ich schämte mich vor dem zerlumpten Tagelöhner, der im Schweiße 5
seines Angesichts sein tägliches Brot erwirbt und nicht höher hinaus=
denkt, als wie er morgen von neuem beginnen will. Vorher hatte
ich in der Welt die schönen Formen mit lachenden Augen auf=
gesucht und mir eingeprägt, jetzt sah ich im angespannten Pferde
und Ochsen nur die Sklaverei, die Dienstbarkeit, die den Land= 10
mann ernährte, ich sah neidisch in die kleinen schmutzigen Fenster
der Hütten hinein, nicht mehr um seltsame poetische Ideen anzu=
treffen, sondern um den Hausstand und das Glück dieser Familien
zu berechnen. O, ich errötete, wenn man das Wort Kunst aus=
sprach, ich fühlte mich unwürdig, und das, was mir vorher als 15
das Göttlichste erschien, kam mir nun als ein müßiges, zeitver=
derbendes Spielwerk vor, als eine Anmaßung über die leidende
und arbeitende Menschheit. Ich war meines Daseins überdrüssig.

Einer meiner Freunde, der mir vielleicht geholfen hätte, war
verreist. Ich überließ mich der Verzweiflung. Meine Gattin starb 20
im Wochenbette, das Kind war tot. Ich lag in der Kammer
nebenan und alles erlosch vor meinen Augen. Alles, was mich
geliebt hatte, trat in einer fürchterlichen Gleichgiltigkeit auf mich
zu: alles, was ich für mein gehalten hatte, nahm wie ein Fremd=
ling von mir auf immer Abschied. 25

Alle Gestalten der Welt, alles, was sich je in meinem Innern
bewegt hatte, verwirrte sich verwildert durcheinander. Es war, als
wenn ich mich verlor, und das Fremdeste, mir bis dahin Ver=
haßteste mein Selbst wurde. So rang ich im Kampfe und konnte
nicht sterben, sondern verlor nur meine Vernunft. Ich wurde 30
wahnsinnig. Ich weiß nicht, wo ich mich herumtrieb, was ich
damals erlebt habe. In einer kleinen Kapelle einige Meilen von
hier fand ich zuerst mich und meine Besinnung wieder. Wie man
aus einem Traume erwacht und einen längst vergessenen Freund
vor sich stehen sieht, so seltsam überrascht, so durch mich erschreckt 35
war ich selber.

Seitdem wohne ich hier. Mein Gemüt ist dem Himmel ge=
widmet. Ich habe alles vergessen. Ich brauche wenig, und dies
Wenige besitze ich durch die Gutheit einiger Menschen.

Seitdem," fuhr er nach einigem Stillschweigen fort, „ist die
Natur mein vorzüglichstes Studium. Ich finde allenthalben wunder=
bare Bedeutsamkeit und rätselhafte Winke. Jede Blume, jede
Muschel erzählt mir eine Geschichte, so wie ich Euch eine erzählt
5 habe. Seht diese wunderbaren Moose. Ich weiß nicht, was alles
dergleichen in der Welt soll, und doch besteht daraus die Welt.
So tröste ich mich über mich und die übrigen Menschen. Die
unendliche Mannigfaltigkeit der Gestalten, die sich bewegen, die
gleichsam mehr ein Leben erstreben und andeuten, als wirklich leben,
10 beruhigt mich, daß auch ich vielleicht so sein mußte und mich von
meiner Bahn niemals so sehr verirrt habe, als ich wohl ehemals
wähnte."

Es war indessen spät geworden. Franz wollte gehen, ihm
aber gern vorher etwas abkaufen, damit er ihm auf eine leichtere
15 Art ein Geschenk machen könne. Er sah noch einmal umher und
begriff es selber nicht, wie ihm ein kleines Bild habe entgehn
können, das er nun jetzt erst bemerkte. Es war das genaue Bildnis
seiner Unbekannten, jeder Zug, jede Miene, soviel er sich erinnern
konnte. Er nahm es hastig herab und verschlang es mit den Augen,
20 sein Herz klopfte ungestüm. Als er danach fragte, erzählte der
Alte, daß es ein junges Frauenzimmer sei, die er vor einem Jahre
gemalt habe: sie habe ihn besucht, und ihr holdseliges Gesicht habe
sich seinem Gedächtnisse dermaßen eingeprägt, daß er es nachher
mit Leichtigkeit habe zeichnen können. Weitere Nachricht konnte
25 er von dem Mädchen nicht geben.

Franz bat um das Bild, das ihm der Alte gern bewilligte:
Franz drückte ihm hierauf ein größeres Geschenk in die Hand,
als er ihm anfangs zugedacht hatte. Der Alte steckte es ein, ohne
die Goldstücke nur zu besehn, dann umarmte er ihn und sagte:
30 „Bleibe immer herzlich und treu gesinnt, mein Sohn, liebe deine
Kunst und dich, dann wird es dir immer wohl gehn. Der Künstler
muß sich selber lieben, ja verehren, er darf keiner nachteiligen Ver=
achtung den Zugang zu sich verstatten. Sei in allen Dingen
glücklich!"

35 Franz drückte ihn an seine Brust, und ging dann den Berg
hinunter.

Er war durch die Erzählung des alten Malers wehmütig
geworden, es leuchtete ihm ein, daß es ihm möglich sei, sich
auch über seine Bestimmung zu irren, dabei war mit frischer Kraft

das Andenken und das Bild seiner Geliebten in seine Seele zurück=
gekommen. Er kam zum Schlosse, indem er den Weg kaum bemerkt
hatte, von der Gräfin war er schon vermißt, sie war auf ihr
Bildnis begierig, und er mußte gleich am folgenden Morgen weiter
malen. Franz fand sie an diesem Tage ungemein liebenswürdig, 5
ja, er war auch in ihrer Gesellschaft weniger verlegen; er erzählte
ihr von seiner Wallfahrt zum alten Maler, dessen Geschichte er
ihr kürzlich wiederholte. Die Gräfin sagte: „Nun wahrlich, der
alte Einsiedler muß Euch auf eine ungemeine Art liebgewonnen
haben, da er soviel mit Euch gesprochen hat, denn es ist sonst schon 10
eine große Gefälligkeit, wenn er dem Fragenden nur ein einziges
Wort antwortet, soviel ich aber weiß, hat er bisher noch keinem
einzigen seine Geschichte erzählt."

Franz zeigte ihr hierauf das Gemälde, das er gekauft hatte,
ohne den Zusammenhang zu erwähnen, den dieses Bild mit seinem 15
Leben hatte. Die Gräfin erstaunte. „Ja, sie ist es!" rief sie aus,
„es ist meine arme, unglückliche Schwester!"

„Eure Schwester?" sagte Franz erschrocken, „und Ihr nennt
sie unglücklich?"

„Und mit Recht," antwortete die Gräfin, „jetzt ist sie seit 20
neun Monaten tot."

Franz verlor die Sprache, seine Hand zitterte, es war ihm
unmöglich, weiter zu malen. Jene fuhr fort: „Sie trug und
quälte sich mit einer unglücklichen Liebe, die ihr Leben wegzehrte;
vor einem Jahre machte sie eine Reise durch Deutschland, um sich 25
zu zerstreuen und gesunder zu werden, aber sie kam zurück und
starb. Der Alte hat sie damals noch gesehen, und wie ich jetzt
erfahre, nachher gemalt."

Franz war durch und durch erschüttert. Er stand auf und
verließ den Saal. Er irrte umher und warf sich endlich weinend 30
an der dichtesten Stelle des Gehölzes nieder: die Worte, die ihn
betäubt hatten, schallten noch immer in seinen Ohren. — „So ist
sie denn auf ewig mir verloren, die niemals mein war!" rief er
aus. „O wie hart ist die Weise, mit der mich das Schicksal von
meinem Wahnsinn heilen will! O ihr Blumen, ihr süßen Worte, 35
die ihr mir so erfreulich wart, du holdselige Schreibtafel, die ich
seitdem immer bei mir trage, — ach! nun ist alles vorüber! Von
diesem Tage, von heute ist meine Jugend beschlossen, alle jungen
Wünsche, alle liebreizenden Hoffnungen verlassen mich nun, alles

ruht tief im Grabe. Nun ist mein Leben mir kein Leben mehr,
mein Ziel, nach dem ich strebte, ist hinweggenommen, ich bin ein=
sam. Das Haupt, das meine Sonne war, nach dem ich mich wie
die Blume wandte, liegt nun im Grabe und ist unkenntlich. Ja,
5 Anselm, sie ist nun auch in den großen weiten Wald wieder hinein=
geflogen, meine liebste Sängerin, die ich so gern an diesem Herzen
beherbergt hätte, aller Gesang erinnert mich nur an sie, die fließen=
den Waldbäche hier ermuntern mich, immer fort zu weinen, so
wie sie selber thun. Was soll mir Kunst, was Ruhm, wenn sie
10 nicht mehr ist, der ich alles zu Füßen legen wollte?"

Am folgenden Tage kam Rudolf zurück, vor dem Franz sein
Geheimnis nun noch geflissentlicher verbarg; er fürchtete den heitern
Mutwillen seines Freundes und mochte diese Schmerzen nicht seinen
Spöttereien preisgeben. Rudolf erzählte ihm mit kurzen Worten
15 die Geschichte seiner Wanderschaft, wo er sich herumgetrieben, was
er in diesen Tagen erlebt. Franz hörte kaum darauf hin, weil
er mit seinem Verluste zu innig beschäftigt war.

„Du hast ja hier einen Verwandten gefunden," sagte Stern=
bald endlich, „aber mich dünkt, du freust dich darüber nicht sonderlich."

20 „Meine Familie," sagte jener, „ist ziemlich ausgebreitet, ich
bin noch niemals lange an einem Orte geblieben, ohne einen
Vetter oder eine Muhme anzutreffen. Darum ist mir dergleichen
nichts Ungewöhnliches. Dieser da ist ein guter langweiliger Mann,
mit dem ich nun schon alles gesprochen habe, was er zu sagen
25 weiß. Ihr führt aber übrigens hier ein recht langweiliges Leben,
und du, mein lieber Sternbald, wirst darüber ganz traurig und
verdrießlich, so wie es sich auch ziemt. Ich habe also dafür gesorgt,
daß wir einige Beschäftigung haben, womit wir uns die Zeit ver=
treiben können."

30 Er hatte alle Diener des Schlosses auf seine Seite gebracht
und beredet, auch einige andre, besonders Mädchen aus der Nach=
barschaft eingeladen, um am folgenden Tage ein lustiges Fest im
Walde zu begehn. Franz entschuldigte sich, daß er ihm nicht
Gesellschaft leisten könne, aber Florestan hörte nicht darauf. „Ich
35 werde nie wieder vergnügt sein," sagte Franz, als er sich allein
sah, „meine Jugend ist vorüber, ich kann auch nicht mehr arbeiten,
wenn ich in der Zukunft vielleicht auch geschäftig bin."

Der folgende Tag erschien. Florestan hatte alles angeordnet.
Man versammelte sich nachmittags im Walde, die Gräfin hatte

allen die Erlaubnis erteilt, der kühlste, schattigste Platz wurde
ausgesucht, wo die dicksten Eichen standen, wo der Rasen am
grünsten war. Rudolf empfing jeden Ankömmling mit einem
fröhlichen Schalmeiliede, die Mädchen waren zierlich geputzt, die
Jäger und Diener mit Bändern und bunten Zieraten geschmückt. 5
Nun kamen auch die Spielleute, die lustig aufspielten, wobei Wein
und verschiedene Kuchen in die Runde gingen. Die Hitze des Tages
konnte an diesen Ort nicht dringen, die Bäche und fernen Gewässer
spielten wie eine liebliche Waldorgel dazu, alle Gemüter waren fröhlich.

Im grünen Grase gelagert, wurden Lieder gesungen, die alle 10
Fröhlichkeit atmeten: da war von Liebe und Kuß die Rede, da
wurde des schönen Busens erwähnt, und die Mädchen lachten
fröhlich dazu. Franz wehrte sich anfangs gegen die Freude, die
alle beseelte, er suchte seine Traurigkeit; aber der helle, liebliche
Strom ergriff auch ihn mit seinen krystallenen plätschernden 15
Wellen, er genoß die Gegenwart und vergaß, was er verloren
hatte. Er saß neben einem blonden Mädchen, mit der er bald
ein freundliches Gespräch begonn, und den runden frischen Mund,
die lieblichen Augen, den hebenden Busen ununterbrochen betrachtete.

Als es noch kühler ward, ordnete man auf dem runden 20
Rasenplatze einen lustigen Tanz an. Rudolf hatte sich auf seine
Art phantastisch geschmückt, und glich einer schönen idealischen Figur
auf einem Gemälde. Er war der Ausgelassenste, aber in ihm
spiegelte sich die Fröhlichkeit am lieblichsten. Franz tanzte mit
seiner blonden Emma, die manchen Händedruck erwiderte, wenn 25
sie den Reigen herunter ihm entgegen kam.

Da aber der Platz für den Tanz fast ein wenig zu eng
war, so sonderten sich einige ab, um auszuruhen; unter diesen
waren Florestan, Sternbald und die Blonde. Abseits befestigten
Franz und Rudolf ein Seil zwischen zwei dicken, nahestehenden 30
Eichen, ein Brett war bald gefunden und die Schaukel fertig.
Emma setzte sich furchtsam hinein, und flog nun nach dem Takte
und Schwunge der Musik im Waldschatten auf und ab. Es war
lieblich, wie sie bald hinauf in den Wipfel schwankte, bald wieder
wie eine Göttin herabkam, und mit leichter Bewegung einen schönen 35
Zirkel beschrieb. Franz fand sie immer schöner; der Busen war
verräterisch halb bloß, die Bewegung der Schaukel entblößte eine
Wade und ein schönes rundes Knie, wenn der Schwung sie etwas
höher trieb, entdeckte das lüsterne Auge den runden, weißen

Schenkel, sie aber saß ängstlich und unbefangen oben, und dachte
nicht daran, vorsichtiger zu sein, weil sie zu vorsichtig war und
nur den Fall befürchtete.

„Nun, mein Freund," rief Rudolf öfter, „bist du nun nicht
5 vergnügt? Laß alle Grillen schwinden!" Franz sah nur die reizende
Gestalt, die sich in der Luft bewegte.

Als man des Tanzes überdrüssig war, setzte man sich wieder
nieder, und ergötzte sich an Liedern und aufgegebenen Rätseln.
Jetzt ertrug Sternbald den Mutwillen der Poesie, die in alten
10 Reimen die Reize der Liebsten lobpries: er stimmte mit ein, und
verließ die blonde Emma niemals, wenigstens mit den Augen.

Der Abend brach ein, in gespaltenen Schimmern floß das
Abendrot durch den Wald, die lieblichste, stillste Luft umgab die
Natur, und bewegte auch nicht die Blätter am Baume. Rudolf,
15 dessen Phantasie immer geschäftig war, ließ nun eine lange Tafel
bereiten, auf die ebensoviele Blumen als Speisen gesetzt wurden,
dazwischen die Lichter, die kein Wind verlöschte, sondern die ruhig
fortbrannten, und einen zauberischen, berauschenden Anblick ge-
währten. Man aß unter schallender Musik, dann wurden die
20 Tische aus einander geschoben, und umher zwischen den Bäumen
verteilt, die Wachskerzen brannten auch hier. Nun kam ein mutwilliges Pfänderspiel in den Gang, bei dem Sternbald manchen
herzlichen Kuß von seiner Blonden empfing, wobei ihm jedesmal
das Blut in die Wangen stieg.

25 Jetzt war es Nacht, man mußte sich trennen. Die Leute
aus dem Dorfe und der kleinen Stadt gingen zurück, Rudolf
und Sternbald begleiteten den Zug, Laternen gingen voran, dann
folgten die Spielleute, die fast beständig ihre Musik erschallen
ließen, und dadurch den Zug im Takte erhielten; Franz führte
30 seine Emma, er schlang seinen Arm um ihren Leib, seine Hand
fiel auf ihre schöne Brust, er wagte es, von der Dunkelheit, von
der Musik berauscht, das Gewand zurückzuschieben, sie widersetzte
sich nur schwach. Er drückte die schöne volle Brust mit zitternden
Fingern, die ihm mutwillig entgegenquoll. — Jetzt standen sie vor
35 dem Dorfe, er nahm mit einem herzlichen Kusse Abschied; Emma
war stumm, er konnte kein Wort hervorbringen.

Schweigend ging er mit Rudolf durch den Wald zurück: als
sie heraustraten, glänzte ihnen über die Ebene herüber der aufgehende
Mond entgegen: das Schloß brannte in sanften goldenen Flammen.

Sechstes Kapitel.

Das Bildnis der Gräfin und des fremden Ritters war
beendigt, sie war sehr zufrieden, und belohnte den Maler reich=
licher, als es beide Freunde erwartet hatten. Franz und Emma
sahen sich oft, und Franzens Wünsche und Bitten wurden immer 5
ungestümer und ungeduldiger; er dachte auch dieser Bekanntschaft
wegen ungern an die Abreise, an die ihn Rudolf oft erinnerte,
um ihn zu ängstigen.

Franz erstaunte oft in einsamen Stunden über sich selber,
über die Ungenügsamkeit, die ihn peinigte. Er betrachtete dann 10
mit wehmütiger Ungeduld das Bild seiner ehemaligen Geliebten,
er wollte sie seiner Phantasie in aller vorigen Klarheit zurück=
zaubern, aber sein Geist und seine Sinne waren wie mit ehernen
Banden in der Gegenwart festgehalten.

„Bravo!" sagte an einem Morgen Rudolf zu seinem Freunde, 15
„du gefällst mir, denn ich sehe, du lernst von mir. Du ahmst
mir nach, daß du auch eine Liebschaft hast, die deine Lebensgeister
in Thätigkeit erhält, glaube mir, man kann im Leben durchaus
nicht anders zurecht kommen. So aber verschönert sich uns jede
Gegend, der Name der Dörfer und Städte wird uns teuer und 20
bedeutend, unsre Einbildung wird mit lieblichen Bildern angefüllt,
so daß wir uns allenthalben wie in einer ersehnten Heimat fühlen."

„Aber wohin führt uns dieser Leichtsinn?" fragte Franz.

„Wohin?" rief Rudolf aus, „o mein Freund, verbittere dir
nicht mit dergleichen Fragen deinen schönsten Lebensgenuß, denn 25
wohin führt dich das Leben endlich?"

„Aber die Sinnlichkeit," sagte Franz, „hörst du nicht jeden
rechtlichen Menschen schlecht davon sprechen?"

„O, über die rechtlichen Menschen!" sagte Florestan lachend,
„sie wissen selbst nicht, was sie wollen. Der Himmel giebt sich 30
die Mühe, uns die Sinnen anzuschaffen, nun, so wollen wir
uns deren auch nicht schämen, nach unserm löblichen Tode wollen
wir uns dann mit des Himmels Beistand zur Freude besser
gebärden."

„Was war das für ein Mädchen," fragte Franz, „das du 35
in der Gegend von Antwerpen besuchtest?"

„O, das ist eine Geschichte," antwortete jener, „die ich dir
schon lange einmal habe erzählen wollen. Ich war vor einem

Jahre auf der Reise, und ritt übers Feld, um schneller fort=
zukommen. Ich war müde, mein Pferd fing an zu hinken, die
Meile kam uns unendlich lang vor. Ich sang ein Liedchen, ich
besann mich auf hundert Schwänke, die mich in vielen andern
5 Stunden erquickt hätten, aber alles war vergebens. Indem ich
mich noch abquäle, sehe ich eine hübsche niederländische Bäuerin
am Wege sitzen, die sich die Augen abtrocknet. Ich frage, was
ihr fehlt, und sie erzählt mir mit der liebenswürdigsten Un=
befangenheit, daß sie schon so weit gegangen sei, sich nun zu müde
10 fühle, noch zu ihren Eltern nach Hause zu kommen, und darum
weine sie, wie billig. Die Dämmerung war indes schon ein=
gebrochen, mein Entschluß war bald gefaßt: ohne weiter um Rat
zu fragen, bot ich ihr das müde Pferd an, um bequemer fort=
zukommen. Sie ließ sich eine Weile zureden, dann stieg sie
15 hinauf, und setzte sich vor mich: ich hielt sie mit den Armen fest.
Nun fing ich an, die Meile noch länger zu wünschen, der nied=
lichste Fuß schwebte vor mir, von der Bewegung entblößt, die
frische rote Wange dicht an der meinigen, die freundlichen Augen
mir nahe gegenüber. So zogen wir über das Feld, indem sie
20 mir ihre Herkunft und Erziehung erzählte: wir wurden bald ver=
trauter, und sie sträubte sich gegen meine Küsse nicht mehr.

Nun wurde es Nacht, und die Bangigkeit, die sie erfüllte,
erlaubte mir, dreister zu sein. Endlich kamen wir in der Nähe
ihrer Behausung, sie stieg behende herunter, wir hatten schon unsre
25 Abrede genommen. Sie eilte voraus, ich blieb eine Weile zurück,
dann zwang ich mein Pferd, in einer Art von Galopp mit mir
vor das Haus zu sprengen. Es war ein altes weitläufiges Ge=
bäude, das abseits vom übrigen Dorfe lag; das Mädchen kam
mir entgegen, ich trat als ein verirrter Fremdling ein, und bat
30 demütig um ein Nachtlager. Die Eltern bewilligten es mir gern,
die Kleine spielte ihre Aufgabe gut durch, sie zeigte mir verstohlen,
daß sie neben der Kammer schlafen würde, die man mir ein=
räumte; sie wollte die Thür offen lassen. Das Abendessen, die
umständlichen Gespräche wurden mir sehr lang, endlich ging alles
35 schlafen, meine Freundin aber hatte in der Wirtschaft noch aller=
hand zu besorgen. Ich betrachtete indessen meine Kammer, sie
führte auf der einen Seite nach dem Schlafzimmer des Mädchens,
auf der andern in einen langen Gang, dessen äußerste Thür ge=
öffnet war. Freundlich schien durch diese die runde Scheibe des

Mondes, das schöne Licht lockt mich hinaus, ein Garten empfängt
mich. Ich durchwandere auch diesen, gehe durch ein Gatterthor,
und verliere mich voller Erwartungen im Felde.

Man ist indessen sorgsam gewesen, alle Thüren zu ver=
schließen, es war das letzte Geschäft des Vaters, nach allen 5
Riegeln im Hause zu sehn. Bestürzt komme ich zurück, die
Gartenthür ist verschlossen; ich rufe, ich klopfe, niemand hört
mich, ich versuche überzusteigen, aber meine Mühe war vergebens.
Ich verwünsche den Mond und die Schönheiten der Natur, ich
sehe die Freundliche vor mir, die mich erwartet und mein Zögern 10
nicht begreifen kann.

Unter Verwünschungen und unnützen Bemühungen sah ich
mich genötigt, den Morgen auf dem freien Felde abzuwarten:
alle Hunde wurden wach, aber kein Mensch hörte mich, der mich
eingelassen hätte. O, wie segnete ich die ersten Strahlen des 15
Frührots! Die Alten bedauerten mein Unglück, das Mädchen
war so verdrießlich, daß sie anfangs nicht mit mir sprechen wollte,
ich versöhnte sie aber endlich, ich mußte fort, und versprach ihr,
auf meiner Rückreise von England sie gewiß wieder zu besuchen.
Und du sahst damals, daß ich ihr auch Wort hielt. 20

Ich kam an: schon sah ich mit Verdruß und klopfendem
Herzen den Garten mit der mir so wohl bekannten Mauer, schon
suchte mein Auge das Mädchen, aber die Sachen hatten sich
indessen sehr verändert. Sie war verheiratet, sie wohnte in einem
andern Hause, und was das Schlimmste war, sie liebte sogar ihren 25
Mann; als ich sie besuchte, bat sie mich mit der höchsten Angst,
doch ja je eher je lieber wieder fortzugehn. Ich gehorchte ihr,
um ihr Glück nicht zu stören, — Siehst du, mein Freund, das
ist die unbedeutende Geschichte einer Bekanntschaft, die sich ganz
anders endigte, als ich erwartet hatte." 30

„Dir geschieht schon recht," sagte Franz, „wenn du manch=
mal für deinen übertriebenen Mutwillen bestraft wirst."

„O, daß ihr allenthalben Übertreibungen findet!" rief
Florestan aus, „ihr seid immer besorgt, euch in allen Gedanken
und Gefühlen zu mäßigen. Aber es gelingt niemals und ist 35
unmöglich, in einem Gebiete zu messen und zu wägen, wo kein
Maß und Gewicht anerkannt wird. Es freut mich, dich auch
einmal verliebt zu sehn."

Franz sagte: „Ich weiß nicht, ob ich verliebt bin, aber du

ängstigest mich mit deinen Reden; wozu wäre es auch, da wir
so bald abreisen müssen?"

Florestan lachte, und gab ihm gar keine Antwort. — „Nun,
wie haben dir die neulichen Lieder gefallen?" sagte er, „und die
5 Lichter, der Wald? Nicht wahr, es war der Mühe wert, fröhlich
zu sein?"

Er stellte sich vor Sternbald hin, und sang ihm einen von
jenen altfränkischen Gesängen:

> Wann ich durch die Gassen schwärme,
> 10 Suche dort und suche hier
> Bei der sanften Frühlingswärme,
> Steht die Liebste vor der Thür.
> „Wen erwart'st du auf dem Platz?" —
> „Ach! ich suche meinen Schatz."
>
> 15 „Komm', ich will dein Schatz dir werden,
> Findest keinen Treuern nicht." —
> „Nein, er ist der Schönst' auf Erden,
> Meiner Augen liebstes Licht." —
> „Nimm mich an zu dieser Frist,
> 20 Allzutreu nicht löblich ist." —
>
> „Willst du wohl das Küssen lassen?
> Nein, ich bin ja nicht dein Kind,
> Geh', ich fange an zu hassen,
> Keiner so bei mir gewinnt.
> 25 Wider Willen küßt mein Mund,
> Macht mit Frevlern keinen Bund." —
>
> „Aber schön sind deine Küsse,
> Deine Lippen kirschenrot,
> Ihr Berühren honigsüße,
> 30 Hier vergeß' ich meine Not.
> Mädchen, ach, wie klopft dein Herz!
> Ist es Freude, ist es Schmerz?" — —
>
> „Laß das Herz, es ist im Schelten
> Über deine freche Hand,
> 35 Nein, bei mir darf das nicht gelten,
> Aufzulösen jedes Band.
> Erst suchst du das Herz mit List,
> Nun dein Mund den Busen küßt." —

9 ff. Den Tadel Karolinens, daß im zweiten Teile zu viel Lyrik eingestreut sei, hat
Tieck sich wohl zu Herzen genommen und diesen, wie viele der folgenden Gesänge, später
weggelassen.

„O, je freier von Gewändern
Du nur um so schöner prangst,
Häßlich putze sich mit Bändern,
Du gewandlos Ruhm erlangst,
Dich verdunkelt nur dein Kleid,   5
Überschattet dich mit Neid.

Herrlich ist es, wenn die Hülle,
Sich von jedem Gliede neigt,
Und des zarten Busens Fülle
Unserm Blick entgegensteigt,   10
Wenn das Knie sich uns entblößt,
Gürtel von den Hüften löst."

„Du marterst mich nur," sagte Sternbald, als Rudolf geendigt hatte, „sprich wie du willst, ich werde niemals deiner
Meinung sein. Man kann sich in einem leichtsinnigen Augenblicke 15
vergessen, aber wenn man freiwillig den Sinnen den Sieg über
sich einräumt, so erniedrigt man sich dadurch unter sich selbst."

„Du willst ein Maler sein und sprichst so?" rief Rudolf
aus, „o, laß ja die Kunst fahren, wenn dir deine Sinnen nicht
lieber sind, denn durch diese allein vermagst du die Rührungen 20
hervorzubringen. Was wollt ihr mit allen euren Farben darstellen
und ausrichten, als die Sinnen auf die schönste Weise ergötzen?
Durch nichts kann der Künstler unsre Phantasie so gefangen
nehmen, als durch den Reiz der vollendeten Schönheit, das ist es,
was wir in allen Formen entdecken wollen, wonach unser gieriges 25
Auge allenthalben sucht. Wenn wir sie finden, so sind es auch
nicht die Sinne allein, die in Bewegung sind, sondern alle unsre
Entzückungen erschüttern uns auf einmal auf die lieblichste Weise.
Der freie unverhüllte Körper ist der höchste Triumph der Kunst,
denn was sollen mir jene beschleierten Gestalten? Warum treten 30
sie nicht aus ihren Gewändern heraus, die sie ängstigen und sind
sie selbst? Gewand ist höchstens nur Zugabe, Nebenschönheit. Das
griechische Altertum verkündigt sich in seinen nackten Figuren am
göttlichsten und menschlichsten. Die Decenz unsers gemeinen pro-
saischen Lebens ist in der Kunst unerlaubt, dort in den heitern, 35
reinen Regionen ist sie ungeziemlich, sie ist unter uns selbst das
Dokument unsrer Gemeinheit und Unsittlichkeit. Der Künstler darf
seine Bekanntschaft mit ihr nicht verraten, oder er giebt zu erkennen,
daß ihm die Kunst nicht das Liebste und Beste ist, er gesteht,

daß er sich nicht ganz aussprechen darf, und doch ist sein ver=
schlossenes Innerstes gerade das, was wir von ihm begehren."

In einigen Tagen war ihre Abreise beschlossen; die Gräfin
hatte den versprochenen Brief an die italienische Familie geschrieben,
5 den Sternbald mit großer Gleichgiltigkeit in seine Brieftasche legte;
er zeigte ihn auch seinem Freunde nicht, sondern war sogar un=
gewiß, ob er ihn abgeben solle.

Es war einer der heißesten Tage gewesen, als Sternbald
gegen Abend das Gehölz besuchte, um sich seinen Gedanken zu
10 überlassen. Im Walde erreichte der durchfließende Bach an der
schönsten Stelle eine ziemliche Breite und Tiefe, der Ort war ab=
gelegen, dichtes Gebüsch wuchs umher, und machte hier die Kühlung
noch schöner. Franz entkleidete sich, und warf sich in die kühlen
Wellen des kleinen Flusses. Sein Gemüt ward heiterer, als er
15 sich rings vom frischen Elemente umgeben spürte, die Gebüsche
rauschten um ihn, sein Auge verlor sich in die schöne Dunkelheit
des dichten Waldes, und ihm fielen allerhand Gemälde ein, auf
denen er ähnliche Darstellungen angetroffen hatte.

Indem er so nach dem Walde hineinschaute, sah er Emma
20 aus der Dunkelheit hervorkommen. Erst traute er seinen eigenen
Augen nicht, aber sie war es wirklich. Er verbarg sich in das
dichte Gebüsch: sie kam näher, und schien von der Hitze des Tages
und des Weges ermattet, sie sank auf den Rasen hin, der mit
frischem Grün den Bach umkränzte, dann löste sie die Schuhe ab
25 und erprobte mit dem nackten Fuße und Beine die Kälte des
Wassers. Sternbald fand sie schöner als je, er wandte seine
Augen in keinem Momente von ihr; sie sah schüchtern und
vorsichtig umher, dann machte sie den Busen frei und löste die
goldgelben Haare auf. Jetzt war sie nur noch mit einem dünnen
30 Gewande bekleidet, das die schönen, vollen Formen ihres Körpers
verriet, im Augenblicke stand sie nackt, verschämt und errötend da,
und stieg so in das Bad. Franz konnte sich in seiner Verborgen=
heit nicht länger zurückhalten, er stürzte hervor, sie erschrak, der
grüne Rasen, die dichten Gebüsche waren Zeugen ihrer Versöhnung
35 und ihres Glücks. —

Als sie das Schloß verlassen hatten, als beide Freunde sich
auf der weiten Heerstraße befanden, gestand Franz seinem Vertrauten

8 ff. Die folgende Badescene hat Tieck später weggelassen.

diesen Vorfall, er erzählte ihm, wie Emma bei ihrem Abschiede geweint, wie sie gewünscht, ihn wiederzusehn. Rudolf blieb bei dieser Erzählung nachdenklich, er war weniger fröhlich und leicht= sinnig, als man ihn sonst sah, er schien Erinnerungen zu bekämpfen, die ihn beinahe schwermütig machten.   5

„Kein Mensch", rief er endlich aus, „kann seine frohe Laune verbürgen, es kommen Augenblicke und Empfindungen, die ihn wie in einen Kerker verschließen, und ihn nicht wieder freigeben wollen. Ich denke eben daran, wie ohne Not und ohne Zweck ich mich hier herumtreibe, und indessen das vernachlässige, was 10 doch das einzige Glück in der Welt ist. Wahrlich, ich könnte in manchen Augenblicken so schwermütig, sein, daß ich weinte, oder tiefsinnige Elegieen niederschriebe, daß ich auf meinen Instrumenten Töne hervorsuchte, die in Steine und Felsen Mitleiden hinein= zwängen. O, mein Freund, wir wollen uns nicht mit unnützem 15 Gram den gegenwärtigen Augenblick verkümmern, diese Gegenwart, in der wir jetzt sind kömmt nicht zum zweitenmale wieder, mag doch ein jeder Tag für das Seine sorgen.

> Auf, mein Freund, durch die Welt
> Über Feld   20
> Berg und Thal
> Blum' und Blümlein ohne Zahl.

> Heute hier, morgen dort
> Jeder Ort
> Freuden hegt   25
> Wenn nur froh dein Herze schlägt.

Darum, mein Freund entschlage dich aller deiner trübseligen Gedanken, keine schlechtere Frucht hat die menschliche Seele in ihrer Verderbtheit hervorgebracht, als die Reue: man sei frisch und froh ein andrer Mensch, wenn es sein muß, nur quäle man 30 sich nicht mit vergeblichen Wünschen, daß man die Vergangenheit zurückruft, und darüber sein Herz mit einer fürchterlichen Leere anfüllt; oder man begehe unbekümmert dieselbe Thorheit wieder, wenn es die Umstände so mit sich bringen."

Es wurde Abend, ein schöner Himmel erglänzte mit seinen 35 wunderbaren, buntgefärbten Wolkenbildern über ihnen. „Sieh," fuhr Rudolf fort, „wenn ihr Maler mir dergleichen darstellen könntet, so wollte ich euch oft eure beweglichen Historien, eure

leidenschaftlichen und verwirrten Darstellungen mit allen unzähligen
Figuren erlassen. Meine Seele sollte sich an diesen grellen Farben
ohne Zusammenhang, an diesen mit Gold ausgelegten Luftbildern
ergötzen und genügen, ich würde da Handlung, Leidenschaft, Kom=
5 position und alles gern vermissen, wenn ihr mir, wie die gütige
Natur heute thut, so mit rosenrothem Schlüssel die Heimat auf=
schließen könntet, wo die Ahndungen der Kindheit wohnen, das
glänzende Land, wo in dem grünen, azurnen Meere die goldensten
Träume schwimmen, wo Lichtgestalten zwischen feurigen Blumen
10 gehn und uns die Hände reichen, die wir an unser Herz drücken
möchten. O, mein Freund, wenn ihr doch diese wunderliche Musik,
die der Himmel heute dichtet, in eure Malerei hineinlocken könntet!
Aber euch fehlen Farben, und Bedeutung im gewöhnlichen Sinne
ist leider eine Bedingung eurer Kunst."

15   „Ich verstehe, wie du es meinst," sagte Sternbald, „und die
freundlichen Himmelslichter entwanken und entfliehen, indem wir
sprechen. Wenn du auf der Harfe musizierst, und mit den Fingern
die Töne suchst, die mit deinen Phantasieen verbrüdert sind, so
daß beide sich gegenseitig erkennen, und nun Töne und Phantasie
20 in der Umarmung gleichsam entzückt immer höher, immer mehr
himmelwärts jauchzen, so hast du mir schon oft gesagt, daß die
Musik die erste, die unmittelbarste, die kühnste von allen Künsten
sei, daß sie einzig das Herz habe, das auszusprechen, was man
ihr anvertraut, da die übrigen ihren Auftrag immer nur halb
25 ausrichten und das Beste verschweigen: ich habe dir so oft recht
geben müssen, aber, mein Freund, ich glaube darum doch, daß
sich Musik, Poesie und Malerei oft die Hand bieten, ja daß sie
oft ein und dasselbe auf ihren Wegen ausrichten können. Freilich
ist es nicht nötig, daß immer nur Handlung, Begebenheit mein
30 Gemüt entzücke, ja es scheint mir sogar schwer zu bestimmen, ob
in diesem Gebiete unsre Kunst ihre schönsten Lorbeeren antreffe:
allein erinnere dich nur selbst der schönen, stillen, heiligen
Familien, die wir angetroffen haben; liegt nicht in einigen un=
endlich viele Musik, wie du es nennen willst? Ist in ihnen die
35 Religion, das Heil der Welt, die Anbetung des Höchsten nicht
wie in einem Kindergespräche offenbart und ausgedrückt? Ich habe
bei den Figuren nicht bloß an die Figuren gedacht, die Gruppie=
rung war mir nur Nebensache, ja auch der Ausdruck der Mienen,
insofern ich ihn auf die gegenwärtige Geschichte, auf den wirklichen

Zusammenhang bezog. Der Maler hat hier Gelegenheit, die Ein=
bildung in sich selbst zu erregen, ohne sie durch Geschichte, durch
Beziehung vorzubereiten. — Die Gemälde von Landschaften scheinen
mir aber besonders dazu Veranlassung zu geben."

„Bist du denn auch der Meinung," fragte Rudolf, „daß 5
jede Landschaft mit Figuren ausstaffiert sein muß, damit dadurch
Leben und Interesse in das Bild hineinkomme?"

„Soviel ich darüber habe einsehen können," antwortete Franz,
„scheint es mir unnötig. Eine gute Landschaft kann etwas Wunder=
bares ausdrücken, so daß die Einsamkeit gerade eine vortreffliche 10
Wirkung thut: auch können so mancherlei Empfindungen erregt
werden, daß sich eine Vorschrift darüber wohl schwerlich in so all=
gemeine Worte fassen läßt. Es können nur selten die Figuren
sein, die die Teilnahme erregen, die es beleben, wer sie blos dazu
braucht, scheint mir von seiner Kunst wenig begriffen zu haben, 15
aber sie können vielleicht jenes Spiel der Ideen, jene Musik mit
erregen helfen, die alle Kunstwerke zu geheimnisvollen Wunder=
werken macht. Aber denke dir eine Waldgegend, die sich im Hinter=
grunde öffnet, und die Durchsicht in eine Wiese läßt, die Sonne
steigt herauf und ganz in der Ferne wirst du ein kleines Haus 20
gewahr, mit rotem freundlichen Dache, das gegen das Grün der
Büsche und der Wiese lebhaft absticht, so erregt schon diese Ein=
samkeit ohne alle lebendige Gestalten eine wehmütige, unbegreifliche
Empfindung in dir."

„Am meisten ist mir das, was ich so oft von der Malerei 25
wünsche, bei allegorischen Gemälden einleuchtend," sagte Rudolf.

„Gut, daß du mich daran erinnerst!" rief Franz aus, „hier
ist recht der Ort, wo der Maler seine große Imagination, seinen
Sinn für die Magie der Kunst offenbaren kann: hier kann er
gleichsam über die Grenzen seiner Kunst hinausschreiten, und mit 30
dem Dichter wetteifern. Die Begebenheit, die Figuren sind ihm
nur Nebensache, und doch machen sie das Bild, es ist Ruhe und
Lebendigkeit, Fülle und Leere, und die Kühnheit der Gedanken,
der Zusammensetzung findet erst hier ihren rechten Platz. Ich
habe es ungern gehört, daß man diesen Gedichten so oft den 35
Mangel an Zierlichkeit vorrückt, daß man hier thätige Bewegung
und schnellen Reiz einer Handlung fordert, wenn sie statt eines

---

5. Die folgenden Bemerkungen über Landschaftsmalerei hat Tieck später weggelassen.

einzelnen Menschen die Menschheit ausdrücken, statt eines Vor=
falls eine erhabene Ruhe. Gerade diese anscheinende Kälte, die
Unbiegsamkeit im Stoffe ist das, was mir so oft einen wehmütigen
Schauder bei der Betrachtung erregte: daß hier allgemeine Be=
griffe in sinnlichen Gestalten mit so ernster Bedeutung aufgestellt   5
sind, Kind und Greis in ihren Empfindungen vereinigt, daß das
Ganze unzusammenhängend erscheint, wie das menschliche Leben,
und doch eins um des andern notwendig ist, wie man auch im
Leben nichts aus seiner Verkettung reißen darf, alles dies ist mir
immer ungemein erhaben erschienen."   10

„Ich erinnere mich," antwortete Rudolf, „eines alten Bildes
in Pisa, das schon über hundert Jahr alt wurde, und das
dir auch vielleicht gefallen wird; wenn ich nicht irre, ist es von
Andrea Orgagna gemalt. Dieser Künstler hat den Dante mit
besondrer Vorliebe studiert, und in seiner Kunst auch etwas ähn=   15
liches dichten wollen. Auf seinem großen Bilde ist in der That
das ganze menschliche Leben auf eine recht wehmütige Art ab=
gebildet. Ein Feld prangt mit schönen Blumen von frischen und
glänzenden Farben, geschmückte Herren und Damen gehen umher,
und ergötzen sich an der Pracht. Tanzende Mädchen ziehen mit   20
ihrer muntern Bewegung den Blick auf sich, in den Bäumen, die
von Orangen glühn, erblickt man Liebesgötter, die schalkhaft mit
ihren Geschossen herunterzielen, über den Mädchen schweben andre
Amorinen, die nach den geschmückten Spaziergängern zur Ver=
geltung zielen. Spielleute blasen auf Instrumenten zum Tanz,   25
eine bedeckte Tafel steht in der Ferne. — Gegenüber sieht man
steile Felsen, auf denen Einsiedler Buße thun und in andächtiger
Stellung beten, einige lesen, einer melkt eine Ziege. Hier ist die
Dürftigkeit des armutseligen Lebens dem üppigen glückseligen recht
herzhaft gegenüber gestellt. — Unten sieht man drei Könige, die mit   30
ihren Gemahlinnen auf die Jagd reiten, denen ein heiliger Mann
eröffnete Gräber zeigt, in denen man von Königen verweste Leich=
name sieht. — Durch die Luft fliegt der Tod, mit schwarzem
Gewand, die Sense in der Hand, unter ihm Leichen aus allen
Ständen, auf die er hindeutet. — Dieses Bild mit seinen treu=   35
herzigen Reimen, die vielen Personen aus dem Munde gehn, hat
immer in mir das Bild des großen menschlichen Lebens hervor=

---

11 f. eines alten Bildes in Pisa, es ist der „Triumph des Todes" auf dem
Campo Santo in Pisa (S. 319) gemeint, welcher neuerdings dem Orcagna abgesprochen wird.

gebracht, in welchem keiner vom andern weiß, und ſich alle blind und taub durch einander bewegen.‟

Unter dieſen Geſprächen waren ſie an eine dichte Stelle im Walde gekommen, abſeits an einer Eiche gelehnt lag ein Ritters⸗
5 mann, mit dem ſich ein Pilgrim beſchäftigte, und ihm eine Wunde zu verbinden ſuchte. Die beiden Wanderer eilten ſogleich hinzu, ſie erkannten den Ritter, Franz zuerſt, es war derſelbe, den ſie vor einiger Zeit als Mönch geſehen hatten, und den Sternbald im Schloſſe gemalt hatte. Der Ritter war in Ohnmacht geſunken, er hatte
10 viel Blut verloren, aber durch die vereinigte Hilfe kam er bald wieder zu ſich. Der Pilgrim dankte den beiden Freunden herzlich, daß ſie ihm geholfen, den armen Verwundeten zu pflegen, ſie machten in der Eile eine Trage von Zweigen und Blättern, worauf ſie ihn legten und ſo abwechſelnd trugen. Der Ritter erholte ſich
15 bald, ſo daß er bat, ſie möchten dieſe Mühe unterlaſſen; er ver⸗ ſuchte es auf die Füße zu kommen, und es gelang ihm, daß er ſich mit einiger Beſchwerlichkeit und langſam fortbewegen konnte, die übrigen führten und unterſtützten ihn. Der Ritter erkannte Franz und Rudolf ebenfalls, er geſtand, daß er derſelbe ſei, den
20 ſie neulich in einer Verkleidung getroffen. Der Pilgrim erzählte, daß er nach Loretto wallfahrte, um ein Gelübde zu bezahlen, das er in einem Sturm auf der See gethan.

Es wurde dunkel, als ſie immer tiefer in den Wald hinein⸗ gerieten und kaum noch den Weg bemerken konnten. Franz und
25 Rudolf riefen laut, um jemand herbeizulocken, der ihnen raten, der ſie aus der Irre führen könne, aber vergebens, ſie hörten nichts als das Echo ihrer eignen Stimme. Endlich war es, als wenn ſie durch die Verworrenheit der Gebüſche ein fernes Glöck⸗ lein vernähmen, und ſogleich richteten ſie nach dieſem Schalle ihre
30 Schritte. Der Pilger inſonderheit war ſehr ermüdet, und wünſchte einen Ruheplatz anzutreffen, er geſtand es ungern, daß ihn ſein übereiltes Gelübde ſchon oft gereut habe, daß er es aber nun. ſchuldig ſei zu bezahlen, um Gott nicht zu irren. Er ſeufzte faſt bei jedem Schritte, und der Ritter konnte es nicht unterlaſſen,
35 ſo ermüdet er ſelber war, bisweilen über ihn zu ſpotten. Franz und Rudolf ſangen Lieder, um die Ermüdeten zu tröſten und anzufriſchen, ſehnten ſich aber auch herzlich nach einer ruhigen Herberge.

Jetzt ſahen ſie ein Licht ungewiß durch die Zweige ſchimmern,

und die Hoffnung von allen wurde gestärkt, daß Glöcklein ließ
sich von Zeit zu Zeit wieder hören, und viel vernehmlicher. Sie
glaubten sich in der Nähe eines Dorfes zu befinden, als sie aber
noch eine Weile gegangen waren, standen sie vor einer kleinen
Hütte, in der ein Licht brannte, das ihnen entgegenglänzte, ein 5
Mann saß darin, und las mit vieler Aufmerksamkeit in einem
Buche, ein großer Rosenkranz hing an seiner Seite, über der
Hütte war eine Glocke angebracht, die er abwechselnd anzog, und
die den Schall verursacht hatte.

Er erstaunte, als er von der Gesellschaft in seinen Betrach= 10
tungen gestört wurde, doch nahm er alle sehr freundlich auf.
Er bereitete schnell aus Kräutern einen Saft, mit dem er die
Wunde des Ritters verband, wonach dieser sogleich Linderung
spürte, und zum Schlafe geneigt war. Auch Franz war müde,
der Pilgrim war schon in einem Winkel des Hauses eingeschlafen, 15
nur Rudolf blieb munter, und verzehrte einiges von den Früchten,
Brot und Honig, das der Einsiedler aufgetragen hatte. „Ihr
seid in meiner Einsamkeit willkommen,“ sagte dieser zu Florestan,
„und es ist mein tägliches Gebet zu Gott, daß er mir Gelegen=
heit geben möge, zuweilen einiges Gute zu thun, und so ist sie 20
mir denn heute wider Erwarten gekommen. Sonst bringe ich
meine Zeit mit Andacht und Beten zu, auch lasse ich nach gewissen
Gebeten immer mein Glöcklein erschallen, damit die Hirten und
Bauern im Walde, oder die Leute im nächsten Dorfe wissen mögen,
daß ich munter bin und für sie dem Herrn danke, das einzige, was 25
ich zur Vergeltung für ihre Wohlthaten zu thun imstande bin.“

Rudolf blieb mit dem Einsiedler noch lange munter, sie
sprachen allerhand, doch ließ sich der Alte nicht zu lange von
seinen vorgesetzten Gebeten abwendig machen, sondern wiederholte
sie während ihrer Erzählung. Franz hörte im Schlummer die 30
beiden mit einander sprechen, dann zuweilen das Glöcklein klingen,
den Gesang des Alten, und es dünkte ihm unter seinen Träumen
alles höchst wunderbar.

Gegen Morgen schlief Rudolf auch ein, so viel Mühe er
sich auch gab, wach zu bleiben, der Alte sang indes: 35

    Bald kommt des Morgens früher Strahl
    Und funkelt tief ins ferne Thal

---

35. Der Gesang des Alten wurde von Tieck später fortgelassen.

Und macht die Leutlein munter:
Dann regt zur Arbeit alles sich
Und preist den Schöpfer festiglich,
Weicht Nacht und Schlaf hinunter,
5   Weil' nicht
      Süß' Licht,
      Morgenröte
      Magst die Öde
      Hell entzünden
10   Gottes Lieb' zu uns verkünden.

Das Morgenrot brach liebreich herauf, und schimmerte erst an den Baumwipfeln, an den hellen Wolken, dann sah man die ersten Strahlen der Sonne durch den Wald leuchten. Die Vögel wurden rege, die Lerchen jubelten aus den Wolken herab, der 15 Morgenwind schüttelte die Zweige. Die Schläfer wurden nach und nach wieder wach: der Ritter fühlte sich gestärkt und munter, der Einsiedel versicherte, daß seine Wunde nichts zu bedeuten habe. Franz und Rudolf machten einen Spaziergang durch den Wald, wo sie eine Anhöhe erstiegen und sich niedersetzten.

20   „Sind die Menschen nicht wunderlich?" fing Florestan an, „dieser Pilgrim kreuzt durch die Welt, verläßt sein geliebtes Weib, wie er uns selber erzählt hat, um Gott zu Gefallen die Kapelle zu Loretto zu besuchen. Der Einsiedler hat mir in der Nacht seine ganze Geschichte erzählt: er hat die Welt auf immer ver= 25 lassen, weil er unglücklich geliebt hat, das Mädchen, das ihn ent= zückte, hat sich einem andern ergeben, und darum will er nun sein Leben in der Einsamkeit beschließen, mit seinem Rosenkranze, Buche und Glocke beschäftigt."

Franz dachte an das Bildnis, an den Tod seiner Geliebten, 30 und sagte seufzend: „O, laß ihn, denn ihm ist wohl, table nicht zu strenge die Glückseligkeit andrer Menschen, weil sie nicht die deinige ist. Wenn er wirklich geliebt hat, was kann er nun noch in der Welt wollen? In seiner Geliebten ist ihm die ganze Welt abgestorben, nun ist sein ganzes Leben ein ununterbrochenes An= 35 denken an sie, ein immerwährendes Opfer, das er der Schönsten bringt. Ja, seine Andacht vermischt sich mit seiner Liebe, seine Liebe ist seine Religion, und sein Herz bleibt rein und geläutert. Sie strahlt ihm wie Morgensonne in sein Gedächtnis, — kein gewöhnliches Leben hat ihr Bild entweiht, und so ist sie ihm

Madonna, Gefährtin und ·Lehrerin im Gebet. O, mein Freund,
in manchen Stunden möchte ich mich so wie er der Einsamkeit
ergeben, und von Vergangenheit und Zukunft Abschied nehmen.
Wie wohl würde mir das Rauschen des Waldes thun, die Wieder-
kehr der gleichförmigen Tage, der ununterbrochene leise Fluß der
Zeit, der mich so unvermerkt ins Alter hineintrüge, jedes Rauschen
ein andächtiger Gedanke, ein Lobgesang. Müssen wir uns denn
nicht doch einst von allem irdischen Glücke trennen? Was ist dann
Reichtum und Liebe und Kunst? Die edelsten Geister haben
müssen Abschied nehmen, warum sollen es die schwächern nicht
schon früher thun, um sich einzulernen?"

Florestan verwunderte sich über seinen Freund, doch bezwang
er diesmal seinen Mutwillen, und antwortete mit keinem Scherze,
weil Franz zu ernstlich gesprochen hatte. Er vermutete im Herzen
Sternbalds einen geheimen Kummer, er gab ihm daher schweigend
die Hand, und Arm in Arm gingen sie herzlich zur Hütte des
armen Klausners zurück.

Der Ritter stand angekleidet vor der Thür. Die Röte war
auf seine Wangen zurückgekommen und sein Gesicht glänzte im
Sonnenschein, seine Augen funkelten freundlich, er war ein schöner
Mann. Der Pilgrim und der Einsiedler hatten sich zu einer
Andachtsübung vereinigt, und saßen in tiefsinnigen Gebeten im
kleinen Hause.

Die drei setzten sich im Grase nieder, und Rudolf faßte die
Hand des Fremden und sagte mit lachendem Gesicht: „Herr Ritter,
Ihr dürft es mir wahrlich nicht verargen, wenn ich nun meine
Neugier nicht mehr bezähmen kann, Ihr seid überdies auch ziemlich wieder hergestellt, so daß Ihr wohl die Mühe des Erzählens
über Euch nehmen könnt. Ich und mein Freund haben Euer
Bildnis in dem Schlosse einer schönen Dame angetroffen, sie hat
uns vertraut, wie sie mit Euch verbunden ist, Ihr könnt kein
andrer sein, Ihr dürft also gegen uns nicht weiter rückhalten."

„Ich will es auch nicht," sagte der junge Ritter, „schon
neulich, als ich Euch sah, faßte ich ein recht herzliches Vertrauen
zu Euch und Eurem Freunde Sternbald, daher will ich Euch recht
gern erzählen, was ich selber von mir weiß, denn noch nie habe
ich mich in solcher Verwirrung befunden. Ich bedinge es mir
aber aus, daß Ihr niemand von dem etwas sagt, was ich jetzt
erzählen werde; Ihr dürft darum keine seltsamen Geheimnisse er-

warten, ſondern ich bitte euch bloß darum, weil ich nicht weiß, in welche Verlegenheiten mich etwa künftig euer Mangel an Ver= ſchwiegenheit ſetzte dürſte.

Wißt alſo, daß ich kein Deutſcher bin, ſondern ich bin aus
5 einer edlen italieniſchen Familie entſproſſen, meine Name iſt Roberigo. Meine Eltern gaben mir eine ſehr freie Erziehung, mein Vater, der mich übermäßig liebte, ſah mir in allen Wild= heiten nach, und als ich daher älter wurde und er mit ſeinem guten Rate nachkommen wollte, war es natürlich, daß ich auf
10 ſeine Worte gar nicht achtete. Seine Liebe zu mir erlaubte ihm aber nicht, zu ſtrengern Mitteln als gelinden Verweiſen ſeine Zuflucht zu nehmen, und darüber wurde ich mit jedem Tage wilder und ausgelaſſener. Er konnte es nicht verbergen, daß er über meine unbeſonnenen Streiche mehr Vergnügen und Zufriedenheit
15 als Kummer empfand, und das machte mich in meinem ſeltſamen Lebenslauſe nur deſto ſicherer. Er war ſelbſt in ſeiner Jugend ein wilder Burſche geweſen, und dadurch hatte er eine Vorliebe für ſolche Lebensweiſe behalten, ja er ſah in mir nur ſeine Jugend glänzend wieder aufleben.

20   Was mich aber mehr als alles übrige beſtimmte und begeiſterte, war ein junger Menſch von meinem Alter, der ſich Ludoviko nannte, und bald mein vertrauteſter Freund wurde. Wir waren unzertrennlich, wir ſtreiften in Romanien, Calabrien und Oberitalien umher, denn die Reiſeſucht, das Verlangen, fremde
25 Gegenden zu ſehen, das in uns beiden faſt gleich ſtark war, hatte uns zuerſt an einander geknüpft. Ich habe nie wieder einen ſo wunderbaren Menſchen geſehn, als dieſen Ludoviko, ja ich kann wohl ſagen, daß mir ein ſolcher Charakter auch vorher in der Imagination nicht als möglich vorgekommen war. Immer eben
30 ſo heiter als unbeſonnen, auch in der verdrießlichſten Lage fröh= lich und voll Mut: jede Gelegenheit ergriff er, die ihn in Ver= wirrung bringen konnte, und ſeine größte Freude beſtand darin, mich in Not oder Gefahr zu verwickeln, und mich nachher ſtecken zu laſſen. Dabei war er ſo unbeſchreiblich gutmütig, daß ich nie=
35 mals auf ihn zürnen konnte. So vertraut wir mit einander waren, hat er mir doch niemals entdeckt, wer er eigentlich ſei, welcher Familie er angehörte, ſo oft ich ihn darum fragte, wies er mich mit der Antwort zurück: daß mir dergleichen völlig gleich= gültig bleiben müſſe, wenn ich ſein wirklicher Freund ſei. Oft

verließ er mich wieder auf einige Wochen, und schwärmte für sich
allein umher, dann erzählten wir uns unsre Abenteuer, wenn wir
uns wiederfanden."

„So giebt es doch noch so vernünftige Menschen in der Welt!"
rief Rudolf heftig aus, „wahrlich, das macht mir ganz neue Lust,
in meinem Leben auf meine Art weiter zu leben! O, wie freut
es mich, daß ich Euch habe kennen lernen, fahrt um Gottes
Willen in Eurer vortrefflichen Erzählung fort!"

Der Ritter lächelte über diese Unterbrechung, und fuhr mit
folgenden Worten fort: „Es war fast kein Stand, keine Verkleidung zu erdenken, in der wir nicht das Land durchstreift hätten,
als Bauern, als Bettler, als Künstler, oder wieder als Grafen
zogen wir umher, als Spielleute musizierten wir auf Hochzeiten
und Jahrmärkten, ja der mutwillige Ludoviko verschmähte es nicht,
zuweilen als eine artige Zigeunerin herumzuwandern, und den
Leuten, besonders den hübschen Mädchen, ihr Glück zu verkündigen.
Von den lächerlichen Drangsalen, die wir oft überstehen mußten,
so wie von den verliebten Abenteuern, die uns ergötzten, laßt
mich schweigen, denn ich würde euch in der That ermüden."

„Gewiß nicht," sagte Rudolf, „aber macht es, wie es Euch
gefällt, denn ich glaube selbst, Ihr würdet über die Mannigfaltigkeit Eurer Erzählungen müde werden."

„Vielleicht," sagte der Ritter. „Von meinem Freunde glaubte
ich heimlich, daß er seinen Eltern entlaufen sei und sich nun auf
gut Glück in der Welt herumtreibe. Aber dann konnte ich wieder
nicht begreifen, daß es ihm fast niemals an Gelde fehle, mit dem
er verschwenderisch und unbeschreiblich großmütig umging. Fast
so oft er mich verließ, kam er mit einer reichen Börse zurück.
Unsre größte Aufmerksamkeit war auf die schönen Mädchen aus
allen Ständen gerichtet; in kurzer Zeit war unsre Bekanntschaft
unter diesen außerordentlich ausgebreitet, wo wir uns aufhielten,
wurden wir von den Eltern ungern gesehn, nicht selten wurden
wir verfolgt, oft entgingen wir nur mit genauer Not der Rache
der beleidigten Liebhaber, den Nachstellungen der Mädchen, wenn
wir sie einer neuen Schönheit aufopferten. Aber diese Gefährlich-
keiten waren eben die Würze unsres Lebens, wir vermieden mit
gutem Willen keine.

Die Reiselust ergriff meinen Freund oft auf eine so gewaltsame Weise, daß er weder auf die Vernunft, noch selber auf meine

Einwürfe hörte, der ich doch Thor gern genug war. Nachdem wir Italien genug zu kennen glaubten, wollte er plötzlich nach Afrika übersetzen. Die See war von den Korsaren so beunruhigt, daß kein Schiff gern überfuhr, aber er lachte, als ich ihm davon
5 erzählte, er zwang mich beinahe, sein Begleiter zu sein, und wir schifften mit glücklichem Winde fort. Er stand auf dem Verdecke und sang verliebte Lieder, alle Matrosen waren ihm gut, jeder= mann drängte sich zu ihm, die afrikanische Küste lag schon vor uns. Plötzlich entdeckten wir ein Schiff, das auf uns zusegelte,
10 es waren Seeräuber. Nach einem hartnäckigen Gefechte, in welchem mein Freund Wunder der Tapferkeit that, wurden wir erobert und gefangen fortgeführt. Ludovico verlor seine Munterkeit nicht, er verspottete meinen Kleinmut, und die Korsaren beteuerten, daß sie noch nie einen so tollkühnen Wagehals gesehen hätten. Was
15 soll mir das Leben? sagte er dagegen in ihrer Sprache, die wir beide gelernt hatten, heute ist es da, morgen wieder fort; jeder= mann sei froh, so hat er seine Pflicht gethan, keiner weiß, was morgen ist, keiner hat das Angesicht der zukünftigen Stunde ge= sehn. Spotte über die Falten, über das Zürnen, das uns Saturn
20 oft im Vorüberfliegen vorhält, der Alte wird schon wieder gut, er ist wacker und lächelt endlich über seine eigne Verspottung, er bittet euch, wie Alte Kindern thun, nachher seine Unfreundlichkeit ab. Heute mir, morgen dir: wer Glück liebt, muß auch sein Un= glück willkommen heißen. Das ganze Leben ist nicht der Sorge wert.
25   So stand er mit seinen Ketten unter ihnen, und wahrlich, ich vergaß über seinem Heldenmut mein eignes Elend. — Wir wurden ans Land gesetzt und als Sklaven verkauft: noch als wir getrennt wurden, nickte Ludovico mir ein freundliches Lebewohl zu.
    Wir arbeiteten in zwei benachbarten Gärten, ich verlor in
30 meiner Dürftigkeit, in dieser Unterjochung allen Mut; aber ich hörte ihn aus der Ferne seine gewöhnlichen Lieder singen, und wenn ich ihn einmal sah, war er so freundlich und vergnügt wie immer. Er that gar nicht, als wäre etwas Besonderes vorgefallen. Ich konnte innerlich über seinen Leichtsinn recht von Herzen böse
35 sein, und wenn ich dann wieder sein lächelndes Gesicht vor mir sah, war aller Zorn verschwunden, alles vergessen.
    Nach acht Wochen steckte er mir ein Briefchen zu, er hatte andre Christensklaven auf seine Seite gebracht, sie wollten sich eines Fahrzeugs bemächtigen und darauf entfliehen: er meldete

mir, daß er mich mitnehmen wolle, wenn dieser Vorsatz gleich seine
Flucht um vieles erschwere; ich solle den Mut nicht verlieren.

Ich verließ mich auf sein gutes Glück, daß uns der Vorsatz
gelingen werde. Wir kamen in einer Nacht am Ufer der See
zusammen, wir bemächtigten uns des kleinen Schiffs, der Wind 5
war uns anfangs günstig. Wir waren schon tief ins Meer hinein,
wir glaubten uns bald der italienischen Küste zu nähern, als sich
mit dem Anbruche des Morgens ein Sturm erhob, der immer
stärker wurde. Ich riet, ans nächste Land zurückzufahren und uns
dort zu verbergen, bis sich der Sturm gelegt hätte, aber mein 10
Freund war andrer Meinung, er glaubte, wir könnten dann von
unsern Feinden entdeckt werden, er schlug vor, daß wir auf der
See bleiben und uns lieber der Gnade des Sturms überlassen
sollten. Seine Überredung drang durch, wir zogen alle Segel
ein und suchten uns soviel als möglich zu erhalten, denn wir 15
konnten überzeugt sein, daß bei diesem Ungewitter uns niemand
verfolgen würde. Der Wind drehte sich, Sturm und Donner nahmen
zu, das empörte Meer warf uns bald bis in die Wolken, bald
verschlang uns der Abgrund. Alle verließ der Mut, ich brach in
Klagen aus, in Vorwürfe gegen meinen Freund. Ludovico, der 20
bis dahin unablässig gearbeitet und mit allen Elementen gerungen
hatte, wurde nun zum erstenmale in seinem Leben zornig, er ergriff
mich und warf mich im Schiffe zu Boden. Bist du, Elender, rief
er aus, mein Freund, und unterstehst dich zu klagen, wie die
Sklaven dort? Roderigo, sei munter und fröhlich, das rat' ich 25
dir, wenn ich dir gewogen bleiben soll, denn wir können ins
Teufels Namen nicht mehr als sterben! Und unter diesen Worten
setzte er mir mit derben Faustschlägen dermaßen zu, daß ich bald
alle Besinnung verlor und den Donner, die See und den Sturm
nicht mehr vernahm. 30

Als ich wieder zu mir kam, sah ich Land vor mir, der Sturm
hatte sich gelegt, ich lag in den Armen meines Freundes. Vergieb
mir, sagte er leutselig, wir sind gerettet, dort ist Italien, du hättest
den Mut nicht verlieren sollen. — Ich gab ihm die Hand und
nahm mir im Herzen vor, den Menschen künftig zu vermeiden, 35
der meinem Glücke und Leben gleichsam auf alle Weise nachstellte;
aber ich hatte meinen Vorsatz schon vergessen, noch ehe wir ans
Land gestiegen waren, denn ich sah ein, daß er mein eigentliches
Glück sei."

Rudolf, der mit der geſpannteſten Aufmerkſamkeit zugehört hatte, konnte ſich nun nicht länger halten, er ſprang heftig auf und rief: „Nun, bei allen Heiligen, Euer Freund iſt ein wahrer Teufelskerl! Wie lumpig iſt alles, was ich erlebt habe, und
5 worauf ich mir wohl manchmal etwas zu gute that, gegen dieſen Menſchen! Ich muß ihn kennen lernen, wahrhaftig, und ſollte ich nach dieſer Seltenheit bis ans Ende der Welt laufen!"

„Wenn er nur noch lebt," antwortete Roderigo, „denn nun iſt es ſchon länger als ein Jahr, daß ich ihn nicht geſehen habe.
10 Ich habe euch dieſen Vorfall nur darum weitläufiger erzählt, um euch einigermaßen einen Begriff von ſeinem Charakter zu geben. Meine Eltern prieſen ſich glücklich, als ſie mich wiederſahen, aber Ludoviko hatte mich bald wieder in neue Abenteuer verwickelt. Ich wollte die Schweiz und Deutſchland beſuchen, er wollte ohne
15 meine Geſellſchaft eine andre Reiſe unternehmen, es war nichts Geringeres, als daß er nach Ägypten gehen wollte; die ſeltſamen uralten Pyramiden, das wunderbare rote Meer, die Sandwüſten mit ihren Sphinxen, der fruchtbare Nil, dieſe Gegenſtände, von denen man ſchon in der Kindheit ſo viel hört, waren es, die ihn
20 dorthin riefen. Unſer Abſchied war überaus zärtlich, er verſprach mir, in einem Jahre nach Italien zurückzukommen; ich nahm auf ebenſolange von, meinen Eltern Urlaub und trat meine Reiſe nach Deutſchland an.

Ich fühlte mich ohne meinen Gefährten recht einſam und
25 verlaſſen, der Mut wollte ſich anfangs gar nicht einſtellen, der mich ſonſt aufrecht gehalten hatte. Die hohen Gebirge der Schweiz und in Tirol, die furchtbare Majeſtät der Natur, alles ſtimmte mich auf lange Zeit traurig, ich bereute es oft, ihm nicht wider ſeinen Willen gefolgt zu ſein und an ſeinem Wahnſinne teilzu=
30 nehmen. Einigemal war ich im Begriff, zu meiner Familie zurück= zukehren, aber die Sucht, ein fernes Land, fremde Menſchen zu ſehn, trieb mich wieder vorwärts, auch die Scham, einer Lebens= art untreu zu werden, die bis dahin mein höchſtes Glück aus= gemacht hatte. Ich will euch die einzelnen Vorfälle verſchweigen
35 und mich zu der Begebenheit wenden, die Urſache iſt, daß ihr mich hier angetroffen.

Nach manchen luſtigen Abenteuern, nach manchen angenehmen Bekanntſchaften langte ich in der Gegend des Schloſſes an, wo ihr gekannt ſeid. Ich ſaß auf einer Anhöhe und überdachte die

Mannigfaltigkeiten meines Lebenslaufs, als eine fröhliche Jagdmusik mich aufmerksam machte. Ein Zug von Jägern kam näher,
in ihrer Mitte eine schöne Dame, die einen Falken auf der Hand
trug; die Einsamkeit, ihr schimmernder Anzug, alles trug dazu
bei, sie ungemein reizend darzustellen. Meine Sinne waren gefangen genommen, ich konnte die Augen nicht von ihr abwenden:
alle Schönheiten, die ich sonst gesehn hatte, schienen mir gegen
diese alltäglich, es war nicht dieser und jener Zug, der mich an
ihr entzückte, nicht der Wuchs, nicht die Farbe der Wangen oder
der Blick der Augen, sondern auf geheimnisvolle Weise alles dies
zusammen. Es war ein Gefühl in meinem Busen, das ich bis
dahin noch nicht empfunden hatte, es durchdrang mich ganz, nur
sie allein sah ich in der weiten Welt, jenseits ihres Besitzes lag
kein Wunsch mehr in der Welt.

Ich suchte ihre Bekanntschaft, ich verschwieg ihr meinen Namen.
Ich fand sie meinen Wünschen geneigt, ich war auf dem höchsten
Gipfel meiner Seligkeit. Wie arm kam mir mein Leben bis dahin
vor, wie entsagte ich allen meinen Schwärmereien! Der Tag unsrer
Hochzeit war festgesetzt.

O meine Freunde, ich kann euch nicht beschreiben, ich kann
sie selber nicht begreifen, die wunderbare Veränderung, die nun
mit mir vorging! Ich sah ein bestimmtes Glück vor mir liegen,
aber ich war an diesem Glücke festgeschmiedet: wie wenn ich in
Meeresstille vor Anker läge und nun sähe, wie Mast und Segel
vom Schiffe heruntergeschlagen würden, um mich hier, nur hier
ewig festzuhalten.

O süße Reiselust! sagte ich zu mir selber, geheimnisreiche
Ferne, ich werde nun von euch Abschied nehmen und eine Heimat
dafür besitzen! Lockt mich nicht mehr weit weg, denn alle eure
Töne sind vergeblich, ihr ziehenden Vögel, du Schwalbe mit deinen
lieblichen Gesängen, du Lerche mit deinen Reiseliedern! Keine
Städte, keine Dörfer werden mir mehr mit ihren glänzenden Fenstern
entgegenblicken, und ich werde nun nicht mehr denken: Welche weibliche Gestalt steht dort hinter den Vorhängen und sieht mir den
Berg herauf entgegen? Bei keinem fremden liebreizenden Gesichte darf
mir nunmehr einfallen: Wir werden bekannter miteinander werden,
dieser Busen wird vielleicht am meinigen ruhn, diese Lippen werden
mit meinen Küssen vertraut sein.

Mein Gemüt war hin- und zurückgezogen, häusliche Heimat,

rätselhafte Fremde; ich stand in der Mitte und wußte nicht wohin. Ich wünschte, die Gräfin möchte mich weniger lieben, ein anderer möchte mich aus ihrer Gunst verdrängen, dann hätte ich sie zürnend und verzweifelt verlassen, um wieder umherzustreifen und in den
5 Bergen, im Thalschatten, den frischen, lebendigen Geist wieder= zusuchen, der mich verlassen hatte. Aber sie hing an mir mit allem Feuer der ersten Liebe, sie zählte die Minuten, die ich nicht bei ihr zubrachte: sie haderte mit meiner Kälte. Noch nie war ich so geliebt, und die Fülle meines Glücks übertäubte mich. Sehn=
10 süchtig sah ich jedem Wandersmann nach, der auf der Landstraße vorüberzog; wie wohl ist dir, sagte ich, daß du dein ungewisses Glück noch suchst! ich habe es gefunden!

Ich ritt aus, um mich zu sammeln. Ich hielt mir in der Einsamkeit meinen Undank vor. Was willst du in der Welt als
15 Liebe? so redete ich mich selber an; siehe, sie ist dir geworden, sei zufrieden, begnüge dich, du kannst nicht mehr erobern: was du in einsamen Abenden mit aller Sehnsucht des Herzens er= wünschtest, wonach du in Wäldern jagtest, was die Bergströme dir entgegensangen, dies unnennbare Glück ist dir geworden, ist
20 wirklich dein, die Seele, die du weit umher gesucht, ist dir ent= gegen gekommen.

Wie es kam, daß die Dörfer mit ihren kleinen Häusern so seltsamlich vor mir lagen? daß mir jede Heimat zu enge und beschränkt dünkte? Das Abendrot schien in die Welt hinein, da
25 ritt ich vor einem niedrigen Bauernhause vorbei, auf dem Hofe stand ein Brunnen, davor war ein Mägdlein, das sich bückte, den schweren gefüllten Eimer heraufzuziehen. Sie sah zu mir herauf, indem ich stillhielt, der Abendschein lag auf ihren Wangen, ein knappes Mieder schloß sich traulich um den schönen vollen
30 Busen, dessen genaue Umrisse sich nicht verbergen ließen. Wer ist sie? sagte ich zu mir, warum hat sie dich betrachtet? Ich grüßte, sie dankte und lächelte. Ich ritt fort und rettete mich in die Dämmerung des Waldes hinein: mein Herz klopfte, als wenn ich dem Tode entgegeninge, als mir die Lichter aus dem Schlosse
35 entgegenglänzten. Sie wartet auf dich, sagte ich zu mir, freund= lich hat sie das Abendessen bereitet, sie sorgt, daß du müde bist, sie trocknet dir die Stirn. Nein, ich liebe sie, rief ich aus, wie sie mich liebt.

In der Nacht tönte der Lauf der Bergquellen in mein Ohr,

die Winde rauschten durch die Bäume, der Mond stieg herauf und ging wieder unter: alles, die ganze Natur in freier, will= kürlicher Bewegung, nur ich war gefesselt. Die Sonne war noch nicht aufgegangen, als ich wieder durch das Dorf ritt, es traf sich, daß das Mädchen wieder am Brunnen stand; ich war meiner 5 nicht mehr mächtig. Ich stieg vom Pferde, sie war ganz allein, sie antwortete so freundlich auf alle meine Fragen, ich war in meinem Leben zum erstenmal mit einem Weibe verlegen, ich machte mir Vorwürfe, ich wußte nicht, was ich sprach. Neben der Thür des Hauses war eine dichte Laube, wir setzten uns nieder; die 10 schönsten blauen Augen sahen mich an, ich konnte den frischen Lippen nicht widerstehen, die zum Kuß einluden, sie war nicht strenge gegen mich, ich vergaß die Stunde. Nachdenkend ritt ich zurück, ich wußte nun bestimmt, daß ich in dieser Einschränkung, in der Ehe mit der schönen Gräfin nicht glücklich sein würde. 15 Ich hatte es sonst oft belacht, daß man mit dem gewechselten Ringe die Freiheit fortschenkte, jetzt erst verstand ich den Sinn dieser Redensart. Ich vermied die Gräfin, ihre Schönheit lockte mich wieder an, ich verachtete mich, daß ich zu keinem Entschlusse kommen konnte. Der Hochzeitstag war indes ganz nahe heran= 20 gerückt, meine Braut machte alle Anstalten, ich hörte immer schon von den künftigen Einrichtungen sprechen; mein Herz schlug mir bei jedem Worte.

Man erzählt, daß man vor dem letzten Unglück des Markus Antonius wunderbare Töne wie von Instrumenten gehört habe, 25 wodurch sein Schutzgott Herkules von ihm Abschied genommen: so hört ich in jedem Lerchengesange, in jedem Klang einer Trompete, jeglichen Instruments das Glück, das mir seinen Abschied weh= mütig zurief. Immer lag mir die gründämmernde Laube im Sinne, das blaue Auge, der volle Busen. Ich war entschlossen. 30 Nein, Ludoviko, rief ich aus, ich will dir nicht untreu werden, du sollst mich nicht als Sklav wiederfinden, nachdem du mich von der ersten Kette losgemacht hast. Soll ich ein Ehemann werden, weil ich liebte? Seltsame Folge!

Ich nahm Abschied von ihr, ich versteckte mich in die Kleidung 35 eines Mönchs, so streifte ich umher, und so traf ich auf jenen Bildhauer Bolz, der eben aus Italien zurückkam.

Ich glaubte in ihm einige Züge von meinem Freunde an= zutreffen, und entdeckte ihm meine seltsame Leidenschaft. Er ward

mein Begleiter. Wie genau lernte ich nun Laube, Haus und
Garten meiner Geliebten kennen! Wie oft saßen wir da in den
Nachtstunden Arm in Arm geschlungen, indem uns der Vollmond
ins Gesicht schien! In der Kleidung eines gemeinen Bauern
5 machte ich auch mit den Eltern Bekanntschaft, und schmeckte
nun nach langer Zeit wieder die Süßigkeiten meiner sonstigen
Lebensweise.

Dann brach ich plötzlich wieder auf; nicht weit von hier
wohnt ein schönes Mädchen, die die Eltern dem Kloster bestimmt
10 haben, sie beweint ihr Schicksal. Ich war bereit, sie in dieser
Nacht zu entführen; ich vertraute dem Gefährten meinen Plan,
dieser Tückische, der sie anbetet, lockt mich hierher in den dichten
Wald, und versetzt mir heimlich diese Wunde. Darauf verließ er
mich schnell. Seht, das ist meine Geschichte.

15 Unaufhörlich schwebt das Bild der Gräfin nun vor meinen
Augen. Soll ich sie lassen? kann ich sie wiederfinden? soll ich
einem Wesen mein ganzes Leben opfern?"

Franz sagte: „Eure Geschichte ist seltsam, die Liebe heilt
Euch vielleicht einmal, daß Ihr Euch in der Beschränkung durch=
20 aus glücklich fühlt, denn noch habt Ihr die Liebe nicht gekannt."

„Du bist zu voreilig, mein Freund," sagte Florestan, „nicht
alle Menschen sind wie du, und genau genommen, weißt du auch
noch nicht einmal, wie du beschaffen bist."

Der Einsiedler kam, um nach der Wunde des Ritters zu
25 sehn, die sich sehr gebessert hatte. Rudolf nahm seine Schreib=
tafel und schrieb etwas hinein, Franz ging sinnend im Walde hin
und her.

Nach einer halben Stunde suchte Florestan seinen Freund,
und las ihm folgendes Gedicht vor, das Sternbald sehr bewegte.

30 Das Kind.

Ach! wie schön die Welt!
Ruht der freundliche Glanz auf den grünen Bergen,
Winkt mir der goldne Strahl durch die Bäume,
Durch den dichten Wald.

35 Welch' ein schönes Land mag hinter den Bergen anfangen,
Hör' ich wie bunte Hähne von dorther krähen,
Hör' ich Hündchen bellen, mich locken,
Aber ich darf nicht folgen.

30 ff. Auch dieses Gedicht hat Tieck später weggelassen.

Über Wiesen kommen mir vielleicht mit vielen Blumen
Schöne Kinder entgegen,
Goldne Haare hängen über die Stirne,
Herrliches, wunderbares Spielzeug halten sie in den kleinen Händen,
Alles wollen sie mir gern und freundlich geben.   5
Meine Lippen würden sie küssen,
Gingen dann mit einander
Über die bunte, blumenglänzende Wiese.

Ach! und einsam muß ich nun hier stehn,
Die Kinder, die ich kenne, gefallen mir nicht,   10
Sie spielen mit mir und ich muß weinen,
Daß ich die Herrlichkeiten in der Ferne nicht suchen darf.
O, wär' ich groß und stark, und dürfte der Vater
Nicht mehr schelten, die Mutter nicht mehr sorgen,
Wie wollt' ich eilen hinein in die Welt, und alles suchen,   15
Was ich mir wünsche.

Der Jüngling.

Rastlos irrt' ich hin und her
Durch die Länder, übers Meer,
Weiter drängte mich der Mut,   20
Suchte unbekanntes Gut,
Immer weiter lockten die Sterne,
Immer ferner die zaubrische Ferne,
Suchte immer in Meer und Land,
Was mir gebrach, was ich doch nicht fand.   25
Schmachtend kam ich stets zurück,
Nirgend auf weiter Erde mein Glück.
O Thor, und hast es nicht gefunden,
Wonach alle Sehnsucht rang,
Dem dein Herz entgegen drang   30
In den bittersüßen Stunden?
Zu ihr, zu ihr mein Herz gerissen
Entgegen ihren Wonneküssen!

Diese Trauer beengte die Brust,
Vergällte jede Lebenslust,   35
Daß keiner dies mein Herz verstand,
Jedweder Sinn mir abgewandt;
Das trieb mich her, das trieb mich hin,
Und nirgend war mein Leben mir Gewinn.
Die Schwesterseele mein Geist gefunden,   40
Und Seele mit Seele fest verbunden,

Das halbe Wort, der Blick, der Ton,
Mir mehr als Rede verständlich schon:
Seh' ich des Auges Holdseligkeit,
Ihr Geist den süßen Gruß mir beut,
5 Die Lippe nicht allein, die küßt,
Im Küssen ein Geist im andern ist,
Himmelsodem umweht mich mit Engelsschwingen,
Alle Pulse Wonn' und Entzücken klingen.
Keine Sehnsucht weckt des Waldes Ton,
10 Blickt mich an der holde Augenstern,
Fliegt mein Geist nach Strömen nicht davon,
Lockt mich keine zauberreiche Fern,
Bleibe in der Heimat gern.

Der Mann.

15 Irrte der Mensch in der schönsten Zeit des Lebens nicht rastlos
Über Klippen und Fels, glücklich wäre der Mensch.
Aber er sucht in Bergen, im Thal das befreundete Wesen,
Jenes bleibt ihm fremd, er nur sich selber getreu.
Könnte Vernunft durchs Leben den raschen Jüngling geleiten,
20 Daß er das Leben nicht selbst wie ein Verschwender verlör',
Suchend, was niemals noch vor ihm ein Einz'ger gefunden,
Daß er doch glaubte, was ihn Mutter Erfahrung belehrt,
Lernte zum Nutzen für sich und andre die Kräfte beherrschen,
Die zur Zerstörung nur leider die Jugend gebraucht. —
25 Hohen Mut und Geisterkraft empfind' ich im Innern,
Aber noch ist nichts Würdiges durch mich geschehn,
Doch, zu Thaten soll mich die schönste Hoffnung begeistern,
Alles, was ich bin, Wohlthat für jeglichen sei,
Heiter seh' ich dann am Abend ins Leben zurücke,
30 Mich beruhigt es dann, daß ich gewirkt und genützt,
Daß ich gethan, so viel das Geschick mir immer erlaubte
Und von meinem Platz niemals den Bessern verdrängt.

Der Greis.

Von der langen Lebensreise müde,
35 Bin ich an des Todes Thor gekommen,
Sitze da und schau auf meinen Weg. —
Viele mühevolle Schritte, wie vergeblich,
Aber mich gereut nicht einer.
Unerfüllt dem Jüngling des Kindes Sehnsucht,
40 Ward die Hoffnung des Mannes betrogen,
Aber ich traure nicht darob.

Hier im Baumschatten ruhend schau ich
Wohlgemut nach meinen gepflanzten Blumen,
Die mit süßen Düften mich erquicken;
Denke bei den kleinen Blumen jeder Gegend,
Die ich sonst wohl sah, die mir jetzt fern liegt,   5
Aber nun lockt mich die Ferne nicht mehr.

   Rasche Jünglinge nennen meine Blumensorge
Spiel des Alters, was gewinnen sie mit
Ihrer stürmenden Kraft?
Diese Blumen wachsen, blühn und duften,   10
Alle meine Wünsche sind erfüllt.
In des Lebens harten Felsen stecken sie
Ach! manche Hoffnung und wünschen ihr Gedeihn,
Wie selten, daß der Same grün emporschießt,
Wie seltner, daß er Blüten trägt!   15

   Um mich sammeln sich die Kinder
Und es freut mich, Spielwerk für sie zu schnitzen,
Dann seh' ich den ernsten Mann wohl lächeln,
Der den Geschäften sein Leben weiht.
Nennt mein Beginnen kindisch, und weiß nicht,   20
Daß er mit unzufried'nen Kindern nur zu thun hat,
Denen er das Spielzeug nimmer recht macht.

   Thöricht ist es, auf- und abzutreiben,
Der Seele Heimat hier auf Erden suchend,
Sie kann auf dieser Erde nirgend sein.   25
Auf meinen Blumen zittert das Abendrot
Und versinkt dann hinter Bergen.
O, daß ich so in die kühle grüne Erde sänke,
Dann suchte die freie Seele durch den Luftraum
Die schön're Heimat unter den Gestirnen,   30
Dann fänd' ich den geliebten Bruder,
Den ich vergeblich mit Schmerzen hier gesucht,
Dann träf' ich die wirkende Kraft und Dauer,
Da ich mich hier in vergeblicher Arbeit abgequält.

     - - -

   Franz Sternbald suchte den Ritter wieder auf, nachdem   35
Florestan ihn verlassen hatte, und sagte: „Ihr seid vorher gegen
meinen Freund so willfährig gewesen, daß Ihr mich dreist ge=
macht habt, Euch um die Geschichte jenes alten Mannes zu bitten,
dessen Ihr an dem Morgen erwähntet, als wir uns hinter Straß=
burg trafen."   40

„So viel ich mich erinnern kann, sagte der Ritter, will ich Euch erzählen. — Auf einer meiner einsamen Wanderungen kam ich in ein Gehölz, das mich bald zu zwei einsamen Felsen führte, die sich wie zwei Thore gegenüberstanden. Ich bewunderte die
5 seltsame Symmetrie der Natur, als ich auf einen schönen Baum= gang aufmerksam wurde, der sich hinter den Felsen eröffnete. Ich ging hindurch, und fand einen weiten Platz, durch den die Allee von Bäumen gezogen war, ein schöner heller Bach floß auf der Seite, Nachtigallen sangen, und eine schöne Ruhe lud mich ein,
10 mich niederzusetzen und auf das Plätschern einer Fontäne zu hören, die aus dichtem Gebüsche herausplauderte.

Ich saß eine Weile, als mich der liebliche Ton einer Harfe aufmerksam machte, und als ich mich umsah, ward ich die Büste Ariosts gewahr, die über einem kleinen Altar erhaben stand, unter
15 dieser spielte ein schöner Jüngling auf dem Instrumente.“

Hier wurde die Erzählung des Ritters durch einen sonder= baren Vorfall unterbrochen.

Zweites Buch.

Erstes Kapitel.

In der Klause entstand ein Geräusch und Gezänk, gleich darauf
sah man den Eremiten und Pilgrim, beide erhitzt, heraus=
treten, aus dem Walde kam ein großer ansehnlicher Mann, auf 5
den Roderigo sogleich hinzueilte und ihn in seine Arme schloß.
„O, mein Ludoviko!" rief er aus, „bist du wieder da? Wie
kommst du hierher? Geht es dir wohl? Bist du noch wie sonst
mein Freund?"

Jener konnte vor dem Entzücken Roderigos immer noch nicht 10
zu Worte kommen, indessen die heiligen Männer in ihrem eifrigen
Gezänk fortfuhren. Da Florestan den Namen Ludoviko nennen
hörte, verließ er auch Sternbald, und eilte zu den beiden, indem
er aufrief: „Gott sei gedankt, wenn Ihr Ludoviko seid! Ihr
seid uns hier in der Einsamkeit unaussprechlich willkommen!" 15

Ludoviko umarmte seinen Freund, indem Sternbald voller
Erstaunen verlassen da stand, dann sagte er lustig: „Mich freut
es, dich zu sehn, aber wir müssen doch dort die streitenden Par=
teien auseinander bringen."

Als sie den fremden schönen Mann auf sich zukommen sahen, 20
der ganz so that, als wenn es seine Sache sein müßte, ihren
Zwist zu schlichten, ließen sie freiwillig von einander ab. Sie
waren von der edlen Gestalt wie bezaubert, Roderigo war vor
Freude trunken, seinen Freund wieder zu besitzen, und Florestan
konnte kein Auge von ihm verwenden. „Was haben die beiden 25
heiligen Männer gehabt?" fragte Ludoviko.

Der Eremit fing an, seinen Unstern zu erzählen. Der Pilger
sei derselbe, der seine Geliebte geheiratet habe, diese Entdeckung

habe sich unvermutet während ihrer Gebete hervorgethan, er sei darüber erbittert worden, daß er nun noch zum Überfluß seinem ärgsten Feinde Herberge geben müßte.

Der Pilgrim verantwortete sich dagegen: daß es seine Schuld
5 nicht sei, daß jener gegen die Gastfreiheit gehandelt und ihn mit Schimpfreden überhäuft habe.

Ludoviko sagte: „Mein lieber Pilger, wenn dir die Groß= mut recht an die Seele geheftet ist, so überlaß jenem eifrigen Liebhaber deine bisherige Frau, und bewohne du seine Klause.
10 Vielleicht, daß er sich bald hierher zurücksehnt, und du dann gewiß nicht zum zweitenmale den Tausch eingehn wirst."

Rudolf lachte laut über den wunderlichen Zank und über diese lustige Entscheidung, Franz aber erstaunte, daß Einsiedler, heilige Männer so unheiligen und gemeinen Leidenschaften, als
15 dem Zorne, Raum verstatten könnten. Der Pilgrim war gar nicht willens, seine Frau zu verlassen, um ein Waldbruder zu werden, der Eremit schämte sich seiner Heftigkeit.

Alle Parteien waren ausgesöhnt, und sie setzten sich mit friedlichen Gemütern an das kleine Mittagsmahl.
20 „Du hast dich gar nicht verändert," sagte Roderigo.

„Und muß man sich denn immer verändern?" rief Ludoviko aus; „nein, auch Ägypten mit seinen Pyramiden und seiner heißen Sonne kann mir nichts anhaben. Nichts ist lächerlicher als die Menschen, die mit ernsthaftern Gesichtern zurückkommen, weil sie
25 etwa entfernte Gegenden gesehn haben, alte Gebäude und wunder= liche Sitten. Was ist es denn nun mehr? Nein, mein Roderigo, hüte dich vor dem Anderswerden, denn an den meisten Menschen ist die Jugend noch das Beste, und was ich habe, ist mir auf jeden Fall lieber, als was ich erst bekommen soll. Eine Wahr=
30 heit, die nur bei einer Frau eine Ausnahme leidet. Nicht wahr, mein lieber Pilgrim? Du selbst kommst mir aber etwas anders vor."

„Und wie steht es denn in Ägypten?" fragte Florestan, der gern mit dem seltsamen Fremden bekannter werden wollte.

„Die alten Sachen stehn noch immer am alten Fleck," sagte
35 jener, „und wenn man dort ist, vergißt man, daß man sich vor= her darüber verwundert hat. Man ist dann so eben und gewöhn= lich mit sich und allem außer sich, wie mir hier im Walde ist. Der Mensch weiß nicht, was er will, wenn er Sehnsucht nach der Fremde fühlt, und wenn er dort ist, hat er nichts. Das

Lächerlichste an mir ist, daß ich nicht immer an demselben Orte
bleibe."

„Habt Ihr die seltsamen Kunstsachen in Augenschein ge=
nommen?" fragte Franz bescheiden.

„Was mir vor die Augen getreten ist," sagte Ludoviko, 5
„habe ich ziemlich genau betrachtet. Die Sphinxe sehn unsereins
mit gar wunderlichen Augen an, sie stehn aus dem fernen Alter=
tum gleichsam spöttisch da, und fragen: Wo bist du her? Was
willst du hier? Ich habe in ihrer Gegenwart meiner Tollkühnheit
mich mehr geschämt, als wenn vernünftige Leute mich tadelten, 10
oder andre mittlern Alters mich lobten."

„O, wie gern möchte ich Euer Gefährte gewesen sein!" rief
Franz aus, „die Gegenden wirklich und wahrhaftig zu sehn, die
schon in der Imagination unsrer Kindheit vor uns stehn, die
Örter zu besuchen, die gleichsam die Wiege der Menschheit sind. Nun 15
dem wunderbaren Laufe des alten Nils zu folgen, von Ruinen
in fremder, schauerlicher, halbverständlicher Sprache angeredet zu
werden, Sphinxe im Sande, die hohen Pyramiden, Memnons
wundersame Bildsäule, und immer das Gefühl der alten Ge=
schichten mit sich herumzutragen, noch einzelne lebende Laute aus 20
der längst entflohenen Heidenzeit zu vernehmen, übers Meer nach
Griechenland hinüberzublicken, zu träumen, wie die Vorwelt aus
dem Staube sich wieder emporgearbeitet, wie wieder griechische
Flotten landen — o, alles das in unbegreiflicher Gegenwart nun
vor sich zu haben, könnt Ihr gegen Euer Glück wirklich so un= 25
dankbar sein?"

„Ich bin es nicht," sagte Ludoviko, „und mir sind diese
Empfindungen auch oft auf den Bergen, an der Seeküste durch
die Brust gegangen. Oft faßte ich aber auch eine Handvoll Sand
und dachte: Warum bist du nun so mühsam, mit so mancher 30
Gefahr, so weit gereist, um dies Teilchen Erde zu sehn, das
Sage und Geschichte dir nun so lange nennt? Ist denn die übrige
Erde jünger? Darfst du dich in deiner Heimat nicht verwundern?
Sieh die ewigen Felsen dort an, den Ätna in Sicilien, den alten
Schlund der Charybdis. Und mußt du dich verwundern, um glück= 35
lich zu sein? — Ich sagte dann zu mir selber: Thor! Thor!
und wahrlich, ich verachtete in eben dem Augenblicke den Men=
schen, der diese Thorheit nicht mit mir hätte begehn können."

Unter mancherlei Erzählungen verstrich auch dieser Tag, der

Einsiedel sagte oft: „Ich begreife nicht, wie ich in eurer Gesell=
schaft bin, ich bin wohl und sogar lustig, ja meine Lebensweise
ist mir weniger angenehm, als bisher. Ihr steckt uns alle mit
der Reisesucht an; ich glaubte über alle Thorheiten des Lebens
5 hinüber zu sein, und ihr weckt eine neue Lust dazu in mir auf."
Am folgenden Morgen nahmen sie Abschied; der Pilgrim
hatte sich mit dem Einsiedel völlig versöhnt, sie schieden als gute
Freunde. Ludoviko führte den Zug an, die übrigen folgten ihm.
Auf dem Wege erkundigte sich Ludoviko nach Sternbald und
10 seinem Gefährten Florestan, er lachte über diesen oft, der sich alle
Mühe gab, von ihm bemerkt zu werden, Sternbald war still, und
begleitete sie in tiefen Gedanken. Ludoviko sagte zu Franz, als
er hörte, dieser sei ein Maler: „Nun, mein Freund, wie treibt
Ihr es mit Eurer Kunst? Ich bin gern in der Gesellschaft von
15 Künstlern, denn gewöhnlich sind es die wunderlichsten Menschen,
auch fallen wegen ihrer seltsamen Beschäftigung alle ihre Launen
mehr in die Augen, als bei andern Leuten. Ihr Stolz macht
einen wunderlichen Kontrast mit ihrem übrigen Verhältnis im
Leben, ihre poetischen Begeisterungen tragen sie nur zu oft in alle
20 Stunden über, auch unterlassen sie es selten, die Gemeinheit ihres
Lebens in ihre Kunstbeschäftigungen hineinzunehmen. Sie sind
schmeichelnde Sklaven gegen die Großen, und doch verachten sie
alles in ihrem Stolze, was nicht Künstler ist. Aus allen diesen
Mißhelligkeiten entstehen gewöhnlich Charaktere, die lustig genug
25 ins Auge fallen."
Franz sagte beschämt: „Ihr seid ein sehr strenger Richter,
Herr Ritter."
Ludoviko fuhr fort: „Ich habe noch wenige Künstler gesehen,
bei denen man es nicht in den ersten Augenblicken bemerkt hätte,
30 daß man mit keinen gewöhnlichen Menschen zu thun habe. Fast
alle sind unnötig verschlossen und zudringlich offenherzig. Ich habe
mich selbst zuweilen geübt, dergleichen Leute darzustellen, und es
niemals unterlassen, diese Seltsamkeiten in das hellste Licht zu
stellen. Es fällt gewiß schwer, Mensch wie die übrigen zu bleiben,
35 wenn man sein Leben damit zubringt, etwas zu thun und zu
treiben, wovon ein jeder glaubt, daß es übermenschlich sei: in
jedem Augenblicke zu fühlen, daß man mit dem übrigen Menschen=
geschlechte eben nicht weiter zusammenhänge. Diese Sterblichen
leben nur in Tönen, in Zeichen, gleichsam in einem Luftreviere

wie Feen und Kobolde, es ist nur scheinbar, wenn man sie glaubt
die Erde betreten zu sehen."

„Ihr mögt in einiger Hinsicht nicht unrecht haben," sagte
Franz.

„Wer sich der Kunst ergiebt," sagte jener weiter, „muß das, 5
was er als Mensch ist und sein könnte, aufopfern. Was aber
das Schlimmste ist, so suchen jene Leute, die sich für Künstler
wollen halten lassen, noch allerhand Seltsamkeiten und auffallende
Thorheiten zusammen, um sie recht eigentlich zur Schau zu tragen,
als Orden oder Ordenskreuz, in Ermangelung dessen, damit man 10
sie in der Ferne gleich erkennen soll, ja sie halten darauf mehr,
als auf ihre wirkliche Kunst. Hütet Euch davor, Herr Maler."

„Man erzählt doch von manchem großen Manne," sagte Fanz,
„der von dergleichen Thorheiten frei geblieben ist."

„Nennt mir einige," rief Ludoviko.   15

Sternbald sagte: „Zum Beispiel der edle Malergeist Rafael
Sanzio von Urbin."

„Ihr habt recht," sagte der heftige Ritter, „und überhaupt,"
fuhr er nach einem kleinen Nachdenken fort, „laßt Euch meine
Rede nicht so sehr auffallen, denn sie braucht gar nicht so ganz 20
wahr zu sein. Ihr habt mich mit dem einzigen Namen beschämt
und in die Flucht geschlagen, und alle meine Worte erscheinen
mir nun wie eine Lästerung auf die menschliche Größe. Ich bin
selbst ein Thor, das wollen wir für ausgemacht gelten lassen."

Roderigo sagte: „Du hast manche Seiten von dir selbst ge= 25
schildert."

„Mag sein," sagte sein Freund, „man kann nichts Besseres
und nichts Schlechters thun. Laßt uns lieber von der Kunst selber
sprechen. Ich habe mir in vielen Stunden gewünscht, ein Maler
zu sein."   30

Sternbald fragte: „Wie seid Ihr darauf gekommen?"

„Erstlich," antwortete der junge Ritter, „weil es mir ein
großes Vergnügen sein würde, manche von den Mädchen so mit
Farben vor mich hinzustellen, die ich wohl ehemals gekannt habe,
dann mir andre noch schönere abzuzeichnen, die ich manchmal in 35
glücklichen Stunden in meinem Gemüte gewahr werde. Dann
erleide ich auch zuweilen recht sonderbare Begeisterung, so daß
mein Geist sehr heftig bewegt ist, dann glaube ich, wenn mir die
Geschicklichkeit zu Gebote stände, ich würde recht wunderbare und

merkwürdige Sachen ausarbeiten können. Seht, mein Freund, dann würde ich einsame, schauerliche Gegenden abschildern, morsche zerbrochene Brücken über zwei schroffen Felsen, einem Abgrunde hinüber, durch den sich ein Waldstrom schäumend drängt: verirrte
5 Wandersleute, deren Gewänder im feuchten Winde flattern, furcht=
bare Räubergestalten aus dem Hohlwege heraus, angefallene und geplünderte Wägen, Kampf mit den Reisenden. — Dann wieder eine Gemsenjagd in einsamen, furchtbaren Felsenklippen, die klettern=
den Jäger, die springenden, gejagten Tiere von oben herab, die
10 schwindelnden Abstürze. Figuren, die oben auf schmalen über=
ragenden Steinen Schwindel ausdrücken, und sich eben in ihren Fall ergeben wollen, der Freund, der jenen zu Hülfe eilt, in der Ferne das ruhige Thal. Einzelne Bäume und Gesträuche, die die Einsamkeit nur noch besser ausdrücken, auf die Verlassenheit
15 noch aufmerksamer machen. — Oder dann wieder den Bach und Wassersturz mit dem Fischer, der angelt, mit der Mühle, die sich dreht, vom Monde beschienen. Ein Kahn auf dem Wasser, aus=
geworfene Netze. — Zuweilen kämpft meine Imagination, und ruht nicht und giebt sich nicht zufrieden, um etwas durchaus Un=
20 erhörtes zu ersinnen und zustande zu bringen. Äußerst seltsame Gestalten würde ich dann hinmalen, in einer verworrenen, fast unverständlichen Verbindung, Figuren, die sich aus allen Tierarten zusammenfänden und unten wieder in Pflanzen endigten: Insekten und Gewürme, denen ich eine wundersame Ähnlichkeit mit mensch=
25 lichen Charakteren aufdrücken wollte, so daß sie Gesinnungen und Leidenschaften possierlich und doch furchtbar äußerten; ich würde die ganze sichtbare Welt aufbieten, aus jedem das Seltsamste wählen, um ein Gemälde zu machen, das Herz und Sinnen er=
griffe, das Erstaunen und Schauder erregte, und wovon man
30 noch nie etwas ähnliches gesehn und gehört hätte. Denn ich finde das an unsrer Kunst zu tadeln, daß alle Meister ohngefähr nach einem Ziele hinarbeiten, es ist alles gut und löblich, aber es ist immer mit wenigen Abänderungen das Alte."

Franz war einen Augenblick stumm, dann sagte er: „Ihr
35 würdet auf eine eigene Weise das Gebiet unsrer Kunst erweitern, mit wunderbaren Mitteln das Wunderbarste erringen, oder in Euren Bemühungen erliegen. Eure Einbildung ist so lebhaft und lebendig, so zahlreich an Gestalt und Erfindung, daß ihr das Unmöglichste nur ein leichtes Spiel dünkt. O, wie viel billigere

Forderungen muß der Künstler aufgeben, wenn er zur wirklichen
Arbeit schreitet!"

Hier stimmte der Pilgrim plötzlich ein geistliches Lied an,
denn es war nun die Tageszeit gekommen, an welcher er es nach
seinem Gelübde absingen mußte. Das Gespräch wurde unterbrochen, 5
weil alle aufmerksam zuhörten, ohne daß eigentlich einer von ihnen
wußte, warum er es that.

Mit dem Schlusse des Gesanges traten sie in ein anmutiges
Thal, in dem eine Herde weidete, eine Schalmei tönte herüber,
und Sternbalds Gemüt ward so heiter und mutig gestimmt, daß 10
er von freien Stücken Florestans Schalmeilied zum Ergötzen der
übrigen wiederholte; als er geendigt hatte, stieg der mutwillige
Ludoviko auf einen Baum, und sang von oben in den Tönen
einer Wachtel, eines Kuckucks und einer Nachtigall herunter. „Nun
haben wir alle unsre Pflicht gethan," sagte er, „jetzt haben wir es 15
wohl verdient, daß wir uns ausruhen dürfen, wobei uns der
junge Florestan mit einem Liede erquicken soll."

Sie setzten sich auf den Rasen nieder, und Florestan fragte:
„welcher Inhalt soll denn in meinem Liede sein?"

„Welcher du willst," antwortete Ludoviko, „wenn es dir recht 20
ist, gar keiner; wir sind mit allem zufrieden, wenn es dir nur
gemütlich ist, warum soll eben Inhalt den Inhalt eines Gedichts
ausmachen?"

Rudolf sang:

> Durch den Himmel zieht der Vögel Zug,   25
> Sie sind auf Wanderschaft begriffen,
> Da hört man gezwitschert und gepfiffen
> Von groß und klein der Melodieen genug.

> Der Kleine singt mit seiner Stimm',
> Der Große krächzt gleich wie im Grimm   30
> Und ein'ge stottern, andre schnarren,
> Und Drossel, Gimpel, Schwalbe, Staren,

> Sie wissen alle nicht, was sie meinen,
> Sie wissen's wohl und sagen's nicht,
> Und wenn sie auch zu reden scheinen,   35
> Ist ihr Gerede nicht von Gewicht.

— „Holla! warum seid Ihr auf der Reise?" —
Das ist nun einmal unsre Weise.
— „Warum bleibt Ihr nicht zu jeglicher Stund?" —
Die Erd' ist allenthalben rund.

5 Auf die armen Lerchen wird Jagd gemacht,
Die Schnepfen gar in Dohnen gefangen,
Dort sind die Böglein aufgehangen
An keine Rückfahrt mehr gedacht.

— Ist das die Art, mit uns zu sprechen?
10 Uns armen Vögeln den Hals zu brechen?
— Verständlich ist doch diese Sprache,
So ruft der Mensch, sie dient zur Sache,
In allen Natur die Sprache regiert,
Daß eins mit dem andern Kriege führt,
15 Man dann am besten räsonniert und beweist,
Wenn eins vom andern wird aufgespeist:
Die Ströme sind im Meere verschlungen,
Vom Schicksal wieder der Mensch bezwungen,
Den tapfersten Magen hat die Zeit,
20 Ihr nimmermehr ein Essen gereut.
Doch wie von der Zeit eine alte Fabel besagt,
Macht auf sie das jüngste Gericht einst Jagd.
Ein' andre Speise giebt's nachher nicht,
Heißt wohl mit Recht das letzte Gericht.

25 Rudolf sang diese tollen Verse mit so lächerlichen Bewegungen,
daß sich keiner des Lachens enthalten konnte. Als der Pilgrim
wieder ernsthaft war, sagte er sehr feierlich: „Verzeiht mir, man
wird unter euch wie ein Trunkener, wenn ihr mich noch lange
begleitet, so wird aus meiner Pilgerschaft gleichsam eine Narrenreise."
30 Man verzehrte auf der Wiese ein Mittagsmahl, das sie mitgenommen hatten, und Ludoviko wurde nicht müde, sich bei Roderigo
nach allerhand Neuigkeiten zu erkundigen. Roderigo verschwieg,
ob aus einer Art von Scham, oder weil er vor den beiden die
Erzählung nicht wiederholen mochte, seine eigne Geschichte. Er kam
35 durch einen Zufall auf Luther und die Reformation zu sprechen.
„O, schweig mir davon," rief Ludoviko aus, „denn es ist mir ein
Verdruß zu hören. Jedweder, der sich für klug hält, nimmt in
unsern Tagen die Partei dieses Mannes, der es gewiß gut und

6. Dohne, Schlinge zum Vogelfang.

redlich meint, der aber doch immer mit seinen Ideen nicht recht weiß, wo er hinaus will."

„Ihr erstaunt mich!" sagte Franz.

„Ihr seid ein Deutscher," fuhr Ludoviko fort, „ein Nürnberger, es nimmt mich nicht Wunder, wenn Ihr Euch der guten Sache annehmt, wie sie Euch wohl erscheinen muß. Ich glaube auch, daß Luther einen wahrhaft großen Geist hat, aber ich bin ihm darum doch nicht gewogen. Es ist schlimm, daß die Menschen nichts einreißen können, nicht die Wand eines Hofs, ohne gleich darauf Lust zu kriegen, ein neues Gebäude aufzuführen. Wir haben eingesehn, daß Irren möglich sei, nun irren wir lieber noch jenseits, als in der geraden lieblichen Straße zu bleiben. Ich sehe schon im voraus die Zeit kommen, die die gegenwärtige Zeit fast notwendig hervorbringen muß, wo ein Mann sich schon für ein Wunder seines Jahrhunderts hält, wenn er eigentlich nichts ist. Ihr fangt an zu untersuchen, wo nichts zu untersuchen ist, Ihr tastet die Göttlichkeit unsrer Religion an, die wie ein wunderbares Gedicht vor uns da liegt, und nun einmal keinem andern verständlich ist, als der sie versteht: hier wollt Ihr ergrübeln und widerlegen, und könnt mit allem Trachten nicht weiter vorwärts dringen, als es dem Blödsinne auch gelingen würde, da im Gegenteil die höhere Vernunft sich in der Untersuchung wie in Netzen würde gefangen fühlen, und lieber die edle Poesie glauben, als sie den Unmündigen erklären wollen."

„O, Martin Luther!" seufzte Franz, „Ihr habt da ein kühnes Wort über ihn gesprochen."

Ludoviko sagte: „Es geht eigentlich nicht ihn an, auch will ich die Mißbräuche des Zeitalters nicht in Schutz nehmen, gegen die er vornehmlich eifert, aber mich dünkt doch, daß diese ihn zu weit führen, daß er nun zu ängstlich strebt, das Gemeine zu sondern, und darüber das Edelste mit ergreift. Wie es den Menschen geht, seine Nachfolger mögen leicht ihn selber nicht verstehn, und so erzeugt sich statt der Fülle einer göttlichen Religion eine dürre vernünftige Leerheit, die alle Herzen schmachtend zurückläßt, der ewige Strom voll großer Bilder und kolossaler Lichtgestalten trocknet aus, die dürre gleichgiltige Welt bleibt zurück und einzeln, zerstückt und mit ohnmächtigen Kämpfen muß das wieder erobert werden, was verloren ist, das Reich der Geister ist entflohen, und nur einzelne Engel kehren zurück."

„Du bist ein Prophet geworden," sagte Roderigo, „seht, meine Freunde, er hat die ägyptische Weisheit heimgebracht."

„Wie könnt Ihr nur," sagte der Pilgrim, „so weise und so thörichte Dinge in einem Atem sprechen und verrichten? Sollte 5 man Euch diese frommen Gemütsbewegungen zutrauen?" —

Rudolf stand auf und gab dem Ludovifo die Hand, und sagte: „Wollt Ihr mein Freund sein, oder mich fürs erste nur um Euch dulden, so will ich Euch begleiten, wohin Ihr auch geht, seid Ihr mein Meister, ich will Euer Schüler werden. Ich opfere 10 Euch jetzt alles auf, Braut und Vater und Geschwister."

„Habt Ihr Geschwister?" fragte Ludovifo.

„Zwei Brüder," antwortete Rudolf, „wir lieben uns von Kindesbeinen, aber seitdem ich Euch gesehen habe, fühle ich gar keine Sehnsucht mehr, Italien wiederzusehn."

15 Ludovifo sagte: „Wenn ich über etwas in der Welt traurig werden könnte, so wäre es darüber, daß ich nie eine Schwester, einen Bruder gekannt habe. Mir ist das Glück versagt, in die Welt zu treten, und Geschwister anzutreffen, die gleich dem Herzen am nächsten zugehören. Wie wollte ich einen Bruder lieben, wie 20 hätte ich ihm mit voller Freude begegnen, meine Seele in die seinige fest hineinwachsen wollen, wenn er schon meine Kinderspiele geteilt hätte! Aber ich habe mich immer einsam gefunden, mein tolles Glück, mein wunderliches Landschwärmen sind mir nur ein geringer Ersatz für die Bruderliebe, die ich immer gesucht habe. 25 Zürne mir nicht, Roderigo, denn du bist mein bester Freund. Aber wenn ich ein Wesen fände, in dem ich den Vater, sein Temperament, seine Launen wahrnähme, mit welchem Erschrecken der Freude und des Entzückens würde ich darauf zueilen und es in meine brüderlichen Arme schließen! Mich selbst, im wahrsten 30 Sinn, fände ich in einem solchen wieder. — Aber ich habe eine einsame Kindheit verlebt, ich habe niemand weiter gekannt, der sich um mein Herz beworben hätte, und darum kann es wohl sein, daß ich keinen Menschen auf die wahre Art zu lieben verstehe, denn durch Geschwister lernen wir die Liebe, und in der 35 Kindheit liebt das Herz am schönsten. — So bin ich hartherzig geworden, und muß mich nun selber dem Zufalle verspielen, um die Zeit nur hinzubringen. Die schönste Sehnsucht ist mir unbekannt geblieben, fein brüderliches Herz weiß von mir und schmachtet nach mir, ich darf meine Arme nicht in die weite Welt hinein-

strecken, denn es kommt doch keiner meinem schlagenden Herzen
entgegen."

Franz trocknete sich die Thränen ab, er unterdrückte sein
Schluchzen. Es war ihm, als drängte ihn eine unsichtbare Gewalt
aufzustehn, die Hand des Unbekannten zu fassen, ihm in die Arme 5
zu stürzen und auszurufen: „Nimm mich zu deinem Bruder an!"
Er fühlte die Einsamkeit, die Leere in seinem eignen Herzen,
Ludoviko sprach die Wünsche aus, die ihn so oft in stillen Stunden
geängstigt hatten, er wollte seinen Klagen, seinem Jammer den
freien Lauf lassen, als er wieder innerlich fühlte: „Nein, alle 10
diese Menschen sind mir doch fremd, er kann ja doch nicht mein
Bruder werden, und vielleicht würde er nur meine Liebe verspotten."

Unter allerhand Liedern, gegen die der andächtige Gesang
des Pilgers wunderlich abstach, gingen sie weiter. Roderigo sagte:
„Mein Freund, du hast nun ein paarmal deines Vaters erwähnt, 15
willst du mir nicht endlich einmal seinen Namen sagen?"

„Und wißt Ihr denn nicht," fiel Rudolf hastig ein, „daß
Euer Freund dergleichen Fragen nicht liebt? Wie könnt Ihr ihn
nur damit quälen?"

„Du kennst mich schon besser, als jener," sagte Ludoviko, 20
„ich denke, wir sollen gute Kameraden werden. Aber warum ist
dein Freund Sternbald so betrübt?"

Sternbald sagte: „Soll ich darüber nicht trauern, daß der
Mensch mich nun verläßt, mit dem ich so lange gelebt habe?
Denn ich muß nun doch meine Reise fortsetzen, ich habe mich nur 25
zu lange aufhalten lassen. Ich weiß selbst nicht, wie es kommt,
daß ich meinen Zweck fast ganz und gar vergesse."

„Man kann seinen Zweck nicht vergessen," fiel Ludoviko ein,
„weil der vernünftige Mensch sich schon so einrichtet, daß er gar
keinen Zweck hat. Ich muß nur lachen, wenn ich Leute so große 30
Anstalten machen sehe, um ein Leben zu führen, das Leben ist
dahin, noch ehe sie mit den Vorbereitungen fertig sind."

Unter solchen Gesprächen zogen sie wie auf einem Marsche über
Feld, Rudolf ging voran, indem er auf seiner Pfeife ein munteres
Lied blies, seine Bänder flogen vom Hute in der spielenden Luft, 35
in seiner Schärpe trug er einen kleinen Säbel. Ludoviko war
noch seltsamer gekleidet; sein Gewand war hellblau, ein schönes
Schwert hing an einem zierlich gewirkten Bandelier über seine

---

38. Bandelier, franz. bandelier, ital. bandoliera, Band.

Schulter, eine goldne Kette trug er um den Hals, sein braunes
Haar war lockig. Roderigo folgte in Rittertracht, neben dem der
Pilgrim mit seinem Stabe und einfachen Anzuge gut kontrastierte.
Sternbald glaubte oft einen seltsamen Zug auf einem alten Ge=
5 mälde anzusehn.

Es war gegen Abend, als sie alle sehr ermüdet waren, und
noch ließ sich keine Stadt, kein Dorf antreffen. Sie wünschten
wieder einen gutmütigen stillen Einsiedel zu finden, der sie be=
wirtete, sie horchten, ob sie nicht Glockenschall vernähmen, aber
10 ihre Bemühung war ohne Erfolg. Ludovifo schlug vor, im Walde
das Nachtlager aufzuschlagen, aber alle außer Florestan waren
dagegen, der die größte Lust bezeigte, sein Handwerk als Abenteurer
recht sonderbar und auffallend anzufangen. Der Pilgrim glaubte,
daß sie sich verirrt hätten, und daß alles vergebens sein würde,
15 bis sie den rechten Weg wieder angetroffen hätten. Rudolf wollte
den längern Streit nicht mit anhören, sondern blies mit seiner
Pfeife dazwischen: alle waren in Verwirrung, und sprachen durch
einander, jeder that Vorschläge, und keiner ward gehört. Während
des Streites zogen sie in der größten Eile fort, als wenn sie vor
20 jemand flöhen, so daß sie in weniger Zeit eine große Strecke
Weges zurücklegten. Der Pilgrim sank endlich fast atemlos nieder,
und nötigte sie auf diese Weise stille zu halten.

Als sie sich ein wenig erholt hatten, glänzten die Wolken
schon vom Abendrot; sie gingen langsam weiter. — Sie zogen
25 durch ein kleines, angenehmes Gehölz, und fanden sich auf einem
runden, grünen Rasenplatz, vor ihnen lag ein Garten, mit einem
Stakete umgeben, durch dessen Stäbe und Verzierungen man
hindurchblicken konnte. Alles war artig eingerichtet, das Geländer
war allenthalben durchbrochen gearbeitet, eiserne Thüren zeigten
30 sich an etlichen Stellen, kein Palast war sichtbar. Dichte Baum=
gänge lagen vor ihnen, kühle Felsengrotten, Springbrunnen hörte
man aus der Ferne plätschern. Alle standen still, in dem zauber=
rischen Anblicke verloren, den niemand erwartet hatte: späte Rosen
glühten ihnen von schlanken, erhabenen Stämmen entgegen, weiter
35 ab standen dunkelrote Malven, wie die krause gewundene Säulen
die dämmerndgrünen Gänge zu stützen schienen. Alles umher war
still, keine Menschenstimme war zu vernehmen.

27. Stakete, Einfriedung aus Stäben oder Pfählen (Staken).

„Ist dieser Feengarten," rief Roderigo aus, „nicht wie durch
Zauberei hierher gekommen? Wenn wir mit dem Besitzer des
Hauses bekannt wären, wie erquicklich müßte es sein, in diesen
anmutigen Grotten auszuruhen, in diesen dunkeln Gängen zu
spazieren, und sich mit süßen Früchten abzukühlen? Wenn wir 5
nur einen Menschen wahrnähmen, der uns die Erlaubnis erteilen
könnte!"

Indem wurde Ludoviko einige Bäume mit sehr schönen
Früchten gewahr, die im Garten standen, große saftige Birnen
und hochrote Pflaumen. Er hatte einen schnellen Entschluß gefaßt. 10
„Laßt uns, meine guten Freunde," rief er aus, „ohne Zeremonieen
über das Spalier dieses Gartens steigen, uns in jener Grotte
ausruhen, mit Früchten sättigen, und dann den Mondschein abwarten, um unsre Reise fortzusetzen."

Alle waren über seine Verwegenheit in Verwunderung gesetzt, 15
aber Rudolf ging sogleich zu seiner Meinung über. Sternbald
und der Pilgrim widersetzten sich am längsten, aber indem sie
noch sprachen, war Ludoviko, ohne danach hinzuhören, schon in den
Garten geklettert und gesprungen, er half Florestan nach, Roderigo
rief den Rückbleibenden ebenfalls zu, Sternbald bequemte sich, und 20
der Pilgrim, den auch nach dem Obste gelüstete, fand es bedenklich,
ganz ohne Gesellschaft seine Reise fortzusetzen. Er machte nachher
noch viele Einwendungen, auf die niemand hörte, denn Ludoviko
fing an aus allen Kräften die Bäume zu schütteln, die auch reichlich
Obst hergaben, das die übrigen mit vieler Emsigkeit aufsammelten. 25

Dann setzten sie sich in der kühlen Grotte zum Essen nieder
und Ludoviko sagte: „Wenn uns nun auch jemand antrifft, was
ist es denn mehr? Er müßte sehr ungesittet sein, wenn er auf
unsre Bitte um Verzeihung nicht hören wollte, und sehr stark,
wenn wir ihm nicht vereinigt widerstehn sollten." 30

Als der Pilger eine Weile gegessen hatte, fing er an, große
Reue zu fühlen, aber Florestan sagte im lustigen Mute: „Seht,
Freunde, so leben wir im eigentlichen Stande der Unschuld, im
goldenen Zeitalter, das wir so oft zurückwünschen, und das wir
uns eigenmächtig, wenigstens auf einige Stunden erschaffen haben. 35
O wahrlich, das freie Leben, das ein Räuber führt, der jeden
Tag erobert, ist nicht so gänzlich zu verachten: wir verwöhnen
uns in unsrer Sicherheit und Ruhe zu sehr. Was kann es
geben, als höchstens einen kleinen Kampf? Wir sind gut be-

waffnet, wir fürchten uns nicht, wir sind durch uns selbst ge=
sichert."

Sie horchten auf, es war, als wenn sie ganz in der Ferne
Töne von Waldhörnern vernähmen, aber der Klang verstummte
5 wieder. „Seid unverzagt," rief Ludoviko aus, „und thut, als
wenn ihr hier zu Hause wäret, ich stehe euch für alles."

Der Pilgrim mußte nach dem Springbrunnen, um seine
Flasche mit Wasser zu füllen, sie tranken alle nach der Reihe mit
großem Wohlbehagen. Der Abend ward immer kühler, die
10 Blumen dufteten süßer, alle Erinnerungen wurden im Herzen
geweckt. „Du weißt nicht, mein lieber Roderigo," fing Ludoviko
von neuem an, „daß ich jetzt in Italien, in Rom wieder eine
Liebe habe, die mir mehr ist, als mir je eine gewesen war. Ich
verließ das schöne Land mit einem gewissen Widerstreben, ich sah
15 mit unaussprechlicher Sehnsucht nach der Stadt zurück, weil
Marie dort zurückblieb. Ich habe sie erst seit Kurzem kennen
gelernt, und ich möchte dir fast vorschlagen, gleich mit mir zurück=
zureisen, dann blieben wir alle, so wie wir hier sind, in einer
Gesellschaft. O Roderigo, du hast die Vollendung des Weibes
20 noch nicht gesehn, denn du hast sie nicht gesehn! all' der süße,
geheime Zauber, der die Gestalt umschwebt, das Heilige, das dir
aus blauen verklärten Augen entgegenblickt: die Unschuld, der
lockende Mutwille, der sich auf der Wange, in den liebreizenden
Lippen abbildet; — ich kann es dir nicht schildern. In ihrer
25 Gegenwart empfand ich die ersten Jugendgefühle wieder, es war
mir wieder, als wenn ich mit dem ersten Mädchen spräche, da mir
die andern alle als meinesgleichen vorkommen. Es ist ein Zug
zwischen den glatten schönen Augenbraunen, der die Phantasie
in Ehrfurcht hält, und doch stehn die Braunen, die langen
30 Wimpern wie goldene Netze des Liebesgottes da, um alle Seele,
alle Wünsche, alle fremde Augen wegzufangen. Hat man sie
einmal gesehn, so sieht man keinem andern Mädchen mehr
nach, kein Blick, kein verstohlenes Lächeln lockt dich mehr, sie
wohnt mit aller ihrer Holdseligkeit in deiner Brust, dein Herz
35 ist wie eine treibende Feder, die dich ihr, nur ihr durch alle
Gassen, durch alle Gärten nachdrängt; und wenn dann ihr himmel=
süßer Blick dich nur im Vorübergehen streift, so zittert die Seele
in dir, so schwindelt dein Auge von dem Blick in das rote Lächeln
der Lippen hinunter, in die Lieblichkeit der Wangen verirrt, gern

und ungern auf dem schönsten Busen festgehalten, den du nur
erraten darfst. O Himmel, gieb mir nur dies Mädchen in meine
Arme, und ich will deine ganze übrige Welt, mit allem, allem
was sie Köstliches hat, ohne Neid jedem andern überlassen!"

„Du schwärmst," sagte Roderigo, „in dieser Sprache habe 5
ich dich noch niemals sprechen hören."

„Ich habe die Sprache noch nicht gekannt," fuhr Ludoviko
fort, „ich habe noch nichts gekannt, ich bin bis dahin taub und
blind gewesen. Was fehlt uns hier, als daß Rudolf nur noch
ein Lied sänge? Eins von jenen leichten, scherzenden Liedern, die 10
die Erde nicht berühren, die mit luftigem Schritt über den goldenen
Fußboden des Abendrots gehn, und von dort in die Welt hinein=
grüßen. Laß einmal alle Liebe, die du je empfandest, in deinem
Herzen aufzittern, und dann sprich die Rätselsprache, die nur der
Eingeweihte versteht."   15

„So gut ich kann, will ich Euch dienen," sagte Rudolf,
„mir fällt soeben ein Lied von der Sehnsucht ein, das Euch
vielleicht gefallen wird."

> Warum die Blume das Köpfchen senkt,
> Warum die Rosen so blaß?   20
> Ach! die Thräne am Blatt der Lilie hängt,
> Vergangen das schön frische Gras.
>   Die Blumen erbleichen,
>   Die Farben entweichen,
>   Denn sie, denn sie ist weit   25
>   Die allerholdseligste Maid.
>
>   —
>
> Keine Anmut auf dem Feld,
> Keine süße Blüte am Baume mehr,
> Die Farben, die Töne durchstreifen die Welt
> Und suchen die Schönste weit umher.   30
>   Unser Thal ist leer
>   Bis zur Wiederkehr,
>   Ach! bringt sie gefesselt in Schöne
>   Zurücke ihr Farben, ihr Töne.
>
> Regenbogen leuchtet voran   35
> Und Blumen folgen ihm nach,
> Nacht'gall singt auf der Bahn,
> Rieselt der silberne Bach:

Thun als wäre der Frühling vergangen,
Doch bringen sie sie nur gefangen,
Wird Frühling aus dem Herbst alsbald,
Herrscht über uns kein Winter kalt.

5   Ach! ihr findet sie nicht, ihr findet sie nicht,
Habt kein Auge, die Schönste zu suchen;
Euch mangelt der Liebe Augenlicht,
Ihr ermüdet über dem Suchen.
     Treibt wie Blumen die Sache als fröhlichen Scherz,
10   Ach! nehmet mein Herz,
     Damit nach dem holden Engelskinde
     Der Frühling den Weg gewißlich finde.

   Und habt ihr Kinder entdeckt die Spur,
O so hört, o so hört mein ängstlich Flehn,
15 Müßt nicht zu tief in die Augen ihr sehn,
Ihre Blicke bezaubern, verblenden euch nur.
     Kein Wesen vor ihr besteht,
     All's in Liebe vergeht,
     Mag nichts anders mehr sein
20   Als ihre Lieb' allein.

   Bedenkt, daß Frühling und Blumenglanz
Wo ihr Fuß wandelt, immer schon ist,
Kommt zu mir zurück mit leichtem Tanz,
Daß Frühling und Nacht'gall doch um mich ist;
25   Muß dann spät und früh
     Mich behelfen ohne sie,
     Mit bittersüßen Liebesthränen
     Mich einsam nach der Schönsten sehnen.

   Aber bleibt, aber bleibt nur wo ihr seid,
30 Mag euch auch ohne sie nicht wiedersehn,
Blumen und Frühlingston wird Herzeleid,
Will indes hier im bittersten Tode vergehn.
     Mich selber zu strafen,
     Im Grabe tief schlafen,
35   Fern von Lieb, fern von Sonnenschein
     Lieber gar ein Toter sein.

Ach! es bricht in der Sehnsucht schon
Heimlich mein Herz in der treu'sten Brust,
Hat die Treu' so schwer bittern Lohn?
Bin keiner Sünde mir innig bewußt.
　　Muß die Liebste alles erfreun,　　　　　　　　　　5
　　Mir nur die quälendste Pein?
　　Treulose Hoffnung, du lächelst mich an:
　　Nein, ich bin ein verlorner Mann!

Es war lieblich, wie die Gebüsche umher von diesen Tönen
gleichsam erregt wurden, einige verspätete Vögel erinnerten sich 10
ihrer Frühlingslieder, und wiederholten sie jetzt wie in einer
schönen Schläfrigkeit. Roderigo war durch seinen Freund beherzt
geworden, er erzählte nun auch sein Abenteuer mit der schönen
Gräfin, und seine Freunde hörten ihn die Geschichte gern noch
einmal erzählen. „Und nun, was soll ich euch sagen?" so schloß 15
Roderigo, „ich habe sie verlassen, und denke jetzt nichts, als sie;
immer sehe ich sie vor meinen Augen schweben, und ich weiß mich
in mancher Stunde vor peinigender Angst nicht zu lassen. Ihr
edler Anstand, ihr munteres Auge, ihr braunes Haar, alles, alle
ihre Züge sah ich in meiner Einbildung. So oft bin ich in den 20
Nächten unter dem hellgestirnten Himmel gewandelt, von meinem
Glücke voll, zauberte ich mir dann ihre Gestalt vor meine Augen,
und es war mir dann, als wenn die Sterne noch heller funkelten,
als wenn das Dach des Himmels nur mit Freude ausgelegt sei.
Ich sage dir, Freund Ludoviko, alle Sinne werden ihr wie dienstbare 25
Sklaven nachgezogen, wenn das Auge sie nur erblickt hat: jede
ihrer sanften, reizenden Bewegungen beschreibt in Linien eine schöne
Musik, wenn sie durch den Wald geht, und das leichte Gewand
sich dem Fuße, der Lende geschmeidig anlegt, wenn sie zu Pferde
steigt und im Galopp die Kleider auf= und niederwogen, oder 30
wenn sie im Tanz wie eine Göttin schwebt, alles ist Wohllaut
in ihr, wie man sie sieht, mag man sie nie anders sehn, und doch
vergißt man in jeder neuen Bewegung die vorige. Es ist mehr
Wollust, sie mit den Augen zu verfolgen, als in den Armen einer
andern zu ruhn."　　　　　　　　　　　　　　　　　　35
　　„Nur Wein fehlt uns," rief Florestan aus, „die Liebe ist
wenigstens im Bilde zugegen."
　　„Wenn ich mir denke," sprach Roderigo erhitzt weiter, „daß
sich ein andrer jetzt um ihre Liebe bewirbt, daß sie ihn mit

freundlichen Augen anblickt, ich könnte unsinnig werden. Ich bin
auf jedermann böse, der ihr nur vorübergeht; ich beneide das
Gewand, das ihren zarten Körper berührt und umschließt. Ich
bin lauter Eifersucht, und dennoch habe ich sie verlassen können."
Ludovico sagte: „Du darfst dich darüber nicht verwundern.
Ich bin nicht nur bei jedem Mädchen, das ich liebte, eifersüchtig
gewesen, sondern auch bei jeder andern, wenn sie nur hübsch war.
Hatte ich ein artiges Mädchen bemerkt, das ich weiter gar nicht
kannte, das von mir gar nichts wußte, so stand meine Begier
vor ihrem Bilde gleichsam Wache, ich war auf jedermann neidisch
und böse, der nur durch den Zufall zu ihr ins Haus ging, der
sie grüßte und dem sie höflich dankte. — Sprach einer freundlich
mit ihr, so konnte ich mir diesen Unbekannten auf mehrere Tage
auszeichnen und merken, um ihn zu hassen. O, diese Eifersucht
ist noch viel unbegreiflicher als unsre Liebe, denn wir können doch
nicht alle Weiber und Mädchen zu unserm Eigentum machen; aber
das lüsterne Auge läßt sich keine Schranken setzen, unsre Phantasie
ist wie das Faß der Danaiden, unser Sehnen umfängt und umarmt jeglichen Busen."
Indem war es ganz finster geworden, der müde Pilgrim
war eingeschlafen, einige Hörnertöne erschallten, aber fast ganz
nahe an den Sprechenden, dann sang eine angenehme Stimme:

Treulieb' ist nimmer weit,
Nach Kummer und nach Leid
Kehrt wieder Lieb' und Freud',
Dann kehrt der holde Gruß,
Händedrücken,
Zärtlich Blicken,
Liebeskuß.

„Nun werden die Obstdiebe ertappt werden," rief Ludovico aus.
„Ich kenne diese Melodie, ich kenne diese Worte," sagte Stern-
bald, „und wenn ich mich recht erinnere — —"
Wieder einige Töne, dann fuhr die Stimme fort zu singen:

Treulieb' ist nimmer weit,
Ihr Gang durch Einsamkeit
Ist dir, nur dir geweiht.
Bald kommt der Morgen schön,
Ihn begrüßet
Wie er küsset
Freudenthrän'.

23*

Jetzt kamen durchs Gebüsch Gestalten, zwei Damen gingen
voran, mehrere Diener folgten. Die fremde Gesellschaft war indes
aufgestanden, Roderigo trat vor, und mit einem Ausruf des Entzückens lag er in den Armen der Unbekannten. Die Gräfin war
es, die vor Freude erst nicht die Sprache wiederfinden konnte. 5
„Ich habe dich wieder!" rief sie dann aus, „o gütiges Schicksal,
sei gedankt!"

Man konnte sich anfangs wenig erzählen. Sie hatte, um
sich zu zerstreuen, eine Freundin ihrer Jugend besucht, dieser gehörte Schloß und Garten. Von dem Unerlaubten des Übersteigens 10
war gar die Rede nicht.

Die Abendmahlzeit stand bereit, der Pilgrim ließ sich nach
seiner mühseligen Wanderschaft sehr wohl sein, Franz ward von
der Freundin Adelheids (dies war der Name der Gräfin) sehr
vorgezogen, da sie die Kunst vorzüglich liebte. Auch ihr Gemahl 15
sprach viel über Malerei, und lobte den Albert Dürer vorzüglich,
von dem er selbst einige schöne Stücke besaß.

Alle waren wie berauscht, sie legten sich früh schlafen, nur
Roderigo und die Gräfin blieben länger munter.

Franz konnte nicht bemerken, ob Roderigo und die Gräfin 20
sich so völlig ausgesöhnt hatten, um sich zu vermählen, er wollte
nicht länger als noch einen Tag zögern, um seine Reise fortzusetzen, er machte sich Vorwürfe, daß er schon zu lange gesäumt
habe. Er hätte gern von Roderigo sich die Erzählung fortsetzen
lassen, die beim Eremiten in ihrem Anfange abgebrochen wurde, 25
aber es fand sich keine Gelegenheit dazu. Der Herr des Schlosses
nötigte ihn zu bleiben, aber Franz fürchtete, daß das Jahr zu
Ende laufen und er noch immer nicht in Italien sein möchte.

Nach zweien Tagen nahm er von allen Abschied, Ludoviko
wollte bei seinem Freunde bleiben, auch Florestan blieb bei den 30
beiden zurück. Jetzt fühlte Sternbald erst, wie lieb ihm Rudolf
sei, auch ergriff ihn eine unerklärliche Wehmut, als er dem Ludoviko
die Hand zum Abschied reichte. Florestan war auf seine Weise
recht gerührt, er versprach unserm Freunde, ihm bald nach Italien
zu folgen, ihn binnen kurzem gewiß in Rom anzutreffen. Stern- 35
bald konnte seine Thränen nicht zurückhalten, als er zur Thür
hinausging, den Garten noch einmal mit einem flüchtigen Blicke
durchirrte. Der Pilgrim war sein Gefährte.

Draußen in der freien Landschaft, als er nach und nach das

Schloß verschwinden sah, fühlte er sich erst recht einsam. Der Morgen war frisch, er ging stumm neben dem Pilger hin, erinnerte sich aller Gespräche, die sie miteinander geführt, aller kleinen Begebenheiten, die er in Rudolfs Gesellschaft erlebt hatte. Sein Kopf wurde wüst, ihm war, als habe er die Freude seines Lebens verloren. Der Pilgrim verrichtete seine Gebete, ohne sich sonderlich um Sternbald zu kümmern.

Nachher gerieten sie in ein Gespräch, worin der Pilger ihm den genauen Zustand seiner Haushaltung erzählte. Sternbald erfuhr alle die Armseligkeiten des gewöhnlichen Lebens, wie jener ein Kaufmann von mittelmäßigen Glücksumständen sei, wie er danach trachte, mehr zu gewinnen und seine Lage zu verbessern. Franz, dem die Empfindung drückend war, aus seinem leichten poetischen Leben so in das wirkliche zurückgeführt zu werden, antwortete nicht, und gab sich Mühe, gar nicht danach hinzuhören. Jeder Schritt seines Weges ward ihm sauer, er kam sich ganz einsam vor, es war ihm wieder, als wenn ihn seine Freunde verlassen hätten und sich nicht um ihn kümmerten.

Sie kamen in eine Stadt, wo Franz einen Brief von seinem Sebastian zu finden hoffte, von dem er seit lange nichts gehört hatte. Er trennte sich hier von dem Pilgrim und eilte nach dem bezeichneten Mann. Es war wirklich ein Brief für ihn da, er erbrach ihn begierig und las:

„Liebster Franz!

Wie Du glücklich bist, daß Du in freier, schöner Welt herumwanderst, daß Dir nun das alles in Erfüllung geht, was Du sonst nur in Entfernung dachtest, dieses Dein großes Glück sehe ich nun erst vollkommen ein. Ach, lieber Bruder, es will mir manchmal vorkommen, als sei mein Lebenslauf durchaus verloren: aller Mut entgeht mir, so in der Kunst, als im Leben fortzufahren. Jetzt ist es dahin gekommen, daß Du mich trösten könntest, wie ich Dir sonst wohl oft gethan habe.

Unser Meister fängt an, oft zu kränkeln, er kam damals so gesund von seiner Reise zurück, aber diese schöne Zeit hat sich nun schon verloren. Er ist in manchen Stunden recht melancholisch: dann wird er es nicht müde, von Dir zu sprechen, und Dir das beste Schicksal zu wünschen.

Ich bin fleißig, aber meine Arbeit will nicht auf die wahre

Art aus der Stelle rücken, mir fehlt der Mut, der die Hand be=
leben muß, ein wehmütiges Gefühl zieht mich von der Staffelei
zurück. — Du schreibst mir von Deiner seltsamen Liebe, von Deiner
fröhlichen Gesellschaft; ach, Franz, ich bin hier verlassen, arm, ver=
gessen oder verachtet, ich habe die Kühnheit nicht, Liebe in mein 5
trauriges Leben hineinzuwünschen. Ich spreche zur Freude: was
machst du? und zum Lachen: Du bist toll! — Ich kann es mir
nicht vorstellen, daß mich einst ein Wesen liebte, daß ich es lieben
dürfte. Ich gehe oft im trüben Wetter durch die Stadt und be=
trachte Gebäude und Türme, die mühselige Arbeit, das künstliche 10
Schnitzwerk, die gemalten Wände, und frage dann: Wozu soll es?
Der Anblick eines Armen kann mich so betrübt machen, daß ich
die Augen nicht wieder aufheben mag.

Meine Mutter ist gestorben, mein Vater liegt in der Vorstadt
krank. Sein Handwerk kann ihn jetzt nicht nähren, ich kann nur 15
wenig für ihn thun. Meister Dürer ist gut, er hilft ihm und auf
die beste Art, so daß er mich nichts davon fühlen läßt, ich werde
es ihm zeitlebens nicht vergessen. Aber warum kann ich nicht mehr
für ihn thun? Warum fiel es mir noch im sechzehnten Jahre ein,
ein Maler zu werden? Wenn ich ein ordentliches Handwerk ergriffen 20
hätte, so könnte ich vielleicht jetzt selber meinen Vater ernähren.
Es dünkt mir thöricht, daß ich an der Ausarbeitung einer Geschichte
arbeite und indessen alles wirkliche Leben um mich her vergesse.

Lebe wohl, bleibe gesund. Sei in allen Dingen glücklich.
Liebe immer noch 25

Deinen Sebastian.“

Franz ließ das Blatt sinken und sah den Himmel an. Sein
Freund, Dürer, Nürnberg und alle ehemaligen bekannten Gegen=
stände kamen mit frischer Kraft in sein Gedächtnis. „Ja, ich bin
glücklich,“ rief er aus, „ich fühle es jetzt, wie glücklich ich bin! 30
Mein Leben spinnt sich wie ein goldener Faden auseinander; ich
bin auf der Reise, ich finde Freunde, die sich meiner annehmen,
die mich lieben, meine Kunst hat mich wider Erwarten fortgeholfen,
was will ich denn mehr? Und vielleicht lebt sie doch noch, viel=
leicht hat sich die Gräfin geirrt, — und wenn sie tot ist, — bin 35
ich nicht von Emma geliebt? Habe ich in ihren Armen nicht mein
schönstes Glück genossen? Leben nicht Rudolf und Sebastian noch?
Wer weiß, wo ich meine Eltern finde. O Sebastian, wärst du
zugegen, daß ich dir die Hälfte meines Mutes geben könnte!“

Zweites Kapitel.

Als Sternbald durch die Stadt streifte, glaubte er einmal in der Ferne den Bildhauer Bolz zu bemerken, aber die Person, die er dafür hielt, verlor sich wieder aus den Augen. Franz er=
5 götzte sich, wieder in einem Gewühl von unbekannten Menschen herumzuirren. Es war Jahrmarkt, und aus den benachbarten kleinen Städten und Dörfern hatten sich Menschen aller Art ver= sammelt, um hier zu verkaufen und einzukaufen. Sternbald freute sich an der allgemeinen Fröhlichkeit, die alle Gesichter beherrschte,
10 die so viele verworrene Töne laut durch einander erregte.

Er stellte sich etwas abseits und sah nun die Ankommenden, oder die schon mit ihren eingekauften Waren zurückgingen. Alle Fenster am Markte waren mit Menschen angefüllt, die auf das verworrene Getümmel heruntersahen. Franz sagte zu sich selbst:
15 Welch ein schönes Gemälde! und wie wäre es möglich, es dar= zustellen? Welche angenehme Unordnung, die sich aber auf keinem Bilde nachahmen läßt! Dieser ewige Wechsel der Gestalten, dies mannigfaltige, sich durchkreuzende Interesse, daß diese Figuren nie auch nur auf einen Augenblick in Stillstand geraten, ist es gerade,
20 was es so wunderbar schön macht. Alle Arten von Kleidungen und Farben verirren sich durch einander, alle Geschlechter und Alter, Menschen, dicht zusammengedrängt, von denen keiner am nächst= stehenden teilnimmt, sondern nur für sich selber sorgt. Jeder sucht und holt das Gut, das er sich wünscht, mit lachendem Mute, als
25 wenn die Götter plötzlich ein großes Füllhorn auf den Boden ausgeschüttet hätten, und emsig nun diese Tausende herausraffen, was ein jeder bedarf.

Leute zogen mit Bildern umher, die sie erklärten, und zu denen sich eine Menge Volks versammelte. Es waren schlechte,
30 grobe Figuren auf Leinwand gemalt. Das eine war die Geschichte eines Handwerkers, der auf seiner Wanderschaft den Seeräubern in die Hände geraten war und in Algier schmähliche Sklavendienste hatte thun müssen. Er war dargestellt, wie er mit andern Christen im Garten den Pflug ziehen mußte, und sein Aufseher ihn mit
35 einer fürchterlichen Geißel dazu antrieb. Eine zweite Vorstellung war das Bild eines seltsamlichen Ungeheuers, von dem der Er= klärer behauptete, daß es jüngst in der mittelländischen See ge= fangen sei. Es hatte einen Menschenkopf und einen Panzer auf

der Brust, seine Füße waren wie Hände gebildet und große Floß=
federn hingen herunter, hinten war es Pferd.

Alles Volk war erstaunt. Dies ist es, sagte Franz zu sich,
was die Menge will, was einem jeden gefällt. Ein wunderbares
Schicksal, wovon ein jeder glaubt, es hätte auch ihn ergreifen 5
können, weil es einen Menschen trifft, dessen Stand der seinige
ist. Oder eine lächerliche Unmöglichkeit. Seht, dies muß der
Künstler erfüllen, diese abgeschmackten Neigungen muß er be=
friedigen, wenn er gefallen will.

Ein Arzt hatte auf der andern Seite des Marktes sein Gerüst 10
aufgeschlagen und bot mit kreischender Stimme seine Arzneien aus.
Er erzählte die ungeheuersten Wunder, die er vermittelst seiner
Medikamente verrichtet hatte. Auch er hatte großen Zulauf, die
Leute verwunderten sich und kauften.

Er verließ das Gewühl und ging vors Thor, um recht lebhaft 15
die ruhige Einsamkeit gegen das lärmende Geräusch zu empfinden.
Als er unter den Bäumen auf= und abging, begegnete ihm wirklich
Bolz, der Bildhauer. Jener erkannte ihn sogleich, sie gingen mit=
einander und erzählten sich ihre Begebenheiten. Franz sagte: „Ich
hätte niemals geglaubt, daß Ihr im Stande wäret, einen Mann 20
zu verletzen, der Euch für seinen Freund hielt. Wie könnt Ihr
die That entschuldigen?"

„O, junger Mann," rief Augustin aus, „Ihr seid entweder
noch niemals beleidigt oder habt sehr wenig Galle in Euch. Ro=
derigo ruhte mit seinen Schmähworten nicht eher, bis ich ihm den 25
Stoß versetzt hatte, es war seine eigne Schuld. Er reizte mich
so lange, bis ich mich nicht mehr zurückhalten konnte."

Franz, der keinen Streit anfangen wollte, ließ die Entschul=
digung gelten, und Bolz fragte ihn: wie lange er sich in der
Stadt aufzuhalten gedächte? „Ich will morgen abreisen," ant= 30
wortete Sternbald. „Ich rate Euch, etwas zu bleiben," sagte der
Bildhauer, „und wenn Ihr denn geneigt seid, kann ich Euch eine
einträgliche Arbeit nachweisen. Hier vor der Stadt liegt ein Nonnen=
kloster, in dem Ihr, wenn Ihr wollt, ein Gemälde mit Öl auf
der Wand erneuern könnt. Man hat schon nach einem ungeschickten 35
Maler senden wollen, ich will Euch lieber dazu vorschlagen."

Franz nahm den Antrag an, er hatte schon lange gewünscht,
seinen Pinsel einmal an größeren Figuren zu üben. Bolz verließ
ihn mit dem Versprechen, ihn noch am Abend wiederzusehn.

Bolz kam zurück, als die Sonne schon untergegangen war. Er hatte den Vertrag mit der Äbtissin des Klosters gemacht, Sternbald war damit zufrieden. Sie gingen wieder vor die Stadt hinaus, Bolz schien unruhig und etwas zu haben, das er dem jungen Maler 5 gern mitteilen möchte; er brach aber immer wieder ab, und Sternbald, der im Geiste schon mit seiner Malerei beschäftigt war, achtete nicht darauf.

Es wurde finster. Sie hatten sich in die benachbarten Berge hineingewendet, ihr Gespräch fiel auf die Kunst. „Ihr habt mich," 10 sagte Sternbald, „auf die unsterblichen Werke des großen Michael Angelo sehr begierig gemacht, Ihr haltet sie für das Höchste, was die Kunst bisher hervorgebracht hat."

„Und hervorbringen kann!" rief Bolz aus, „es ist bei ihnen nicht von der oder der Vortrefflichkeit, von dieser oder jener Schön- 15 heit die Rede, sondern sie sind durchaus schön, durchaus vortrefflich. Alle übrigen Künstler sind gleichsam als die Vorbereitung, als die Ahndung zu diesem einzig großen Manne anzusehn: vor ihm hat noch keiner die Kunst verstanden, noch gewußt, was er mit ihr ausrichten soll."

20 „Aber wie kömmt es denn," sagte Sternbald, „daß auch noch andre außer ihm verehrt werden, und daß noch niemand nach dieser Vollkommenheit gestrebt hat?"

„Das ist leicht einzusehn," sagte der Bildhauer. „Die Menge will nicht die Kunst, sie will nicht das Ideal, sie will 25 unterhalten und gereizt sein, und es versteht sich, daß die niedrigern Geister dies weit besser ins Werk zu richten wissen, weil sie selber mit den Geistesbedürfnissen der Menge, der Liebhaber und Unkenner vertraut sind. Sie erblicken wohl gar beim echten Künstler Mangel, und glauben über seine Fehler und Schwächen ur- 30 teilen zu können, weil er vorsätzlich das verschmäht hat, was ihnen an ihren Lieblingen gefällt. Warum kein Künstler noch diese Größe erstrebt hat? Wer hat den richtigen Begriff von seiner Kunst, um das Beste zu wollen? Ja, wer von den Künstlern will denn überhaupt irgend was? Sie können sich ja nie von 35 ihrem Talente Rechenschaft geben, das sie blindlings ausüben, sie sind ja zufrieden, wenn sie den leichtesten Wohlgefallen erregen, auf welchem Wege es auch sei. Sie wissen ja gar nicht, daß es

36. **Wohlgefallen,** Zusammensetzung mit dem masc. „der Gefallen" oder „der Gefalle", während wir heute nur mehr den subst. inf. „das Wohlgefallen" gebrauchen.

eine Kunst giebt, woher sollen sie denn erfahren, daß diese Kunst eine höchste, letzte Spitze habe? Mit Michael Angelo ist die Kunst erst geboren worden, und von ihm wird eine Schule ausgehn, die die erste ist und bald die einzige sein wird."

„Und wie meint Ihr," fragte Franz, „daß dann die Kunst 5 beschaffen sein wird?"

„Man wird," sagte Bolz, „die unnützen Bestrebungen, die schlechten Manieren ganz niederlegen, und nur dem allmächtigen Buonarotti folgen. Es ist in jeder ausgeübten Kunst natürlich, daß sie sich vollendet, wenn nur ein erhabener Geist aufgestanden 10 ist, der den Irrenden hat zurufen können: Dorthin, meine Freunde, geht der Weg! Das hat Buonarotti gethan, und man wird nachher nicht mehr zweifeln und fragen, was Kunst sei. In jeglicher Darstellung wird dann ein großer Sinn liegen, und man wird die gewöhnlichen Mittel verschmähen, um zu gefallen. Jetzt nehmen 15 fast alle Künstler die Sinnen in Anspruch, um nur ein Interesse zu erregen, dann wird das Ideal verstanden werden."

Indem war es ganz dunkel geworden. Der Mond stieg eben unten am Horizont herauf, sie hatten schon fernher Hammerschläge gehört, jetzt standen sie vor einer Eisenhütte, in der gear- 20 beitet wurde. Der Anblick war schön; die Felsen standen schwarz umher, Schlacken lagen aufgehäuft, dazwischen einzelne grüne Gesträuche, fast unkenntlich in der Finsterniß. Vom Feuer und dem funkenden Eisen war die offene Hütte erhellt, die hämmernden Arbeiter, ihre Bewegungen, alles glich bewegten Schatten, die 25 von dem hellglühenden Erzklumpen angeschienen wurden. Hinten war der wildbewachsene Berg so eben sichtbar, auf dem alte Ruinen auf der Spitze vom aufgehenden Monde schon beschimmert waren: gegenüber waren noch einige leichte Streifen des Abendrots am Himmel. 30

Bolz rief aus: „Seht den schönen, bezaubernden Anblick!"

Auch Sternbald war überrascht, er stand eine Weile in Gedanken und schwieg, dann rief er aus: „Nun, mein Freund, was könntet Ihr sagen, wenn Euch ein Künstler auf einem Gemälde diese wunderbare Scene darstellte? Hier ist keine Handlung, kein 35 Ideal, nur Schimmer und verworrene Gestalten, die sich wie fast unkenntliche Schatten bewegen. Aber wenn Ihr dies Gemälde

---

24. funkenden Eisen, das gehämmerte glühende Eisen sprüht Funken.

sähet, würdet Ihr Euch nicht mit mächtiger Empfindung in den Gegenstand hineinsehen? Würde er die übrige Kunst und Natur nicht auf eine Zeitlang aus Eurem Gedächtnisse hinwegrücken, und was wollt Ihr mehr? Diese Stimmung würde dann so wie jetzt Euer ganzes Inneres durchaus ausfüllen, Euch bliebe nichts zu wünschen übrig, und doch wäre es nichts weiter, als ein künst= liches, fast tändelndes Spiel der Farben. Und doch ist es Hand= lung, Ideal, Vollendung, weil es das im höchsten Sinne ist, was es sein kann, und so kann jeder Künstler an sich der Trefflichste sein, wenn er sich kennt und nichts Fremdartiges in sich hinein= nimmt. Wahrlich! es ist, als hätte die alte Welt sich mit ihren Wundern aufgethan, als ständen dort die fabelhaften Cyklopen vor uns, die für Mars oder Achilles die Waffen schmieden. Die ganze Götterwelt kömmt dabei in mein Gedächtnis zurück: ich sehe nicht nur, was vor mir ist, sondern die schönsten Erinnerungen entwickeln sich im Innern meiner Seele. alles wird lebendig und wach, was seit lange schlief. Nein, mein Freund, ich bin innigst überzeugt, die Kunst ist wie die Natur, sie hat mehr als eine Schönheit."

Bolz war still, beide Künstler ergötzten sich lange an dem Anblick, dann suchten sie den Rückweg nach der Stadt. Der Mond war indes heraufgekommen und glänzte ihnen im vollen Lichte entgegen, durch die Hohlwege, die sie durchkreuzten, über die feuchte Wiese herüber, von den Bergen in zauberischen Wieder= scheinen. Die ganze Gegend war in eine Masse verschmolzen, und doch waren die verschiedenen Gründe leicht gesondert, mehr an= gedeutet, als ausgezeichnet; keine Wolke war am Himmel, es war, als wenn sich ein Meer mit unendlichen goldenen Glanzwogen sanft über Wiese und Wald ausströmte und herüber nach den Felsen bewegte.

„Könnten wir nur die Natur genau nachahmen," sagte Sternbald, „oder begleitete uns diese Stimmung nur so lange, als wir an einem Werke arbeiten, um in frischer Kraft, in voller Neuheit das hinzustellen, was wir jetzt empfinden, damit auch andre so davon ergriffen würden, wahrlich, wir könnten oft Hand= lung und Komposition entbehren, und doch eine große, herrliche Wirkung hervorbringen!"

Bolz mußte nicht recht, was er antworten sollte, er mochte nicht gern nachgeben, und doch konnte er Franz jetzt nicht wider=

legen, sie stritten hin und her, und verwunderten sich endlich, daß
sie die Stadt nicht erscheinen sahen. Bolz suchte nach dem Wege,
und ward endlich inne, daß er sich verirrt habe. Beide Wanderer
wurden verdrießlich, denn sie waren müde und sehnten sich nach
dem Abendessen, aber es schoben sich immer mehr Gebüsche zwischen 5
sie, immer neue Hügel, und der blendende Schimmer des Mondes
erlaubte ihnen keine Aussicht. Der Streit über die Kunst hörte
auf, sie dachten nur darauf, wie sie sich wieder zurecht finden
wollten. Bolz sagte: „Seht, mein Freund, über die Kunst haben
wir die Natur vernachlässigt; wollt Ihr Euch noch so in eine 10
Gegend hineinsehnen, aus der wir uns so gern wieder heraus=
wickeln möchten? Jetzt gäbt Ihr alle Ideale und Kunstwörter
für eine gute Ruhestelle hin."

„Wie Ihr auch sprecht!" sagte Sternbald, „davon kann ja
gar nicht die Rede sein. Wir haben uns durch Eure Schuld 15
verirrt, und es steht Euch nicht zu, nun noch zu spotten."

Sie setzten sich ermüdet auf den Stumpf eines abgehauenen
Baumes nieder. Franz sagte: „Wir werden hier wohl über=
nachten müssen, denn ich sehe noch keinen möglichen Ausweg."

„Gut denn!" rief Bolz aus, „wenn es die Not so haben 20
will, so wollen wir uns auch in die Not finden. Wir wollen
sprechen, Lieder singen, und schlafen, so gut es sich thun läßt.
Mit dem Aufgange der Sonne sind wir dann wieder munter,
und kehren zur Stadt zurück. Fangt Ihr an zu singen."

Sternbald sagte: „Da wir nichts Besseres zu thun wissen, 25
will ich Euch ein Lied von der Einsamkeit singen, es schickt
sich gut zu unserm Zustande."

> Über mir das hellgestirnte Himmelsdach,
> Alle Menschen dem Schlaf ergeben,
> Ruhend von dem mühevollen Leben, 30
> Ich allein, allein im Hause wach.
>
> Trübe brennt das Licht herunter;
> Soll ich aus dem Fenster schauen,
> 'nüber nach den fernen Auen?
> Meine Augen bleiben munter. 35
>
> Soll ich mich im Strahl ergehen
> Und des Mondes Aufgang suchen?
> Sieh', er flimmert durch die Buchen,
> Weiden am Bach im Golde stehen.

Ist es nicht, als käme aus den Weiden
Ach ein Freund, den ich lange nicht gesehn,
Ach, wie viel ist schon seither geschehn,
Seit dem qualenvollen, bittern Scheiden!

5　　　An den Busen will ich ihn mächtig drücken,
Sagen, was so ofte mir gebangt,
Wie mich inniglich nach ihm verlangt,
Und ihm in die süßen Augen blicken.

Aber der Schatten bleibt dort unter den Zweigen,
10　　Ist nur Mondenschein,
Kömmt nicht zu mir herein,
Sich als Freund zu zeigen.

Ist auch schon gestorben und begraben,
Und vergeß' es jeden Tag,
15　　Weil ich's so übergerne vergessen mag;
Wie kann ich ihn denn in den Armen haben?

Geht der Fluß murmelnd durch die Klüfte,
Sucht die Ferne nach eigner Melodie,
Unermüdet sprechend spat und früh:
20　　Wehn vom Berge schon Septemberlüfte.

Töne fallen von oben in die Welt,
Lust'ge Pfeifen, fröhliche Schalmein,
Ach! sollten es Bekannte sein?
Sie wandern zu mir übers Feld.

25　　Fernab ertönen sie, keiner weiß von mir,
Alle meine Freunde mich verlassen,
Die mich liebten, jetzt mich hassen,
Kümmert sich keiner, daß ich wohne hier.

Ziehn mit Netzen oft lustig am See,
30　　Höre oft das ferne Gelach;
Seufze mein kümmerlich Ach!
Thut mir der Busen so weh.

Ach! wo bist du Bild geblieben,
Engelsbild vom schönsten Kind?
35　　Keine Freuden übrig sind,
Unterstund mich, dich zu lieben.

Hast den Gatten längst gefunden,
Wie der fernste Schimmerschein,
Fällt mein Name dir wohl ein,
Nie in deinen guten Stunden.

Und das Licht ist ausgegangen,   5
Sitze in der Dunkelheit,
Denke, was mich sonst gefreut,
Als noch Nachtigallen sangen.

Ach! und warst nicht einsam immer?
Keiner, der dein Herz verstand,   10
Keiner sich zu dir verband.
Geh auch unter Mondesschimmer!

Lösche, lösche letztes Licht!
Auch wenn Freunde mich umgeben,
Führ ich doch einsames Leben: 15
Lösche, lösche letztes Licht,
Der Unglückliche braucht dich nicht!

Indem hörten sie nicht weit von sich eine Stimme singen:

Wer lust'gen Mut zur Arbeit trägt
Und rasch die Arme stets bewegt,   20
Sich durch die Welt noch immer schlägt.
Der Träge sitzt, weiß nicht wo aus
Und über ihm stürzt ein das Haus,
Mit vollen Segeln munter
Fährt der Frohe das Leben hinunter.   25

Der Singende war ein Kohlenbrenner, der jetzt näher kam.
Bolz und Sternbald gingen auf ihn zu, sie standen seiner Hütte
ganz nahe, ohne daß sie es bemerkt hatten. Er war freundlich,
und bot ihnen von freien Stücken sein kleines Haus zum Nacht=
lager an. Die beiden Ermüdeten folgten ihm gern.   30
    Drinnen war ein kleines Abendessen zurecht gemacht, kein
Licht brannte, aber einige Späne, die auf dem Herde unterhalten
wurden, erleuchteten die Hütte. Eine junge Frau war geschäftig,
den Fremden einen Sitz auf einer Bank zu bereiten, die sie an
den Tisch schob. Alle setzten sich nieder, und aßen aus derselben 35
Schüssel; Franz saß neben der Frau des Köhlers, die ihn mit
lustigen Augen zum Essen nötigte. Er fand sie artig, und be=
wunderte die Wirkung des Lichtes auf die Figuren.

Der Köhler erzählte viel vom nahen Eisenhammer, für den er die meisten Kohlen lieferte, er hatte noch so spät einen Weiler besucht. Ein kleiner Hund gesellte sich zu ihnen und war äußerst freundlich, die Frau, die lebhaft war, spielte und sprach mit ihm, 5 wie mit einem Kinde. Sternbald fühlte in der Hütte wieder die ruhigen, frommen Empfindungen, die ihn schon so oft beglückt hatten: er prägte sich die Figuren und Erleuchtung seinem Gedächt= nisse ein, um einmal ein solches Gemälde darzustellen.

Als sie mit dem Essen beinahe fertig waren, klopfte noch 10 jemand an die Thür, und eine klägliche Stimme flehte um näct= liche Herberge. Alle verwunderten sich, der Köhler öffnete die Hütte, und Sternbald erstaunte, als er den Pilgrim hereintreten sah. Der Köhler war gegen den Wallfahrer sehr ehrerbietig, es wurde Speise herbeigeschafft, die Stube heller gemacht. Der Pilgrim 15 erschrak, als er hörte, daß er der Stadt so nahe sei, er hatte sie schon seit zwei Tagen verlassen, sich auf eine unbegreifliche Art verirrt, und bei allen Zurechtweisungen immer den unrechten Weg ergriffen, so daß er jetzt kaum eine halbe Meile von dem Orte entfernt war, von dem er ausging.

20 Der Wirt erzählte noch allerhand, die junge Frau war geschäftig, der Hund war gegen Sternbald sehr zuthunlich. Nach der Mahlzeit wurde für die Fremden eine Streu zubereitet, auf der sich der Wallfahrer und Bolz sogleich ausstreckten. Franz war gegen sein Erwarten munter. Der Köhler und seine Frau 25 gingen nun auch zu Bette, der Hund ward nach seiner Behausung auf den kleinen Hof gebracht, Sternbald blieb bei den Schla= fenden allein.

Der Mond sah durch das Fenster, in der Einsamkeit fiel des Bildhauers Gesicht dem Wachenden auf, es war eine Physio= 30 gnomie, die Heftigkeit und Ungestüm ausdrückte. Franz begriff es nicht, wie er seinen anfänglichen Widerwillen gegen diesen Menschen so habe überwinden können, daß er jetzt mit ihm um= gehe, daß er sich ihm sogar vertraue.

Bolz schien unruhig zu schlafen, er warf sich oft umher, ein 35 Traum ängstigte ihn. Franz vergaß beinahe, wo er war, denn alles umher erhielt eine sonderbare Bedeutung. Seine Phantasie ward erhitzt, und es währte nicht lange, so glaubte er sich unter Räubern zu befinden, die es auf sein Leben angesehn hätten, jedes Wort des Kohlenbrenners, dessen er sich nur erinnerte, war ihm

verdächtig, er erwartete es ängstlich, wie er mit seinen Spießgesellen
wieder aus der Thür herauskommen würde, um sie im Schlafe
umzubringen und zu plündern. Über diesen Betrachtungen schlief
er ein, aber ein fürchterlicher Traum ängstigte ihn noch mehr, er
sah die entsetzlichsten Gestalten, die seltsamsten Wunder, er erwachte   5
unter drückenden Beklemmungen.

    Am Himmel sammelten sich Wolken, auf die die Strahlen
des Mondes fielen, die Bäume vor der Hütte bewegten sich. Um
sich zu zerstreuen schrieb er folgendes in seine Schreibtafel nieder:

Die Phantasie.   10

    Wer ist dort der alte Mann,
In einer Ecke festgebunden,
Daß er sich nicht rührt und regt?
Vernunft hält über ihn Wache,
Sieht und erkundet jede Miene.   15
Der Alte ist verdrießlich,
Um ihn in tausend Falten
Ein weiter Mantel geschlagen.

    Es ist der launige Phantasus,
Ein wunderlicher Alter,   20
Folgt stets seiner närrischen Laune,
Sie haben ihn jetzt festgebunden,
Daß er nur seine Possen läßt,
Vernunft im Denken nicht stört,
Den armen Menschen nicht irrt,   25
Daß er sein Tagsgeschäft
In Ruhe vollbringe,
Mit dem Nachbar verständig spreche
Und nicht wie ein Thor erscheine.
Denn der Alte hat nie was Kluges im Sinn,   30
Immer tändelt er mit dem Spielzeug
Und kramt es aus und lärmt damit,
So wie nur nicht nach ihm gesehn wird.

    Der alte Mann schweigt und runzelt die Stirn,
Als wenn er die Rede ungern vernähme,   35
Schilt gern alles langweilig,
Was in seinen Kram nicht taugt.

---

    19. Den Namen des Phantasus hat Tieck später einer Sammlung seiner Jugend-
dichtungen vorgesetzt; s. Bd. 141, 1, S. XVII.

Der Mensch handelt, denkt, die Pflicht
Wird indeß stets von ihm gethan;
Fällt in die Augen das Abendrot hinein,
Stehn Schlummer und Schlaf aus ihrem Winkel auf,
5   Da sie den Schimmer merken.
Vernunft muß ruhn und wird zu Bett gebracht,
Schlummer singt ihr ein Wiegenlied:
Schlaf ruhig, mein Kind, morgen ist auch noch ein Tag.
Mußt nicht alles auf einmal denken,
10   Bist unermüdet und das ist schön,
Wirst auch immer weiter kommen,
Wirst deinem lieben Menschen Ehre bringen,
Er schätzt dich auch über alles,
Schlaf ruhig, schlaf ein. —
15   Wo ist meine Vernunft geblieben? sagt der Mensch,
Geh, Erinn'rung, und such sie auf!
Erinn'rung geht und trifft sie schlafend,
Gefällt ihr die Ruhe auch,
Nickt über der Gefährtin ein.
20   Nun werden sie gewiß dem Alten die Hände frei machen,
Denkt der Mensch und fürchtet sich schon.
Da kömmt der Schlaf zum Alten geschlichen,
Und sagt: Mein Bester, du mußt erlahmen,
Wenn dir die Glieder nicht frei gemacht werden,
25   Pflicht, Vernunft und Verstand bringen dich ganz herunter,
Und du bist gutwillig, wie ein Kind. —
Indem macht der Schlaf ihm schon die Hände los,
Und der Alte schmunzelt: sie haben mir viel zu danken,
Mühsam hab' ich sie erzogen,
30   Aber nun verachten sie mich alten Mann,
Meinen, ich würde kindisch,
Sei zu gar nichts zu gebrauchen.
Du, mein Liebster, nimmst dich mein noch an,
Wir beiden bleiben immer gute Kameraden.
35   Der Alte steht auf und ist der Banden frei,
Er schüttelt sich vor Freude:
Er breitet den weiten Mantel aus,
Und aus allen Falten stürzen wunderbare Sachen,
Die er mit Wohlgefallen ansieht.
40   Er kehrt den Mantel um und spreitet ihn weit umher,
Eine bunte Tapete ist die untre Seite.
Nun hantiert Phantasus in seinem Zelte
Und weiß sich vor Freuden nicht zu lassen.
Aus Glas und Krystallen baut er Schlösser,

Läßt oben von den Zinnen Zwerge gucken,
Die mit dem großen Kopfe wackeln.
Unten gehn Fontänen im Garten spazieren,
Aus Röhren sprudeln Blumen in die Luft,
Dazu singt der Alte ein seltsam Lied   5
Und klimpert mit aller Gewalt auf der Harfe.
Der Mensch sieht seinen Spielen zu
Und freut sich, vergißt, daß Vernunft
Ihn vor allen Wesen herrlich macht.
Spricht: Fahre fort, mein lieber Alter.   10
Und der Alte läßt sich nicht lange bitten,
Schreiten Geistergestalten heran,
Zieht die kleinen Marionetten an Fäden
Und läßt sie aus der Ferne größer scheinen.
Tummeln sich Reiter und Fußvolk,   15
Hängen Engel in Wolken oben,
Abendröten und Mondschein gehn durch einander.
Verschämte Schönen sitzen in Lauben,
Die Wangen rot, der Busen weiß,
Das Gewand aus blinkenden Strahlen gewebt.   20
Ein Heer von Kobolden lärmt und tanzt,
Alte Helden kommen von Troja wieder,
Achilles, der greise Nestor versammeln sich zum Spiel
Und entzweien sich wie die Knaben. —
Ja, der Alte hat daran noch nicht genug,   25
Er spricht und singt: Laß deine Thaten fahren,
Dein Streben, Mensch, deine Grübelei'n,
Sieh, ich will dir goldne Kegel schenken,
Ein ganzes Spiel, und silberne Kugeln dazu,
Männerchen, die von selbst immer auf den Beinen stehn,   30
Warum willst du dich des Lebens nicht freun?
Dann bleiben wir beisammen,
Vertreiben mit Gespräch die Zeit,
Ich lehre dich tausend Dinge,
Von denen du noch nichts weißt. —   35
Das blinkende Spielzeug sticht dem Menschen in die Augen,
Er reckt die Hände gierig aus,
Indem erwacht mit dem Morgen die Vernunft,
Reibt die Augen und gähnt und dehnt sich:
Wo ist mein lieber Mensch?   40
Ist er zu neuen Thaten gestärkt? so ruft sie.
Der Alte hört die Stimme und fängt an zu zittern,
Der Mensch schämt sich, läßt Kegel und Kugel fallen,
Vernunft tritt ins Gemach.

Ist der alte Wirrwarr schon wieder los geworden?
Ruft Vernunft aus, läßt du dich immer wieder locken
Von dem kindischen Greise, der selber nicht weiß
Was er beginnt? —
5 Der Alte fängt an zu weinen,
Der Mantel wieder umgekehrt,
Ihm um die Schultern gehängt,
Arm' und Beine festgebunden.
Sitzt wieder grämlich da.
10 Sein Spielzeug eingepackt,
Ihm alles wieder ins Kleid gesteckt,
Und Vernunft macht 'ne drohende Miene.
Der Mensch muß an die Geschäfte gehn,
Sieht den Alten nur von der Seite an
15 Und zuckt die Schultern über ihn.
Warum verführt ihr mir den lieben Menschen?
Grämelt der alte Phantasus,
Ihr werdet ihn matt und tot noch machen,
Wird vor der Zeit kindisch werden,
20 Sein Leben nicht genießen.
Sein bester Freund sitzt hier gebunden,
Der es gut mit ihm meint.
Er verzehrt sich und möcht' es gern mit mir halten,
Aber ihr Überklugen
25 Habt ihm meinen Umgang verleidet
Und wißt nicht, was ihr mit ihm wollt.
Schlaf ist weg und keiner steht mir bei.

— · — · —

Der Morgen brach indessen an, die übrigen im Hause wurden
munter, und Franz las dem Bildhauer seine Verse vor, der darüber
30 lachte und sagte: „Auch dies Gedicht, mein Freund, rührt vom
Phantasus her, man sieht es ihm wohl an, daß es in der Nacht
geschrieben ist; dieser Mann hat, wie es scheint, Spott und Ernst
gleich lieb."

Das dunkle Gemach wurde erhellt, der Köhler trat mit seiner
35 Frau herein. Franz lächelte über seine nächtliche Einbildung, er
sah nun die Thür, die er immer gefürchtet hatte, deutlich vor
sich stehn, nichts Furchtbares war an ihr sichtbar. Die Gesell=
schaft frühstückte, wobei der muntere Köhler noch allerhand er=
zählte. Er sagte, daß in einigen Tagen eine Nonne im benach=
40 barten Kloster ihr Gelübde ablegen würde, und daß sich dann zu

dieser Feierlichkeit alle Leute aus der umliegenden Gegend ver=
sammelten. Er beschrieb die Ceremonieen, die dabei vorfielen, er
freute sich auf das Fest, Sternbald schied von ihm und dem Pilgrim
und ging mit dem Bildhauer zur Stadt zurück.

Sternbald ließ sich im Kloster melden, er ward der Äbtissin
vorgestellt, er betrachtete das alte Gemälde, das er auffrischen
sollte. Es war die Geschichte der heiligen Genoveva, wie sie mit
ihrem Sohne unter einsamen Felsen in der Wildnis sitzt und von
freundlichen, liebkosenden Tieren umgeben ist. Das Bild schien
alt, er konnte nicht das Zeichen eines ihm bekannten Künstlers
entdecken. Denksprüche gingen aus dem Munde der Heiligen, ihres
Sohnes und der Tiere, die Komposition war einfach und ohne
Künstlichkeit, das Gemälde sollte nichts als den Gegenstand auf
die einfältigste Weise ausdrücken. Sternbald war willens, die
Buchstaben zu verlöschen und den Ausdruck der Figur zu erhöhen,
aber die Äbtissin sagte: „Nein, Herr Maler, Ihr müßt das Bild
im ganzen so lassen, wie es ist, und um alles ja die Worte
stehen lassen. Ich mag es durchaus nicht, wenn ein Gemälde
zu zierlich ist."

Franz machte ihr deutlich, wie diese weißen Zettel alle
Täuschung aufhöben und unnatürlich wären, ja wie sie gewisser=
maßen das ganze Gemälde vernichteten, aber die Äbtissin ant=
wortete. „Dies alles ist mir sehr gleich, aber eine geistliche, be=
wegliche Historie muß durchaus nicht auf eine ganz weltliche Art
ausgedrückt werden. Reiz, und was ihr Maler Schönheit nennt,
gehört gar nicht in ein Bild, das zur Erbauung dienen und heilige
Gedanken erwecken soll. Mir ist hier das Steife, Altfränkische
viel erwünschter, dies schon trägt zu einer gewissen Erhebung bei.
Die Worte sind aber eigentlich die Erklärung des Gemäldes und
diese gottseligen Betrachtungen könnt Ihr nimmermehr durch den
Ausdruck der Mienen ersetzen. An der sogenannten Wahrheit und
Täuschung liegt mir sehr wenig; wenn ich mich einmal davon
überzeugen kann, daß ich hier in der Kirche diese Wildnis mit
Tieren und Felsen antreffe, so ist es mir ein kleines, auch anzu=
nehmen, daß diese Tiere sprechen, und daß ihre Worte hingeschrieben
sind, wie sie selbst nur gemalt sind. Es entsteht dadurch etwas
Geheimnisvolles, wovon ich nicht gut sagen kann, worin es liegt.
Die übertriebenen Mienen und Gebärden aber sind mir zuwider.
Wenn die Maler immer bei dieser alten Methode bleiben, so

werden sie sich auch stets in den Schranken der guten Sitten halten,
denn dieser Ausdruck mit Worten führt gleichsam eine Aufsicht über
ihr Werk. Ein Gemälde ist und bleibt eine gutgemeinte Spielerei,
und darum muß man sie auch niemals zu ernsthaft treiben."

5 Franz ging betrübt hinweg, er wollte am folgenden Morgen
anfangen. Das Gerüst wurde eingerichtet, die Farben waren zu=
bereitet; als er in der Kirche oben allein stand und in die trüben
Gitter hineinsah, fühlte er sich unbeschreiblich einsam, er lächelte
über sich selber, daß er den Pinsel in der Hand führe. Er fühlte,
10 daß er nur als Handwerker gedungen sei, etwas zu machen, wo=
bei ihm seine Kunstliebe, ja sein Talent völlig überflüssig war,
„Was ist bis jetzt von mir geschehen?" sagte er zu sich selber,
„in Antwerpen habe ich einige Konterfeie ohne sonderliche Liebe
gemacht, die Gräfin und Roderigo nachher gemalt, weil sie in
15 ihn verliebt war, und nun stehe ich hier, um Denksprüche, schlecht
geworfene Gewänder, Hirsche und Wölfe neu anzustreichen."

Indem hatten sich die Nonnen zur Hora versammelt und
ihr feiner wohlklingender Gesang schwung sich wundersam hinüber,
die erloschene Genoveva schien danach hinzuhören, die gemalten
20 Kirchenfenster ertönten. Eine neue Lust erwachte in Franz, er
nahm Palette und Pinsel mit frischem Mut und färbte Genovevens
dunkles Gewand. „Warum sollte ein Maler," sagte er zu sich,
„nicht allenthalben, auch am unwürdigen Orte, Spuren seines
Daseins lassen? Er kann allenthalben ein Monument seiner schönen
25 Existenz schaffen, vielleicht daß doch ein seltener zarter Geist er=
griffen und gerührt wird, ihm dankt, und aus den Trübseligkeiten
sich eine schöne Stunde hervorsucht." Er nahm sich nämlich vor,
in dem Gesichte der Genoveva das Bildnis seiner teuren Unbe=
kannten abzuschildern, soviel es ihm möglich war. Die Figuren
30 wurden ihm durch diesen Gedanken teurer, die Arbeit lieber.

Er suchte in seiner Wohnung das Bildnis hervor, das ihm
der alte Maler gegeben hatte, er sah es an, und Emma stand
unwillkürlich vor seinen Augen. Sein Gemüt war wunderbar
beängstigt, er wußte nicht, wofür er sich entscheiden sollte. Dieser
35 Liebreiz, diese Heiterkeit seiner Phantasie bei Emmas Angedenken,
die lüsternen Bilder und Erinnerungen, die sich ihm offenbarten,
und dann das Zauberlicht, das ihm aus dem Bildnisse des teuren

18. schwung, altertümelnde Form statt schwang.

Angesichts aus herrlicher Ferne entgegenleuchtete, die Gesänge von Engeln, die ihn dorthin riefen, die schuldlose Kindheit, die wehmütige Sehnsucht, das Goldenste, Fernste und Schönste, was er erwünschen und erlangen konnte, daneben Sebastians Freude und Erstaunen, dazwischen das Grab.

Die Verworrenheit aller dieser Vorstellungen bemächtigte sich seiner so sehr, daß er zu weinen anfing und keinen Gedanken erhaschte, der ihn trösten konnte. Ihm war, als wenn seine innerste Seele in den brennenden Thränen sich aus seinen Augen hinausweinte, als wenn er nachher nichts wünschen und hoffen dürfte und nur ungewisse, irrende Reue ihn verfolgen könne. Seine Kunst, sein Streben, ein edler Künstler zu werden, sein Wirken und Werden auf der Erde erschien ihm als etwas Armseliges, Kaltes und jämmerlich Dürftiges. In Dämmerung gingen die Gestalten der großen Meister an ihm vorüber, er mochte nach keinem mehr die Arme ausstrecken; alles war schon vorüber und geendigt, wovon er noch erst den Anfang erwartete.

Er schweifte durch die Stadt, und die bunten Häuser, die Brücken, die Kirchen mit ihrer künstlichen Steinarbeit, nichts reizte ihn, es genau zu betrachten, es sich einzuprägen, wie er sonst so gern that, in jedem Werke schaute ihn Vergänglichkeit und zweckloses Spiel mit trüben Augen, mit spöttischer Miene an. Die Mühseligkeit des Handwerkers, die Emsigkeit des Kaufmanns, das trostlose Leben des Bettlers daneben schien ihm nun nicht mehr, wie immer, durch große Klüfte getrennt: sie waren Figuren und Verzierungen von einem großen Gemälde, Wald, Bergstrom, Gebirge, Sonnenaufgang waren Anhang zur trüben, dunkeln Historie, die Dichtkunst, die Musik machten die Worte und Denksprüche, die mit ungeschickter Hand hineingeschrieben wurden. „Jetzt weiß ich," rief er im Unmute aus, „wie dir zu Mute ist, mein vielgeliebter Sebastian, erst jetzt lese ich aus mir selber deinen Brief, erst jetzt entsetze ich mich darüber, daß du recht hast. So kann keiner dem andern sagen und sprechen, was er denkt; wenn wir selbst wie tote Instrumente, die sich nicht beherrschen können, so angeschlagen werden, daß wir dieselben Töne angeben, dann glauben wir den andern zu vernehmen."

Die Melodie des Liedes von der Einsamkeit kam ihm ins Gedächtnis, er konnte es nicht unterlassen, das Gedicht leise vor sich hinzusingen, wobei er immer durch die Straßen lief und sich endlich in das Getümmel des Marktes verlor.

Er stand im Gedränge still, und ihm fiel bei, daß vielleicht keiner von den hier bewegten unzähligen Menschen seine Gedanken und seine Empfindungen kenne, daß er schon oft selbst ohne Arg herumgewandert sei, daß er auch vielleicht in wenigen Tagen alles ₅ vergessen habe, was ihn jetzt erschüttre, und er sich dann wohl wieder klüger und besser als jetzt vorkomme. Wenn er so in sein bewegtes Gemüt sah, so war es, als wenn er in einen unergründ= lichen Strudel hinabschaute, wo Woge an Woge drängt und schäumt und man doch keine Welle sondern kann, wo alle Fluten sich ver= ₁₀ wirren und trennen und immer wieder durch einander wirbeln, ohne Stillstand, ohne Ruhe, wo dieselbe Melodie sich immer wieder= holt und doch immer neue Abwechselung ertönt: kein Stillstand, keine Bewegung, ein rauschendes, tosendes Rätsel, eine endlose, endlose Wut des erzürnten, stürzenden Elements.

₁₅   Käufer und Verkäufer schrieen und lärmten durch einander, Fremde, die sich zurechtfragten, Wagen, die sich gewaltsam Platz machten. Alle Arten von Eßwaren umher gelagert, Kinder und Greise im Gewühl, alle Stimmen und Zungen zum verwirrten Unisono vereinigt. Nach der andern Seite drängte sich das Volk ₂₀ voll Neugier, und Franz ward von dem ungestümen Strome mit ergriffen und fortgezogen, er bemerkte es kaum, daß er von der Stelle kam.

Als er näher stand, hörte er durch das Geräusch der Stimmen, durch die öftere Unterbrechung, Fragen, Antworten und Verwunderung ₂₅ folgendes Lied singen:

> Wie über Matten
> Die Wolke zieht,
> So auch der Schatten
> Vom Leben flieht.

> ₃₀ Die Jahre eilen
> Kein Stillestand,
> Und kein Verweilen,
> Sie hält kein Band.

> Nur Freude fettet
> ₃₅ Das Leben hier,
> Der Frohe rettet
> Die Zeiten schier.

Ihm sind die Stunden
    Was Jahre sind,
Sind nicht verschwunden,
    Wer so gesinnt.

Ihm sind die Küsse,   5
    Der goldne Wein
Noch 'mal so süße
    Im Sonnenschein.

Ihm naht kein Schatten
    Vergänglichkeit,   10
Für ihn begatten
    Sich Freud' und Zeit.

Drum nehmt die Freude
    Und sperrt sie ein,
Dann müßt ihr beide   15
    Unsterblich sein.

Es war ein Mädchen, die dieses Lied absang, indem kam
Franz durch eine unvermutete Wendung dicht an die Sängerin zu
stehen, das Gedränge preßte ihn an sie, und indem er sie genau
betrachtete, glaubte er Ludoviko zu erkennen. Jetzt hatte ihn der 20
Strom von Menschen wieder entfernt, und er konnte daher seiner
Sache nicht gewiß sein, ein Leierkasten fiel ihm mit seinen schwer=
fälligen Tönen in die Ohren, und eine andre Stimme sang:

Aus Wolken kommt die frohe Stunde,
O Mensch gesunde,   25
Laß Leiden sein und Bangigkeit,
Wenn Liebchens Kuß dein Herz erfreut.

In Küssen webt ein Zaubersegen,
Drum sei verwegen,
Was schadet's, wenn der Donner rollt, 30
Wenn nur der rote Mund nicht schmollt.

Franz war erstaunt, denn er glaubte in diesem begleitenden
Sänger Florestan zu erkennen. Er war wie ein alter Mann ge=
staltet und verstellte, wie Sternbald glaubte, auch seine Stimme;
doch war er noch zweifelhaft. — In kurzer Zeit hatte er beide 35
aus den Augen verloren, so sehr er sich auch bemühte, sich durch
die Menschen hindurchzudrängen.

Die beiden Gestalten lagen ihm immer im Sinne, er ging
zum Kloster zurück, aber er konnte sie nicht vergessen, er wollte
sie wieder aufsuchen, aber es war vergebens. Indem er malte,
kam die Äbtissin mit einigen Nonnen hinzu, um ihm bei der
5 Arbeit zuzusehn, die größte von ihnen schlug den Schleier zurück,
und Franz erschrak über die Schönheit, über die Majestät eines
Angesichts, die ihm plötzlich in die Augen fielen. Diese reine
Stirn, diese großen dunkeln Augen, das schwermütige, unaussprech=
lich süße Lächeln der Lippen nahm sein Auge gleichsam mit Gewalt
10 gefangen, sein Gemälde, jede andre Gestalt kam ihm gegen diese
Herrlichkeit trübe und unscheinbar vor. Er glaubte auch noch nie
einen so schlanken Wuchs gesehen zu haben, ihm fielen ein paar
Stellen aus alten Gedichten ein, wo der Dichter von der siegenden
Gewalt der Allerholdseligsten sprach, von der unüberwindlichen
15 Waffenrüstung ihrer Schöne. — Ein altes Lied sagte:

> Laß mich los, um Gotteswillen
> Gieb mich armen Sklaven frei,
> Laß die Augen dir verhüllen,
> Daß ihr Glanz nicht tödlich sei.
>
> 20   Mußt du mich in Ketten schleifen,
> Stärker als von Demantstein?
> Muß das Schicksal mich ergreifen,
> Ich ihr Kriegsgefangner sein? —

„Wie," dachte Sternbald, „muß dem Manne sein, dem sich
25 diese Arme freundlich öffnen, dem dieser heilige Mund den Kuß
entgegenbringt? Die Grazie dieser übermenschlichen Engelsgestalt
ganz sein Eigentum!"

Die Nonne betrachtete das Gemälde und den Maler in einer
nachdenklichen Stellung, keine ihrer Bewegungen war lebhaft, aber
30 wider Willen ward das Auge nachgezogen, wenn sie ging, wenn
sie die Hand erhob, das Auge war entzückt, in den Linien mit=
zugehen, die sie beschrieb. Franz gedachte an Roderigos Worte,
der von der Gräfin gesagt hatte, daß sie in Bewegungen Musik
schriebe, daß jede Biegung der Gelenke ein Wohllaut sei.
35   Sie gingen fort, der Gesang der Nonnen erklang wieder.
Franz fühlte sich verlassen, daß er nicht neben der schönen Heiligen

15. Auch dieses „alte Lied" in Tiecks Gedichten II, 218.

knieen konnte, ganz in Andacht hingegossen, die Augen dahin=
gerichtet, wohin die ihrigen blickten, er glaubte, daß das allein
schon ein höchst seliges Gefühl sein müsse, nur mit ihr dieselben
Worte zu singen, zu denken. Wie widerlich waren ihm die Farben,
die er auftragen, die Figuren, die er neu beleben sollte!   5
    Auf den Abend sprach er den Bildhauer. Er schilderte ihm
die Schönheit, die er gesehn hatte, Augustin schien beinahe eifer=
süchtig. Er erzählte, wie es dasselbe Mädchen sei, das in kurzem
das Gelübde ablegen werde, von der der Köhler gesprochen habe,
sie sei mit ihrem Stande unzufrieden, müsse sich aber dem Willen 10
der Eltern fügen. „Ihr habt recht,“ fuhr er gegen Franz fort,
„wenn Ihr sie eine Heilige nennt, ich habe noch nie eine Gestalt
gesehn, die etwas so Hohes, so Überirdisches ausgedrückt hätte.
Und nun denkt Euch diesen züchtigen Busen entfesselt, diese Wangen
mit Scham und Liebe kämpfend, diese Lippen in Küssen entbrannt, 15
das große Auge der Trunkenheit dahin gegeben, dies Himmlische
des Weibes im Widerspruch mit sich selbst und doch ihre schönste
Bestimmung erfüllend, — o, wer auf weiter Erde ist denn glück=
seliger und gebenedeiter, als dieser ihr Geliebter? Höhere Wonne
wird auf dieser mageren Erde nicht reif, und wem diese bescheret 20
ist, vergißt die Erde und sich und alles!“
    Er schien noch weiter sprechen zu wollen, aber plötzlich brach
er ab und verließ Sternbald im unnützen Nachsinnen verloren.
    Franz hatte noch keine seiner Arbeiten mit dieser Unent=
schlossenheit und Beklemmung gemacht, er schämte sich eigentlich 25
seines Malens an diesem Orte, besonders in Gegenwart der maje=
stätischen Gestalt. Sie besuchte ihn regelmäßig und betrachtete ihn
genau. Ihre Gestalt prägte sich jedesmal tiefer in seine Phantasie,
er schied immer ungerner.
    Die Malerei ging rascher fort, als er sich gedacht hatte. 30
Die Genoveva machte er seiner teuren Unbekannten ähnlich, er
suchte den Ausdruck ihrer Physiognomie zu erhöhen und den geist=
reichen Schmerz gut gegen die unschuldigen Gesichter der Tier=
gestalten abstechen zu lassen. Wenn die Orgel zuweilen ertönte,
fühlte er sich wohl selbst in schauerliche Einsamkeit entrückt, dann 35
fühlte er Mitleid mit der Geschichte, die er darstellte, ihn erschreckte
dann der wehmütige Blick, den die Unbekannte von der Wand herab
auf ihn warf, die Tiere mit ihren Denksprüchen rührten ihn inner=
lich. Aber fast immer sehnte er sich zu einer andern Arbeit hin.

Manchmal glaubte er, daß die schöne Nonne ihn mit Teil=
nahme und Rührung betrachte, denn es schien zuweilen, als wenn
sie jeden seiner Blicke aufzuhaschen suchte; so oft er die Augen
auf sie wandte, begegnete er ihrem bedeutenden Blicke. Er wurde
5 rot, der Glanz ihrer Augen traf ihn wie ein Blitz. Die Äbtissin
hatte sich an einem Morgen auf eine Weile entfernt, die übrigen
Nonnen waren nicht zugegen und Sternbald war gerade unten
am Gemälde beschäftigt, als das schöne Mädchen ihm plötzlich ein
Papier in die Hand drückte. Er wußte nicht, wie ihm geschah,
10 er verbarg es schnell. Die wunderbarste Zeit des Altertums mit
allen ihren ungeheuren Märchen, dünkte ihm, wäre ihm nahe ge=
treten, hätte ihn berührt und sein gewöhnliches Leben sei auf
ewig völlig entschwunden. Seine Hand zitterte, sein Gesicht glühte,
seine Augen irrten umher und scheuten sich, den ihrigen zu be=
15 gegnen. Er schwur ihr im Herzen Treue und feste Kühnheit, er
unternahm jegliche Gefahr, ihm schien es Kleinigkeit, das Gräß=
lichste um ihrentwillen zu unternehmen. Er sah im Geiste Ent=
führung und Verfolgung vor sich, er flüchtete sich schon in Gedanken
zu seiner Genoveva in die unzugängliche Wüste.

20 „Wer hätte das gedacht,“ sagte er zu sich, „als ich zuerst
den steinernen Fußboden dieses Klosters betrat, daß hier mein
Leben einen neuen Anfang nehmen würde? daß mir das gelingen
könne, was ich für das Unmöglichste hielt?“

Indem versammelten sich die Nonnen auf dem Chor, die
25 Glocke schlug ihre Töne, die ihm ins Herz redeten, man ließ ihn
allein, und der herzdurchdringende, einfache Gesang hob wieder an.
Er konnte kaum atmen, so schienen ihn die Töne wie mit mäch=
tigen Armen zu umfassen und sich dicht an seine entzückte Brust
zu drücken.

30 Als alles wieder ruhig war, als er sich allein befand, nahm
er den Brief wieder hervor, seine Hand zitterte, als er ihn er=
brechen wollte, aber wie erstaunte er, als er die Aufschrift: „An
Ludoviko“, las! — Er schämte sich vor sich selber, er stand eine
Weile tief nachsinnend, dann arbeitete er mit neuer Inbrunst am
35 Antlitz seiner Heiligen weiter, er konnte den Zusammenhang nicht
begreifen, alle seine Sinne verwirrten sich. Das Gemälde schien
ihn mit seinen alten Versen anzureden, Genoveva ihm seine Un=
treue, seinen Wankelmut vorzuwerfen.

Es war Abend geworden, als er das Kloster verließ. Er

ging über den Kirchhof nach dem Felde zu, als ihm wieder die dumpfen Leiertöne auffielen. Der Alte kam auf ihn zu und nannte ihn bei Namen. Es war niemand anders als Florestan.

Sternbald konnte sich vor Erstaunen nicht finden, aber jener sagte: „Sieh, mein Freund, dies ist das menschliche Leben, wir nahmen vor kurzem so wehmütig Abschied von einander, und nun triffst du mich so unerwartet und bald wieder, und zwar als alten Mann. Sei künftig niemals traurig, wenn du einen Freund ver= lässest. Aber hast du nichts an Ludovico abzugeben?"

Sternbald ahnete nun den Zusammenhang, mit zitternder Hand gab er ihm den Brief, den er von der Nonne empfangen hatte. Florestan empfing ihn freudig. Als Franz ihn weiter befragte, antwortete er lustig: „Sieh, mein Freund, wir sind jetzt auf Abenteuer, Ludovico liebt sie, sie ihn, in wenigen Tagen will er sie entführen, alle Anstalten dazu sind getroffen, ich führe bei ihm ein Leben wie im Himmel, alle Tage neue Gefahren, die wir glücklich überstehn, neue Gegenden, neue Lieder und neue Gesinnungen."

Franz wurde empfindlich. „Wie?" sagte er im Eifer, „soll auch sie ein Schlachtopfer seiner Verführungskunst, seiner Treu= losigkeit werden? Nimmermehr!"

Rudolf hörte darauf nicht, sondern bat ihn, nur einen Augen= blick zu verweilen, er müsse Ludovico sprechen, würde aber so= gleich zurückkommen. Vor allen Dingen aber solle er dem Bild= hauer Bolz nicht ein Wort davon entdecken.

Franz blieb allein und konnte sich über sich selbst nicht zu= frieden geben, er wußte nicht, was er zu allem sagen solle. Er setzte sich unter einem Baume nieder, und Rudolf kam nach kurzer Zeit zurück. „Hier, mein liebster Freund," sagte dieser, „diesen Zettel mußt du morgen deiner schönen Heiligen übergeben, er ent= scheidet ihr Schicksal."

„Wie?" rief Franz bewegt aus, „soll ich mich dazu er= niedrigen, das herrlichste Geschöpf vernichten zu helfen? Und du, Rudolf, kannst mit diesem Gleichmute ein solches Unternehmen beginnen? Nein, mein Freund, ich werde sie vor dem Verführer warnen, ich werde ihr raten, ihn zu vergessen, wenn sie ihn liebt, ich werde ihr erzählen, wie er gesinnt ist."

„Sei nicht unbesonnen," sagte Florestan, „denn du schadest dadurch dir und allen. Sie liebt ihn, sie zittert vor dem Tage

ihrer Einkleidung, die Flucht ist ihr freier Entschluß, was geht dich das übrige an? Und Ludoviko wird und kann ihr nicht niedrig begegnen. — Seit er sie kennt, ist er, möchte ich sagen, durchaus verändert. Er betet sie an wie ein himmlisches, über=
5 irdisches Wesen, er will sie zu seiner Gattin machen, und ihr die Treue seines Lebens widmen. Aber lebe wohl, ich habe keine Zeit zu verlieren, sprich zum Bildhauer kein Wort, ich lasse dir den Brief, denn du bist mein und Ludovikos Freund, und wir trauen dir beide keine Schändlichkeit zu."
10 Mit diesen Worten eilte Florestan fort, und Sternbald ging zur Stadt zurück. Er wich dem Bildhauer aus, um sich nicht zu verraten. Am folgenden Morgen erwartete er mit Herzklopfen die Gelegenheit, mit der er der schönen Nonne das Billet zustecken könne. Sie nahm es mit Erröten, und verbarg es im Busen. Über ihr
15 lilienweißes Gesicht legte sich ein so holdes Schamrot, ihre gesenkten Augen glänzten so hell, daß Franz ein vom Himmel verklärtes Wesen vor sich zu sehn glaubte. Sie schien nun ein Vertrauen zu Franz zu haben und doch seine Augen zu fürchten, ihre Majestät war sanfter und um so lieblicher. Franz war im innersten Herzen bewegt.
20 Die Zeit verging, die Arbeit am Gemälde nahte sich ihrer Vollendung. Bolz schien mit einem großen Unternehmen schwanger zu gehen, seinem Freunde Sternbald sich aber nicht ganz ver= trauen zu wollen. An einem Morgen, als er wieder zum Malen ging, es war der letzte Tag seiner Arbeit, fand er das ganze
25 Kloster in der größten Bewegung. Alle liefen unruhig durch ein= ander, man suchte, man fragte, man erkundigte sich, die schöne Novize ward vermißt, der Tag ihrer Einkleidung war ganz nahe. Sternbald ging schnell an seine Arbeit, sein Herz war unruhig, er war ungewiß, ob er sich etwas vorzuwerfen habe.
30 Wie freute er sich, als er nun das Gemälde vollendet hatte, als er wußte, daß er das Kloster nicht mehr zu besuchen brauche, in welchem die Schönheit nicht mehr war, die seine Augen nur zu gern aufgesucht hatten. Er erhielt von der Äbtissin seine Be= zahlung, betrachtete das Gemälde noch einmal, und ging dann
35 übers Feld nach der Stadt zurück.

Er zitterte für seine Freunde, für die schöne Nonne; er suchte den Bildhauer auf, der aber nirgends anzutreffen war. Er verließ schon am folgenden Morgen die Stadt, um sich endlich Italien zu nähern und Rom, den erwünschten Ort, zu sehn.

Gegen Mittag fand er am Wege den Bildhauer Bolz liegen, der ganz entkräftet war. Franz erstaunte nicht wenig, ihn dort zu finden. Mit Hilfe einiger Vorüberwandernden brachte er ihn ins nahe Städtchen, er war verwundet, entkräftet und verblutet, aber ohne Gefahr.

Franz sorgte für ihn, und als sie allein waren, sagte Augustin: „Ihr trefft mich hier, mein Freund, gewiß gegen Eure Erwartung an, ich hätte Euch mehr vertrauen, und mich früher Eurer Hilfe bedienen sollen, so wäre mir dies Unglück nicht begegnet. Ich wollte die Nonne, die man in wenigen Tagen einkleiden wollte, entführen, ich beredete Euch deshalb, Euch im Kloster dort zu verdingen. Aber man ist mir zuvorgekommen. In der verwichenen Nacht traf ich sie in Gesellschaft von zwei unbekannten Männern, ich fiel sie an und ward überwältigt. Ich zweifle nicht, daß es ein Streich von Roderigo ist, der sie kannte, und sie schon vor einiger Zeit rauben wollte."

Franz blieb einige Tage bei ihm, bis er sich gebessert hatte, dann nahm er Abschied, und ließ ihm einen Teil seines Geldes zur Pflege des Bildhauers zurück.

Drittes Kapitel.

Aus Florenz antwortete Franz seinem Freunde Sebastian folgendermaßen:

„Liebster Sebastian!

Ich möchte zu Dir sagen: sei gutes Muts! wenn Du jetzt imstande wärest, auf meine Worte zu hören. Aber leider ist es so beschaffen, daß wenn der andre uns zu trösten vermöchte, wir uns auch selber ohne weiteres trösten könnten. Darum will ich lieber schweigen, liebster Freund, weil überdies wohl bei Dir die trüben Tage vorüber gegangen sein mögen.

In jedem Falle, lieber Bruder, verliere nicht den Mut zum Leben, bedenke, daß die traurigen Tage eben so gewiß als die fröhlichen vorübergehen, daß auf dieser veränderlichen Welt nichts eine dauernde Stelle hat. Das sollte uns im Unglück trösten und unsre übermütige Fröhlichkeit dämpfen.

Wenn ich Dich doch, mein Liebster, auf meiner Reise bei mir hätte! Wie ich da alles mehr und inniger genießen würde!

Wenn ich Dir nur alles sagen könnte, was ich lerne und erfahre, und wie viel Neues ich sehe und schon gesehn habe! Es über=schüttet und überwältigt mich oft so, daß ich mich ängstige, wie ich alles im Gedächtnis, in meinen Sinnen aufbewahren will. Die
5 Welt und die Kunst ist viel reicher, als ich vorher glauben konnte. Fahre nur eifrig fort zu malen, Sebastian, damit Dein Name auch einmal unter den würdigen Künstlern genannt werde, Dir gelingt es gewiß eher und besser, als mir. Mein Geist ist zu unstät, zu wankelmütig, zu schnell von jeder Neuheit ergriffen;
10 ich möchte gern alles leisten, und darüber werde ich am Ende gar nichts thun können.

So ist mein Gemüt aufs heftigste von zwei neuen großen Meistern bewegt, vom venetianischen Titian, und von dem aller=lieblichsten Antonio Allegri von Correggio. Ich habe, möcht
15 ich sagen, alle übrige Kunst vergessen, indem diese edlen Künstler mein Gemüt erfüllen, doch hat der letztere auch beinahe den ersteren verdrängt. Ich weiß mir in meinen Gedanken nichts Holdseligers vorzustellen, als er uns vor die Augen bringt, die Welt hat keine so liebliche, so vollreizende Gestalten, als er zu
20 malen versteht. Es ist, als hätte der Gott der Liebe selber in seiner Behausung gearbeitet und ihm die Hand geführt. Wenig=stens sollte sich nach ihm keiner unterfangen, Liebe und Wollust darzustellen, denn keinem andern Geist hat sich so das Glorreiche der Sinnenwelt offenbart.

25 Es ist etwas Köstliches, Unbezahlbares, Göttliches, daß ein Maler, was er in der Natur nur Reizendes findet, was seine Imagination nur veredeln und vollenden kann, uns nicht in Gleichnissen, in Tönen, in Erinnerungen oder Nachahmungen auf=bewahrt, sondern es auf die kräftigste und fertigste Weise selber
30 hinstellt und giebt. Darum ist auch in dieser Hinsicht die Malerei die erste und vollendetste Kunst, das Geheimnis der Farben ist anbetungswürdig. Der Reiche, der Correggios Gemälde, seine Leda, seine badenden schönsten Nymphen besitzt, hat sie wirklich, sie blühen in seinem Palast in ewiger Jugend, der allerhöchste
35 Reiz ist bei ihm einheimisch; wonach andre mit glühender Phan=tasie suchen, was Stumpfere mit ihren Sinnen sich nicht vorstellen

14. Correggio (1494—1531), der Meister des Kolorites, ist der eigentliche Liebling der Romantiker unter den Malern. — 33. Correggios Leda, begleitet von ihren badenden Gespielinnen, befindet sich derzeit in Berlin.

können, lebt und webt bei ihm wirklich, ist seine Göttin, seine
Geliebte, sie lächelt ihn an, sie ist gern in seiner Gegenwart.

Wie ist es möglich, wenn man diese Bilder gesehn hat, daß
man noch vom Kolorit geringschätzend sprechen kann? Wer würde
nicht von der Allmacht der Schönheit besiegt werden, wenn sie 5
sich ihm nackt und unverhüllt, ganz in Liebe hingegeben, zu zeigen
wagte? — Das Studium dieser himmlischen Jugendgeister hat
die große Zauberei erfunden, dies und noch mehr unsern Augen
möglich zu machen.

Was die Gesänge des liebenden Petrarka wie aus der Ferne 10
herüberwehen, Schattenbilder im Wasser, die mit den Wogen
wieder wegfließen, was Ariosts feuriger Genius nur lüstern und
in der Ferne zeigen kann, wonach wir sehen und es doch nicht
entdecken können, im Walde fernab die ungewissesten Spuren, die
dunkeln Gebüsche verhüllen es, so sehr wir danach irren und 15
suchen; alles das steht in der allerholdseligsten Gegenwart dicht
vor uns. Es ist mehr, als wenn Venus uns mit ihrem Knaben
selber besuchte, der Genuß an diesen Bildern ist die hohe Schule
der Liebe, die Einweihung in die höchsten Mysterien, wer diese
Gemälde nicht verehrt, versteht und sich an ihnen ergötzt, der kann 20
auch nicht lieben, der muß nur gleich sein Leben an irgend eine
unnütze, mühselige Beschäftigung wegwerfen, denn ihm ist es verborgen, was er damit anfangen kann.

Eine Zeichnung mag noch so edel sein, die Farbe bringt
erst die Lebenswärme, und ist mehr und inniger, als der körper- 25
liche Umfang der Bildsäule.

Ich hätte mich glücklich geschätzt, wenn ich diesen Allegri
noch im Leben angetroffen hätte, aber er ist gestorben. Er soll
ein dürftiges, unbekanntes Leben geführt haben. Sein Phantasie,
die immer in Liebe entbrannt war, hat ihn gewiß dafür ent- 30
schädigt. Auch in seinen geistlichen Kompositionen spiegelt sich eine
liebende Seele, der Gürtel der Venus ist auch hier verborgen,
und man weiß immer nicht, welche seiner Figuren ihn heimlich
trägt. Auge und Herz bleiben gern verweilend zurückgezogen; der
Mensch fühlt sich bei ihm in der Heimat der glücklichsten Poesie, 35
er denkt: ja, das war es, was ich suchte, was ich wollte und es
immer zu finden verzweifelte. Vulkans künstliches Netz zieht sich

28. Correggio ist 1534 gestorben; hier weicht Tied also von der historischen Chrono-
logie ab.

unzerreißbar um uns her, und schließt uns eng und enger an Venus, die vollendete Schönheit an.

Es herrscht in seinen Bildern nicht halbe Lüsternheit, die sich verstohlen und ungern zu erkennen giebt, die der Maler er-
5 raten läßt, der sich gleich darauf gern wieder zurückzöge, um viel zu verantworten zu haben, sich aber auch wirklich zu verantworten; es ist auch nicht gemeine Sinnlichkeit, die sich gegen den edlern Geist empört, um sich nur bloßzustellen, um in frecher Schande zu triumphieren, sondern die reinste und hellste Menschheit, die
10 sich nicht schämt, weil sie sich nicht zu schämen braucht, die in sich selbst durchaus glückselig ist. Es ist, so möcht ich sagen, der Frühling, die Blüte der Menschheit: alles im vollen, schwelgen= den Genuß, alle Schönheit emporgehoben in vollster Herrlichkeit, alle Kräfte spielend und sich übend im neuen Leben, im frischen
15 Dasein. Herbst ist weit ab, Winter ist vergessen, und unter den Blumen, unter den Düften und grünglänzenden Blättern wie ein Märchen, von Kindern erfunden.

Es ist, als wenn ich mit der weichen, ermattenden und doch erfrischenden Luft Italiens eine andre Seele einzöge, als wenn
20 mein inneres Gemüt auch einen ewigen Frühling hervortriebe, wie er von außen um mich glänzt und schwillt und sich treibend blüht. Der Himmel hier ist fast immer heiter, alle Wolken ziehn nach Norden, so auch die Sorgen, die Unzufriedenheit. O, liebster Bruder, Du solltest hier sein, die Harfenstimmen der Geister, die
25 Blumenhände der unsichtbaren Engel würden auch Dich berühren und heilen.

In wenigen Tagen reise ich nach Rom. Ein verständiger Mann, der die Kunst über alles liebt, ist mein Begleiter, er und seine junge schöne Frau reisen ebenfalls nach Rom. Er heißt Castellani.
30 Ich habe mancherlei unterdessen gearbeitet, womit ich aber nicht sonderlich zufrieden bin; doch erleichtert mir mein Verdienst die Reise. Laß es mir doch niemals an Nachrichten von Dir mangeln. Lebe wohl, liebe immer wie sonst

Deinen Franz Sternbald."

35 Als Franz diesen Brief geendigt hatte, nahm er seine Zither und spielte darauf, wodurch er bewegt ward, folgende Verse nieder= zuschreiben:

35 ff. Der Schluß des Kapitels fehlt in der spätern Umarbeitung.

Der Frühling.

Die liebe Erde hat ihr Winterkleid abgelegt,
Die Hügel ihrer Brust sind schon durch Liebe bewegt,
Die Finsternis, die Wolken sind dahin,
Sie hat nun einer Braut oder jungen Witwe Sinn.   5
Ihr schöner Leib ist um und um geschmückt,
Mit tausend Blumen schön auf ihrem Gewande gestickt,
Ihr bunter Rock ist vom kunstreichen April gewebt,
Der durch und durch mit hellen, glänzenden Farben lebt
Hier Lilien weiß, dort Rosen rötlich sein,   10
Und goldne Blumen machen blanken Schein,
Und flimmern unter silberne hinein,
Als sollt' die Erd' ein Sternenhimmel sein.
Wie Augen sehen blaue Blumen her,
Wie Lippen rufen rote Blüten her,   15
Ich wandle durch ein duftend, farbend Meer,
Die Herrlichkeit winkt mir von Ort zu Ort.
Ich höre Vöglein um mich singen,
Die mit dem Stimmlein klar der Liebsten Grüße bringen.
So schwingt Gesang sich durch den süßen Duft,   20
Im Wohllaut zittert warme Frühlingsluft,
Vom Berge her die Winde leutselig spielen
Und scherzend in den Blumenbeeten wühlen.

O süße Frühlingszeit!
Der Blumen Bringerin,   25
Der Liebe Führerin,
Der Erde Schmückerin,
Wie herrlich deine Hallen weit und breit!

Du pflegst das Blumenkind,
Hast Liebe an der Hand,   30
Geschmückt mit Rosenband,
Sie wird von uns erkannt
Und jeder liebend nur auf Küsse sinnt.

———··

Viertes Kapitel.

Franz blieb länger in Florenz, als er sich vorgenommen   35
hatte, sein neuer Freund Castellani ward krank, und Sternbald
war gutherzig genug, ihm Gesellschaft zu leisten, da jener zu
Florenz fast ganz fremde war. Er konnte den Bitten seiner jungen

Frau, der freundlichen Lenore, sich nicht widersetzen, und da er in Florenz für seine Kunst noch genug zu lernen fand, so gereute ihn auch dieser Abschub nicht.

Es ereignete sich außerdem noch ein sonderbarer Vorfall. Es fügte sich oft, daß er bei seinen Besuchen seinen Freund nicht sprechen konnte, Lenore war dann allein, und noch ehe er es bemerken konnte, war er an sie gefesselt. Er kam bald nur, um sie zu sehn. Lenore schien gegen Franz sehr gefällig, ihre schalkhaften Augen sahen ihn immer lustig an, ihr mutwilliges Gespräch war immer belebt. An einem Morgen entdeckte sie ihm unverhohlen, daß Castellani nicht mit ihr verheiratet sei, sie reise, sie lebe nur mit ihm, in Turin habe sie ihn kennen gelernt, und er sei ihr damals liebenswürdig vorgekommen. Franz war sehr verlegen, was er antworten solle; ihn entzückte der leichte, flatterhafte Sinn dieses Weibes, obgleich er ihn verdammen mußte, ihre Gestalt, ihre Freundlichkeit gegen ihn. Sie sahen sich öfter und waren bald einverstanden; Franz machte sich Vorwürfe, aber er war zu schwach, dies Band wieder zu zerreißen.

Es gelang ihm, mit einem Maler in Florenz in Bekanntschaft zu geraten, der niemand anders war als Franz Rustici, der damals in dieser Stadt und Italien in großem Ansehn stand. Dieser verschaffte ihm ein Bild zu malen und schien an Sternbald Anteil zu nehmen. Sie sahen sich öfter, und Franz ward in Rusticis Freundschaft aufgenommen.

Dieser Maler war ein lustiger, offener Mann, der ernst sein konnte, wenn er wollte, aber immer für leichten Scherz Zeit genug übrig behielt. Franz besuchte in oft, um von ihm zu lernen und sich an seinen sinnreichen Gesprächen zu ergötzen. Rustici war ein angesehener Mann in Florenz, aus einer guten Familie, der bei Andrea Verocchio und dem berühmten Leonard da Vinci seine Kunst erlernt hatte. Franz bewunderte den großen Ausdruck an seinen Bildern, die wohl überdachte Komposition.

Nachdem sich beide oft gesehn hatten, sagte Rustici an einem Tage zu Sternbald: „Mein lieber deutscher Freund, besucht mich am künftigen Sonnabend in meinem Garten vor dem Thore, wir wollen dort lustig mit einander sein, wie es sich für Künstler

---

3. **Abschub** = digressio, Abschweifung; im Wb. nur mit dieser Stelle belegt. — 20. Giovanni Francesco Rustici, Mitschüler des Lionardo bei Verocchio (1432—1488), von Lionardo selbst stark beeinflußt: einer der begabtesten unter den Florentiner Künstlern.

ziemt. Wir machen oft eine fröhliche Gesellschaft zusammen, zu der der Maler Andrea gehört, den Ihr kennt, und den man immer del Sarto von seinem Vater her zu nennen pflegt; dieser wird auch dort sein. Die Reihe, einen Schmaus zu geben, ist nun an mich gekommen, Ihr mögt auch Eure Geliebte mitbringen, 5 denn wir wollen tanzen, lachen und scherzen."

„Wenn ich nun keine habe, die ich mitbringen kann," antwortete Franz.

„O, mein Freund," sagte der Florentiner, „ich würde Euch für keinen guten Künstler halten, wenn es Euch daran fehlen 10 sollte. Die Liebe ist die halbe Malerei, sie gehört mit zu den Lehrmeistern in der Kunst. Vergeßt mich nicht, und seid in meiner Gesellschaft recht fröhlich."

Franz verließ ihn. Castellani war nach Genua gereist, um dort einen Arzt, seinen Freund, zu sehn, seine Geliebte war in 15 Florenz zurückgeblieben. Franz bat um ihre Gesellschaft auf den kommenden Schmaus, die sie ihm auch zusagte, da sie sich wenig um die Reden der Leute kümmerte.

Der Tag des Festes war gekommen. Lenore hatte ihren schönsten Putz angelegt und war liebenswürdiger als gewöhnlich. 20 Franz war zufrieden, daß sie Aufmerksamkeit und Flüstern erregte, als er sie durch die Straßen der Stadt führte. Sie schien sich auch an seiner Seite zu gefallen, denn Franz war jetzt in der blühendsten Periode seines Lebens, sein Ansehn war munter, sein Auge feurig, seine Wangen rot, sein Schritt und Gang edel, bei- 25 nahe stolz. Er hatte die Demut und Schüchternheit fast ganz abgelegt, die ihn bis dahin immer noch als einen Fremden kennbar machte. Er geriet nun nicht mehr so, wie sonst, in Verlegenheit, wenn ein Maler seine Arbeiten lobte, weil er sich auch daran mehr gewöhnt hatte. 30

Sternbald fand schon einen Teil der Gesellschaft versammelt, die ganz aus jungen Männern und Mädchen oder schönen Weibern bestand. Er grüßte den Meister Andrea freundlich, der ihn schon kannte, und der ihm mit seiner gewöhnlichen leichtsinnigen und doch blöden Art dankte. Man erwartete den Wirt, von dem sein 35 Schüler Bandinelli erzählte, daß er nur noch ein fertiges Gemälde

---

3. Andrea del Sarto (1487—1531), Schüler des Pier di Cosimo, Florentiner Maler, auch er als bedeutender Kolorist ein Liebling Tiecks. — 36. Baccio Bandinelli (1487—1559), als einer der manieriertesten Nachahmer Michel Angelos bekannt.

in der Stadt nach dem Eigentümer gebracht habe, und eine an=
sehnliche Summe dafür empfangen werde.

Der Garten war anmutig mit Blumengängen geschmückt,
mit schönen grünen Rasenplätzen dazwischen und dunkeln, schattigen
5 Gängen. Das Wetter war schön, ein erfrischender Wind spielte
durch die laue Luft und erregte ein stetes Flüstern in den be=
wegten Bäumen. Die großen Blumen dufteten, alle Gesichter
waren fröhlich.

Francesco Rustici kam endlich, nachdem man ihn lange er=
10 wartet hatte, er näherte sich der Gesellschaft freundlich und hatte
das kleine Körbchen in der Hand, in dem er immer seine Bar=
schaft zu tragen pflegte. Er grüßte alle höflich und bewillkommte
Franz vorzüglich freundschaftlich. Andrea ging aufgeräumt auf
ihn zu und sagte: „Nun, Freund, du hast noch vorher ein an=
15 sehnliches Geschäft abgemacht, lege deinen Schatz ab, der dir zur
Last fällt, vergiß deine Malereien und sei nun ganz mit uns
fröhlich."

Francesco warf lachend den leeren Korb ins Gebüsch und
rief aus: O, mein Freund, heute fallen mir keine Geldsummen
20 zur Last, ich habe nichts mehr."

„Du bist nicht bezahlt worden?" rief Andrea aus, „ja, ich
kenne die vornehmen und reichen Leute, die es gar nicht wissen
und nicht zu begreifen scheinen, in welche Not ein armer Künstler
geraten kann, der ihnen nun endlich seine fertige Arbeit bringt,
25 und doch mit leeren Händen wieder zurückgehn muß. Ich bin
manchmal schon so böse geworden, daß ich Pinsel und Palette
nachher in den Winkel warf und die ganze Malereikunst verfluchte.
Sei nicht böse darüber, Francesco, du mußt dich ein paar un=
nütze Gänge nicht verdrießen lassen."

30 „Er ist bezahlt," sagte ein junger Mann, der mit dem Maler
gekommen war.

„Und wo hat er denn sein Geld gelassen?" fragte Andrea
verwundert.

„Ihr kennt ja seine Art," fuhr jener fort, „wie er keinen
35 Armen vor sich sehn kann, ohne ihn zu beschenken, wenn er Geld
bei sich hat. Kaum sahen sie ihn daher heute aus dem Palast
kommen und seinen bekannten Korb an seinem Arm, als ihm
auch alle Bettler folgen, die mit seiner Gutherzigkeit bekannt sind.
Er gab jedem reichlich und nahm es nicht übel, daß einige dar=

unter waren, denen er erst gestern gegeben hatte; als ich es ihm
sagte, antwortete er lachend: mein Freund, sie wollen aber heute
wieder essen. Ein alter Mann stand von der Seite und sah dem
Austeilen zu, er heftete die Augen aufmerksam auf den Korb
und seufzte für sich: Ach Gott, wenn ich doch nur das Geld
hätte, das in diesem Korbe ist! Francesco hatte es unvermuteter-
weise gehört. Er geht auf den Alten zu und frägt, ob es ihn
glücklich machen würde? O, mich und meine Familie, ruft jener,
aber seid nicht böse, ich dachte nicht, daß Ihr es hören würdet. —
Sogleich kehrt mein launiger Francesco den ganzen Korb um, und
schüttet ihn dem alten Bettler in seine lederne Mütze, geht davon,
ohne auch nur den Dank abzuwarten."

„Ihr seid ein edler Mann!" rief Sternbald aus.

„O Ihr irrt," sagte der Maler, „es ist gar nichts Besonderes, ich kann den Armen nicht sehn, er jammert mich, und
so gebe ich ihm wenigstens, da ich nicht mehr thun kann. Bei
diesem Alten fiel mir ein, wie manche unnütze Ausgaben ich in
meinem Leben schon gemacht hätte, wie wenig ich aufopfre, wenn
ich mir eine Tapete oder ein kostbares Hausgerät versage. Ich
dachte: Wenn du nun kein Geld bekommen, wenn du das Gemälde gar nicht gemalt hättest? Ich sah Kinder und seine alte
zerlumpte Gattin in Gedanken vor mir, die mit so heißer Sehnsucht seine Rückkehr erwarteten."

„Aber wenn du so handeln willst," sagte Andrea, „so kannst
du deinem Geben gar keinen Einhalt thun."

„Das ist es eben, was mich betrübt," fuhr Rustici fort,
„daß ich meine Gutherzigkeit einschränken muß, daß alles, was
wir an Wohlthaten thun können, nichts ist, weil wir nicht immer,
weil wir nicht alles geben können. Es ist eine sonderbare Fügung
des Schicksals, daß Überfluß und Pracht und drückender Mangel
dicht nebeneinander bestehn müssen, die Armut auf Erden kann
niemals aufgehoben werden, und wenn alle Menschen gleich wären,
müßten sie alle betteln und keiner könnte geben. Das allein tröstet
mich auch oft darüber, wenn mir einfällt, daß ich mich bei meiner
Kunst wohl befinde, indessen andre, die weit härtere Arbeiten thun,
die weit fleißiger sind, Mangel leiden müssen. Hier ist auf Erden
See und Weltmeer, hier strömen große Flüsse, dort leiden die
heißen Ebenen, die wenigen Pflanzen ersterben aus Mangel am
nötigen Wasser. Einer soll gar nicht dem andern nützen, jedes

Wesen in der Natur ist um sein selbst willen da. — Doch, wir
müssen über das Gespräch nicht unsers Gastmahls vergessen."

Er versammelte hierauf die Gesellschaft. Ein schöner Knabe
ging mit einem Korbe voll großer Blumenkränze herum, jeder
5 mußte einen davon nehmen und ihn sich auf die Stirn drücken.
Nun setzte man sich an einen runden Tisch, der auf einem schat=
tigen kühlen Platze im Garten gedeckt war, an allen Orten standen
schöne Blumen, die Speisen wurden aufgetragen. Die Gesellschaft
nahm sich sehr malerisch aus, mit den großen, vollen, bunten
10 Kränzen, jeder saß bei seiner Geliebten, Wein ward herum=
gegeben, aus den Gebüschen erschallten Instrumente von unsicht=
baren Musikanten.

Rustici stand auf und nahm ein volles Glas: „Nun zuerst,"
rief er aus, „dem Stolze von Toskana, dem größten Manne,
15 den das florentinische Vaterland hervorgebracht hat, dem großen
Michael Agnolo Buongrotti!" — Alle stießen an, alle ließen
ihr „Er lebe!" ertönen.

„Schade," sagte Andrea, „daß unser wahnsinniger Camillo
uns verlassen hat, und jetzt in Rom herumwandert, er würde
20 uns eine Rede halten, die sich gut zu dieser Gelegenheit schickt."

Muntre Trompeten ertönten zu den Gesundheiten, und Flöten
mit Waldhörnern gemischt klangen, wenn sie schwiegen, vom ent=
fernten Ende des Gartens. Die Schönen wurden erheitert, sie
legten nun auch den Schleier ab, sie lösten die Locken aus ihren
25 Fesseln, der Busen war bloß. Franz sagte: „Nur ein Künstler
kann die Welt und ihre Freuden auf die wahre und edelste Art
genießen, er hat das große Geheimniß erfunden, alles in Gold
zu verwanden. In Italien ist es, wo die Wollust die Vögel
zum Singen antreibt, wo jeder kühle Baumschatten Liebe duftet,
30 wo es dem Bache in den Mund gelegt ist, von Wonne zu rieseln
und zu scherzen. In der Fremde, im Norden ist die Freude
selbst eine Klage, man wagt dort nicht, den vorüberschwebenden
Engel bei seinen großen goldenen Flügeln herunterzuziehn."

Ein Mädchen gegenüber nahm den Blumenstrauß von der
35 weißen Brust und warf ihn Franzen nach den Augen, indem sie
ausrief: „Ihr solltet ein Dichter sein, Freund, und kein Maler,
dann solltet Ihr lieben und Euch täglich in einem neuen Sonette
hören lassen."

„Nehmt mich zu Eurem Geliebten an," rief Sternbald aus,

„so mögt Ihr mich vielleicht begeistern. Diese Blumen will ich
als ein Andenken an Eure Schönheit aufbewahren."

„Sie welken," sagte jene, „der liebliche Brunnquell, aus
dem ihr Duft emporsteigt, versiegt, sie fallen zusammen, sie lassen
die Häupter sinken, und freilich vergeht alles so, was schön ge=   5
nannt wird."

Franz war von der wundervollen Versammlung, von den
Blumen, den schönen Mädchen, Musik und Wein begeistert, er
stand auf und sang:

„Warum klagen, daß die Blume sinkt   10
Und in Asche bald zerfällt:
Daß mir heut ein lüstern Auge winkt
Und das Alter diesen Glanz entstellt.

Ihm mit allen Kräften nachzuringen,
Fest zu halten unsrer Schönen Hand, —   15
Ja, die Liebe leiht die mächt'gen Schwingen
Von Vergänglichkeit, sie knüpft das Band.

Sagt, was wäre Glück, was Liebe,
Keiner betete zu ihr,
Wenn sie ewig bei uns bliebe,   20
Schönheit angefesselt hier.

Aber wenn auch keine Trennung droht,
Eifersucht und Ungetreue schweigen,
Alle sich der Liebe neigen,
Fürchten gleich Geliebte keinen Tod —   25

Ach! Vergänglichkeit knüpft schon die Ketten,
Denen kein Entrinnen möglich bleibt,
Lieb' und Treue können hier nicht retten,
Wenn die harte Zeit Gesetze schreibt.

Darum geizen wir nach Küssen,   30
Beugen Schönen unser Knie,
Winke, Lippen, Lächeln grüßen
Allzuoft zur Freude nie."

Als er geendigt hatte, schämte er sich seines Rausches, und
Rustici rief aus: „Seht, meine Landsleute, da einen Deutschen, 35
der uns Italiener beschämt! Er wird uns alle unsre Schönen
abtrünnig machen."

Andrea sagte: „Ein Glück, daß ich noch Bräutigam bin, für meine Frau würd' ich sehr besorgt sein. Aber seht ihn nur an, jetzt sitzt er so ernsthaft da, als wenn er auf eine Leichen= rede dächte. Mir fällt dabei mein Lehrer Piero di Cosimo ein, 5 der immer von so vielen recht trübseligen Gedanken beunruhigt wurde, der sich vor dem Tode über alle Maßen fürchtete, der sich unter sonderbaren Phantomen abängstigte, und sich doch wieder an recht reizenden, ja ich möchte beinahe sagen, leichtfertigen Phantasieen ergötzte."

10 Rustici sagte: „Er war gewiß eins der seltsamsten Gemüter, die noch auf Erden gelebt haben, seine Bilder sind zart und vom Geiste der Wollust und Lieblichkeit beseelt, und er saß, gleich einem Gefangenen, in sich selber eingeschlossen, seine Hand nur ragte aus dem Kerker hervor, und hatte keinen Teil an seinem 15 übrigen Menschen. Seine Kunst lustwandelte auf grüner Wiese, indem seine Phantasie den Tod herbeirief, und tolle, schwermütige Maskeraden erfand."

Das Gespräch der Maler ward hier unterbrochen, denn die Mädchen und jungen Leute sprachen von allerhand lustigen Neuig= 20 keiten aus der Stadt, wodurch die Sprechenden überstimmt wurden. Das lebhafte Mädchen, das Laura hieß, erzählte von einigen Nachbarinnen aus der Stadt überaus fröhliche Geschichten, die keiner als Franz anstößig fand. Er saß ihren schwarzen Augen gegenüber, die ihn unablässig verfolgten, bei jeder lebhaften Be= 25 wegung, wenn sie sich vorüberbog, machte sie den schönsten Busen sichtbarer, ihre Arme wurden ganz frei und zeigten die weißeste Rundung. — Lenore ward etwas eifersüchtig und entblößte ihre Arme, um sie mit denen ihrer Gegnerin zu vergleichen, die übrigen Mädchen lachten.

30 Mit jeder Minute ward das Gespräch munterer. Man schlug einen Gesang vor, die sanftern Instrumente sollten ihn begleiten, und Lenore und Laura recitierten ein damals bekanntes Wechsel= liedchen.

Lenore.

35 Von mir will der Geliebte ziehen,
Deine süßen Augen haben die Treu gefangen;
Die treuste Treu und sein Verlangen
Will deiner Schönheit nur entglühen.

---

34 ff. Der Wechselgesang zwischen Lenore und Laura fehlt in der spätern Umarbeitung.

Was blühen
Mir Blumen nun, ein läst'ger Schwarm,
Ich bin im innersten Herzen arm.

Laura.

Sein Blick schweift durch die leere Weite,   5
Von Sehnsucht wird er fortgeführet,
Er will gewinnen und verlieret,
Ich Arme bin zu geringe Beute,
    Ach leite
Die treuste Treu, den holden Blick   10
In dein holdseligs Reich zurück.

Lenore.

Wenn erst der Fuß zum Tanz sich hebet,
Wenn schöne Knie mit Bändern prangen,
Sich leicht die vollen Hüften schwangen,   15
Das Mädchen leicht wie Welle schwebet,
    Dann lebet
Die treuste Treu für dich allein,
Zieht fort und läßt mir meine Pein.

Laura.   20

Er sieht nach deines Busens Glänzen,
Der lockend ihm entgegen reget,
Sein innerstes Gemüt beweget,
Vergisset mich mit allen Tänzen,
    Mit Kränzen   25
Aus meiner Lieb' kömmt er zurück,
Die treuste Treu zu deinem Glück.

Beide.

Was neiden
Wir beiden   30
Die Freuden
Der andern?
Es wandern
Die Triebe
Bald ferne,   35
Die Sterne
Der Liebe
Bald nahe.
Wer sahe
Der Liebe Kronen   40
Bei Treue wohnen?

Wir wollen uns beide des Glückes freun,
In Zwietracht nimmer uns entzwei'n,
Durch Neid die Wonne nicht entweihn.
          Die Küsse
5   So süße
          Umarmen,
          Erwarmen
          Am Herzen,
          Das Scherzen
10   Die Eide, die Grüße,
          Das Winken, die Küsse,
          Ich gönne sie dir,
          Wir lieben ihn beide,
          Es brennt die Freude
15   Nur heller allhier,
          Damit er nicht scheide
          Und beide
          Mit Zürnen vermeide
Beglücken mit Eintracht den Lieblichsten wir.

20   Die Mädchen sangen diesen lebhaften Wettgesang mit einer
unaussprechlichen Anmut, jede Bewegung ihrer Mienen, jedes
Winken ihrer Augen war lüstern und verführerisch: die ganze
Tafel klatschte, als sie geendigt hatten, der junge Mann, der
Laura zum Feste geführt hatte, wurde verdrüßlich und einsilbig.
25 Der Strom der Freude nahm ihn aber bald wieder mit.
        Andrea und Francesco hatten sich abseits unter einen Baum
gesetzt und führten ein ernsthaftes Gespräch; beide waren von
Wein begeistert. „Du verstehst mich nicht," sagte Rustici mit
vielem Eifer, „der Sinn dafür ist dir verschlossen, ich gebe aber
30 darum doch meine Bemühungen nicht auf. Glaube nur, mein
Bester, daß zu allen großen Dingen eine Offenbarung gehört,
wenn sie sich unsern Sinnen mitteilen sollen, ein Geist muß
plötzlich herabsteigen, der unsern Geist mit seinem fremden Ein=
fluß durchdringt. So ist es auch mit der erhabenen Kunst der
35 Alchymie beschaffen."
        „Es ist und bleibt immer unbegreiflich," sagte der lang=
samere Andrea, „daß du durch Zeichen und wunderbare, unver=
ständliche Verbindungen so viel ausrichten willst."
        „Laß mich nur erst zum Ende kommen," eiferte Francesco,
40 „so sind diese Verbindungen nicht mehr wunderbar, so erscheint

alles einfach und klar vor unsern Augen. Die anscheinende Ver=
wirrung muß uns nur nicht abschrecken, es ist die Ordnung selbst,
die in diesen Buchstaben, in diesen unverständlichen Hieroglyphen
uns gleichsam stammelnd oder wie aus der Ferne anredet. Treten
wir nur dreist näher hinzu, so wird jede Silbe deutlicher, und 5
wir verwundern uns denn nur darüber, daß wir uns vorher
verwundern konnten. Ein guter Geist hat dem Sternbald ein=
gegeben, zu sagen, daß sich alles unter der Hand des Künstlers
in Gold verwandle. Wie schwierig ist der Anfang zu jeglicher
Kunst! Und wird nicht alles in dieser Welt verwandelt und aus 10
unkenntlichen Massen zu fremdartigen Massen erzogen? Warum
soll es mit den Metallen anders sein? Schweben nicht über die
ganze Natur wohlthätige Geister, die nur Seltsamkeiten aus=
hauchen, nur in einer Atmosphäre von Unbegreiflichkeiten leben,
und so wie der Mensch alles sich gleich oder ähnlich macht, sie 15
ebenso alle Elemente umher, wenn sie noch so feindselig sind,
noch so träge in der Alltäglichkeit sich herumbewegen, anrühren
und in Wunder umschaffen. An diese Geister müssen wir glauben,
um auf sie zu wirken; du mußt der Begeisterung beim Malen
vertrauen, und du weißt nicht, was sie ist, woher sie kömmt, die 20
Geisteratmosphäre umweht dich und es geschieht: — mit unserm
innerlichen Seelenodem müssen wir jene Geisterwelt herbeisaugen,
unser Herz muß sie magnetisch an sich reißen, und siehe, sie muß
ihrer Natur nach, durch ihre bloße Gegenwart das unbegreifliche
Wunder wirken." 25

Andrea wollte etwas antworten, als die Trompeten laut
ertönten und ihr sonderbares Gespräch unterbrachen. „Ihr seid,"
sagte die schalkhafte Laura, „nach unserm Gesange sehr ernsthaft
geworden, das war nicht unsre Absicht."

„Verzeiht," antwortete der freundliche Rustici, „ich kann 30
meine Natur nicht immer ganz beherrschen, und alle süßen Töne
der Instrumente und der Sängerin ziehen sie zur Melancholie.
Ich habe mich oft gefragt: woher? warum? aber ich kann mir
selber keine Rechenschaft geben."

. „Ihr werdet vielleicht dadurch an trübselige Gegenstände er= 35
innert," sagte Laura.   .

„Nein, das ist es nicht," fuhr der Maler fort, „sondern
mir ist im Gegenteil innerlich dann sehr wohl, meine Freude, die
wie ein gefangener Adler in Ketten gesessen hat, schlägt nun mit

einem Male die muntern, tapfern Schwingen auseinander. Ich fühle, wie die Kette zerreißt, die mich noch an der Erde hielt, über die Wolken hinaus, über die Bergspitzen hinüber, der Sonne entgegen mein Flug gewendet. Aber nun verlieren sich unter 5 mir die Farben und die Abwechselungen und Absonderungen der bunten Welt. Ich bin frei, aber die Freiheit genügt mir nicht, ich kehre zurück und reiße mich von neuem empor. Es ist, als wenn Stimmen mich erinnerten, daß ich schon einst viel glück= licher gewesen sei, und daß ich auf dieses Glück von neuem hoffen 10 müsse. Die Musik ist es nicht selbst, die so zu mir spricht, aber ich höre sie wie abgebrochene Laute aus einer ehemaligen verlornen Welt, die ganz und durchaus nur Musik war, die nicht Teile, Ab= gesondertheit hatte, sondern wie ein einziger Wohllaut, lauter Biegsam= keit und Glück dahinschwebte und meinen Geist auf ihren weichen 15 Schwanenfedern trug, statt daß er auch jetzt noch auf den süßesten Tönen wie auf Steinen liegt, und sein Unglück fühlt und beklagt."

„So ist Euch nicht zu helfen, phantastischer lieber Maler und Freund," sagte Laura lachend, indem sie ihm die weiße Hand reichte, die er ehrerbietig küßte. Dann drehte sie sich von ihm 20 und sprach im Getümmel der übrigen Mädchen umher, sie hatten beschlossen, daß sie nun, da es kühl geworden war, einen muntern Tanz aufführen wollten, wie ihn die fröhlichen Landleute in Italien zu tanzen pflegen.

Der Tanz ging vor sich, aber Sternbald und Lenore blieben 25 zurück, weil er es nicht wagen mochte, diese leichten, schnellen und ihm ungewöhnlichen Bewegungen mitzumachen, um die übrigen nicht durch seine Ungeschicklichkeit zu verwirren. Laura tanzte von allen am zierlichsten, ohne alle Bemühung gelangen ihr die schwierigsten Stellungen und die schnellsten Veränderungen. Franz 30 ergötzte sich an den leichten, flatternden Gewändern, an den schön verschlungenen Figuren. Die zierlichsten Füße schwebten, trippelten und sprangen auf und ab, im Schwunge des Rocks ward das leichte, wohlgeformte Bein sichtbar, weiße Arme und Busen, üppige Hüften, die das Gewand deckte und verriet, zogen das Auge nach 35 sich und verwirrten es in dem fröhlichen Tumult. Laura und einige andre junge Mädchen waren ausgelassen, wenn sie im Sprunge in den Arm ihres Tänzers flogen, hob dieser sie im Schwunge hoch, und in der Luft schwebend sangen sie Stellen aus Liebesliedern in die Musik hinein.

Der wilde bacchantische Taumel war beschlossen, ein andrer
Tanz, der Zärtlichkeit ausdrückte, wurde angeordnet, auch Lenore
und Sternbald schlossen sich dem Reihen an. — Eine sanfte
Musik erklang, die Paare umschlangen sich und schwebten hinauf
und hinab, die Hände und Arme begegneten sich wieder und 5
Busen an Busen geschmiegt, begann eine neue Wendung. Da
sah man die verführerischsten Stellungen knüpfen, alle Gelenke
wurden biegsamer, Franz war wie in Trunkenheit verloren. Die
Luft duftete ihnen Wonne und Freude entgegen, wie auf den
Wellen der Musik schwebte er an Lauras oder Lenorens Arm 10
einher, in jedem tanzenden Gesicht kam ihm ein schalkhafter Engel
entgegen, der ihm Entzücken predigte. Er drückte Lauras Hand,
die seine Zärtlichkeit erwiderte.

Man ruhte im Schatten der Bäume aus. Knaben gaben
kühlende, wohlschmeckende Früchte herum, die Schönen lagerten 15
sich im Grase. Andrea war vom Tanz erhitzt und sagte: „Seht,
mein Freund Sternbald, so müßt ihr Deutsche erst nach Italien
kommen, um zu lernen, was schön sei, hier erst offenbart sich
euch Natur und Kunst. In eurem trüben Norden ist es der
Imagination unmöglich, ihre Flügel auszudehnen und das Edle 20
zu finden.“

„Mein Lehrmeister, Albrecht Dürer,“ sagte Franz, „den Ihr
doch für einen großen Mann erkennen müßt, ist nicht hier gewesen.“

Andrea sagte: „Wie sehr wünschen aber auch alle Kunstfreunde, daß er sich möchte hierher bemüht haben, um erst einzu= 25
sehn, wie viel er ist, und dann zu lernen, was er mit seinem
großen Talente ausrichten könne. So aber, wie er ist, ist er merk=
würdig genug, doch ohne Bedeutung für die Kunst, der Italiener
mit weit geringerem Talente wird doch immer den Sieg über
ihn davon tragen.“
30
„Ihr seid unbillig,“ fuhr Sternbald auf, „ja undankbar,
denn ohne ihn, ohne seine Erfindungen würden sich manche Eurer
Gemälde ohne Figuren behelfen müssen.“

„Ihr müßt nicht heftig werden,“ sagte der lindernde Fran=
cesco, „wahr ist es, Dürer ist Andreas hilfreicher Freund, und 35
vielleicht verlästert er ihn eben darum, weil er sich der Dienste zu
gut bewußt ist, die jener ihm geleistet hat. Aber wir wollen
lieber ein Gespräch abbrechen, das Euch nur erhitzt.“

Die Musik lärmte dazwischen, Andrea, der wenig streitsüchtig

war, gab seine Meinung auf, die Tänze fingen von neuem an.
Es wurde Abend: manche von der Gesellschaft gingen nach Hause,
einigen wurden von ihren Dienern Pferde gebracht. Rustici ließ
eins der schönsten Pferde in den Garten kommen, und setzte sich
5 hinauf, indem er durch die Baumgänge ritt, die mutwillige Laura
ließ sich zu ihm hinaufheben, und in einem leichten Galopp ritt
sie hin und her, indem sie vor dem Maler saß, der sie mit seinen
Armen festhielt. Franz bewunderte das schöne Gemälde, er glaubte
den Raub der Dejanire vor sich zu sehn, der Kranz in ihren
10 Haaren schwankte und drohte herabzufallen, leicht saß sie oben,
und doch von einer kleinen Ängstlichkeit beunruhigt, die sie noch
schöner machte: das Pferd hob sich majestätisch, auf seine Beute
stolz. Zwei Trompeten bliesen einen mutigen Marsch, die präch=
tigen Töne begleiteten die Bewegungen des Rosses und der ge=
15 wandte und starke Rustici saß wie ein Gott oben.

Die zurückgebliebenen Freunde führte Francesco nun nach
einem andern Teile seines Gartens. Hier war ein runder Zirkel
von Bäumen, und Festons und Guirlanden von allerhand Blumen
hingen in den Zweigen und schaukelten im Abendwinde, farbige
20 Lampen brannten dazwischen, dämmernde Lauben waren in Baum=
nischen angelegt. Wein und Früchte wurden genossen: die zärt=
lichen Paare saßen neben einander, Musik ermunterte sie, ihr
Liebesgespräch zu führen, Lauras Tänzer hatte Abschied genommen,
Franz umschlang das Mädchen und Lenore mit seinen Armen.

25 Spät trennte man sich, Laura und Lenore gingen mit ein=
ander, die Dirne blieb in der Nacht bei ihr, und Franz gab
freudig der Einladung nach, auch dort zu verweilen.

Fünftes Kapitel.

Castellani war zurückgekommen, Franz hatte in seiner und
30 Lenorens Gesellschaft Florenz verlassen. Jetzt waren sie vor
Rom, die Sonne ging unter, alle stiegen aus dem Wagen, um
den erhabenen Anblick zu genießen. Eine mächtige Glut hing
über der Stadt, das Riesengebäude, die Peterskirche, ragte über
allen Häusern hervor, alle Gebäude sahen dagegen nur wie Hütten
35 aus. — Sternbalds Herz klopfte, er hatte nun das, was er von

25. Der Schluß des Kapitels fehlt in der späteren Umarbeitung.

Jugend auf immer mit so vieler Inbrunst gewünscht hatte, er
stand nun an der Stelle, die ihm so oft ahnungsvoll vorgeschwebt
war, die er schon in seinen Träumen gesehn hatte.

Sie fuhren durchs Thor, sie stiegen in ihrem Quartiere ab.
Sternbald fühlte sich immer begeistert, die Straßen, die Häuser, 5
alles redete ihn an. Noch spät sah er dem Mondschein nach, er
verwunderte sich über sich selbst, als er nach Lenorens Gemach
ging, die ihn erwartete.

Castellani war ein großer Freund der Kunst, er studierte sie
unablässig, und schrieb darüber, sprach auch viel mit seinen Freunden. 10
Sternbald war sein Liebling, dem er gern alle seine Gedanken
mitteilte, dem er nichts verbarg. Er hatte in Rom viele Bekannte,
meistens junge Leute, die sich an ihn schlossen, ihn oft besuchten
und gewissermaßen eine Schule oder Akademie um ihn bildeten.
Auch ein gewisser Camillo, dessen Andrea del Sarto schon erwähnt 15
hatte, besuchte ihn. Dieser Camillo war ein Greis, lang und
stark, der Ausdruck seiner Mienen hatte etwas Seltsames, seine
großen feurigen Augen konnten erschrecken, wenn er sie plötzlich
herumrollte. Seine Art zu sprechen war ebenso auffallend, er
galt bei allen seinen Bekannten für wahnsinnig, sie behandelten 20
ihn als einen Unverständigen, den man schonen müsse, weil er der
Schwächere sei. Er sprach wenig, und hörte nur zu, Castellani
war freundlich gegen ihn, nahm aber sonst mit ihm wenige Rücksicht.

Sternbald besuchte die Kirchen, die Gemäldesammlungen, die
Maler. Er konnte nicht zur Ruhe kommen, er sah und erfuhr 25
so viel, daß er nicht Zeit hatte, seine Vorstellungen zu ordnen.
Dabei gab er sich Mühe, mit jedem Tage in seinen Begriffen
weiter zu kommen, und in das eigentliche Wesen und die Natur
der Kunst einzudringen. Er fühlte sich zu Castellani freundschaft=
lich hingezogen, weil er durch diesen am meisten in seiner Aus= 30
bildung, in der Erkenntnis gewann; er besuchte die Gesellschaften
fleißig, und bestrebte sich, kein Wort, nichts, was er dort lernte,
wieder zu verlieren.

Castellanis Begriffe von der Kunst waren so erhaben, daß
er keinen der lebenden oder gestorbenen Künstler für ein Muster= 35
bild, für vollendet wollte gelten lassen. Er belächelte oft Stern=
balds Heftigkeit, der ihm Rafael, Buonarotti, oder gar Albrecht

<hr>

6 ff. Noch spät ... erwartete, dieser Satz fehlt in der späteren Umarbeitung.

Dürer nannte, der sich ungern in Vergleichungen einließ, und meinte, jeder sei für sich der Höchste und Trefflichste. „Ihr seid noch jung," sagte dann sein älterer Freund, „wenn Ihr weiter kommt, werdet Ihr statt der Künstler die Kunst verehren und
5 einsehn, wie viel noch einem jeden gebricht."

Sternbald gewöhnte sich mit einiger Überwindung an seine Art zu denken, er zwang sich, nicht heftig zu sein, nicht seine Gefühle sprechen zu lassen, wenn sein Verstand und Urteil in Anspruch genommen wurden. Er sah jetzt mehr als jemals ein, wie
10 weit er in der Kunst zurück sei, ja wie wenig die Künstler selbst von ihrer Beschäftigung Rechenschaft geben könnten.

Es ward so eingerichtet, daß sich die Gesellschaft zweimal in der Woche versammelte, und jedesmal wurde über die Kunst disputiert, wobei sich Castellani besonders mit seinen Reden hervor-
15 that. Sie waren an einem Nachmittage wieder versammelt, auch Camillo war zugegen, der abseits in einer Ecke stand und kaum hinzuhören schien.

„Ihr weicht," sagte Sternbald zu seinem Freunde Castellani, „darin von den meisten Eurer Zeitgenossen ab, daß Ihr Buonarottis
20 jüngstes Gericht nicht für den Triumph der Kunst haltet."

„Die Nachwelt," sagte Castellani, „wird gewiß meiner Meinung sein, wenn erst mehr Menschen die Frage untersuchen werden: Was soll Kunst sein? was kann sie sein? Ich bin gar nicht in Abrede, und es wäre thöricht von mir, dergleichen zu leugnen,
25 daß Michael Angelo ein ausgezeichneter Geist ist, nur ist es wohl Übereilung des Zeitalters, ihn und Rafael über alle übrigen Sterblichen hinüberzuheben, und zu sagen: seht, sie haben die Kunst erfüllt!

Jegliche Kunst hat ihr eigentümliches Gebiet, ihre Grenzen,
30 über die sie nicht hinausschreiten darf, ohne sich zu versündigen. So die Poesie, Musik, Skulptur und Malerei. Keiner muß in das Gebiet des andern streifen, jeder Künstler muß seine Heimat kennen. Dann muß jeglicher die Frage genau untersuchen: was er mit seinen Mitteln für vernünftige Menschen zu leisten im-
35 stande ist. Er wird seine Historie wählen, er wird den Gegenstand überdenken, um sich keine Unwahrscheinlichkeiten zu Schulden kommen zu lassen, um nicht durch Einwürfe des kalten, richtenden Verstandes seinen Zauber der Komposition wieder zu zerstören. Den Gegenstand gut zu wählen ist aber nicht genug, auch den

Augenblick seiner Handlung muß er fleißig überdenken, damit er
den größten, interessantesten heraushebe, und nicht am Ende male,
was sich nicht darstellen läßt. Dazu muß er die Menschen kennen,
er muß sein Gemüt und fremde Gesinnungen beobachtet haben,
um den Eindruck hervorzubringen, dann wird er mit gereinigtem 5
Geschmacke das Bizarre vermeiden, er wird nur täuschen und hin=
reißen, rühren, aber nicht erstaunen wollen. Nach meinem wohl=
überdachten Urteil hat noch keiner unsrer Maler alle diese Forde=
rungen erfüllt, und wie könnte es irgend einer, da sich noch keiner
der erstgenannten Studien beflissen hat? Diese müssen erst in 10
einem hohen Grade ausgebildet sein, ehe die Künstler nur diese
Forderungen anerkennen werden.

Um namentlich von Buonarotti zu sprechen, so glaube ich,
daß er durch sein Beispiel die Kunst um viele wichtige Schritte
wieder zurückgebracht hat, statt ihr weiter zu helfen, denn er hat 15
gegen alle Erfordernisse eines guten Kunstwerks gesündigt. Was
will die richtige Zeichnung seiner einzelnen Figuren, seine Gelehr=
samkeit im Bau des menschlichen Körpers, wenn seine Gemälde
selbst so gar nichts sind? Sein jüngstes Gericht ist eine ungeheure
Wand voller Figuren in mannigfaltigen Stellungen, aber ohne 20
alle Verbindung, ohne Wirkung. Der Zweck seiner Darstellung
ist ohne Schönheit, eine Handlung, die keine ist, die sich nicht
anschauen, nicht darstellen läßt, die sich selbst nicht in der Er=
zählung vortragen läßt: es sind tausend Begebenheiten, die sich
durchaus nicht zu einer einzigen verbinden lassen. Schwebende 25
Gestalten, ruhende Selige und Verdammte, Engel und die Madonna.
Das Auge findet keinen Ruhepunkt, es frägt: was soll ich hier
sehn? Mythologie der Alten mit christlicher Idee vermischt, Ver=
zerrung der Verzweiflung. Der Augenblick im Gemälde selbst ist
unentschieden, die Engel oben mit Zubereitungen beschäftigt, ein 30
allgemeiner Moment des Entsetzens, und unten schon die Ver=
dammung vieler entschieden. Es scheint, das jüngste Gericht ist
noch nicht fertig, und darin hat der Maler besonders seine wenige
Überlegung bewiesen. Was soll ich aber genießen und fühlen,
wenn die Ausführung auch gar keinen Tadel verdiente?" 35

„Nichts!" rief Camillo aus, indem er mit dem höchsten Un=
willen hervortrat. „Glaubt Ihr, daß der große, der übergroße

_____

19. Die folgende Verurteilung des jüngsten Gerichtes von Michel Angelo fehlt in der
Umarbeitung.

Buonarotti daran gedacht hat, Euch zu entzücken, als er sein
mächtiges Werk entwarf? O, ihr Kurzsichtigen, die ihr das Meer
in Bechern erschöpfen wollt, die ihr dem Strome der Herrlichkeit
seine Ufer macht, welcher unselige Geist ist über euch gekommen,
daß ihr also verwegen sein dürft? Ihr glaubt die Kunst zu er=
gründen, und ergründet nur eure Engherzigkeit, nach dieser soll
sich der Geist Gottes richten, der jene erhabene Ebenbilder des
Schöpfers beseelt. Ihr lästert die Kunst, wenn ihr sie erhebt, sie
ist nur ein Spiel eurer nichtigen Eitelkeit. Wie der Allmächtige
den Sünder duldet, so erlaubt auch Angelos Größe, seine unsterb=
lichen Werke, seine Riesengestalten dulden es, daß ihr so von ihnen
sprechen dürft, und beides ist wunderbar."

Er verließ im Zorne den Saal, und alle erhuben ein lautes
Lachen. „Was er nicht versteht," sagte Sternbalds Nachbar, „hält
er für Unsinn." Sternbald aber war von den Worten und den
Gebärden des Greises tief ergriffen, dieser enthusiastische Unwille
hatte ihn mit angefaßt, er verließ schnell die Gesellschaft, ohne
sich zu entschuldigen, ohne Abschied zu nehmen.

Er ging dem Alten durch die Straßen nach, und traf ihn
in der Nähe des Vatikans. „Verzeiht," sagte Sternbald, „daß
ich, Euch anrede, ich gehöre nicht zu jenen, meine Meinung ist
nicht die ihrige, immer hat sich mein Herz dagegen empört, so
mit dem Ehrwürdigsten der Welt umzugehn."

„Ich war ein Thor," sagte der Greis, „daß ich mich wieder,
wie mir oft geschieht, von meiner Hitze übereilen ließ. Wozu
Worte? Wer versteht die Rede des andern?"

Er nahm Franz bei der Hand, sie gingen durch das große
Vatikan, der Alte eilte nach der Kapelle des Sixtus. Schon fiel
der Abend und seine Dämmerung herein, die großen Säle waren
nur ungewiß erleuchtet. Er stellte ihn vor das jüngste Gericht,
und ging schweigend wieder fort.

In der ruhigen Einsamkeit schaute Sternbald das erhabene
Gedicht mit demütigen Augen an. Die großen Gestalten schienen
sich von oben herab zu bewegen, das gewaltige Entsetzen des
Augenblicks bemächtigte sich auch seiner. Er stand da, und bat den
Figuren, dem Geiste Michael Angelos seine Verirrung ab.

Die großen Apostel an der Decke sahen ihn ernst mit ihren
ewigen Zügen und Mienen an, die Schöpfungsgeschichte lag wun=
derbar da, der Allmächtige auf dem Sturmwinde herfahrend. Aber

26*

wie ein donnerndes Gewitter stand vorzüglich das jüngste Gericht
vor seinen Augen; er fühlte sich innerlich neu verändert, neu ge=
schaffen, noch nie war die Kunst so mit Heeresmacht auf ihn zu=
gekommen.

„Hier hast du dich verklärt, Buonarotti, großer Eingeweihter,“   5
sagte Franz, „hier schweben deine furchtbaren Rätsel, du kümmerst
dich nicht darum, wer sie versteht.“

Sechstes Kapitel.

Franz fand den bisherigen Leichtsinn seiner Lebensweise
nüchtern und ungenügend, er bereute manche Stunde, er nahm   10
sich vor, sich inniger der Kunst zu widmen. Er brach den Um=
gang mit der schönen Lenore ab, er fühlte es innig, daß er sie
nicht liebe. Sein Freund Castellani verspottete ihn, und bedauerte
seine Anlagen, die nun notwendig verderben müßten, aber Franz
empfand die Leerheit dieses Menschen und achtete jetzt nicht darauf.   15
Eine neue Liebe zur Kunst erwachte in ihm, sein Jugend=
leben in Nürnberg, sein Freund Sebastian traten mit frischer
Lieblichkeit vor seine Seele. Er machte sich Vorwürfe, daß er
bisher so oft Dürer und Sebastian aus seinem Gedächtnisse ver=
loren. Er nahm seine geliebte Schreibtafel hervor, und küßte sie,   20
die verwelkten Blumen rührten ihn zu Thränen: „Ach, du bist
nun auch verwelkt und dahin!“ seufzte er. Auch das Bildnis, das
er vom Berge mitgenommen hatte, stellte er vor sich. — Ihm
fiel der Brief der Gräfin in die Hände, den er bis dahin ganz
vergessen hatte.   25
Er beschloß, die Familie noch an diesem Tage aufzusuchen,
er fühlte ein Bedürfnis nach neuen Freunden. Franz nahm den
Brief und erkundigte sich nach der Wohnung, sie ward ihm be=
zeichnet. Die Leute, die er suchte, lebten vor der Stadt in einem
Garten. Ein Diener empfing ihn und leitete ihn durch angenehme   30
Baumgänge, der Garten war nicht groß, aber voller Obst und
Gemüse. In einem kleinen niedlichen Gartenhause, sagte der
Diener, würde er die Tochter finden, die Mutter sei ausgegangen,
der Vater schon seit sechzehn Jahren tot. Franz bemerkte durch
das Fenster einen weißen runden Arm, eine schöne Hand, die auf   35
einer Zither spielte. Indem begegnete ihm ein alter Mann, der
fast achtzig Jahre alt zu sein schien, er verließ das Gartenhaus,

und ging durch den Garten nach dem Wohnhause zurück. Franz trat in das Zimmer. Das Mädchen legte die Zither weg, als sie ihn bemerkte, sie ging ihm entgegen.

Beide standen sich gegenüber und erstaunten, beide erkannten sich im Augenblicke. Franz zitterte, er konnte die Sprache nicht wiederfinden, die Stunde, die er so oft als die seligste seines Lebens herbeigewünscht hatte, überraschte ihn zu unerwartet. Es war das Wesen, dem er nachgeeilt war, die er in seinem Geburtsdorfe gesprochen, die er mit aller Seele liebte, die er verloren glaubte. Sie schien fast ebenso bewegt, er gab ihr den Brief der Gräfin, sie durchflog ihn schnell, sie sprach nur von dem Orte, wo sie ihn vor anderthalb Jahren gesehn und gesprochen. Er nahm die teure Brieftasche, er reichte sie ihr hin, und indem hörte man durch den Garten ein Waldhorn spielen. Nun konnte sich Franz nicht länger aufrecht halten, er sank vor der schönen bewegten Gestalt in die Kniee, weinend küßte er ihre Hände. Die wunderbare Stimmung hatte auch sie ergriffen, sie hielt die vertrockneten Blumen schweigend und staunend in Händen, sie beugte sich zu ihm hinab. — „O daß ich Euch wiedersehe!" sagte sie stammelnd; „allenthalben ist mir Euer Bild gefolgt." — „Und diese Blumen," rief Sternbald aus, „erinnert Ihr Euch des Knaben, der sie Euch gab? Ich war es; ich weiß mich nicht zu fassen." — Er sank mit dem Kopfe in ihren Schoß, ihr holdes Gesicht war auf ihn herabgebeugt, das Waldhorn phantasierte mit herzdurchdringenden Tönen, er drückte sie an sich und küßte sie, sie schloß sich fester an ihn, beide verloren sich im staunenden Entzücken.

Franz wußte immer noch nicht, ob er träume, ob alles nicht Einbildung sei. Das Waldhorn verstummte, er sammelte sich wieder. Ohne daß sie es gewollt hatten, fast ohne daß sie es wußten, hatten beide sich ihre Liebe gestanden. — „Was denkt Ihr von mir?" sagte Marie mit einem holdseligen Erröten. „Ich begreife es ewig nicht, aber Ihr seid mir wie ein längstgekannter Freund, Ihr seid mir nicht fremde."

„Ist unsre eigne Seele, ist unser Herz uns fremd?" rief Sternbald aus. „Nein, von diesem Augenblicke an erst beginnt mein Leben, o, es ist so wunderbar und doch so wahr. Warum wollen wir's begreifen? — „Seid Ihr glücklich?" — „Bist du meine süße Geliebte? Bin ich der, den du suchtest? Findest du mich gern wieder?"

Sie gab ihm beschämt die Hand und drückte sie. Der alte
Mann kam zurück und meldete, daß er ausgehn müsse, Franz be=
trachtete ihn mit Erstaunen, er erriet, daß es derselbe sein müsse,
der musiciert habe, den er schon in der Kindheit auf dem grünen
Rasenplatze gesehn. Die Bäume rauschten draußen so wunderbar, 5
er hörte aus der Ferne das Geräusch auf der Landstraße, jedes
andre Leben erschien ihm traurig, nur sein Dasein war das freu=
digste und glorreichste.

Er ging, weil er die Rückkehr der Mutter nicht erwarten
wollte, er versprach, seine Geliebte am folgenden Tage zu besuchen. 10

Durchs Feld schweifte er umher, er sah noch immer sie, den
Garten, ihr Zimmer vor sich. Er war in der Stadt, und konnte
sich nicht besinnen, welchen Weg er gekommen war. In seiner
Stube nahm er seine Zither und küßte sie, er griff in die Töne
hinein, und Liebe und Entzücken antwortete ihm in der Sprache 15
der Musik. In der ganzen Natur vernahm er Gruß und Glück=
wunsch. Er wollte seinem Sebastian schreiben, aber er konnte
nicht zur Ruhe kommen. Er fing an, aber seine Gedanken ver=
ließen ihn, er schrieb folgendes nieder:

> Sanft umfangen   20
> Vom Verlangen,
> Abendwolken ziehn,
> O, gegrüßt sei holdes Glücke,
> Endlich, endlich meinem Blicke,
> Längst gepflanzte Blumen blühn.   25
>
> Abendröte winkt herunter:
> Hoffe auf den Morgen munter;
> Winde eilen, verkünden's der Ferne,
> Blicken auf mich nieder die freundlichen Sterne.
>
> Keiner, der nicht grüßend niederschaute,   30
> Ist es, singen sie, dir gelungen?
> Welche Töne rühren sich in der Laute,
> Von unsichtbarer Geisterhand durchklungen?
>
> Von selbst erregt sie sich zum Spiele,
> Will ihre Worte gern verkünden,   35
> Kennst du, Vertraute, die Gefühle,
> Die quälend, beglückend mein Herz entzünden?
> O töne, ich kann das Lied nicht finden,
> Das Leid, das Glück, das mich bewegt,
> Und Klang und Lust in mir erregt.   40

Will ich von Glück, von Freude singen,
Von alten, wonnevollen Stunden?
Es ist nicht da und fern verschwunden,
Mein Geist von Entzücken festgebunden,
Beengt, beschränkt die goldnen Schwingen.

Geht die Liebe wohl auf deinem Klange,
Ist sie's, die deine Töne rührt?
Und dieses Herz mit strebendem Drange
Auf deinen Melodieen entführt?

Mit Zitherklang kam sie mir entgegen,
Mein Geist in Netzen von Tönen gefangen,
Ich fühlte schon dies Beben, dies Bangen,
Entzücken überströmte, ein goldner Regen.

Sie saß im Zimmer, wartete mein,
Die Liebe führte mich hinein,
Erklang das alte Waldhorn drein.
Dein voller Klang
Mein Herz schon oft durchdrang,
Meiner Liebe vertraut,
Von deinem Ton mein Herz durchschaut
Nun verstummen nie die Töne,
Lautenklang mein ganzes Leben,
Herz verklärt in schönster Schöne,
Wundervollem Glanz und Weben
Hingegeben.

Ende des zweiten Teils.

Über den Plan der Fortsetzung äußert sich Tieck in der Umarbeitung (Schriften XVI. Bd.) in der folgenden

Nachrede.

So weit hatte ich vor sechsundvierzig Jahren dies Jugendwerk geführt. Es sollte nun nach einigen Monden die Bestürmung und Eroberung von Rom erfolgen. Der Bildhauer Bolz, der auch nach Rom gekommen, sollte beim Sturm die Geliebte des Sternbald entführen, dieser aber trifft sie im Gebirge, und entreißt sie dem Bildhauer nach einem hartnäckigen Kampfe. Sie retten sich in die Einsamkeit von Clevani.

Nachher, auf einer Reise durch das florentinische Gebiet trifft in Bergen, auf einem reichen Landhause Franz seinen Vater: Ludoviko ist sein Bruder, den er als Gemahl der schönen Nonne wieder findet. Alle sind glücklich: in Nürnberg, auf dem Kirchhofe, wo Dürer begraben liegt, sollte in Gesellschaft Sebastians die Geschichte endigen.

Oft hatte ich, in dieser langen Reihe von Jahren, die Feder wieder angesetzt, um das Buch fortzusetzen und zu beendigen, ich konnte aber immer jene Stimmung, die notwendig war, nicht wieder finden.

Aus der kurzen Nachrede, die ich in meiner Jugend dem ersten Teile des Buchs hinzufügte, haben viele Leser entnehmen wollen,*) als wenn mein Freund Wackenroder wirklich teilweise daran geschrieben hätte. Dem ist aber nicht also. Es rührt ganz, wie es da ist, von mir her, obgleich der Klosterbruder hie und da anklingt. Mein Freund war schon tödlich krank, als ich daran arbeitete.

Berlin, im Julius 1843.   L. Tieck.

*) Schon der Rezensent in der Jenaischen Litteraturzeitung 1799, Nr. 71 wollte zwischen dem ersten und zweiten Teile einen Unterschied herausfinden, der auf zwei verschiedene Verfasser deute (Köpke II. 272).

Wortregister.

Tieck.

Inhalt.